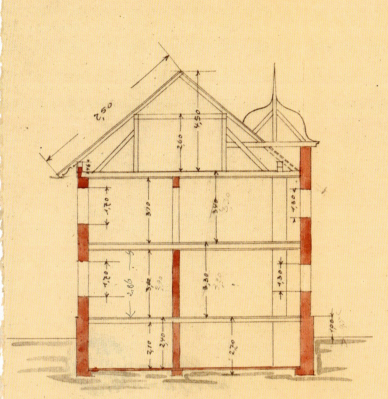

Querschnitt

Ansicht gegen Seeshaupt.

Maßstab 1:100.

Tutzing den 2. Sept 1901.

Stefanie Knittl

Häuser erzählen Geschichten

Die Baumeisterfamilie Knittl am Starnberger See (1872 – 1987)

APELLES VERLAG

Gedruckt mit freundlicher Unterstützung von:

Gemeinde Tutzing
Verena und Hans-Christoph von Mitschke-Collande
Dr. iur. Rudolf Ratzel
Dr. Fritjof Regehr-Stiftung

ISBN 978-3-946375-05-0

2., überarbeitete Auflage 2021
© Apelles Verlag · Starnberg
Das Werk und seine Teile sind urheberrechtlich geschützt.
Alle Rechte, insbesondere das Recht der Vervielfältigung und Verbreitung
sowie der Übersetzung bedürfen der vorherigen schriftlichen Einwilligung des Verlages.
Satz und Layout: Dr. Benno C. Gantner, Starnberg
Druck: Print Alliance HAV Produktions GmbH, Austria
Umschlagbild: Villa Knittl in Tutzing (Detail); Rückseite: Villa Knittl, Feldafing
Frontispizabbildung: Landhaus Georg Schwarzmann (Detail), Seeshaupt, Xaver Knittl, 1901
(StAM Bpl. Weilheim/Seeshaupt 1901, Nr. 173)

Inhalt

- 3 **Vorwort**

- 5 **Maurermeister Jose(ph)f Knitt(e)l**
  - 5 Von Tirol an den Starnberger See
  - 6 Herzog Ludwig in Bayern
  - 8 Selbstständigkeit und Familiengründung
  - 10 Gründerzeit am Starnberger See
  - 10 Prägnante Bauten außerhalb der Hofmark
  - 10 Der erste Bauboom

- 43 **Joseph Knittl's Witwe**
  - 43 Ende der Ära des Gründers
  - 43 Fräulein Afra Pain - Hausmädchen auf Lebenszeit
  - 43 Joseph Knittl's Witwe Baugeschäft

- 51 **Baumeister Xaver Knittl**
  - 51 Prinzregentenzeit – Aufschwung am Starnberger See
  - 51 Die „Baumeister-Platzhirschen" am Westufer
  - 52 Das typische Berufsbild des Baumeisters
  - 53 Sein Erfolgsrezept als Unternehmer
  - 54 Xaver Knittls Karrierestart

- 57 **Wohn- und Geschäftshäuser**
  - 66 Ein Erfolgsmodell - Sägewerk Suiter und Baugeschäft Knittl

- 68 **Upgrade von Villen, Landhäusern und Anderem**
  - 73 Expansion des Baugeschäfts
  - 73 Hohe Fertigungstiefe

- 85 **Neue Villen, Landhäuser und Wohnhäuser**
  - 94 Künstlerfamilie Knote-Horst in Seeshaupt
  - 98 Erinnerungen an das Leben der Sommerfrischler

- 138 **Häuser am Ostufer**

- 145 **Häuser auf Vorrat**
  - 148 Kiesgruben, Baustoffhandel und Maurertreff
  - 149 Baustoffhandel anno dazumal

- 154 **Hotels, Pensionen, Gastwirtschaften, Cafés**

- 162 **Landwirtschaftliche Gebäude**

- 170 **Großbauten**

- 181 **Schiffs- und Berghütten, andere Hütten**

- 186 **Mauern und Brücken**

187	Goldene Zwanziger
188	„Maurer-Tal" von Pöcking
188	Konkurrenz am Bau
193	„Landhaus-Triptychon" am See

201 Bauzeichner Konrad Knittl

205 Baumeister Carl Knittl
206	Vorkriegswirtschaft und Bauboom
215	Nachkriegszeit

223 Baumeister Engelbert Knittl in Feldafing
223	Feldafing und seine Baumeister
224	Villen, Land- und Wohnhäuser

257 Architekt Engelbert Knittl jun.

259 Witwe Martha Knittl

267 Baumeister Karl Xaver (Xavi) Knittl
268	Unsere Maurer
271	Das Sterben der einheimischen Baufirmen

274 Anhang
274	Anmerkungen
283	Weitere, im Text nicht berücksichtigte Häuser und Bauten
286	Zeittafel
287	Stammbaum Baumeister Knittl
288	Literatur
292	Archive
292	Bildnachweis
296	Weitere Architekten und Baumeister
297	Register aller genannten Häuser, Villen und Bauten

Vorwort

In Jacques Tatis Film „Mon Oncle" aus dem Jahr 1958 lebt das aufstrebende Ehepaar Monsieur und Madame Apel mit seinem Sohn Gérard in einem typisch französischen Neubauviertel für Besserverdienende. Sie sind stolz auf ihr bemerkenswert neuzeitliches Haus, das sie so modern und praktisch finden. Die „sterile" Einrichtung entspricht dem Zeitgeist und ist mit allerlei futuristischen Besonderheiten ausgestattet. Das Eingangstor zum Garten öffnet der Hausherr persönlich mit einer Fernbedienung. Der eintretende Gast wird über einen kahlen, umständlich geschlängelten Pflasterweg durch den mit fernöstlichen Gewächsen bepflanzten Garten zum Haus geführt, vorbei an einem kleinen Springbrunnen mit einem senkrecht stehenden Metalldelfin, aus dessen Maul eine blau eingefärbte Wasserfontäne schießt.

Ihr Sohn Gérard langweilt sich entsetzlich in dem perfekt eingerichteten Anwesen seiner Eltern. Er fühlt sich mehr und mehr zu seinem schrulligen Onkel Monsieur Hulot, dem Bruder von Madame Apel, hingezogen, der in einem verschachtelten, gemütlichen Haus in der Altstadt wohnt. Auf dem Weg ins Neubauviertel zum Haus seiner Schwester spaziert Gérards Onkel an einer eingefallenen Steinmauer vorbei. Jedes Mal, wenn er dort vorbeigeht, hebt er einen herausgefallenen Mauerstein auf und legt ihn sorgfältig an seinen ursprünglichen Platz zurück.

Dieser Filmausschnitt soll zeigen, dass der technische Fortschritt, aber auch gesellschaftliche Aspekte wie ein gesteigertes Anspruchsdenken und das Bedürfnis nach Zur-Schau-Stellung von Wohlstand, das Bauen und Wohnen sehr stark beeinflussen und die alte Bautradition dabei immer mehr verloren geht. Hinzu kommen heute noch das zunehmende Verlangen nach immer mehr Mobilität und veränderte Familienstrukturen. Gesetzliche Vorschriften am Bau und marktwirtschaftliche Interessen werden zudem bestimmende Faktoren.

Durch die Aufarbeitung der Familiengeschichte Knittl, eine Baumeisterfamilie, die über 115 Jahre durch das Planen und Bauen von Landhäusern, Villen, Wohnhäusern und öffentlichen Gebäuden einen wichtigen Beitrag zur Gestaltung einer Wohn- und Kulturlandschaft geleistet hat, versuche ich, diesem Phänomen auf die Spur zu kommen.

Dabei bestimmen der Zeitgeschmack der Architektur, die wirtschaftliche Lage, familiäre Umstände, persönliche Fähigkeiten wie Durchsetzungsvermögen und Eignung, gesellschaftlicher Wandel, technischer Fortschritt und vieles mehr den Aufstieg, den Erfolg und das Ende dieses Traditionsunternehmens. In diesem Sinne steht die Baumeisterfamilie Knittl exemplarisch für alle typischen Handwerkerfamilien, die durch den Wandel der Zeit ihr Unternehmen aufgeben mussten. Die Baumeister haben nicht nur durch ihre Bautätigkeit Sichtbares hinterlassen, sondern diese Hinterlassenschaften stehen auch in Verbindung mit den unterschiedlichsten Persönlichkeiten. Das vorliegende Buch gewährt einen Einblick in das Leben und Wirken der einzelnen Baumeister, beschreibt die jeweiligen Besitzer der Gebäude, erzählt das Leben der damaligen Hausbewohner und gibt einen Einblick in das gesellschaftliche Treiben rund um den Starnberger See.

Die hier publizierten Zeitdokumente, untermauert durch Baupläne und alte Ansichten, sollen über die momentan rasanten Veränderungen in der Kulturlandschaft des Bauens und Wohnens zum Nachdenken anregen.

Dank

Bei meiner Arbeit habe ich viel Hilfe erfahren, für die ich mich herzlich bedanken möchte. Dieses Buch wäre nie zustande gekommen ohne die vielen Menschen, die mir ihre Erinnerungen anvertrauten und von mir oft regelrecht „gelöchert" wurden. Mit ihren Überlieferungen, eigenen Geschichten und Fotos aus ihrem Familienbestand geben sie Häusern eine Stimme, die deren Bewohnern ein Anreiz sein soll, sie lieb zu gewinnen und zu bewahren. Die Fotos von nicht mehr existierenden Häusern geben uns Aufschluss über die rasenden Veränderungen unserer Zeit und Anlass zum Nachdenken.
Unentbehrlich waren die Archivunterlagen des Münchner Staatsarchivs sowie die großartige Mithilfe der Archivarinnen der Gemeinden Tutzing, Feldafing, Seeshaupt, Pöcking und Bernried. Dankbar bin ich auch Frau Helga Müller, die mir bei einer gemeinsamen Tasse Kaffee Zugang zur Fotosammlung ihres verstorbenen Mannes Alois Müller gewährte.
Im Besonderem danke ich den sogenannten „Hidden Champions": Klaus Sperber, Andreas Hoelscher und Maria-Luise Hopp-Gantner, die mir beim Redigieren eine große Unterstützung waren, wie auch Dr. Barbara van Benthem, die mich beim Schreiben immer wieder auf die richtige Fährte führte, und dem Autographenhändler Eberhard Köstler, der problemlos altdeutsche Schrift entziffern konnte. Bei familiären Themen war meine Tante Uschi immer eine sichere Quelle, sie kann sich solche Dinge von uns allen am besten merken. Eine unschätzbare Bereicherung waren mir alle diejenigen, mit denen ich meine Gedanken und Erkenntnisse in langen Gesprächen über den Wandel der Gesellschaft und deren Folgen am Bau diskutierten konnte. Einen nicht unerheblichen Beitrag leisteten unsere beiden Katzen, Lucia und Fanny, die mir allein durch ihr intensives Desinteresse an meiner Arbeit die für dieses Buch nötige Ruhe gaben und meiner Kreativität sehr zuträglich waren. Zuallerletzt bin ich denjenigen zu großem Dank verpflichtet, mit deren finanzieller Hilfe dieses Buch erst realisierbar wurde.

Bauzeit 1872 – 1888

Maurermeister Jose(ph)f Knitt(e)l

Von Tirol an den Starnberger See

In Elbigenalp im Lechtal unweit von Weißenbach wird Josef Knittel fast zur gleichen Zeit wie die berühmte Geierwally geboren, die mit bürgerlichem Namen Anna Knittel (1841–1915) hieß.[1] Sie war die Protagonistin und Vorlage für den berühmten Heimatroman von Wilhelmine von Hillern, die kurz in Tutzing in einer Villa wohnte, welche der Baumeister Xaver Knittl, der Sohn von Josef Knittl, errichtete.

In Bayern war es üblich, dass die Namensendung der Katholiken ohne Vokal geschrieben wurde und die der Protestanten mit Vokal. Die ursprüngliche Schreibweise „Knittel" wurde mit der neuen Heimat zu „Knittl". Die verschiedenen Schreibformen von Eigennamen war früher nichts Ungewöhnliches. Auf Visitenkarten des Maurermeisters stand: „Josef Knittel" oder „Joseph Knittl".

Es begann wie im Märchen. Der spätere Maurermeister Josef Knittel (1837–1888), auch Josef Knittl geschrieben, wuchs in dem alten Bauernhaus, genannt der „Laggenhof", aus dem 17. Jahrhundert auf, einer von 12 Höfen in dem kleinen romantischen Dorf Weißenbach am Lech. Der Ort liegt gleich hinter der bayerisch-österreichischen Grenze, wenige Kilometer südwestlich von Reutte in Tirol, im wunderschönen Lechtal.

Abb. 1 *Weißenbach in Tirol, Ansicht von 1904*

In diesem Abschnitt Tirols ist der Name Knittel (auch Knittl, Knitel, Knitl oder Kittl) sehr stark verbreitet. Besucht man den Friedhof am Eingang des langgezogenen Ortes Weißenbach, sticht die Häufung dieses Namens in den Grabinschriften geradezu ins Auge. Ein 2376 Meter hohes Bergmassiv, zu dessen Füßen der Ort Namenlos liegt, heißt ebenfalls Knittelkarspitze.

Als typisches Erkennungsmerkmal für das einheimische Tiroler Bergvolk sollen auch die dunklen buschigen Augenbrauen gelten. Dieses genetische Charakteristikum setzte sich über mehrere Generationen bei einigen Familienmitgliedern durch und soll, laut familiärer Überlieferung, ein Indiz für unsere Tiroler Wurzeln sein.

Josef Knittl war eines von neun Kindern der Eheleute Roman (1793–1854) und Therese Knittl (1799–1852), geborene Lutz. Die amtliche Berufsbezeichnung seines Vaters Roman, der sich ebenfalls als Maurer betätigte, lautete „Steinhauer und Oeconom". Von ihren neun Kindern überlebte außer Josef nur der drei Jahre ältere Bruder Matthäus (1834–1898), der im Alter von 54 Jahren noch eine entscheidende Schlüsselrolle im Baugeschäft Knittl in Tutzing spielen sollte. Im Lechtal, das bekannt war für seine hervorragenden Maurer und Stuckateure, erlernte Josef Knittl das Maurerhandwerk, bevor eine schicksalhafte Begegnung den jungen, schneidigen Tiroler an den Starnberger See führte.

Abb. 2 *Der Laggenhof, Elternhaus von Josef Knittl in Weißenbach*

Bauzeit 1872 – 1888

Herzog Ludwig in Bayern

Der älteste Bruder der Kaiserin Sisi, Herzog Ludwig in Bayern, kam häufiger in sein Jagdgebiet nach Tirol. Bei der Jagd war es damals üblich, dass die jungen Leute sich als Treiber kleine Nebeneinnahmen und Geschenke verdienten. Als Treiber betätigte sich auch der junge Josef Knittl. Er hatte das Glück, dem Herzog auf dem Fest nach der Jagd vorgestellt zu werden.

Es stellte sich im Gespräch heraus, dass Josef Knittl ein guter Maurergeselle war und der Herzog überredete ihn, an den Starnberger See überzusiedeln, um dort beim Bau der herzoglichen Stallungen im Schloss Possenhofen mitzuwirken. Herzog Ludwigs Vater, seine Königliche Hoheit Herzog Max in Bayern, war Besitzer der Hofmarken Possenhofen und Garatshausen. Der junge Handwerker fühlte sich geschmeichelt, überlegte wohl nicht lange, nahm das Angebot des Herzogs an und machte sich auf den Weg an den Starnberger See.

Abb. 3 *Die Kinder der Herzogsfamilie (von links nach rechts): Sophie, Max Emmanuel, Carl Theodor, Helene, Herzog Ludwig in Bayern, Mathilde und Marie (Elisabeth, die spätere Kaiserin von Österreich fehlt); Gemälde von Joseph Stieler, 1854*

Bauzeit 1872 – 1888

Schloss Garatshausen

Josef Knittl siedelte im Jahr 1864 von Tirol nach Possenhofen[2] über, um am Schloss seine handwerklichen Fähigkeiten tatkräftig unter Beweis zu stellen. Im Jahr 1867 erbte der älteste Sohn, Herzog Ludwig in Bayern, der eine Bürgerliche geheiratet hatte und daher auf sein Erstgeburtsrecht verzichten musste, das Schloss. Somit war der Erbprinz nicht mehr Chef des Hauses Wittelsbach in Bayern und musste sich mit dem kleinen Hofmarkschloss Garatshausen begnügen, was wiederum für Josef Knittl einen Standortwechsel bedeutete und ihn vor neue berufliche Herausforderungen stellte.

Das unter Herzog Max in Bayern unbewohnte Schloss Garatshausen sollte nun für den Sommeraufenthalt der prominenten Geschwister des Herzogs Ludwig in Bayern modernisiert werden. Beim Umbau des Schlosses unterstützte Josef Knittl als Polier den vielbeschäftigten Starnberger Maurermeister Wannerstorffer. Die Räume wurden entsprechend verändert und die Außenanlagen wie der Schlosspark zu repräsentativen Zwecken umgestaltet. Die zum Schloss führende Allee entstand ebenfalls in der Zeit des Erbprinzen Ludwig im Jahr 1868.

Seine Schwester, Kaiserin Elisabeth von Österreich, mietete im Sommer 1868 und 1869 sein Garatshausener Schloss am See. Im August 1868 verbrachte sie dort zusammen mit ihrem vierten Kind, der erst drei Monate alten Valerie, ihren Sommeraufenthalt. Ihr Ehegatte Kaiser Franz Josef und der frisch von ihrer Schwester Sophie entlobte Ludwig II. waren in diesem Sommer ebenfalls Gäste im Schloss.[3]

Abb. 4
Schloss Garatshausen am See war im 19. Jahrhundert Sommersitz der königlichen Familie Herzog Ludwigs in Bayern. Heute befindet sich das Schloss im Besitz der fürstlichen Familie Thurn & Taxis. Foto 1982

Bauzeit 1872 – 1888

Selbstständigkeit und Familiengründung

Als junger, schneidiger Bursche lernte Maurermeister Josef Knittl an seinem neuen Arbeitsplatz in Garatshausen eine ausgesprochen gute Partie kennen und lieben, die Landwirts- und Fischerstochter Maria Grünwald (später Greinwald). Deren Eltern stammten beide aus sehr alten Fischerfamilien. Ihr Vater Urban Grünwald war ein Greinwald-Abkömmling, ihre Mutter Viktoria eine geborene Pischetsrieder.

Die Brautwahl hätte kaum besser sein können, allerdings hatte Josef anfangs als Tiroler „Ausländer" bei den angehenden Schwiegereltern einen schweren Stand. Sie leisteten angeblich energischen Widerstand gegen die Heirat mit ihrer einzigen Tochter. Der Wunschbräutigam der Tochter musste noch Überzeugungsarbeit leisten. Mit der Selbstständigkeit als Maurermeister war ein guter Anfang gemacht, zudem Josef Knittl ein Baugeschäft gründete, da Herzog Ludwig in Bayern 1870 das kleine Hofmarkschloss Garatshausen an seinen Schwager König Franz II. von Neapel verkauft hatte und als Auftraggeber ausfiel.

Damit der frisch gebackene Unternehmensgründer weitere Pluspunkte bei seinen zukünftigen Schwiegereltern sammeln konnte, erbaute er im Jahr 1871, unweit von seinem alten Arbeitsplatz, das Stammhaus des Baugeschäfts Knittl an der heutigen Hauptstraße 93 in Tutzing. Vermutlich aus marktstrategischen Überlegungen wählte er eine sehr exponierte Stelle: die Verbindungsstraße zwischen Garatshausen und der Ortsmitte, gleich neben dem Sägewerk des Joseph Anton Steidele am Fadlbach.

Das Grundstück hatte er am 4. Oktober 1871 für 800 Gulden von Josef Sappel aus Wolfratshausen[4] erworben. Der Firmen- und Familiensitz bestand aus einem Vorderhaus und einem Rückgebäude in Form einer Remise. Vermutlich wohnte die Familie Knittl im Vorderhaus und das Rückgebäude war für die Rösser und gewerbliche Zwecke des Baugeschäfts vorgesehen. Dieses Ensemble, anfangs viel kleiner, wurde erst in seiner Nachfolge stetig erweitert. Als achtundsechzigstes Haus in Tutzing erhielt es, bevor die Straßennamen eingeführt wurden, die Nr. 68.

Nach dem Motto „mein Haus, mein Auto, mein Boot" schrieb er am 12. September 1872 an die Gemeinde Tutzing: „Ich habe mir vor kurzem ein neues schönes Haus in Tutzing gebaut und übe daselbst das Geschäft eines Maurermeisters aus und werde mich demnächst verehelichen".

So nahm das Märchen des jungen Maurers aus Tirol mit der Heirat einer reichen Fischers- und Bauerstochter vom Starnberger See vorläufig ein Happy-End.

Drei Söhne im Bauhandwerk

Maria und Josef bekamen in neun Jahren sieben Kinder, davon sechs Söhne und eine Tochter: Xaver (*1873), Joseph Anton (*1875), Konrad (*1876), Josefa (*1877), Maximilian (*1880), Urban (*1881) und Engelbert (*1882). Von den sechs Söhnen traten drei in die Fußstapfen des Vaters und schlugen eine berufliche Laufbahn im Bauhandwerk ein. Die beiden bekanntesten sind der älteste Sohn Xaver Knittl, Baumeister in Tutzing, und der jüngste Sohn Engelbert Knittl, Baumeister in Feldafing. Konrad Knittl, eigentlich Landwirt in Garatshausen, beschäftigte sich die meiste Zeit seines Berufslebens als Bautechniker und -zeichner bei seinem Bruder Xaver im Tutzinger Baugeschäft. Der Sohn Urban (1881–1953) wurde

Zollfinanzrat in Griesen an dem deutsch-österreichischen Grenzübergang zwischen Grainau und Ehrwald. Er war mit der Tochter des Besitzers des heutigen Tutzinger Hofs in Tutzing, Lina Fiederer (1886–1908), verheiratet, die jedoch bei der Geburt ihrer Tochter Lina verstarb. Zwei Söhne verloren ihr Leben in jungen Jahren. Joseph Anton starb bereits mit 16 Jahren im Heimatort seines Vaters in Weißenbach und Maximilian wurde angeblich nur drei Jahre alt. Dass einer der Söhne nach Amerika ausgewandert sei, ist in der Familie eine nicht bewiesene Geschichte, trägt aber zur Legendenbildung bei. Die einzige Tochter Josefa (1877–1950) heiratete nach Schwaben. Ihr Mann war Reichsbahnbeamter in Scherstetten im Landkreis Augsburg. Laut familiärer Überlieferung musste ihr ältester Bruder Xaver sie von Zeit zu Zeit finanziell unterstützen. Der brüderliche Gönner hielt die Heirat seiner Schwester mit einem Beamten aus wirtschaftlicher Sicht für nicht gelungen und riet daher oft seinen eigenen zwei Töchtern: „Heiratet's koan Beamten".

Hermann Ebers und die Maurerkinder

Der Maler Hermann Ebers verlebte seine Kindheit in der Villa Ebers am See, dem späteren Midgardhaus, heute ist dort Häring's Wirschaft beheimatet. Die Villa liegt unweit des Hauses der Maurermeisterfamilie Knittl auf einer Landzunge.

Damals gehörte zu den wenigen Häuser im Umkreis noch das Obpacher Haus, welches in nordwestlicher Nachbarschaft des Knittl-Hauses an der heutigen Von-Kühlmann-Straße 1 liegt. Der Hausbesitzer J.B. Obpacher war Miteigentümer der bekannten lithographischen Kunstanstalt Gebr. Obpacher in München.

Ein breiter „Feldweg", gemeint ist die heute stark befahrene Hauptstraße, trennte den „oberen" und „unteren" Landstrich. Zu den Bewohnern des „unteren" Landstrichs gehörte unter anderem die Familie Ebers. Die Eheleute Edgar und Kitty Hanfstaengl aus München waren als Freunde öfter in der Tutzinger Villa Ebers zu Gast, wohnten aber selber nicht in Tutzing. Hermann Ebers erzählt in seinen unveröffentlichten Kindheitserinnerungen seine Erlebnisse mit der Nachbarschaft:

„Ernst [Sohn der Obpachers] war mein eigentlicher Freund und wir steckten oft tagelang zusammen, bestanden aber auch zusammen Fehden mit Dorfjungs, besonders denen des Maurers Knittl, der sein Haus neben dem von Obpachers hatte. Unser Haupttummelplatz war der ‚Obere Landstrich', der zwischen unseren Anwesen lag.

Ich war immer sehr viel mehr bei Obpachers, als sie bei uns, denn sie hatten immer etwas Scheu vor der mehr formellen, norddeutschen Art, die im Gegensatz zu ihren Gewohnheiten bei uns herrschte. Bei ihnen bekam ich zuerst Einblick in eine gute bürgerliche, echt münchnerische Familie. Man war dort dem sogenannten ‚Herrschaftlichkeiten' abgeneigt, betonte Anstand und gute Sitte, aber war allem gesellschaftlichen ‚Krampf' feind. Mutter Obpacher war eine prächtige, tüchtige Frau von breiter Statur, die durch große goldgefasste Brillengläser klug in die Welt blickte. Sie war stets ‚grad heraus', aber man fühlte, dass sie es immer gut meinte. Als ich einmal mit ihr dem Hofrat Hanfstaengl beggnete und er sie mit ‚Gnädige Frau!' anredete, sagte sie: ‚Herr Hofrat, i´ heiß´ fei´ Obpacher!' ‚Das weiß ich doch!', meinte er, worauf sie lachend sagte: I´ sag´s Ihnen ja nur, weil i´ ka ‚Gnädige' bin, sondern ganz einfach d´Frau Obpacher!".[5]

Abb. 5 *Der Maler und Schriftsteller Hermann Ebers mit seiner zweiten Frau Edith, um 1928*

Bauzeit 1872 – 1888

Gründerzeit am Starnberger See

Als der nun mit dem Meisterbrief versehene Josef Knittl in Tutzing 1872 seine Baufirma eröffnete, war gerade das Deutsche Kaiserreich proklamiert worden. Die Gründerzeit, die mit der breiten Industrialisierung einsetzte, nahm ihren Anfang. Deutschland erlebte nicht zuletzt durch die französischen Reparationszahlungen aus dem gewonnenen Siebziger-Krieg einen ungemeinen Boom. Der wirtschaftliche Aufschwung und die Umbruchstimmung wurden auch im Voralpenland deutlich spürbar. Immer mehr Handwerker und Unternehmer kamen an den Starnberger See, um sich hier niederzulassen.

Mit der Eröffnung der Eisenbahnlinie von München nach Starnberg 1854 und ihrer Verlängerung von Starnberg nach Tutzing 1865 kam der Tourismus richtig in Schwung. Laut Fahrplan von 1868 konnten Urlauber und Tagesausflügler dreimal am Tag in einer Stunde und 40 Minuten von München nach Tutzing reisen. Die Dampfschifffahrt wurde schon seit 1851 als beliebtes Reisemittel genutzt, um an die schönen Uferplätze des Sees zu gelangen. Nicht nur Ausflügler, sondern auch Sommergäste und Künstler suchten zunehmend für einen längeren Sommeraufenthalt die Nähe zum Starnberger See.

In den Ortschaften rund um den See begannen sich die gesellschaftlichen Strukturen massiv zu verändern. Im Zuge der Auflösung alter feudalistischer Strukturen wurden die Bauern und Fischer unabhängiger und entwickelten ihre eigenen Pläne, die unmittelbar mit neuen Eigentumsverhältnissen verknüpft waren.[6]

Auch in Tutzing war die Zeit der Hofmark vorüber. Ilka von Wrede, die Schwester des letzten ledigen und kinderlosen Reichsgrafen Friedrich Max von Vieregg, veräußerte das Tutzinger Schloss im Jahr 1869 an den Stuttgarter Verleger Eduard von Hallberger, der es zu einem luxuriösen Treffpunkt der literarischen Welt und des Großbürgertums umgestaltete.

Prägnante Bauten außerhalb der Hofmark

Außerhalb des Schlossbereichs befanden sich prächtige Bauten aus der Zeit vor 1870 wie im Norden die erste Villa am See, das Gästehaus des Schlosses (1853), das spätere Midgardhaus, und noch weiter nördlich die Klenze-Villa (1865), die heutige Akademie für Politische Bildung.

Mehr zur Ortsmitte hin, lag die Schlossmühle am Fadlbach und in südwestlicher Nachbarschaft prangte auf der Anhöhe der „Reiserhof" (1864), das spätere Landhaus Fraunberg. Am Bahnhof befand sich der Gasthof zur Eisenbahn (1865), das spätere Hotel Simson, am östlichen Ende der Bahnhofstraße stand der vom Braumeister Georg Kalb zum Wohnhaus umgebaute Zehentstadel (1854), das spätere Ringseis-Haus. Im Süden lag bereits die neoklassizistische Villa (1865) des Eisenwaren-Fabrikanten Max Kustermann. Am südlichen Ortsausgang gab es mit der Ziegelei Renner (1864) bereits eine vorindustrielle Fertigung.

Abb. 6 *Klenze-Villa (1865), heutige Akademie für Politische Bildung*

Der erste Bauboom

Noch zu Zeiten der Hofmark reihten sich etwa vierzig Häuser halbkreisförmig um den Hofmarkbesitz der Grafenfamilie von Vieregg, die sehr strikt und in sichtbarer Weise um das Schloss herum angeordnet waren.

Bauzeit 1872 – 1888

In den Jahren zwischen 1872 und 1877 schossen nun weitere Häuser wie Pilze aus dem Boden.

Damals war es noch üblich, dass die Maurer- und Zimmermeister im Bauhandwerk für die Durchführung des Baus verantwortlich waren. Erst am Ende des Jahrhunderts übernahmen im Zuge der Einführung der Staatsbauschulen die Baumeister diese Rolle.

Die lebhafte Bautätigkeit dieser Zeit am Starnberger See, ein wahrer Boom, versprach viel für den tüchtigen jungen Josef Knittl. In den Gründerjahren von 1872 bis 1877 wurden weitere 43 Häuser, von denen die meisten vom Maurermeister Knittl stammten, erbaut.

Bevor er 1872 in Tutzing mit seiner Baufirma loslegte, entstanden allein in den sieben Jahren zuvor 26 Bauten in Tutzing, an deren Durchführung seine späteren Konkurrenten, der Maurermeister Anton Echter und der Feldafinger Baumeister Johann Biersack großen Anteil hatten. Die Mehrzahl stammte von seinem größten Gegenspieler, dem Maurermeister und Baulöwen Anton Echter aus Raisting, der jedoch „am 18. November Vormittage ½ 11 Uhr auf der Stadelwiese bei Unterzeismering einen schweren Jagdunfall erlitt, der den raschen Tod des erst 40-jährigen Mannes herbeiführte."[7]

Kaufhaus Alois Bodemann, 1872

Zu den ersten Häusern des jungen Unternehmers Josef Knittl gehörte der „Untere Kramer", der im Bereich des Schlosses westlich der Hoftaverne lag. Auftraggeber war der damalige Schlossbesitzer Eduard von Hallberger. Der Metzgermeister Peter Bockmayr bewohnte unter anderem dieses an der heutigen Leidlstraße 2 gelegene Wohnhaus mit seiner Familie. Die Lage war für ihn ideal, denn er hatte nur wenige Schritte zu seiner Arbeitsstätte, der „Schloss-Metzgerei".

Am 18. Mai 1885 eröffnete dort der Kaufmann Alois Bodemann (1846 – 1927) als neuer Besitzer seinen Laden, in dem Uhren verkauft und repariert wurden, denn eigentlich war Alois Bodemann gelernter Uhrmacher. Weil er jedoch mit diesem Geschäftszweig allein nicht überleben konnte, wurden die Uhren zum Nebenerwerb und die offizielle Bezeichnung seines

Abb. 7 *Blick auf die Leidlstraße, rechts das Kaufhaus von Alois Bodemann*

Bauzeit 1872 – 1888

Abb. 8 *Spezerei – Schnittwarenhandlung Alois Bodemann, 1929*

Geschäftes lautete: „Spezerei – Schnittwarenhandlung Alois Bodemann".[8] Dass sich Alois Bodemann der Textilwarenbranche verschrieb, kann darauf zurückzuführen sein, dass sein Schwager, der Münchner Kaufmann Wolfgang Lutz,[9] der mit seinem Textilgeschäft am Rindermarkt in München Königlich Bayerischer Hoflieferant war, auch zeitweise in Tutzing wohnte.

Das Traditionsgeschäft mit fast gleichbleibendem Sortiment, aber wechselnden Räumlichkeiten, blieb noch sehr lange in der Hand der Familie. Der Enkel des Gründers, Erich Bodemann (1928–2008), eine wahre Tutzinger Institution, war der letzte Inhaber des Ladens, der sich ab 1937 bis 1987 an der Hauptstraße 46 befand, am heutigen Standort einer Eisdiele.[10]

Villa Trutz, 1872/73

Die heute denkmalgeschützte Villa Trutz erhielt ihren Namen von einem der Pioniere des deutschen Kraftfahrwesens Karl Trutz (1872–1950). Nachdem sie zuvor einige Male den Besitzer gewechselt hatte, erwarben Karl und Elsa Trutz im Jahr 1925 die Villa, als sich der Unternehmer an der heutigen Hauptstraße 67 in Tutzing zur Ruhe setzte.

Die Villa hatte ursprünglich der Maurermeister Josef Knittl im Jahr 1872 für den Königlichen Hauptmann und Kämmerer Max von Baligand errichtet.

Bauzeit 1872 – 1888

Das neu gegründete Baugeschäft des Maurermeisters lag nur wenige Meter nördlich davon entfernt.

Der Grundriss dieses Hauses zeigt eine typische Gestaltung für eine zu dieser Zeit konzipierte Villa, ausgelegt auf das Leben einer großbürgerlichen Familie. Im Souterrain befanden sich die Räume für das Hauspersonal sowie die Küche, die über einen Aufzug mit dem Salon im Parterre verbunden war. Ein großes Treppenhaus verband die Räume im Erdgeschoss mit den vielen Zimmern im Obergeschoss, die von der mehrköpfigen Familie bewohnt wurden. Separate Bereiche für einzelne Parteien bot diese Form der Hausaufteilung nicht und eignete sich daher nur für eine Großfamilie.

Der mit der Villa in Verbindung gebrachte Besitzer Karl Trutz, ältester Sohn des Begründers der Karosseriefabrik N. Trutz, erhielt von seinem Vater noch zusätzlich die Hofwagenfabrik Josef Neuß, die er Anfang des 20. Jahrhunderts von der Kutschenherstellung auf die Fertigung von Autokarosserien umstellte. Als Unternehmer in der Automobilindustrie genoss Karl Trutz hohes Ansehen in diesen Wirtschaftskreisen und pflegte Freundschaften zu den Opel-Brüdern, Karl Horch, Dr. Maybach oder auch zu seinem eigentlichen Konkurrenten Karmann in Osnabrück. Seine Verdienste würdigte sein treuer Kamerad Georg von Opel in einer persönlichen Rede an seinem Grab.[11]

Die Karosseriefabrik N. Trutz wurde 1871 vom Wagenbauer Nikolaus Trutz, dem Vater von Karl Trutz, in Coburg als Kutschenfabrik gegründet und zählte zu den bedeutendsten deutschen Kutschenherstellern. Die Karosseriefabrik existierte noch für Omnibusaufbauten bis 1958.

Abb. 9 *Villa Trutz mit Terrassenvorbau in Tutzing, 2017*

Bauzeit 1872 – 1888

Kutscher- und Gärtnerhaus der Villa Trutz, 1874

Südöstlich der Villa Trutz entstand am Rand der Parkanlage einige Zeit später das Kutscherhaus nebst Gärtnerhaus. Im Kutscherhaus, dessen nördliche Fassade mit zwei Pferdekopf-Reliefs verziert ist, waren die Rösser samt Kutsche und Zubehör untergebracht. Die „Einliegerwohnung" des Kutschers befand sich im südlichen Anbau mit separatem Eingang. Westlich befand sich eine, vermutlich später hinzugekommene, hölzerne Kegelbahn in einem niedrigen Anbau.

Das ehemalige Kutscherhaus ist heute denkmalgeschützt. Es wurde zu einem charmanten kleinen Wohnhaus umgebaut. Die einstige Kutscherwohnung ist heute mit dem Haus verschmolzen, die frühere Kegelbahn beherbergt die Haustechnik und das Gärtnerhaus dient als Garage.

Abb. 10 *Ehemaliges Bedienstetenanwesen der Villa Trutz in Tutzing, 2017*

Das „Ferber-Haus" – ein Nebengebäude des Midgardhauses mit Chaisenremise, 1873

Josef Knittl hatte nur wenige Schritte von seinem Haus seewärts bis zum Ökonomie-Gebäude des einstigen Gästehauses des Grafen von Vieregg an der heutigen Midgardstraße 22, welches später von den Einheimischen den Namen „Ferber-Haus" bekam. Der Maurermeister erstellte in seinen Anfangsjahren als Bauunternehmer einen Anbau an dieses Ökonomie-Gebäude, das zum damaligen Besitz der Baronin von Kwist gehörte. Ihre „Excellenz" Sophie von Quist (auch Kwist), die Gattin eines hohen russischen Beamten, war ab 1872 zehn Jahre lang Eigentümerin des Anwesens auf der Landzunge. Der alte Grundriss bestand aus einer Kutscherwohnung, einem Pferdestall und einer alten Remise. Mit dem westlichen Anbau[12] im Jahr 1873 kam eine sogenannte Chaisenremise hinzu, eine zusätzliche Garage für eine moderne leichte Zweisitzer-Kutsche mit beweglichem halben Verdeck. Das heute für exklusive Parksuiten von Häring's Wirtschaft genutzte und in den Sechzigerjahren überbaute Wohnhaus lässt diesen Grundriss noch erkennen.

Den Namen „Ferber-Haus" bekam das heute noch bestehende lang-

Simone Ferber war die Gattin des Aachener Tuchfabrikanten August Ferber sen. und bekam das Anwesen von ihrem Vater, dem Baron Eberhard von Welck (1857–1935), einem wohlhabenden Playboy aus Brüssel, der es 1919 erworben hatte. Für den Baron galt das Tutzinger Domizil nach dem Ersten Weltkrieg als kurzzeitiger Unterschlupf, bis er wieder in seine alte Heimat zurückkehren konnte.

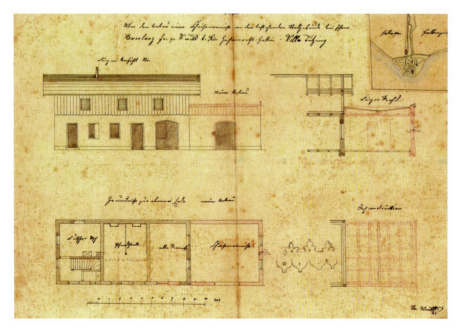

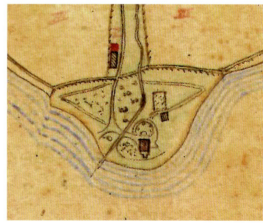

Abb. 11a/b *Das Ferber-Haus, Anbauplan einer „Chaisenremise" von Josef Knitt(e)l*
Oben: Lageplan (Detail) mit dem ersten Bau des Midgard-(Ebers)hauses, der Gartenanlage und der Remise an der Zufahrt

Bauzeit 1872 – 1888

Abb. 12 *Das „Ferber-Haus", ehemals genutzt als Remise des Midgardhauses*

Der weitgereiste August Ferber sen. (1880–1959) gab der ehemaligen Villa Ebers den Namen „Midgard". Mit der Bezeichnung Midgardhaus wird die Villa mit ihrer Gastronomie auch heute noch in Verbindung gebracht. „Midgard" ist eine germanische Bezeichnung für die Welt oder die Erde. In der nordischen Mythologie bedeutet es: den Wohnort der Menschen in der Mitte der Welt. Der Weltenbummler Ferber unternahm 1903 beispielsweise eine Expedition nach Nordindien und in den Himalaya, worüber er in der Zeitschrift des Alpenvereins und im Journal der Royal Geographical Society berichtete.

gestreckte Gebäude von der Bewohnerin Simone Ferber (1895–1960). Sie war die letzte Besitzerin des Midgardhauses. Als sich nach dem Krieg amerikanische Soldaten und später Flüchtlinge in das Haupthaus einquartierten, blieb Simone Ferber nichts anderes übrig, als in das Nebenhaus umzuziehen. Sie selbst wohnte im Erdgeschoss, ihr Sohn August jun. mit seiner damaligen Gattin im Obergeschoss.

Simone Ferber verkaufte im Jahr 1954 das Midgardhaus an die Gemeinde Tutzing. Ihr gehörten aber auch viele unbebaute Grundstücke rings um das Anwesen. Vor ihrem Tod begann sie Bauplätze, beispielsweise an den Hufschmied und späteren Tankstellenbesitzer Ferdinand Hößle, zu veräußern.

Ihr geschiedener Sohn August Ferber jun. wanderte nach Amerika aus, wurde Versicherungskaufmann in San Fransisco und hatte vermutlich an dem Tutzinger Grundbesitz kein großes Interesse mehr. Nach dem Tod der Mutter im Jahr 1960 verkaufte er den beträchtlichen Rest an etliche Bauherrn, die alle ab den Sechzigerjahren rings um die Simone-Ferber-Straße in Tutzing ihre Häuser errichteten.[13]

Südlicher Anbau an die Villa Ebers, 1883

Das Hauptgebäude des Midgardhauses war ursprünglich kleiner, bestehend aus einem Bau mit Satteldach, dem charakteristischen Belvedere-Turm und einem kleinen Nordflügel. Im Jahr 1883, als der Ägyptologe und Schriftsteller Georg Ebers (1837–1898) das Anwesen von der Russin Sophie von Quist erworben hatte, gab Ebers den Auftrag zu einem südlichen Anbau mit Loggia und überdachtem Balkon.[14] Die Pläne stammten vom Tutzinger Architekten Engelbert Schnell und die Ausführung lag bei

Bauzeit 1872 – 1888

der Baufirma Josef Knittl. Der Anbau war vermutlich aus Platzgründen nötig, da Georg und Antonie Ebers mit sechs Kindern, deren letztes damals zweijähriges Kind, der später bekannte Hermann Ebers, viele Zimmer benötigten.

In seinen Kindheitserinnerungen beschreibt Hermann Ebers den Beginn eines typischen Tages im Midgardhaus folgendermaßen:

„Um ½ 8 Uhr wurde geweckt und von 8 Uhr an stand der meist ausgezogene Esstisch mit dem Frühstück bereit. Da duftete es dann köstlich nach dem Kaffee, der aromatische Dampfwolken aus den blitzblanken Wiener Messingmaschinen verpuffte; durch das Laubwerk der Veranda spielten die Sonnenlichter des morgendlichen Sees und man haute tüchtig ins Frühstück rein, das meist nur aus krach-frischen Semmeln und Butter, manchmal mit etwas Honig oder Gelee versüßt, bestand. Man war nicht allzu fest an das Einhalten einer bestimmten Frühstückszeit gebunden und manche Spätaufsteher erschienen erst gegen 9 Uhr. [...]."[15]

Seine Mutter Antonie galt eher als Langschläferin, die den Tag ruhig angehen ließ. Den kleinen Jungen faszinierte immer wieder das morgendliche Zeremoniell seiner Mutter. Bis etwa 11 Uhr saß sie mit Morgenmantel bekleidet in ihrem häuslichen Umfeld. In dieser Zeit frisierte eine Zofe ihre Haarpracht mit künstlerischem Geschick. Die langen Haare wurden

Abb. 13 *Midgardhaus mit den später südlich angebauten Loggien*

mehrmals von rechts nach links gelegt und mit Haarspangen zu einer eindrucksvollen Hochfrisur gesteckt.

Villa Reber, 1873 – Pöcking

In seinen Anfangsjahren erbaute Josef Knittl außerhalb seines sonstigen Wirkungskreises ein ganz ausgefallenes Haus an der Feldafinger Straße 15 in Pöcking. Der Maurermeister verwirklichte für den vielgereisten Kunsthistoriker Geheimrat Prof. Dr. Franz von Reber (1834 – 1919), der berufsbedingt ein besonderes Faible für italienische Architektur hatte, den Traum einer toskanischen Landvilla mit einem Belvedere-Turm. Das Haus war mit kunstvollem Interieur ausgestattet.[16] Solche Villen im italienischen Stil waren am Starnberger See um diese Zeit eine beliebte Variante. Die heute denkmalgeschützte eher zarte Villa sticht in ihrer Anmut und Besonderheit wahrlich aus ihrem Umfeld heraus.

Prof. Dr. Franz von Reber, der sich schwerpunktmäßig mit der Kunst der Antike und der Geschichte der Architektur beschäftigt hatte, lehrte Kunstgeschichte an der Universität München und an der dortigen Technischen Hochschule. Ihm wurde die Leitung der Bayerischen Staatsgemäldesammlungen und der Münchner Pinakotheken übertragen. 1881 erhielt er einen

Abb. 14 *Villa Reber in Pöcking, Baukörper mit „Belevedere"-Türmchen im toskanischen Stil, 2016*

Bauzeit 1872 – 1888

Adelstitel. Die Familie Reber wohnte damals in München und nutzte die Villa in Pöcking anfangs als Sommer- und Feriensitz. Im Jahr 1895 fügte Xaver Knittl, der Sohn von Josef Knittl, dem Wohnhaus einen Anbau hinzu und veränderte die Fassade.[17]

Wohnhaus Martin Konrad, 1873/74

Der Schreinermeister Martin Konrad, Tutzinger Bürgermeister von 1876 bis 1894, ließ sich 1873/74 ein charmantes Wohnhaus an der Hauptstraße 61 von Josef Knittl erbauen. Heute befindet sich im Parterre das Elektrofachgeschäft Müller. Martin Konrad wohnte dort mit seiner Ehefrau Franziska und dem Musiker Stelzer. Dieser muss wohl Miteigentümer des Hauses gewesen sein, denn Clara Stelzer nahm auf das Haus eine Hypothek auf, die 1897 von der Vormundschaft, dem Gastwirt Andreas Roth, mit 500 Mark nebst Zinsen zurückbezahlt wurde. Vermutlich war Clara Stelzer verarmt, denn beim Gläubiger handelte es sich um den Armenfond Tutzing.

Als der Bürgermeister a.D. Konrad 1902 nach langer Krankheit verstarb, vererbte er sein Haus mit Grundstück aus Dankbarkeit für seine langjährige Pflege der hübschen Haushälterin Maria Heyer (1875–1950), einer Tapeziererstochter aus München.

Noch im selben Jahr heiratete Maria Heyer den Fischer und Musikmeister

Abb. 15 *Häufig kamen Sommergäste in das Haus Konrad. Das Foto zeigt die reich verzierten Altanen (Balkone).*

Abb. 16 *Das Haus Konrad mit seiner ursprünglichen Fassade, auffallende Fensterrahmung mit Türmchenmalerei, Foto 1932*

Michael Müller (1873–1916), der bereits mit 43 Jahren starb und die junge Witwe Maria mit Sohn Michael hinterließ. Ein gewünschter Nebenverdienst ergab sich in harten wirtschaftlichen Zeiten durch die private Vermietung an Ferien- und Sommergäste. Das zentral gelegene Haus wurde mit Matratzen bis unters Dach ausgestattet, um möglichst viele Gäste bei großer Nachfrage unterzubringen.

Der einzige Sohn Michael Müller (1905–1988), ausgebildet als Elektromeister, eröffnete 1947 im Haus ein Ladengeschäft mit Elektro- und Haushaltswaren. Sein Sohn Herbert Müller (1936–2016) führte nach dem Tod des Vaters das 1971 modernisierte Elektroinstallationsfachgeschäft weiter, das ständig Neuerungen und Veränderungen unterworfen war. Im Jahr 1996 gab er es dann auf, denn er hatte sich fest vorgenommen, mit 60 Jahren seinen Hobbies, wie beispielsweise dem Betonbau, nachzugehen. Das Traditionsgeschäft Müller wird seitdem vom Geschäftsinhaber Arnold Walter weitergeführt.

Vom Schmiedhaus zur Autogarage Hößle, 1874

Mit dem im Jahr 1904 in Tutzing eingetroffenen Schmiedemeister Johann Hößle (1873–1928) aus Vorderschellenberg bei Krumbach begann eine lange Familiengeschichte im Handwerk, die mit dem Beschlagen von Huftieren ihren Anfang nahm und, als die Autos die Zugtiere ersetzten, mit einer Autoreparaturwerkstätte samt angeschlossener Tankstelle fortgesetzt wurde.

Als der Schmiedemeister Anfang des Jahrhunderts eine Betriebsstätte suchte, hatte er eine äußerst erfreuliche Auftragslage, denn viele Pferde, Ochsen und Zugkühe, von denen die meisten aus der Schlossbrauerei kamen, mussten beschlagen werden. Zum Start in die Selbstständigkeit pachtete Johann Hößle von seinem Firmpaten, dem Sägewerksbesitzer Suiter, am Nordrand von Tutzing die Alte Schmiede und arbeitete dort zunächst als Huf- und Wagenschmied.

Wie es der Zufall so wollte, stand zwei Jahre später in der Ortsmitte das Anwesen des Schmiedemeisters Andreas Steindl zum Verkauf. Dessen

Abb. 17 *Der Schmied Johann Hößle (Mitte) mit Sohn Ferdinand (links), um 1915*

Bauzeit 1872 – 1888

Sohn wollte lieber in München als Sänger und Schauspieler auftreten, als die Nachfolge des väterlichen Betriebs antreten.

Die Schmiede und das Wohnhaus nebst Remisen hatte Josef Knittl ab 1874 an der Schmiedgasse für Andreas Steindl erbaut. Im Jahr 1877 kam noch ein Fachwerkaufbau des heute an der Greinwaldstraße 6 befindlichen Wohnhauses hinzu, welcher ebenfalls vom Maurermeister Josef Knittl stammt. Als Johann Hößle 1928 mit 55 Jahren verstarb, bewohnte seine Witwe Elisabeth (1870 – 1959) das Haus mit Fachwerkzierrat bis zu ihrem Lebensende.

Die parallel zur Hauptstraße verlaufende Schmiedgasse ist heute an dieser Stelle eine Sackgasse, da sie vom Süden her durch ein Wohngebäude an der Greinwaldstraße verbaut ist.

Der älteste Sohn Ferdinand Hößle (1899 – 1976) folgte Johann Hößle als Geschäftsinhaber. In den späten Zwanzigerjahren war nicht mehr zu übersehen, dass die Prominenz am Starnberger See bereits mit Automobilen spazieren fuhr, und Ferdinand Hößle sattelte von Pferde- auf Motorstärke um. Im Gemüsegarten des Hößle-Anwesens in der Ortsmitte ließ sich Ferdinand Hößle bei Geschäftsübernahme eine Auto-Reparatur-Werkstätte[18] mit Arbeitsgrube von Xaver Knittl bauen. Die Fenster befanden sich auf der Westseite so nah an der alten TSV Turnhalle, dass die Hößle-Kinder die Theateraufführungen, die für die Amerikaner in der Turnhalle stattfanden, mit ansehen konnten.

Der Botschafter Friedrich von Prittwitz und Gaffron soll sein Automobil der Marke „Horch" in die Autowerkstatt Hößle zur Reparatur gegeben haben, da gelegentlich technische Komplikationen auftraten und dies dem KFZ-Meister öfters schlaflose Nächte bereitete. Nach dem Krieg brachten die Reparaturen an den Militärfahrzeugen der Alliierten neuen Aufschwung.[19] Da das Umfeld für das Gewerbe mitten im Ort mit der Zeit zu klein wurde, zog man 1953 mit Tankstelle[20] und Autowerkstatt an den Nordrand von Tutzing, genau auf der anderen Seite, wo damals alles mit der Schmiede begonnen hatte.

Abb. 18 *Ferdinand Hößle mit Hund, im Hintergrund sein Wohnhaus*

Wohnhaus Glaser Wörsching, 1874

In nächster Nachbarschaft des Hauses Hößle begann der aus Starnberg stammende Otto Wörsching seine Geschäftstätigkeit mit einer Glaserei. Das kleine Wohnhaus an der heutigen Traubinger Straße 3 erbaute ihm der Maurermeister Josef Knittl.

Maria Wörsching (1849 – 1915), die Witwe des Glasers Otto Wörsching (1846 – 1886), machte im Jahr 1896 ein gutes Geschäft, indem sie ihr schlichtes bereits zwanzig Jahre altes Wohnhaus gegen das frisch errichtete Wohn- und Geschäftshaus des Uhrmachers Anton Spickner, heute Sport Thallmair, schräg gegenüber an der Traubinger Straße 2, Ecke Hauptstraße, eintauschte.

Der Uhrmacher Anton Spickner fühlte sich anscheinend in dem etwas kleineren älteren Haus wohler und ließ sich dort gleich nach dem Tausch von Xaver Knittl eine ebenerdige Wohnung anbauen und den Laden modernisieren.

In den kommenden fast hundert Jahren waren im Laden das Lebensmittelgeschäft Violand, die Bayerische Hypotheken- und Wechselbank unter der Leitung des Bankdirektors Brod sowie ein Herrenausstatter untergebracht. Heute befindet sich dort eine Tierarztpraxis im Parterre.

Abb. 19 *Das Wohn- und Geschäftshaus Wörsching / Violand an der Traubinger Straße*

Bauzeit 1872 – 1888

Sauerkrautfabrik und Kohlenhandel Westermei(e)r-Deimel, 1874

Das Wohnhaus Westermeir mit der später hinzugekommenen Sauerkrautfabrik und dem Kohlenhandel Deimel wurde 1874 vom Maurermeister Josef Knittl für den Bauherrn Heinrich I. Westermeier (1844 – 1912) erbaut. Das Anwesen befand sich am heutigen Beringerweg 14 und ist 1988 durch einen Neubau ersetzt worden. Die Stammhalter der Westermeirs hatten alle den Vornamen Heinrich.

Es war eines der schlichten Wohnhäuser, die nach der Eröffnung der Eisenbahnlinie 1865 westlich der Bahnlinie entstanden. Die Nähe zum Bahnhof war für viele Bauherrn attraktiv, um sich in Tutzing anzusiedeln. In erster Linie waren es Mitarbeiter der Bahn, wie der Eisenbahnzimmermann Johann Merkel oder der Eisenbahn-Expeditor Oskar Otto. Für die Familie Westermeir, später Deimel, zahlte sich die Lage aus, denn die

Abb. 20 *Wohn und Geschäftshaus der Familie Westermeir-Deimel in Tutzing (1874 – 1998)*

Bauzeit 1872 – 1888

Krautköpfe wurden in Waggons per Bahn geliefert und über eine eiserne Fußgänger-Brücke über die Gleise transportiert.

Bauherr Heinrich I. Westermeier stammte aus München und war wie sein Sohn Heinrich II. Westermeir (1876–1942) Maurer bei der Baufirma Knittl. Ein tragisches Schicksal ereilte den noch jungen Maurer Heinrich II. Westermeir, als er bei der Erweiterung des Hotels Simson um 1900 in der Bahnhofstraße vom Baugerüst stürzte, denn dabei verlor er ein Bein und trug seitdem eine Holzprothese. Der älteste der vier Söhne musste deswegen „umschulen" und baute im Laufe der Zeit eine kleine Sauerkrautfabrik mit Kohlenhandel auf, die sich hinter dem Haus befand. Später übernahm er von seinem Vater an der Bahnhofstraße noch einen Gemischtwarenladen (Umbau des Kiosks zum Gemischtwarenladen 1928 durch Xaver Knittl).

Heinrich II. Westermeir, der mit seinem Holzbein nun als Maurer berufsunfähig war, hatte Glück im Unglück, denn das selbst hergestellte Sauerkraut fand in der Umgebung ab der Jahrhundertwende bereits viele Abnehmer. Er belieferte im großen Stil umliegende Geschäfte, Gasthäuser und Hotels mit selbstgemachtem Sauerkraut in Holzfässern.

Der einzige Sohn Heinrich III. Westermeir (1914–1943) vergrößerte in dritter Generation den Betrieb. Moderne elektrische Krautschneidemaschinen und große Lager-Bottiche wurden angeschafft. Sauerkraut wurde zum Volksnahrungsmittel und jedermann zum ausgiebigen Verbrauch empfohlen.

Heinrich III. Westermeir starb mit nur 29 Jahren im Zweiten Weltkrieg in Russland. Für seine junge Witwe Elisabeth Westermeir (1915–2013), genannt „Lies", und die kleine Tochter Elisabeth musste das Leben weitergehen und vor allem musste ein männlicher Geschäftsinhaber für die Fabrik gefunden werden. So legte der Ehemann noch kurz vor seinem Tod an der Front seiner „Lies" nahe, sich an die Familie Deimel zu wenden, die eine Sauerkrautfabrik in Berg am Laim bei München betrieb. Auf diese Weise lernte die Witwe ihren zweiten Ehemann Anton Deimel (1908–1978) kennen, der mit den Erfahrungen aus der elterlichen Firma, vor allem was die Konservenhaltung betraf, den Tutzinger Betrieb erfolgreich bis Ende der Siebzigerjahre weiterführte.

Abb. 21 *Gemischtwarenladen Westermeir (1928–2012), zuletzt Friseurgeschäft Hillenbrand, Foto 2012*

Die Sauerkrautherstellung in Tutzing

In Zugwaggons kamen die Weißkrautköpfe von Ismaning nach Tutzing. Von dort wurden sie über die Eisenbahnbrücke geschafft, die direkt vom Bahnhof zur gegenüberliegenden Sauerkrautfabrik führte. Über einen Aufzug transportierte man sie nach oben zur Krautmaschine. Die Köpfe kamen in die Maschine, der Strunk wurde maschinell mit Bohrern abgeschnitten und der Kohlkopf anschließend zerkleinert. Dabei überwachten Arbeiter den reibungslosen Betrieb der Krautmaschine.

Der zerkleinerte Kohl fiel unten in große viereckig gemauerte Bottiche, die innen gefliest waren. In offenen Sammelbecken wurde das zerkleinerte Kraut in großen Mengen gesalzen und gewürzt. Die Arbeiter wurden mit Gummistiefeln ausgestattet, die unten mit Holzbrettern versehen waren. Auch französische Kriegsgefangene arbeiteten zeitweise in der Fabrik. Mit den hölzernen Auflageflächen an den Schuhen stampften sie unter großem körperlichen Einsatz stundenlang das Kraut weich. Das gestampfte Kraut wurde mit Platten, die durch Winden immer wieder nachgezogen wurden,

„Sauerkraut für Mittag- und Abendtisch erhält gesund, jung, schlank und fit!"
Unter dem Motto: „Gut, billig und frisch für den Mittag-und Abendtisch" wurde das Delikatessen-Sauerkraut an immer entferntere Orte mit LKWs ausgefahren oder mit der Bahn verschickt.

zusammengepresst. Die dadurch abgesonderte Milchsäure goss man nach und nach ab. Das vergorene Sauerkraut füllte man anschließend zum Verkauf in Holzfässer ab, speziell für Gasthäuser in dafür vorgesehene „Halbzentner-Fässer". Nach dem Krieg füllte man das Sauerkraut in Konserven und Beutel ab und stapelte es in Kisten zum Abtransport.

Pelzwarenfabrik Schüler, 1874/75

Das Landhaus mit dem weitläufigen Grundstück, das die Braunschweiger Kürschnerfamilie Schüler im Jahr 1918 von dem Fassfabrikanten und Afrikaforscher Ludwig Drexler erwarb, war bereits gut 40 Jahre zuvor von Josef Knittl für Jacob Blank erbaut worden. Der Neubau entstand nur einige hundert Meter nördlich des Baugeschäfts Knittl, an der Stelle, an der sich heute der Discounter Lidl am nördlichen Ortsausgang befindet. Oskar Schüler (1884 – 1946) hatte das Kürschnerhandwerk erlernt und besaß in jungen Jahren bereits eine Pelzwarenfabrik in Berlin, bevor er eher zufällig an der Umgebung des Starnberger Sees Gefallen fand. So entstand mit dem Kauf des Landhauses auf dem großen Gelände allmählich eine Pelztierfarm, was eigentlich für einen 2000 Einwohner großen Ort am Starnberger See eher untypisch war. Die Farm setzte sich aus vielen einzelnen Gebäuden[21] zusammen, in denen sich Maschinen zur Fellverarbeitung sowie Arbeitsräume[22] für die Pelzkonfektion befanden. Auf dem Freigelände

Abb. 22 *Die Pelztierfarm Schüler mit Wohnhaus (Bildmitte), später Würth, links Sägewerk Suiter, rechts Reißverschlussfabrik Dittmayer, unten Nordbadstraße; in der oberen Bildhälfte der Kalkgraben und das Haus Weiber, Foto um 1950*

Bauzeit 1872 – 1888

wurden in Gehegen und Käfigen Chinchillas, Füchse, Persianerschafe, Rehe und sogar Affen gehalten. Neugierige und kaufwütige Pelzliebhaber kamen als Sommergäste nach Tutzing, besuchten die Verkaufsgeschäfte und belebten damit den Fremdenverkehr.

Der erfolgreiche und karitative Kommerzienrat Oskar Schüler wurde im Laufe der Jahre jedoch auch von Anwohnern wegen des Gestanks und Lärms der Pelzfabrik oder dem regen Kundenverkehr wie auch den gelegentlich ausbrechenden Tieren angefeindet. Um einer Konfrontation zu entgehen, verlegte er den größten Teil der Fabrik nach Kampberg. Trotz der Umsiedelung liefen die Geschäfte bedingt durch die Weltwirtschaftskrise immer schlechter. Sein Sohn Rudolf Schüler (1917–2013), der ebenfalls das Kürschnerhandwerk erlernt hatte, konnte nach dem Tod des Vaters den überschuldeten Betrieb nicht mehr retten. Das Anwesen wurde

Abb. 23 *Villa Schüler mit Verandavorbau, um 1900 (1875 – 2003)*

Bauzeit 1872 – 1888

Abb. 24 *Blick vom Garten über die Gehege auf die Villa Schüler*

1953 von der Färberei und Reinigungsfirma Ernst Würth übernommen.[23] Neue Fabrikbauten für die Reinigung entstanden auf dem Gelände. Faulen Schulkindern wurde damals schon einmal das Arbeiten im Bügelsaal als Disziplinarmaßnahme angedroht.

Ernst Würth verkaufte seinem Werkmeister Karl Ernst einen Baugrund im Norden seines Geländes, auf dem dieser sich 1964 sein kleines Wohnhaus an der heutigen Klenzestraße 3 erbauen ließ.

Aus der Zeit der Pelzfabrik von Oskar Schüler existiert heute kein Gebäude mehr. Nur das Nebengebäude an der heutigen Klenzestraße 1, das zur Reißverschlussfabrik Gödecke und später Dittmayer umfunktioniert wurde und bis zu Beginn der Achtzigerjahre als Vertrieb für Handtücher und Bademoden der Marke Effee diente, existiert noch. Heute ist diese ehemalige Baracke zu einem Verwaltungsgebäude renoviert worden und beherbergt die Peter-Maffay-Stiftung.

Villa „Buchenhaus" nebst Ökonomiegebäude, 1875

Am heutigen Hausensteinweg 1, ehemals Am Höhenberg 15, erbaute Josef Knittl 1875 eine Villa im Landhaus-Stil, das „Buchenhaus", mit einem südlich gelegenen Ökonomiegebäude im Stil eines Bauernhofes für einen gewissen Herrn Aussenbauer, der dort bis zu seinem Tod 1891 wohnte. Das Landhaus erhielt den Namen „Buchenhaus" nach „einer mächtigen Buche inmitten eines waldartigen Gartens [und] bietet einen großartigen Blick über den See und ins Gebirge."[24] Anna von Hofacker (1836–1925),

Abb. 25 *Villa „Buchenhaus"*

Bauzeit 1872 – 1888

die Großmutter von Cäsar von Hofacker (1896–1944), ersteigerte im Jahr 1896 das Anwesen.[25] Im gleichen Jahr wurde ihr Enkel geboren. Die damals 60-jährige Witwe zog aus Hemmingen bei Ludwigsburg in Baden-Württemberg nach Tutzing. Cäsar von Hofacker beteiligte sich als Offizier der deutschen Luftwaffe zusammen mit seinem Vetter Claus Schenck Graf von Stauffenberg (1907–1944) am 20. Juli 1944 am Attentat „Operation Walküre" auf Adolf Hitler im Führerhauptquartier Wolfsschanze. Hofacker wurde im selben Jahr vom Volksgerichtshof zum Tode verurteilt und in Berlin-Plötzensee erhängt, sein Vetter noch am Tage des Attentats im Hof des Bendlerblocks erschossen. Cäsar von Hofacker hatte das Tutzinger Anwesen mit 27 Jahren geerbt, wohnte jedoch nie fest dort, verbrachte aber in Tutzing häufig seine Ferien.

Nach dem Attentat kam seine Ehefrau Ilse-Lotte von Hofacker, geb. Pastor, mit den beiden älteren Kindern ins Konzentrationslager, die drei jüngeren Kinder wurden von der Gestapo in ein Kinderheim gebracht. Als die Mutter und die fünf Kinder 1945 wieder zusammenfanden, bezogen sie gemeinsam das „Buchenhaus,"[26] welches sich heute noch in Familienbesitz befindet.

Das südliche Grundstück, auf dem sich das Ökonomiegebäude aus dem Jahr 1875 befand, wurde abgeteilt, 1923 verkauft und 2016 für einen Neubau abgebrochen (Abb. 27, S. 27).

Brand im „Buchenhaus"

Wilhelm Hausenstein (1882–1957), langjähriger Mieter im „Buchenhaus", war Kunst- und Kulturhistoriker, Schriftsteller, Publizist und erster deutscher Botschafter in Paris für die Regierung Adenauer. Er, der sich gegen den Antisemitismus einsetzte, war in zweiter Ehe mit der aus Belgien stammenden Jüdin Margot Kohn (1890–1997) verheiratet und hatte mit ihr die Tochter Renée-Marie Parry Hausenstein (1922–2015).

Wilhelm Hausenstein zog 1932 zusammen mit seiner Frau und der damals zehnjährigen Tochter von München nach Tutzing ins „Buchenhaus". Sie wohnten dort bis 1957, kurz vor seinem Tod, zur Miete.

Hausenstein schwärmt in seinen Tagebüchern vom „unvergesslichen Buchenhaus inmitten eines waldartigen Gartens. Das Buchenhaus, die halbe Ländlichkeit des Kleinstädtchens Tutzing, der Anblick auf die Berge, der Spaziergang auf die Ilkahöhe, das Schwimmen im See und die auch in den schlechtesten Zeiten nie aufgegebene edle Geselligkeit mit den Freunden [...]".[27]

Viele seiner Freunde wie Paul Klee, Max Beckmann, Karl Valentin und Theodor Heuss besuchten ihn dort.

Aufgrund der jüdischen Abstammung seiner Frau lebte Hausenstein in Zeiten des Nationalsozialismus ständig in Angst, dass etwas Unvorhergesehenes passieren könnte. Nach drei Jahren im „Buchenhaus" bewahrheitete sich diese Befürchtung, denn plötzlich brach dort ein Feuer aus. Der Heimatpfleger Josefranz Drummer hält über dieses Ereignis in seinen Notizen folgendes fest: „Am 17. November 1935 schlug in das Landhaus der Blitz ein und brannte aus. Es war gerade Sonntag, ziemlich abends. Da ging die Feuersirene. Es regnete und schneite. Ich lief mit einigen zum Brandplatz. Es war alles schlecht organisiert. Keine Leitern da und vor allem kein Wasser und kein Licht."[28]

Renée-Marie Hausensteins Eltern und die damals bei ihnen lebende Großmutter Clara vernahmen ein knackendes Geräusch in den oberen

Abb. 26 *Wilhelm Hausenstein in Tutzing mit Tochter Renée Marie hinter dem „Buchenhaus"*

Abb. 27 *Das zur Villa „Buchenhaus" umgebaute, ehemalige landwirtschaftliche Anwesen (1875 – 2016), Foto um 1990*

Stockwerken. Sie vermuteten zunächst einen Siebenschläfer, der häufig unter dem Dach zugange war. Als das Knacken immer lauter wurde, bemerkten sie, dass der Dachstuhl brannte. Die herbeigeholte Feuerwehr wusste nicht, wo man den Wasserschlauch anschließen konnte. Der zur Hilfe gerufene Installateur Ferdinand Bustin (S. 64 ff) konnte den Feuerwehrmännern helfen, so dass der Brand bald gelöscht war. Renée-Maries früherer Klassenkamerad Günter Brendel bot der Familie Hausenstein eine Notunterkunft im Kurhaus bei seinem Vater Dr. Georg Brendel an. Niemals konnte die eigentliche Ursache des Brandes geklärt werden, bei dem viele wertvolle Schriften von Hausenstein vernichtet wurden.[29]

Gabrielenheim, 1875

Das Gabrielenheim an der heutigen Seestraße 1 hatte seinen Namen von der einstigen Besitzerin Gabriele Gräfin Landberg (1850 – 1915). Die Umbenennung von Gabrielenheim in „Tabaluga Kinder- und Jugendhilfe" fand im Jahr 1998 mit einem Festakt statt.
Die Namensgeberin Gabriele Gräfin Landberg war die Tochter des Stuttgarter Verlegers Eduard von Hallberger. Hallberger, Tutzinger Schlossherr von 1869 bis 1880, ließ sich das zum Besitztum gehörige Försterrevier nebst Försterwohnung am Südrand von Tutzing im Jahr 1875 nach den Plänen seines Hofarchitekten Engelbert Schnell erbauen. Die Bauarbeiten übernahm Maurermeister Josef Knittl.
Nach dem Tod von Gabriele Gräfin Landberg im Jahr 1915 erbte die Stadt Stuttgart das Anwesen. Im Rahmen der „Landberg-Hallberger-Stiftung" für erholungsbedürftige Kinder kam es der Stadt München zugute. Es entstand daraus das „Gabrielenheim" für behinderte Kinder.[30]
In den Vierzigerjahren diente das Gabrielenheim auch als Kinder- und Entbindungsheim der Nationalsozialistischen Volkswohlfahrt (NSV). Es gibt keinerlei Beweise, dass es sich um ein „Lebensborn-Heim" gehandelt haben könnte. Es existiert lediglich eine Liste von Geburten aus den

Bauzeit 1872 – 1888

Jahren 1943 und 1944, aus der hervorgeht, dass hier eine ganze Reihe „lediger Mütter", aber auch viele „Ehefrauen" entbunden haben.[31]

Abb. 28 *Das Gabrielenheim, Foto um 1920, heute „Tabaluga Kinder- und Jugendhilfe"*

Der Oberförster und die Hofdame

Als Gabriele Gräfin Landberg das Anwesen nach dem Ableben ihres Vaters erbte, bewohnte es der Oberförster Karl Schweinle (1852–1913), der als Guts- und Forstverwalter des Schlosses eingesetzt war.

Karl Schweinle kam auf kuriose Art zu seiner Ehefrau. Ihm wurde die Heirat mit der adligen Hofdame aus dem Hause Thurn & Taxis, Amelie von Säckingen, ans Herz gelegt. Sie hatte während ihres Aufenthaltes am Fürstenhof eine Liaison mit einem Oberstleutnant. Aus dieser Liebschaft ging ein unehelicher Sohn, namens Carl, hervor. Um für geordnete Verhältnisse zu sorgen, musste geheiratet werden und so kam der Oberförster ins Spiel. Diese Ehe ist insofern interessant, als sich Frau von Säckingen wieder scheiden ließ, denn für sie war diese Verbindung nicht standesgemäß. Sie heiratete anschließend den Münchner Kunstmaler Rudolf Petuel (1870–1937).

Der in die Ehe mitgebrachte Sohn Carl Schweinle (1885–1954) heiratete später in die Tutzinger Hoteliers-Familie Simson ein. Seine erste Frau war Auguste Simson (1888–1932), die Tochter des Hoteliers Matthias Simson. Nach ihrem Tod blieb der Witwer Carl Schweinle der Familie treu und ehelichte deren jüngere Schwester Josefine Simson (1890–1958).

Die offizielle Berufsbezeichnung des Försters Karl Schweinle lautete: Freiherrlich von Cramer-Klett'scher Oberförster. Sein Dienstherr war Theodor Freiherr von Cramer-Klett (1817–1884), ein sehr vermögender Industrieller, der 1899 unter anderem die Güter Rößlberg, Kerschlach und Monatshausen erwarb.

Bauzeit 1872 – 1888

Das alte Beringerheim und das Erholungsheim für einen technischen Pionier, 1876

Jenseits des Bahngeländes erbaute Josef Knittl das Wohnhaus nebst Ökonomiegebäude für einen bedeutenden technischen Pionier des 19. Jahrhunderts am nach ihm benannten heutigen Beringerweg 26.

Johann Georg Beringer (1829–1919), Königlich Bayerischer Telegrapheningenieur und „Tutzinger Bienenvater", widmete sich der drahtgebundenen Telegrafie und war im Nebenberuf Imker. Viele seiner technischen Erfindungen sowie die Einführung des öffentlichen Münchner Telefonnetzes trugen dazu bei, dass sich die Gesellschaft auf lange Sicht veränderte. Zu seinem Freundeskreis zählten Johannes Brahms, Hans von Bülow, Franz Graf von Pocci, Franz von Lenbach und viele mehr. Das Anwesen in Tutzing bot ihm ideale Voraussetzungen für seinen Ausgleich mit der Kleintier-, Obst- und Bienenzucht.[32] Josef Knittl erfüllte dem Tausendsassa Beringer den Lebenstraum eines Landlebens am Starnberger See.

Eine eiserne Fußgängerbrücke erstreckte sich über die Gleise und verband damals den Bahnhof mit dem Beringerweg. Diese Brücke diente hauptsächlich den zahlreichen Gästen des Erholungsheims des Bayerischen Verkehrsbeamtenvereins (BVBV) als Zubringer. Auf der Brücke hatte man einen wunderbaren Blick über den See in die Berge, was durch ein eigenes Panoramaschild auf der Brücke dokumentiert wurde. Die Brücke wurde 1936 abgebrochen.

1904 schenkte der Oberingenieur a. D. Georg Beringer dem Bayerischen Verkehrsbeamtenverein (BVBV) das alte Beringerheim mitsamt einem 4,77 Tagwerk umfassenden parkähnlichen Grundstück, das hangaufwärts bis zum Hausensteinweg reicht. Der Stifter bestimmte, dass das gesamte Erholungsheim für bayerische Verkehrsbeamte auszugestalten und in diesem Sinne zu verwalten sei, und räumte sich und seiner Nichte ein Wohnrecht auf Lebenszeit ein.[33]

Abb. 29 *Ansicht des Erholungsheims Beringer für den BVBV in Tutzing, seit 2017 Arbeiter- und Samariterbund (ASB)*

Bauzeit 1872 – 1888

Oberhalb des alten Beringerheims auf der sonnigen Anhöhe ließ der BVBV 1912 ein neues großes Erholungsheim erbauen. Der Verein wählte eine Münchner Baufirma, Architekt war Max Kroneder.[34] Wahrscheinlich wäre es besser gewesen, der Bauherr hätte einheimische Bauhandwerker beauftragt, denn wegen erhöhter Baukosten kam es zu gerichtlichen Auseinandersetzungen zwischen der Vereinsleitung und dem Architekten sowie der Baufirma.[35] Schließlich übernahm Xaver Knittl mit seiner Firma den Bau.

„Café Diana", 1879

Die Villa Thekla, in der sich das „Café Diana" befand, lag an der heutigen Traubinger Straße 6. Das Haus gehört heute der Gemeinde Tutzing. Die Ambulante Krankenpflege e.V. ist seit Mitte der Neunzigerjahre in dem nach Osten erweiterten Häuschen untergebracht. Das für diese Zeit typische Wohnhaus errichtete Josef Knittl für den Bauherrn Stelzer. Seine Ehefrau Clara Stelzer wurde ab 1882 Eigentümerin. Die nachfolgenden Eigentümer, die Familie Wensauer, eröffneten dort im Jahr 1916 das „Café Diana".

Wie auf der Tafel an der Balkonbrüstung zu lesen war, betrieb Franz Wensauer zusätzlich einen Getränkemarkt. Im Sortiment führte er auch ein „Flaschenbier-Depot der Thomas Brauerei München".

Erteilung einer Gaststättenerlaubnis:
„Maria Wensauer, Gesuch um Erlaubnis zum Ausschank alkoholischer Getränke, Café, Limonade, Fruchtwein. Der Betrieb ist transferiert in das neuerworbene Anwesen. Das Bedürfnis wird bejaht, dem Lokale entsprochen. Die Pissoiranlage muß errichtet werden. Der Leumund der Gesuchstellerin ist ungetrübt."[36]

„Wensauer [Franz Wensauer] hatte zuerst im Hause 27½ ein kleines Kaffee (Beißerl) [später Bäckerei Glenk] mit Vertrieb von Flaschenbier von Thomasbräu. Dieses Geschäft verlagerte er dann auf Nr. 99 [„Cafe Diana"]. Es verkehren dort junge Leute. Die Wensauerin [Maria Wensauer] war früher Kellnerin, er war Brauereiarbeiter bei Thomas [Thomasbräu]."[37]

Abb. 30 *Café Diana, Foto um 1900*

Bauzeit 1872 – 1888

Ehrentempel auf der Ilkahöhe, 1880

Am südlichen Ortsausgang von Tutzing führt ein sanft ansteigendes Sträßchen hinauf zu einem der schönsten Aussichtspunkte am Starnberger See. Manch einer behauptet, von der Ilkahöhe aus habe man an klaren Tagen den eindrucksvollsten Blick auf das Alpenpanorama über den Starnberger See, von der Zugspitze bis zu den Chiemgauer Alpen. Eine in Rio de Janeiro lebende Deutsche ist der festen Überzeugung, dass die Ilkahöhe der schönste Platz der Welt sei. Den Namen erhielt diese Anhöhe vom ehemaligen Schlossbesitzer Graf Vieregg, der sie nach seiner Tochter Ilka von Wrede taufte.

Etwas unterhalb der eigentlichen Ilkahöhe stand der imposante Ehrentempel, achteckig und etwa elf Meter hoch. Er enthielt eine Bronzebüste Eduard Hallbergers, der 1869 das Tutzinger Schloss mit den dazugehörigen Besitztümern erworben hatte. Gabriele, eine der beiden Töchter Hallbergers, ließ den Tempel zum Gedenken an ihren Vater nach seinem Tod 1880 an diesem wunderschönen Ort errichten.

Architekt des Tempels war Engelbert Schnell, die Durchführung des Baus übernahm Josef Knittl. Während des Zweiten Weltkrieges wurde das Bauwerk stark beschädigt und schließlich in den Siebzigerjahren abgebrochen. Heute erinnert nur noch eine Tafel an diesen Ehrentempel, der im Stil der italienischen Renaissance erbaut worden war.[38]

Abb. 31   *Ansicht des Rundtempels (1880 – ca. 1972) auf der Ilkahöhe zu Ehren Eduard Hallbergers, erbaut 1880*

Bauzeit 1872 – 1888

Villa Thudichum, 1880

Die Villa mit den zwei Türmchen an der Bahnhofstraße 14 in Tutzing hat ihren Namen von den Eheleuten Gustav und Viktoria Thudichum erhalten, die sie im Jahr 1895 dem Bauherrn Engelbert Schnell abkauften. Architekt Schnell hatte die Villa noch für sich selbst nach eigenen Plänen ohne die Türme vom Maurermeister Josef Knittl errichten lassen, bevor er seine spätere Familienvilla an der Bahnhofstraße 12 in unmittelbarer östlicher Nachbarschaft verwirklichte. Zum Einzug 1895 ließ der Schriftsteller und Tonkünstler Gustav Thudichum (1866 – 1949) das erworbene Haus von Xaver Knittl, der die Firma bereits von seinem Vater übernommen hatte, erweitern und verschönern. Das Haus verwandelte sich dabei in eine Villa, denn Xaver Knittl brachte rechts und links turmartige Erkerbauten an.[39] Tochter Marina Thudichum (1906 – 1990), die in dem Haus geboren wurde, schrieb über mehr als ein halbes Jahrhundert lang wunderschöne Geschichten für Kinder und hatte das Haus mit den „romantischen Erkern", das so „liebenswert unpraktisch" war, immer in bester Erinnerung. Gustav Thudichum, aus einem alten schwäbischen Pastorengeschlecht stammend, dessen Vater als Professor an der Universität Tübingen lehrte, wurde durch die Inflation gezwungen, sein Anwesen 1926 zu verkaufen und seinen Lebensabend in Pähl zu verbringen. Bei den Nachbesitzern handelte es sich um Rudolf Rottler, Abteilungsvorstand der Lokalbahn A.G. in Augsburg [40] und dessen Sohn Konrad. Ihr Name steht heute noch am Gartentor.

„Rottler war ein kleines, sehr hageres, trippelndes sich vorwärts bewegendes Männchen. Wenn er ausging, war er immer städtisch gekleidet und hatte einen schwarzen steifen Hut auf. Er war freundlich und höflich. Fleissig schuf er in seinem Garten und hielt ihn in einem guten Stand. Er leistete dabei allerlei Arbeit, denn er schob auch schwere Schubkarren. Das Gras und Unkraut auf den Wegen zog er auf einem Schemel sitzend aus. Seine wesentlich jüngere Frau ist stattlicher, hat auch eine schärfere Natur und versteht es vortrefflich sie zu zeigen."[41]

Abb. 32/33 *Villa Thudichum mit den beiden vorgebauten Erkertürmen im neogotischen Stil, einst und heute*

Zugreisende, die die drei aufeinanderfolgenden Villen Engelbert Schnell, Gustav Thudichum und Ferdinand Renner in Richtung Bahnhof passierten, murmelten gewöhnlich vor sich hin: „Schnell, Thudichum und Renner, es pressiert."

Landhaus Violand / Drummer, 1880

Das erst im Jahr 2017 unter Denkmalschutz gestellte Landhaus an der Taubinger Straße 7 in Tutzing ist ein echtes Juwel, da an ihm über ein Jahrhundert kaum bauliche Veränderungen vorgenommen wurden. Wie aus einer anderen Zeit versteckt sich das Landhaus in einem verwunschenen Garten. Bei seinem Anblick muss ich persönlich immer an eine russische Datscha denken.

Bauherr war einst der Gärtnermeister Julius Violand jun. (1869–1929), der es von Josef Knittl errichten ließ. Zu Zeiten von Violands Handelsgärtnerei und Gartenbaubetrieb umgaben das Landhaus weiträumig Gewächsanlagen, die von ihrem Eigentümer stetig erweitert und später ausgelagert wurden. In unmittelbarer Nähe, direkt oberhalb der Bahnlinie, errichtete Violand an der Heinrich-Vogl-Straße 2 in nördlicher Nachbarschaft zum Neuen Friedhof einen weiteren Stützpunkt. Diese Gärtnerei ist vielen noch unter den Nachfolgebetreiberfamilien Herre und Reiter in Erinnerung. Paul Herre (1891–1956), von 1941 bis 1945 Bürgermeister in Tutzing, war lange bei Konsul Scharrer als Gärtner in Bernried beschäftigt, bevor er 1919 von Violand den Betrieb übernahm. Auf dem ehemaligen Gärtnereibetrieb steht heute eine Wohnanlage.

Im Jahr 1900 verkaufte Violand das Landhaus an den Fotografen und Maler Ludwig van Hees, der es vermutlich nur als Sommerhaus bis 1908 nutzte und es dann an Hans Drummer sen. (1855–1938), Brauereidirektor bei Pschorr in München, übergab. Nach dem Verkauf des Landhauses, ließ sich Violand noch im gleichen Jahr etwas weiter oberhalb, an der Traubinger Straße 9 ein neues, heute noch bestehendes Haus[42] erbauen, das ebenfalls Hans und Anna Drummer (1862–1938) im Jahr 1913 erwarben. Somit

Abb. 34/35 *Landhaus Violand / Drummer, Fotos von 1909*

Bauzeit 1872 – 1888

waren die beiden übereinanderliegenden Häuser, die direkt unter der Bahnlinie lagen, ab 1913 im Besitz der Familie Drummer. Das Ehepaar Drummer mit seinen drei Söhnen: dem Kunstmaler Hans (1886–1945), der kurz nach Ende des Zweiten Weltkrieges im Lazerett im Kriegsgefangenenlager Fürstenfeldbruck verstarb, dem Schriftsteller Josefranz und Max (1890–1965), der wie sein Vater Brauereidirektor bei Pschorr war, wohnte anfangs in München und verbrachte nur die Sommerfrische am Starnberger See. Die Eltern verlagerten nach dem Ersten Weltkrieg ihren Wohnsitz nach Tutzing. Die Söhne folgten ihnen in den Wirren des Krieges, nachdem die Landsitze nach entsprechenden Umbauten auf ihre Bedürfnisse zugeschnitten worden waren.

Das romantische Landhaus an der Traubinger Straße 7 erbte Josefranz Dummer. Er bezog und modernisierte es mit Heizung und sanitären Anlagen, als sein Vater und seine Mutter im gleichen Jahr 1938 verstorben waren. Zuvor hatte er drei Jahre gemeinsam mit seiner Frau Therese (1910–1994) zur Miete an der Hauptstraße 23 im Haus seiner Schwiegereltern, dem Gasthofbesitzer des Andechser Hofs Abdon Elsperger (1881–1932) und seiner Frau Emma (1889–1960), gewohnt. Bruder Hans wurde ausbezahlt, Bruder Max bekam das Haus oberhalb des ursprünglichen Landhauses an der Traubinger Straße 9 und bewohnte es mit seiner Frau Irma, einer Konzertsängerin. Der Internist Dr. med. Albert Rupprecht (1908–1974) erwarb dieses Haus 1956 und praktizierte dort von 1956 bis 1974. Seine Ehefrau war Margot Brendel (1915–1982), die Schwester des bekannten Tutzinger Arztes Dr. Günther Brendel sen. Hans-Christoph Drummer, der Sohn von Josefranz und Therese Drummer, lebte zu dieser Zeit mit seinen Eltern unterhalb in dem Landhaus und lernte „über den Gartenzaun" deren Tochter Ingrid Rupprecht

Josefranz Drummer (1887–1959) wollte nicht in die Fußstapfen des Vaters und seines Bruders Max treten und machte zuerst seinen Diplom-Handelslehrer. Im Lehramt fand er jedoch nicht seine Erfüllung und widmete sich ganz seinen künstlerischen Neigungen. Von Beruf Schriftsteller und Grafiker illustrierte er unter anderem seine Erzählungen mit Federzeichnungen und stellte diese beispielsweise im Grafischen Kabinett der Galerie Paulus in der Fürstenstraße im Palais Leuchtenberg in München aus. Als er später den Posten des Dienststellenleiters bei der Gemeinde Tutzing bekleidete, widmete er sich nebenei seinen künstlerischen Neigungen, deren Früchte für Tutzing eine wahrhafte Bereicherung sind. Zum einen war er geistiger Vater und Ideengeber der Fischerhochzeit, einem erstmals 1929 aufgeführten historischen Festspiel. Zum anderen sammelte er als Heimatpfleger des Landkreises akribisch und unermüdlich wertvolle Unterlagen von Ämtern und Behörden aus der Gegend. Das kommunale Amt ergänzte ausgezeichnet seine heimatkundlichen Forschungsarbeiten. Drummers handschriftliche Aufzeichnungen zu Häusern und deren Bewohner waren für das Gelingen dieses Buches unabdingbar. Sein Nachlass stellt einen unschätzbaren Wert für das Archiv in Tutzing dar.

Abb. 36 *Landhaus Violand / Drummer von Norden über die Traubingerstraße gesehen, Foto 1909*

Bauzeit 1872 – 1888

(1942–2014) kennen, die er später heiratete. Hans-Christoph Drummer und sein verstorbener jüngerer Bruder Ulrich (1941–2017) bewahrten und bewahren das Vermächtnis im Sinne der Familie weiter.

Zwei Immobilien für das Kammersängerehepaar Vogl

Therese Vogl war das sechzehnte Kind und ein Nachzügler des Mesners und Volksschullehrers Jacob Thoma. Von ihm musikalisch inspiriert, soll Therese im heutigen Thomapark herrlich geträllert haben, als sie von Franz Lachner, dem damaligen Generalmusikdirektor der Münchner Oper, während seines Sommerurlaubs am Starnberger See entdeckt und bei der Ausbildung zur Sopranistin unterstützt wurde.

Die erfolgreichen Wagner-Interpreten Heinrich Vogl (1845–1900) und Therese Vogl, geb. Thoma (1845–1921), lebten seit 1871 in Tutzing und bezogen hier zwei Häuser, bei deren Errichtung der Maurermeister Josef Knittl beteiligt war. Sie wohnten zunächst im Anwesen „Fischkäufl" am See und erfüllten sich mit Gut Deixlfurt neun Jahre später den Wunsch nach einem ausgesprochen bäuerlichen Wohnsitz, denn das Kammersängerpaar Vogl stand dem Landleben näher als dem Leben in der Stadt, obwohl sich ihre Arbeitsstätte, die Hofoper, in München befand.

Der Musikpavillon, 1872

Der nach dem berühmten Kammersängerehepaar benannte „musikalische Vogl-Pavillon" direkt am Seeufer in der Nähe des Dampferstegs entstand 1872 auf Wunsch der Eheleute Vogl. Angeblich hatte der Konzertflügel

Abb. 37 *Blick von Norden über den See auf den „Vogl-" bzw. „Brahms-Pavillon"*

Bauzeit 1872 – 1888

keinen Platz im Wohnhaus „Fischkäufl" an der heutigen Marienstraße 12, dem ehemaligen Fischerhaus, und so wurde in diesem schönen Gartenhäuschen ein neues größeres Musikzimmer geschaffen. Neben dem Maurermeister Josef Knittl war der Zimmermeister Joseph Anton Steidele, der um 1863 aus Schwaben nach Tutzing gekommen war, an der Fertigstellung des heute denkmalgeschützten Musik-Pavillons beteiligt.

Bekannt wurde der Pavillon auch dadurch, dass das Ehepaar Vogl im Jahr 1873, als Johannes Brahms seinen Sommerurlaub im Amtmann-Gasthof verbrachte, hier erstmals die von ihm neu geschaffenen Werke probte. Therese Vogl hatte die Ehre, seine neuen Kompositionen hier zuerst zur Probe zu singen. Aufgrund dieser Tatsache erhielt der Pavillon später seinen Zweitnamen „Brahms-Pavillon", obwohl Johannes Brahms nie dessen Eigentümer war. Auch schildert der Sohn Heinrich Vogls in seinen Erinnerungen, wie illustre Künstlergesellschaften rauschende Feste dort gefeiert haben.[43]

Abb. 38 *„Brahms-Pavillon" in Tutzing*

Gut Deixlfurt, 1880

Generell waren früher Anwesen, die direkt am Seeufer lagen wie der „Vogl-Pavillon" unbeliebt, was aus heutiger Sicht fast nicht vorstellbar ist. Denn Hochwasser und Sturm stellten für die Selbstversorgung eine Gefahr dar und die Häuser wurden dadurch oft feucht und ungemütlich. Viele Seeanrainer litten deshalb an Gicht. Vielleicht spielte dies neben der Passion Heinrich Vogls für die Landwirtschaft auch bei der Entscheidung des Ehepaars Vogl eine Rolle, sich hoch über dem Starnberger See auf Gut Deixlfurt niederzulassen.

Sicher ist, dass der Naturliebhaber Heinrich Vogl bei einem Ausritt die Gegend um die Deixlfurter Seen entdeckte und in sein Herz schloss. Er war so begeistert von der Umgebung, der bezaubernden Lage mit den Weihern, eingebettet in die Moränenlandschaft, dass er den Entschluss fasste, dort seinem Hobby, der Landwirtschaft, nachzugehen.

Im Jahr 1875 erwarb er insgesamt 166 Tagwerk für das sogenannte Fischwartanwesen Deixlfurt für den Preis von 14.000 Gulden, zu dem bereits ein Bauernhaus mit Nebengebäuden gehörte. Die bestehenden Gebäude wurden abgerissen und den Maurermeister Josef Knittl beauftragte man, ein Haupthaus im oberbayerischen Stil zu entwerfen und zu bauen.[44] Der östliche Teil diente als Wohnhaus, die restlichen Gebäude wurden landwirtschaftlich genutzt. Zudem gab es eine Kartoffelschnapsbrennerei, für die Heinrich Vogl als Erster in Bayern 1881 eine Konzession erhielt.[45]

Sein Enthusiasmus als leidenschaftlicher Landwirt war grenzenlos. Das Gut Deixlfurt glich einer Art Musterlandwirtschaft. Die Auszeichnungen auf dem Gebiet der Landwirtschaft ehrten ihn mehr als seine Errungenschaften auf dem Gebiet des Gesangs. Er liebte seine Milchkühe, Ochsen, Pferde und Karpfen. Zu seiner Fischzucht ist diese nahezu unglaubliche Geschichte überliefert: Eines Tages hatten Wasserratten den Damm an seinem Karpfenweiher zernagt. Große Wassermengen flossen in den Ort Tutzing hinab und überfluteten einige Keller. Der Bach, genannt „Bareislgraben", der aus den Karpfenweihern in Deixlfurt entsprang, lief unter dem Hotel Seehof hindurch, spülte das Wasser in das Untergeschoss des Hotels, so dass Karpfensetzlinge zwischen den Weinflaschen schwammen.[47]

Als der Erbauer seines geliebten Deixlfurts im Jahr 1888 starb, erwies

Abb. 39 *Heinrich und Therese Vogl, um 1885/90*

Die nicht alltägliche Kombination von Sänger und Landwirt gab oft Anlass zu Witzeleien: „Heute singt er Tristan, morgen fährt er Mist an."[46] So soll auch die frische Landluft für die kräftige Stimme des Heldentenors Heinrich Vogl verantwortlich gewesen sein.

Bauzeit 1872 – 1888

Der Karpfenbrunnen: Therese Vogl ließ sich am Brunnen im Garten nieder und wässerte im Becken die gefangenen Karpfen. Dieses Zeremoniell nannte man „entmoosen", den Karpfen sollte damit der faulige Geschmack genommen werden.

Heinrich Vogl dem verstorbenen Josef Knittl bei dessen Begräbnis die letzte Ehre und sang am Grab ein Requiem. Heinrich Vogl blieb dem Baugeschäft Knittl treu und beauftragte den Sohn und Nachfolger Xaver Knittl im Jahr 1894 für seine expandierende Landwirtschaft Erweiterungsbauten durchzuführen. Auch für den späteren Besitzer von Gut Deixlfurt, Major von Günther, erledigte Baumeister Xaver Knittl im Jahr

Abb. 40 *Gut Deixlfurt, um 1960*

Bezüglich der Rentabilität seines Hobbies, der Landwirtschaft, ist ein Bonmot von Heinrich Vogl überliefert. Wenn Gäste zu Besuch kamen, stellte der Hausherr Vogl die obligatorische Frage, ob sie ein Glas Champagner oder Milch wünschten. Egal für was sich der Besucher entschied, witzelte Vogl, ihre Wahl mache ohnehin für ihn finanziell keinen Unterschied.

Abb. 41 *Gut Deixlfurt, im Vordergrund der ehemalige Karpfenbrunnen, 2016*

Bauzeit 1872 – 1888

1921 größere Aus- und Umbauten zu weiteren Wohnräumen (Architekt: Claus Mehs aus Frankfurt) wie auch den Neubau der Villa Rüdinger 1904 (S. 113) für seinen Schwiegersohn.

Nach Heinrich Vogls Tod konnte seine Witwe Therese mit zunehmenden Alter die Leitung der Deixlfurter Landwirtschaft nicht mehr bewältigen. 1919 verkaufte sie das Anwesen an Major Arnold von Günther und seine Frau Elisabeth. Ihre Tochter Elisabeth heiratete Karl-André von Jordan. Ihre gleichnamigen Nachfahren sind heute noch die Besitzer des Gutes Deixlfurt.[48]

Die „Scholastica", 1880

Die Bezeichnung „Scholastica" erhielt der imposante Bau an der Bahnhofstraße links vor der Einfahrt zum Tutzinger Krankenhaus, weil das Gebäude auch als Schulhaus genutzt wurde.

Der Unterricht hatte zuvor im kleinen Schulhaus am heutigen Thomaplatz direkt am Seeufer stattgefunden, das im Jahr 2008 für das Ortsmuseum Tutzing hergerichtet und saniert wurde. Nachdem der Zuzug um 1880 stark anstieg, reichte das Klassenzimmer für drei Jahrgangsstufen im Mesnerhaus nicht mehr aus und es wurde Zeit für einen Schulhausneubau. Architekt war Engelbert Schnell, der sich schräg gegenüber der

„Scholastica" kommt aus dem Lateinischen und bedeutet die „Lernende". Der Name wird auch als weiblicher Vorname verwendet (Schwester des hl. Benedikt).

Abb. 42 *Blick über den alten Bahnhof auf den Gasthof zur Eisenbahn, später Hotel Simson, dahinter die „Scholastica" (1880 – 2009), Foto 1873*

„Scholastica" wenige Jahre später seine eigene Villa erbauen ließ (Abb. 43, S. 87). Die bauliche Umsetzung für die „Scholastica" übernahm die Mannschaft aus den beiden Maurermeistern Josef Knittl und Johann Biersack sowie die Zimmerei Joseph Anton Steidele.

Im Sommer 1880 wurde das pompöse öffentliche Bauwerk mit einem großen Festakt, verbunden mit Festreden, Feuerwerk, Böllerschüssen, Glockengeläute und anderem Tamtam eingeweiht.[49]

Die „Scholastica" erwies 35 Jahre den Schülern ihre Dienste bis eine neue größere Schule an der Greinwaldstraße erbaut wurde.

Nach dem Umzug der Schule im Jahr 1915 konnte die Gemeindeverwaltung in die Räume der „Scholastica" einziehen. Die Ortsverwaltung bekam somit ihr erstes Domizil. Neun Jahre wurde von hier aus Kommunalpolitik betrieben, bis der Bau des heutigen Rathauses an der Kirchenstraße 9 im Jahr 1924 entstand. Nach der Verlegung der Administration in ihr eigenes Rathaus verkaufte die Gemeinde die „Scholastica" an die Missions-Benediktinerinnen, die dort lange ihre Krankenpflegeschule betrieben. Das Gebäude wurde im Jahr 2009 abgebrochen und durch das Ärztehaus an der Bahnhofstraße 7 ersetzt.

Kinderbewahranstalt, 1884

Die drei sozial engagierten Ringseistöchter Emilie, Marie und Bettina Ringseis, Eigentümerinnen des väterlichen Hauses an der Bahnhofstraße 1, ließen im Jahr 1884 ein Haus im südlichen Teil ihres großen Grundstücks an der Hauptstraße 17 erbauen, in der Absicht, dort unter der Obhut der Missions-Benediktinerinnen eine Kinderbewahranstalt einzurichten.

Das Gebäude wurde im Jahr 1891 mit einem westlichen Kapellenanbau ergänzt und zum kleinen Missionskloster Maria-Hilf umgebaut, auch „Klösterl" genannt. Architekt war Engelbert Schnell und die Maurerarbeiten führte das Baugeschäft Knittl unter der Leitung von Josef Knittl durch. Der Kapellenanbau stand nach seinem Tod unter der Leitung seiner Witwe Maria Knittl. In der Gruft von Maria-Hilf sind die Stifterinnen, die drei Ringseistöchter, beerdigt.

Abb. 43/44/45 *Das Maria-Hilf („Klösterl") in drei verschiedenen Bau- und Zeitphasen*
Oben: Foto vor 1905, rechts: Foto um 1910, unten: Foto 2016

Bauzeit 1872 – 1888

Das Projekt der Kinderbewahranstalt wurde zunächst von den Gemeinderäten mit vorgeschobenen Argumenten abgelehnt. Aber die drei Schwestern ließen sich von ihrem sozialen Vorhaben nicht abbringen. Die Ringseis-Töchter, die mit dem Gründer der Missionsgemeinschaft St. Ottilien, Pater Andreas Amrhein, bekannt waren, übergaben das „Klösterl" den Nonnen der Abtei St. Ottilien.[50] Somit erfüllte sich der Wunsch der drei Ringseis-Fräulein, eine Kinderbewahranstalt in Tutzing zu gründen und die Klosterfrauen, die dort auch untergebracht waren, übernahmen die Kinderbetreuung. 1905 kam noch nordseitig ein Anbau für betagte, pflegebedürftige Frauen hinzu. Heute ist das Gebäude das Gästehaus Maria-Hilf der Missions-Benediktinerinnen.

Wohnhaus Konrad Himmler, 1886

Die Tradition der Hafnerei (Ofensetzerei) gab es in Tutzing schon lange. Jedoch war sie anfangs nicht so erfolgreich, was sich mit der zunehmenden Bautätigkeit am Starnberger See um die Jahrhundertwende änderte. Die beiden Hafnermeister Johann Jacob und Josef Gleixner zogen aus Tutzing weg, da es nach dem ersten Aufschwung um den Eisenbahnbau zunächst eine Flaute gab und es an Arbeit mangelte.

Als der aus Markt Indersdorf kommende Hafnermeister Konrad Himmler (1847–1926) den Betrieb von Josef Gleixner übernahm und im Jahr 1882 sein Geschäft gründete, ging er davon aus, dass sich die Nachfrage nach Kacheln und Fliesen allmählich bessern würde.

Nachdem Konrad Himmler und seine Frau Katharina (1846–1922) einige Jahre in Tutzing zur Miete gewohnt hatten, entschieden sie sich zum Bau eines Hauses mitten im Ort. An dieser Stelle befindet sich heute eine Filiale der Kreissparkasse.

Josef Knittl erbaute dem Ehepaar Himmler ein für die Zeit typisches, schlichtes Wohn- und Geschäftshaus. Konrad Himmler, der Meister der Kacheln, hatte viel Gespür bewiesen, denn zehn Jahre später erlebte das Ofensetzergewerbe eine Blütezeit, die bis zum Ersten Weltkrieg andauerte. Der Bauboom der Sommervillen brachte ihm sehr viele Aufträge

Abb. 46 *Wohn- und Geschäftshaus mit der Hafnerei Himmler in Tutzing (1886 – 1965), rechts vorne eine alte Tankstellenzapfsäule*

Abb. 47   *Wohn- und Geschäftshaus Himmler, Fassadenansicht; heute befindet sich dort die Kreissparkasse.*

ein, denn die schönen Sommerbehausungen mussten mit Kachelöfen ausgestattet werden. Sein Sohn Georg Himmler (1883–1962) übernahm 1921 den väterlichen Betrieb und ahnte zu dieser Zeit bereits, dass durch die aufkommende Zentralheizung das Ofensetzergewerbe zurückgehen würde. Er konzentrierte sich daher auf das Handwerk des Fliesenlegens. Neben der Hafnerei und Fliesenlegerei Himmler waren bis zum Abriss im Jahr 1965 noch die Störnäherei (das Nähen im Hause der Kunden) Stefanie Deimer und die Strickerei Auguste Wagner in dem Haus untergebracht.

Hotel Seehof, Erweiterungen 1873–1889

Das noch vielen unter dem Namen „Hotel Seehof" an der Schloßstraße 1 in Tutzing bekannte Hotel war ursprünglich die „Hoftaferne" des benachbarten Schlosses. Es bekam die Nummer 1 in der Tutzinger Häuserliste und war damit das erste registrierte Bauwerk am Ort. Tapfer überlebte

Bauzeit 1872 – 1888

dieses Wirtshaus mit seiner fast 500-jährigen Wirtshaustradition alle Widrigkeiten bis zum Bahnbau und darüber hinaus alle Kriege und „Hotel-Konkurrenten", bis es schließlich 1988 der Abrissbirne zum Opfer fiel. Seitdem muss man sich als Tutzinger an die von Auswärtigen gestellte Frage gewöhnen, wie es eigentlich mit dem Seehof-Grundstück weitergehen soll. In der langen Zeit hörte man immer wieder neue Gerüchte um die Zukunft dieses Filetgrundstücks am See. Hin und wieder kann einem der Gedanke kommen, wie schön es eigentlich wäre, wenn der geschichtsträchtige Bau, der einzigartig durch seine Lage, Historie und Architektur war, noch stehen würde.

In den Jahren 1873 bis 1889 war dies noch kein wirklichkeitsfremder Gedanke, denn Architekt Engelbert Schnell hatte den Auftrag vom Schlossbesitzer Hallberger bekommen, den „Wirth" zum „Gasthof am See" in ein geschmackvolles, repräsentatives Hotel mit Veranda und Balkon[51] umzubauen, denn der Tourismus am Starnberger See kam um diese Zeit richtig in Schwung.

Die Erd- und Maurerarbeiten der einzelnen Bauabschnitte übernahm das Baugeschäft Josef Knittl, das nach dem Tod des Maurermeisters im Herbst 1888 von seiner Witwe unter dem Namen „Joseph Knittl's Witwe Baugeschäft" fortgeführt wurden. Im Jahr 1880 starb Hallberger und als Auftraggeber folgten nun seine beiden Töchter, die Hallberger'schen Erben. Die Fertigstellung hatte sich in die Länge gezogen, da im Jahr 1888 der Ökonomie- und Ladenteil des Wirtshauses, den der Metzgermeister Bockmayr gepachtet hatte, abgebrannt war.[52]

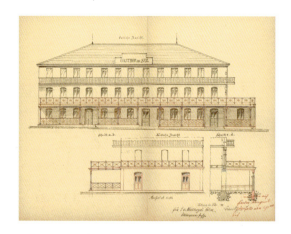

Abb. 48 *Hotel Seehof in Tutzing; Planung einer umlaufenden Veranda von Architekt Engelbert Schnell, 1888*
Auf dem oben datierten Bauplan wurde das Verandagitter nicht ausgeführt, sondern in Einheit mit dem darüberliegenden Balkon gestaltet.

Abb. 49 *Hotel Seehof in Tutzing vor dem Umbau, Foto dat. „Juli 1890", Abriss 1988*

Joseph Knittl's Witwe

Ende der Ära des Gründers

Der Maurermeister Josef Knittl wurde nur 51 Jahre alt. Er starb am 3. September 1888 um halb neun Uhr abends nach kurzer Krankheit und hinterließ seine 42-jährige Ehefrau Maria (1846 – 1921) mit sieben Kindern. Der älteste Sohn Xaver war gerade 15 Jahre alt, der jüngste Sohn Engelbert noch keine sechs.

Anlässlich seines frühen Todes schrieb der Land- und Seebote: „Heute wurde dahier der ehrengeachtete Mitbürger, Hr. Jos. Knittl, Maurermeister und Gemeinde-Ausschussmitglied zu Grabe getragen. Der vielseits bekannte, brave Mann musste nach 6tägigen Leiden dieses Jammerthal mit Hinterlassung einer trauernden Witwe und sieben noch unmündigen Kindern, verlassen. [...] Er war dem Staate ein treuer Bürger, der Kirche ein anhänglicher Sohn, seinen Mitbürgern ein Freund und guter Berater, seiner Familie ein sorgsamer Vater."[1]

Für die noch junge Witwe bedeutete dies ohne Versorger und ohne Geschäftsinhaber keine einfache Situation, denn der älteste Sohn war noch zu jung, das Baugeschäft übernehmen zu können. Es musste eine Lösung gefunden werden, damit die hinterbliebene Maurermeistersgattin mit ihrer Schar von Kindern Unterstützung bekam.

Abb. 1 *Maria Knittl, um 1900*

Fräulein Afra Pain – Hausmädchen auf Lebenszeit

Die notwendige Hilfe im Haushalt erhielt die Witwe von Fräulein Afra Pain (1869 – 1949) aus Erling bei Andechs, die nach dem frühen Tod des Familienoberhaupts Josef im Alter von neunzehn Jahren in die Dienste der Baumeisterfamilie Knittl kam und über fünfzig Jahre bis zu ihrem Lebensende blieb. Das Dienstpersonal, fester Bestandteil der Familie, erhielt freie Kost und Logis und musste ledig bleiben.

Das hoch geschätzte Hausmädchen durchlebte „unermüdlich vier Generationen der Familie Knittl, stand ihnen in Freud und Leid zur Seite voller Liebe und Sorge für die Kinder und Kindeskinder. Ihren Lebensabend verbrachte sie in Weilheim beim Zollfinanzrat Urban Knittl [zweitjüngster Sohn des Josef Knittl]."[2]

Als Familienmitglied fand sie ihre letzte Ruhestätte im Familiengrab Knittl auf dem Alten Friedhof in Tutzing.

Abb. 2 *Grabplatte der Familie Knittl auf dem Alten Friedhof in Tutzing*

Joseph Knittl's Witwe Baugeschäft

Nach dem Tod des Ehemannes und Baugeschäftsgründers suchte Maria Knittl einen Nachfolger. Kein potentieller Heiratskandidat aus der Baubranche stand zur Verfügung und die Witwe verfügte über keine entsprechende Ausbildung, ein Baugeschäft selbst führen zu können, zumal es damals noch unvorstellbar war, dass eine Frau sich eine dementsprechende Qualifikation aneignete.

Der älteste Sohn Xaver schien für die Nachfolge geeignet, allerdings mussten sechs Jahre bis zur Volljährigkeit des Stammhalters überbrückt werden. Was lag da näher, als sich bei der im Bauhandwerk bewanderten Familie ihres verstorbenen Mannes in Tirol Hilfe zu holen. Ihr Schwager

Matthäus Knittl (1834 – 1898) aus Weißenbach war Maurerpolier und unterstützte Maria Knittl bei der Fortführung des Baugeschäftes. So konnte sich der Sohn Xaver langsam auf seine verantwortungsvolle Rolle vorbereiten. Zusammen mit dem älteren Bruder des verstorbenen Ehemanns schaffte es Maria, über die verhältnismäßig schwierigen Jahre zu kommen und sieben Häuser zu errichten.
In der Zeit von 1889 bis 1894 sprach man von „Joseph Knittl's Witwe Baugeschäft". Solche „Hilfskonstruktionen" von hinterbliebenen Ehefrauen waren damals eine gängige Methode und erlangten wie im Falle der Marke „Veuve Cliquot" sogar Weltruhm. Die Witwen angesehener Bürger hatten häufig erheblichen Geschäftssinn und genossen großen Respekt in der Gesellschaft. Maria Knittl überlebte ihren Mann um 32 Jahre.

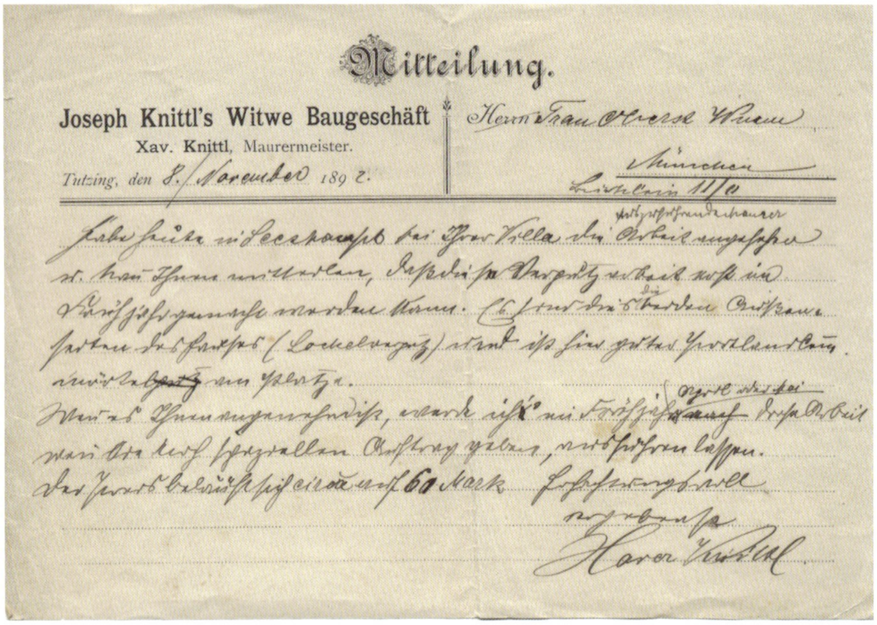
Mitteilung.
Joseph Knittl's Witwe Baugeschäft
Xav. Knittl, Maurermeister.
Tutzing, den 8. November 1892.

Abb. 3 *Briefkopf zur Zeit der Witwe Knittl*

Hotel Simson, 1890

Das Hotel Simson an der Bahnhofstraße 9 – 15 in Tutzing gehörte einst zusammen mit dem Hotel Seehof und dem Hotel Kaiserin Elisabeth in Feldafing zu den größten Beherbergungsbetrieben am Starnberger See. Als der Fremdenverkehr aufgrund der Eisenbahn stetig zunahm, wuchs auch das Hotel Simson in seiner baulichen Ausdehnung entsprechend mit. Das erste Gästehaus nannte sich Gasthof zur Eisenbahn, der Vorläufer des Hotels Simson. Im Gasthof zur Eisenbahn wurden, rechtzeitig zur Eröffnung der Bahnlinie 1865, den Übernachtungsgästen in zentraler Lage zum Bahnhof etwa dreißig Fremdenzimmer angeboten.
Der Gasthof war äußerlich ein nüchterner, neoklassizistischer Bau, zweieinhalb Stockwerke hoch, mit einer großen hölzernen Veranda im Parterre, die mit einer Glasfront versehen war (Abb. 42, S. 38). Die Gäste genossen von dort, wie auch von den durchgehenden Balkonen im ersten und zweiten Stock, eine unverbaute Sicht auf den See.
Bauherr des Gasthofes war der Braumeister Georg Kalb mit seiner Ehefrau Hilaria, die mit dem einsetzenden Bahnverkehr gute Chancen für ihre Bahnhofsrestauration sahen.

Die Bahnstrecke von Starnberg nach Tutzing wurde unter der Leitung von Baurat Ulrich Himbsel gebaut und am 1. Juli 1865 eröffnet. Sie war die südliche Verlängerung der bereits am 28. November 1854 in Betrieb genommenen Linie von München nach Starnberg. Am 16. Oktober 1865 erfolgte der erste Abschnitt der Kochelseebahn von Tutzing nach Penzberg.
Am 1. Februar 1866 wurde die heutige Bahnstrecke München/Garmisch-Partenkirchen über Weilheim in Tutzing eröffnet.

Bauzeit 1888 – 1894

Als tüchtiger Braumeister und zugleich Pächter der Schlossbrauerei stand Kalb in Abhängigkeit zum neuen Schlossbesitzer Eduard von Hallberger. Dies mag wohl den Ausschlag gegeben haben, dass er 1875 gezwungen war, den Gasthof zur Eisenbahn dem Schlossbesitzer zu verkaufen, weil dieser ihm den Pachtvertrag für die Brauerei nicht verlängerte.

Hallberger hatte mit seinem aus Stuttgart mitgebrachten Architekten, dem Ingenieur Engelbert Schnell, große Pläne, die Brauerei zu modernisieren und gute Geschäfte mit der Bierproduktion zu machen. Das Ehepaar Kalb musste sich notgedrungen eine neue Existenz aufbauen und verließ Tutzing. Hallberger selbst ging zu Lebzeiten den Umbau des Gasthofes zur Eisenbahn nicht an, jedoch zehn Jahre nach seinem Ableben übernahmen dies seine beiden Töchter.[3]

Im Auftrag der Hallberger'schen Erben, den Töchtern Gabriele und Helene, wurde der schmucklose quaderförmige Gasthof zur Eisenbahn im Jahr 1890[4] zu einem reizvollen historistischen Bauwerk mit Türmchen, Gauben und Holzverzierungen an der Fassade umgebaut. Ein südlicher Anbau, ein dritter Stock sowie die neue Dachkonstruktion kamen hinzu. Mit dem Komplettumbau veränderte das Hotel völlig seine Optik. Der Architekt Engelbert Schnell war für die Gestaltung verantwortlich. Die Erd- und Maurerarbeiten wurden von „Josef Knittl's Witwe Baugeschäft" durchgeführt.[5]

Als 1875 der Braumeister Kalb notgedrungen den Gasthof zur Eisenbahn an Eduard von Hallberger verkaufen musste, setzte Hallberger den damals

Abb. 4 *Ansicht der Vorderseite nach dem Umbau 1890, um 1920*

Bauzeit 1888 – 1894

37-jährigen Martin Wiesmayer als Pächter für den Hotelbetrieb ein. Wiesmayers Sohn und erwünschter Juniorchef des Hotels war auf tragische Weise bei Augsburg in den Lech gestürzt und ertrunken. Stattdessen fand sich eine andere Lösung, denn es ergab sich, dass Wiesmayers Stiefnichte Therese Simson (1858–1941) den Hotelbetrieb weiter übernahm. Die spätere Besitzerin des Hotels Simson hatte zuvor im Löwenbräukeller am Stiglmaierplatz in München gearbeitet und während ihrer Ausbildung zur Köchin und Beschließerin ihren späteren Ehemann, den Oberkellner Matthias Simson (1855–1900), kennengelernt, den sie 1887 heiratete, als sich ihr Stiefonkel Martin Wiesmayer zur Ruhe setzen wollte. Die frisch Vermählten folgten als Pächter und erwarben schließlich von den Töchtern Hallbergers 1893 das Hotel, das von nun an den Namen „Hotel Simson" trug und sechs Jahre später nochmals im Auftrag der neuen Besitzer erweitert wurde (S. 28f; S. 233; S. 260).

Abb. 5 *Blick über den Bahnhof auf das Hotel Simson nach dem Umbau 1890*

Wohnhaus Kain, 1889/90

Bernhard Kain (1856–1933), als Bierführer in der Schlossbrauerei beschäftigt, und seine Gemahlin Magdalena wählten geschickt in der Nähe der Arbeitsstätte einen Bauplatz für ihr Wohnhaus an der heutigen Bräuhausstraße 25.
Der Zimmermeister Joseph Anton Steidele (S. 66) und Joseph Knittl's Witwe Baugeschäft realisierten im Jahr 1890 das Wohnhaus, welches im Jahr 1909 zu einem größeren Landhaus vom Feldafinger Baumeister Johann Steidele (S. 223f), dem Sohn des Zimmermeisters Joseph Anton Steidele aus Tutzing, im Auftrag des neuen Eigentümers August Bauer umgestaltet wurde.[6] August Bauer war verheiratet mit Maria Kain (1886–1967), der Tochter des Bierführers. Im Zuge eines Eigentümerwechsels erstrahlt heute das sanierte Landhaus wieder in seinem historischen Glanz.

Das Wohnhaus des Bierführers Bernhard Kain war eines der Häuser entlang der von hohen Bäumen eingesäumten Bräuhausstraße, die sich idyllisch von der Schlossbrauerei im Süden in nördliche Richtung am Hotel Simson vorbei zum Bahnhof schlängelte.

Das berühmte „Milchhäusl" in dem hölzernen Vorbau am Haus wurde von den Nachkommen Menzinger betrieben. In einem mitgebrachten „Kandl" ließ man sich dort die frische Milch abfüllen.

Abb. 6 *Rechts: Wohnhaus Kain/Menzinger an der Bräuhausstraße 23, um 1900*

Abb. 7 *V.l.n.r.: die Wohnhäuser von Walser (1876), Cetto (1887) und Kain (1890) an der Bräuhausstraße, im Hintergrund die Schlossbrauerei und im Vordergrund die Eisweiher zur Herstellung von Eis für die Bierkühlung, um 1900*

Bauzeit 1888 – 1894

Wohnhäuser Feldhütter, 1875 und 1891

Am südlichen Ende der Kirchenstraße in Tutzing standen sich zwei Wohnhäuser gegenüber, deren Bauherr der aus München stammende Dekorationsmaler Otto Feldhütter (1846–1900) war. Das erste Wohnhaus entstand im Jahr 1876, noch vom Maurermeister Josef Knittl an der Kirchenstaße 2 errichtet und diente dem Maler, Vergolder und Lackierer als Wohn- und Geschäftshaus.

Die kinderreiche Familie aus München hatte talentierte Nachkommenschaft, denn Ottos Bruder, Ferdinand Feldhütter (1842–1898), entwickelte sich zu einem bekannten Landschaftsmaler. Otto Feldhütter kam rechtzeitig zur Eröffnung der Eisenbahnlinie nach Tutzing, als sich langsam eine rege Bautätigkeit am Westufer des Starnberger Sees entwickelte. Ein reiches Arbeitsfeld tat sich für den begabten und tüchtigen Maler auf, der in der Lage war, den hohen Ansprüchen der Villen-Erbauer gerecht zu werden. Er gründete 1865 sein Malergeschäft und verschönerte die Herrenhäuser am Starnberger See. Mit seinem florierenden Geschäft genoss er einen hervorragenden Ruf als Dekorationsmaler, ein damals sehr anerkannter Beruf, in dem Techniken beherrscht werden mussten wie das Linieren, Schablonieren, Marmorieren, Maserieren oder auch die freie Pinselführung, die für die Umsetzung von Ornamenten, Rosetten und Schriften notwendig war.[7]

Das zweite Wohnhaus im Villenstil kam 1891 hinzu. Es liegt neben dem heutigen Kino an der Kirchenstraße 1 und wurde von „Joseph Knittl's

Abb. 8 *Wohnhaus Feldhütter II (1891–1967) in der Kirchenstr. 1 mit Lüftlmalerei, Foto um 1900*

Bauzeit 1888 – 1894

Der Maurermeister und später als Feldafinger Baumeister bekannte Johann Biersack (1840 – 1907) war verheiratet mit Therese Geisler (1848 – 1932), der Schwester von Maria Feldhütter (1853 – 1933) und Ehefrau des Dekorationsmalers Otto Feldhütter (1846 – 1900). Biersack ließ sich 1874 mit seiner Familie in Feldafing nieder und gründete dort im gleichen Jahr sein Baugeschäft (S. 224). Er wohnte vermutlich in der Kirchenstraße im Feldhütter-Haus und hinterließ in Tutzing auch einige Bauten.

Abb. 9 *Wohnhaus Feldhütter I (1876 – 1968), Foto 1921*

Witwe Baugeschäft" in Zusammenarbeit mit dem Maurermeister und Eigentümer des Baugrunds, Johann Biersack, errichtet.[8]

Die beiden Wohnhäuser des Bauherrn Feldhütter stehen noch an derselben Stelle, sind jedoch komplett umgebaut und sehr stark verändert.

Abb. 10 *Im Hintergrund: Wohnhaus Feldhütter II an der Kirchenstr. 1; rechts: Wohnhaus Feldhütter I, Kirchenstr. 2, Foto um 1960*

Abb. 11 *Wohnhaus Feldhütter I an der Kirchenstraße 2, Foto um 1950*

Bauzeit 1894 – 1933

Abb. 1 *Xaver Knittl als Baumeister, um 1900*

Bauzeit 1894 – 1933

Baumeister Xaver Knittl

Im Jahr 1894 wurde Xaver Knittl (1873 – 1933) mit 21 Jahren volljährig. Maria Knittl übergab daraufhin ihrem ältesten Sohn nach dem Abschluss der Meisterprüfung und der Staatsbauschule das Baugeschäft. Vom frühen Tod des Vaters bis zu seiner Geschäftsfähigkeit hatte er genügend Zeit, sich auf die Rolle des Nachfolgers vorzubereiten, denn er stand in dieser Zeit seiner Mutter bereits tatkräftig zur Seite. Zusätzlich erwarb der junge Xaver Knittl wertvolle Erfahrungen beim Bau des Nord-Ostsee-Kanals bei der Firma Heilmann & Littmann und der Firma Sager.

„Prinzregentenzeit" – Aufschwung am Starnberger See

Nachdem König Ludwig II. 1886 bei Schloss Berg im Starnberger See ertrunken war, übernahm Prinzregent Luitpold von Bayern die Regentschaft. Die knapp ein Vierteljahrhundert andauernde Epoche bescherte dem Königreich Bayern eine äußerst schaffensreiche Zeit des Bauens, ein wahrhaft „Goldenes Zeitalter". Der Baumeister Xaver Knittl profitierte von dem ab etwa 1890 beginnenden wirtschaftlichen und kulturellen Aufschwung, der auch am Starnberger See einen regelrechten Bauboom auslöste, der erst mit Ausbruch des Ersten Weltkriegs endete.

Während der „Prinzregentenzeit" (1886 – 1912) strebte nicht nur das Großbürgertum, sondern auch die prosperierende Mittelschicht nach schönen, repräsentativen Sommervillen und Landhäusern am Starnberger See. In der Residenzstadt München entstanden zu dieser Zeit viele begehrte Jugendstilbauten.

Wegen der Nähe zu München und der bezaubernden oberbayerischen Landschaft fühlten sich betuchte Unternehmer und Künstler zu der Gegend des Starnberger Sees hingezogen. In einer Gesellschaft, geprägt von starker sozialer Ungleichheit, realisierten die wohlhabenden Bauherrn aus der Stadt neben den einheimischen „kleinen Leuten" – den Bauern, Fischern und Arbeitern, deren Auskommen und Unterbringung sehr bescheiden war – ihre Sommerhäuser für Familie und Personal auf dem Land. Allein zwischen 1894 und 1905 entstanden in Tutzing zu Zeiten des Villenbaubooms etwa 42 derartige Häuser. Ihre Zahl hatte sich hier im Vergleich zu 1870 fast versechsfacht. Die bestenfalls mit Öfen ausgestatteten Bauten verfügten weder über eine Zentralheizung – so wie wir sie heute kennen – noch über fließendes Wasser oder elektrischen Strom. Der heute noch überaus begehrte „Seeblick" wurde bereits um die Jahrhundertwende zum „Statussymbol" und so setzte auch zunehmend die Bebauung auf den Anhöhen rund um den See ein.

Die „Baumeister-Platzhirschen" am Westufer

Nicht nur der aufstrebende Baumeister Xaver Knittl, der zwischen 1894 bis 1906 allein 165 Bauvorhaben rund um den Starnberger See zum Abschluss brachte, konnte von der gewaltigen Nachfrage während der „Prinzregentenzeit" profitieren. Als Inhaber des größten Baugeschäfts am Starnberger See war er um die Jahrhundertwende eindeutig der „Platzhirsch" in Tutzing. Zudem baute er noch an vielen anderen Orten rund um den Starnberger See, wie Seeshaupt, Ober- und Unterzeismering, Bernried,

Bauzeit 1894 – 1933

Garatshausen, Feldafing, Starnberg sowie am Ostufer in Ammerland, Seeheim und Ambach.

Sein älterer Gegenspieler in Feldafing war der aus der Oberpfalz stammende Baumeister Johann Baptist Biersack (S. 224), der bereits 1874 an der Bahnhofstraße in Feldafing sein Baugeschäft gegründet hatte. Er erstellte zahlreiche Prachtbauten in der Villenkolonie in Feldafing. Daneben trat er aber auch in Tutzing und Seeshaupt in Erscheinung.

Als „Platzhirsch" in Starnberg dominierte der von dort stammende Baumeister Andreas Fischhaber (1876 – 1954) (S. 100 f). Er gründete sein Baugeschäft im Jahr 1900 an der Leutstettener Straße und erbaute viele schöne Villen und Landhäuser in Starnberg. Auch in anderen Orten wie Tutzing und Seeshaupt war Fischhaber aktiv.

Der „Bernrieder Hofbaumeister" hieß Domenico del Fabbro (1858 – 1934), der über Bernried hinaus Spuren in Tutzing, Weilheim, Seeshaupt, Iffeldorf und Seeheim hinterließ. Er wuchs im Friaul, im italienischen Ort Collalto in der Provinz Udine auf, und kam als junger Maurer nach Bernried. Aus der gleichen Gegend kamen auch die Maurermeister August Pittino und Peter Rumiz (1868 – 1946) nach Oberbayern. August Pittino führte ab 1901 sein eigenes Geschäft in Herrsching und war dort sehr erfolgreich. Peter Rumiz betätigte sich zunächst als Maurer und Planzeichner bei der Baufirma Xaver Knittl, ehe er sich 1907 mit einem Baugeschäft in der Hofrat-Beisele-Straße in Tutzing selbstständig machte (S. 106).

Das typische Berufsbild des Baumeisters

Das gängige und für seine Zeit typische Berufsbild des Baumeisters war sehr vielschichtig. Xaver Knittl, der den Titel „Baumeister" auf der Staatsbauschule erworben hatte, war auch berechtigt eigene Baupläne anzufertigen. Neben der Zusammenarbeit mit Architekten gab er den von ihm entworfenen Landhäusern um den Starnberger See eine ganz persönliche Note, den „Knittl-Stil" (S. 85). Dieser war geprägt von seiner charakteristischen Bauauffassung, oft mit einem kunstvollen, ornamentalen Zierfachwerk.[1]

Zu seinem Repertoire zählten Villen, Bauernhöfe, Stallungen, Geschäftshäuser, Hotels, Gaststätten, Berghütten, Schiffshütten, Stallungen, Wagenremisen, Waschküchen, Abortanlagen, Gewächs- und Waschhäuser, Einfriedungen, Hühnerställe und Eiskeller. Zudem kamen unzählige Um- und Anbauten hinzu. Für die Gemeinde Tutzing erledigte er genauso Kanal- und Entwässerungsarbeiten wie Großbauten.

Wenn er nicht nach eigenen Plänen vorging, arbeitete Xaver Knittl mit bekannten Münchner Architekturbüros zusammen: Heilmann & Littmann, Liebergesell & Lehmann, Vereinigte Werkstätten für Kunst im Handwerk, Bauunternehmung Ackermann & Co. sowie dem Fürstlichen Thurn & Taxis'schen Baubureau Regensburg, Oberbahnamt, Gemeinde- und Kirchenverwaltungen oder namhaften Münchner Architekten wie Michael Kurz, Carl Baierle, Oberregierungsrat Zenger, Joseph Elsner, Franz Böttge, Herbert Rosenthal, Alois Ludwig sowie dem Tutzinger Architekten Engelbert Schnell.[2]

Die Zusammenarbeit am Bau fand mit regionalen Handwerkern statt, vor allem mit Zimmerei- und Schlosserbetrieben. Die über die Ortsgrenzen hinaus hoch geschätzten und einflussreichen Betriebe waren die Zimmerei Suiter oder der Kunstschlosser Bodemann. Neben der Rolle im Baugeschäft

Bevor der offizielle Titel „Baumeister" eingeführt wurde, reichten die klassischen Bauhandwerker wie Maurer- und Zimmermeister Pläne ein und errichteten danach Häuser. Im Zuge der Weiterentwicklung der Baugewerkschulen besuchten Ende des 19. Jahrhunderts viele Handwerksmeister die Staatsbauschule und durften dann den Titel „Baumeister" tragen. Der Baumeister spielte eine allumfassende und in der Gesellschaft hoch angesehene Rolle, denn er betreute von der Planung bis zur Fertigstellung den Hausbau. Neben der Zusammenarbeit mit Architekten brachte er sich häufig mit künstlerischen Entwürfen ein, so dass die Bauausführung seine Handschrift trug. Heute gibt es in Deutschland dieses ganzheitliche Berufsbild des Baumeisters nicht mehr, es wird klar getrennt zwischen dem Entwurf des Architekten und der Baufirma, die den Rohbau erstellt.

übte Xaver Knittl mit seinem beruflichen Wissen auch das Amt des vereidigten Schätzmanns für Immobilien aus. Zudem übernahm er die Aufgabe der Kreditvermittlung. Sollte der Bauherr nicht in der Lage sein, sein Haus sofort mit Eigenkapital zu bezahlen, bekam der Baumeister den Auftrag nur dann, wenn er dem Bauherrn einen attraktiven Kredit gewährte. Hier handelte es sich um eine wahre Win-Win-Situation.

Es kam vor, dass Xaver Knittl auch in der Rolle eines Bauträgers Grundstücke ankaufte, darauf Häuser auf Vorrat baute und sie später samt Grundstück wieder verkaufte (S. 145 ff.). Diese Investition sollte sich, ähnlich wie heute, für den Baumeister als Bauherrn rechnen, jedoch mit dem Unterschied, dass nicht die maximale Rendite im Vordergrund stand, sondern dass sich der eine oder andere Arbeiter ein Eigenheim auf Mietkauf leisten konnte. In den auf Vorrat gebauten Häusern fanden des Öfteren seine Arbeiter für eine bestimmte Zeit ein Zuhause zum „Trockenwohnen", denn durch das Bewohnen des Hauses wurde den frisch verputzten Wänden die Feuchtigkeit entzogen.

Sein Erfolgsrezept als Unternehmer

Die Baumeister von damals bezeichnete man oft als Lohnbarone. Als es noch keine Baumaschinen gab, benötigte man in der Firma sehr viele Arbeitskräfte, die die Arbeitsvorgänge manuell erledigten. Die Anzahl der dafür nötigen Tagelöhner unterlag je nach Auftragslage enormen Schwankungen. Bei der Baufirma Knittl bewegte sie sich zwischen etwa 60 Arbeitern bis zu einem absoluten Höchststand von 357 Mitarbeitern im Jahr 1911. Mit Einführung der Bismarck'schen Sozialgesetzgebung ab 1883 mussten allgemein die versicherungspflichtigen Personen mit Ein- und Austritt der Beschäftigung dokumentiert werden, um sie bei Arbeitsunfähigkeit vor großer Not zu bewahren.

Die damaligen Geschäftsinhaber im Handwerk trugen eine große Verantwortung gegenüber ihren Angestellten und spielten in der Gesellschaft eine wichtige Rolle als Arbeitgeber. Erfolg versprach ein gutes Verhältnis zwischen Arbeitgeber und Arbeitnehmern, das von gegenseitiger Anerkennung und Respekt geprägt war. Genau das schien Xaver Knittl verinnerlicht zu haben, denn die Arbeiter hatten ihr gutes Auskommen bei der Firma und waren stolz darauf, Stammarbeiter zu werden. Die Firmenzugehörigkeit, das Verantwortungsbewusstsein, die Achtung zwischen ihm und seinen Arbeitern, verhalf ihm zu ausgezeichneten Fachkräften, auf die er sich verlassen konnte. Das entwickelte sich zum Erfolgsrezept für sein Unternehmen.

Es wurde erzählt, dass Xaver Knittl kein Schreier war, wie sonst auf Baustellen üblich. Er kam jeden Vormittag zur Baustelle, wechselte einige Worte mit seinen Zugführern, Polieren und Maurern, wenn er etwas wissen wollte[3] und gab jedem einzelnen Arbeiter das Gefühl von seiner Wichtigkeit und Unersetzbarkeit. Abgesehen von den geschäftlichen Aktivitäten in seiner Firma saß er viele Jahre im Gemeindeausschuss und danach im Gemeinderat und war auch mit großer Begeisterung Mitglied in sämtlichen ortsansässigen Vereinen, wie dem Turn- und Sportverein, dem Verschönerungsverein oder dem Liederkranz. Zudem gründete er zusammen mit anderen die Alpenvereinssektion Tutzing. Dazu gehörte auch die Erbauung der Tutzinger Hütte 1908 auf der Benediktenwand (S. 182 ff.).

Tatkräftig und praktisch veranlagt, war Xaver Knittl von allen anderen

Xaver Knittl schlüpfte auch gelegentlich in die Rolle des Immobilienmaklers, wie man einem persönlichen Brief an den Ministerialrat Stegmann aus Seehaupt vom 30.09.1930 entnehmen kann, als er vom Fürstl. Baubüro Thurn & Taxis einen ganz besonderen Auftrag zur Vermarktung erhielt: Ein Seegrundstück aus dem Schlossbesitz, 25-30 Minuten zu Fuß zum Bahnhof und Dampferlandungssteg Tutzing, mit ca. 6 Tagwerk Grund, 160 m Seeufer inklusive alter Eichen und einem alten Haus auf einem Hügel mit herrlichster See- und Gebirgsaussicht, das somit als der schönste Punkt am See bezeichnet werden darf. Der Kaufpreis betrug damals 150.000 Mark.

Hier ist die Rede nicht von irgendeinem Grundstück, sondern vom unvergleichlichen Anwesen in Garatshausen, das der Schauspieler Hans Albers 1935 erwarb und in dem er gemeinsam mit seiner Lebensgefährtin Hansi Burg seinen Lebensabend verbrachte. Mit dem alten Haus war die historische Villa des Oberstabsarztes Dr. Ludwig Loé von 1865 gemeint, die der „blonde Hans" nach den Plänen des Berliner Architekten Anton Gerber im zeitgenössischen Stil des „heimatverbundenen Bauens" der Dreißigerjahre umbauen ließ. Der Umbau sowie spätere Erweiterungsbauten wurden von ortsansässigen Handwerkern wie auch dem Baugeschäft Knittl begleitet. Das sagenumwobene reetgedeckte Bootshaus wurde 1936 vor dem Umbau des Haupthauses nach dem Entwurf des Münchner Architekten G.H. Winkler realisiert.

Bauzeit 1894 – 1933

Mitgliedern der Familie Knittl der eindeutig Fleißigste, was sicherlich auch auf die außergewöhnliche Auftragslage im Baugeschäft um die Jahrhundertwende am Starnberger See zurückzuführen ist. Er hatte das große Glück, zusammen mit anderen Baumeistern die historisch gewachsene, regionale Architektur ganz entscheidend mitzuprägen. Am Ende seiner Schaffenszeit hatte er insgesamt an über 250 Bauvorhaben rund um den Starnberger See mitgewirkt.

Abb. 2 *Das Verlobungsbild von Xaver Knittl mit seiner zukünftigen Ehefrau, der Braumeisterstochter Therese Enderle, um 1901*

Xaver Knittls Karrierestart

Ein wichtiger Umstand für den Start ins Unternehmertum bedeutete eine aus ökonomischer Sicht vielversprechende Heirat. Nachdem die von Xaver Knittl anfangs auserwählte Herzdame nicht aus einer begüterten Familie stammte, traf er bei seiner endgültigen Brautwahl in wirtschaftlichem Sinne eine eher pragmatische Entscheidung. Er ehelichte die aus vermögenden Verhältnissen stammende Tochter des Schlossbraumeisters Karl Enderle aus Tutzing und konnte dadurch seinen Berufsstart erst einmal entspannt angehen.

Sein Schwiegervater Karl Enderle (1852–1914) war nicht nur Schlossbraumeister in Tutzing, sondern auch ein erfolgreicher Geschäftsmann. Seine Zuchthefe, die er verkaufte, wurde so berühmt, dass sie bis nach Österreich verschickt wurde.[4] Sein Schwager Franz Enderle (1881–1959), Generaldirektor bei der Brauerei Schultheiss in Berlin, besaß ebenfalls einflussreiche Geschäftsverbindungen.

Die Eheleute Xaver Knittl und Therese Enderle (1880–1936) hatten drei Kinder: den Stammhalter und Firmennachfolger Carl (1903–1953) und die zwei Töchter Annie (1904–1986) und Josefa (1905–1994). Annie Knittl

Bauzeit 1894 – 1933

Abb. 3 *Die Kinder Carl (Mitte), Annie (links) und Josefa (rechts), um 1920*

Abb. 4 *Die Schlossbrauerei Tutzing aus der Vogelperspektive, um 1900*

blieb unverheiratet und ließ sich nach dem Tod des Vaters ein Wohnhaus gegenüber dem Elternhaus erbauen (S. 257f). Die Jüngste, genannt „Sepperl", heiratete in die Schreinereifamilie Martin Müller, die in der Ortsmitte lag.

Kanzlei für die Schlossbrauerei, 1893

In die „Lehrjahre" des jungen Baumeisters fiel die Mitwirkung an den Bauten der neuen Schlossbrauerei an der heutigen Lindemannstraße in Tutzing, auf deren Gelände sich mittlerweile Lebensmittel-Discounter mit einem großen Parkplatz befinden.

Die Schlossbrauerei, die ursprünglich neben der Hofmark am See lag, war wegen ihrer Zerstörung durch einen Brand im Jahre 1864 von der Familie von Vieregg an das Südende von Tutzing verlegt worden.

Die neue Anlage der Schlossbrauerei erhielt eine imposante Ausdehnung. Sie umfasste etliche Gebäude, wie beispielsweise ein Brau-, Maschinen-, Kessel-, Sud- und Wohnhaus mit Büro nebst Stallung. Zu den umliegenden Ländereien gehörten auf der Seeseite der Johannishügel, im Süden das heutige Sportplatz-Gelände, im Südwesten die „Kellerwiese" und im Norden die Siedlung „Schönmoos" mit dem „Tutzinger Keller", damals das Wirtshaus zur Brauerei, genannt „Sommerkeller". Auf dem Siedlungsgelände „Schönmoos" befanden sich zwei Weiher, in denen das Natureis für die Kühlung des gebrauten Bieres gewonnen wurde.[5]

Bei den Erweiterungsbauten im Jahr 1893 hatte es Xaver Knittl bereits mit älteren und erfahrenen Geschäftspartnern, wie der 43-jährigen Bauherrin Gabriele Gräfin Landberg und dem 46-jährigen Architekten Engelbert Schnell zu tun.

Bauzeit 1894 – 1933

Gabriele Gräfin Landberg erteilte dem „Rookie im Bauteam" Xaver Knittl zusammen mit Engelbert Schnell den Auftrag zum Neubau der Brauereikanzlei, dem sogenannten Verwaltungsgebäude des Direktors der Schlossbrauerei AG, sowie eines weiteren Gebäudes, das später den Namen „Haus Beate" bekam und das unter anderem viele Jahre von der Pianistin Elly Ney bewohnt wurde.

Die Kanzlei erstreckte sich über die Stallungen der Brauerei und der Wohnblock „Haus Beate" lag östlich der Einfahrt der Bayerischen Textilwerke. Diese zogen später in die Räumlichkeiten der Schlossbrauerei ein. Die Brauereigebäude entstanden in mehreren Bauabschnitten nach den Plänen Engelbert Schnells, in die bereits der Maurermeister Josef Knittl wie auch später der Feldafinger Baumeister Johann Biersack involviert waren.[6]

Kleines Waschhaus zum Schneiderhaus, 1893

Als eine Art „Gesellenstück" baute Xaver Knittl zu seinem Karrierestart das kleine zum Schneiderhaus gehörige Waschhaus des Bahnexpeditors Vinzenz Wölkhammer an der Marienstraße in Tutzing.

Das aus dem Jahr 1618 stammende Schneiderhaus gehörte zur Villa Carola an der heutigen Marienstraße 11. Die Villa Carola ließ sich Vinzenz Wölkhammer sieben Jahre nach dem Waschhaus-Neubau von dem Bernrieder Baumeister Domenico del Fabbro erbauen. Mit der Fertigstellung der Villa Carola ließ Wölkhammer das alte Schneiderhaus abbrechen, aber das heute noch existierende Waschhaus nordöstlich stehen.

In unmittelbarer Nachbarschaft des kleinen Waschhauses lebte einst der gruselig aussehende „Glaslmann" im sogenannten Amtmann-Haus, das zu Zeiten der Hofmark als Wohnsitz für den obersten Dienstmann des Grafen von Vieregg diente. Dieser „Glaslmann", dessen Gesicht von den Verletzungen aus der Revolution von 1848 entstellt war, hatte übersinnliche und heilende Fähigkeiten. Er mixte aus Kräutern in Gläsern Rezepturen, die Krankheiten wie beispielsweise Rheuma linderten.

Abb. 5 *Links Villa Carola, davor links das Schneiderhaus „Zum Schneider" (1618–1900), um 1900*

Trockenlegung der Schlossmauer, 1893/94

Mit dem allgegenwärtigen Hausbesitzerproblem nasser Wände sah sich der junge Xaver Knittl konfrontiert, als Gabriele von Landberg, Tochter und Erbin des Schlossbesitzers Eduard Hallberger mit der Besitzübernahme des Schlosses Verschönerungen an dessen Nordseite vornahm. Ein Teil der

Schlossmauer musste dabei im Jahr 1893/1894 erneuert und ergänzt werden. Das war eine echte Herausforderung für den jungen Baumeister, denn die aus Tuffstein bestehenden Fundamente und das aus großen und kleinen Bachsteinen und Findlingen zusammengesetzte aufgehende Mauerwerk hatten sich von unten mit Wasser vollgesogen. Eine Horizontalsperre gegen die aufsteigende Feuchtigkeit in der Schlossmauer sollte die Lösung sein. Der Baumeister durchschnitt mit einer Mauersäge die feuchten Außenwände und hatte dadurch die schwierige Aufgabe mit Bravour in den Griff bekommen.[7]

Wohn- und Geschäftshäuser

Der wirtschaftliche Aufschwung, ausgelöst durch den gewonnenen Deutsch-Französischen Krieg 1870/71, brachte es mit sich, dass überall Handwerker auf Wanderschaft gingen. Einige von ihnen ließen sich auch in Tutzing nieder. 1876 gab es hier bereits über 80 gewerbesteuerpflichtige Einwohner. Überwiegend im Ortszentrum florierte der Bau von Wohn- und Geschäftshäusern. Im Erdgeschoss befand sich die Werkstatt oder das Geschäft, darüber lag die Wohnung. Häufig wurden auch bestehende Häuser dahingehend umgebaut und erweitert.

Bader Georg Eckerl, 1894

Nach den Plänen von Xaver Knittl entstand 1894 das heute denkmalgeschützte Wohn- und Geschäftshaus[8] an der Hauptstraße 28 in Tutzing für den approbierten Bader Georg Eckerl sen. (1860–1924). Über den beruflich breit aufgestellten Eckerl gab es wilde Geschichten wie die folgende von Sepp Pauli:

„Er übte den Beruf als Bader und Naturheilkundiger aus. Er musste öfter den Wildschützen die Schrotkugeln aus dem Hintern zupfen. Auch war er der beste Zahnzieher in der ganzen Umgebung. [...] Der Eckerl hatte

Abb. 6 *Wohn- und Geschäftshaus Georg Eckerl an der Hauptstraße, um 1920*

Bauzeit 1894 – 1933

eine besondere Methode bei seinem Eingriff in die Tutzinger Mäuler. Er schaute sich zuerst den Zahn an, stocherte ein bißchen dran herum und tat so, als wollte er noch gar nicht beginnen. Doch holte er heimlich seine Zange, ließ sie aber nicht sehen und plötzlich faßte er den Zahn, und ehe der Patient einen Schmerz spürte, zeigte er ihm schon die ausgehöhlte Trophäe. Der lachte noch über die lustigen Geschichten und Witze, die der Eckerl ihm zur Vorbereitung auf den Eingriff erzählt hatte. [...]."[9]

Kaufmann Joseph Höllweger, 1894

An der Hallberger Allee 2 entwarf Xaver Knittl für den Kaufmann Joseph Höllweger ein Wohn- und Geschäftshaus.[10]
An dieser Stelle stand zuvor das landwirtschaftliche Anwesen „Zum Fuchsschuster" aus dem 17. Jahrhundert, das dem Neubau weichen musste. Im Jahr 1917 übernahmen die Brüder Georg jun. (1880 – 1957) und Theodor Eckerl (1883 – 1956) das Haus. Sie waren zugleich Besitzer des schräg gegenüber liegenden Eckerl-Hauses. Georg führte in der Hallberger Allee einen Friseurladen und im westlichen Anbau eine Drogerie. Theodor war Schlossermeister. Das nicht denkmalgeschützte Wohn- und Geschäftshaus ist gefühlvoll renoviert worden und wird weiterhin als Wohn- und Geschäftshaus genutzt.

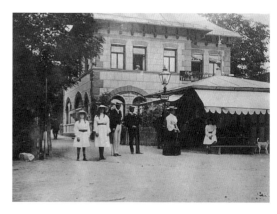

Abb. 7 *Wohn- und Geschäftshaus Joseph Höllweger an der Hallberger Allee mit vorgebautem Kiosk*

Abb. 8 *Links Wohn- und Geschäftshaus Höllweger, mittig „Zum Zimmermeister", bis zum Abbruch Hof Schellinger-Vogl (1810 – 1912), rechts Guggerhof*

Dekorationsmaler Kaspar Brandl, 1894

Ebenfalls nach den Entwürfen von Xaver Knittl entstand an der Hauptstraße 47 das Wohn- und Geschäftshaus[11] für den Dekorationsmaler Kaspar Brandl (1859–1926) und seine Ehefrau Maria (1865–1940). Das Haus befand sich noch bis in die Fünfzigerjahre im Besitz der Familie Brandl, bis es im Jahr 1954 an den Münchner Dr. Maurer verkauft wurde. Danach lebte die siebenköpfige Familie Rehm über Jahre in dem Haus zur Miete, bis es schließlich Sohn Sepp Rehm, genannt „Remus", im Jahr 1992 kaufte und knapp zwanzig Jahre später wieder veräußerte. Im Erdgeschoss des Hauses war unter anderem das Friseurgeschäft Rehm untergebracht. Heute wird es privat genutzt und ist ortsprägend, aber kein Baudenkmal.

Abb. 9 *Straßenansicht des Bauplans von Xaver Knittl vom April 1894, nachträglich vom Bauamt überschrieben: „Feuersichere Eindeckung"*

Abb. 10 *Wohn- und Geschäftshaus Kaspar Brandl an der Hauptstraße, hier bereits mit geschlossener Terrasse, um 1930*

Bauzeit 1894 – 1933

Uhrmacher Anton Spickner, 1896

Der Uhrmacher Anton Spickner ließ sich von Xaver Knittl in Tutzing an der Traubinger Straße 2, Ecke Hauptstraße, ein Wohn- und Geschäftshaus erbauen. Dem Bauherrn Spickner sagte der Neubau wohl nicht zu, denn er tauschte noch im gleichen Jahr das gerade fertiggestellte Wohn- und Geschäftshaus mit dem zwanzig Jahre älteren Haus der Witwe Maria Wörsching schräg gegenüber an der Traubinger Straße 3 (Abb. 19, S. 20) und zog mitsamt seiner Uhrmacherei dorthin.

So gehörte das große Wohn- und Geschäftshaus ab 1896 der Glaserfamilie Wörsching. Der Schwiegersohn von Otto Wörsching, der Glasermeister Albert Thallmair (1880–1957), führte ab 1904 die Glaserei, die sein Schwiegervater Otto Wörsching (1846–1886) im Jahr 1874 in Tutzing eröffnet hatte. Das Haus bekam 1902 noch ein Gefängnis bzw. eine Arrestzelle, da die Gendarmerie Tutzing zeitweise dort untergebracht war. Für den Einbau der Zelle war die Firma Xaver Knittl zuständig, während die Pläne von Engelbert Schnell stammten.[12] Mit Fertigstellung des Feuerwehrhauses im Jahr 1938 brachte man die Arrestzelle bis zur Auflösung der Dorfpolizei im Feuerwehrhaus unter. In die Räume der Glaserei dieses Wohnhauses zog später ein Sportgeschäft ein.

Abb. 11 *Wohn- und Geschäftshaus Spickner, Wörsching, Thallmair an der Ecke von Hauptstraße / Traubinger Straße; im Vordergrund fröhliche Gesellschaft in bürgerlicher Festtagskleidung, um 1910*

Metzgermeister Bockmayr, später Steinkohl, 1894

Emmy Steinkohl war eine bekannte Sopranistin am Opernhaus Schaffhausen in der Schweiz. Dort sang sie namhafte Partien wie die Madame Butterfly von Puccini und wurde schnell zum Publikumsliebling. Da die Schweizer Bundesbehörden ihre befristete Aufenthaltserlaubnis nicht mehr verlängerten, kehrte sie nach Deutschland zurück und zog 1938 in das Steinkohl-Haus.[15]

Bauherr des Wohn- und Geschäftshauses an der Hauptstraße 37 gegenüber dem Kurhaus war der tüchtige Charcutier Peter I. Bockmayr (1848 – 1930).[13] Vorher war er Pächter eines gut gehenden Fleischerladens im „Gasthof am See" beim Schloss, dem späteren „Hotel Seehof" (S. 41 f). Da im Jahr 1888 Gebäudeteile dieses Gasthofes durch einen Brand zerstört wurden, verlegte Bockmayr sein Gewerbe mit einem Neubau[14] in die Ortsmitte und versprach sich davon mehr Kundschaft. Zuständig war das Bau-Duett Engelbert Schnell und Xaver Knittl. Das Sichtmauerwerk des heute denkmalgeschützten Hauses ist typisch für die Architektur von Engelbert Schnell. Heute befindet sich im Ladengeschäft ein Herrenausstatter.

Bekannt ist das Bauwerk unter dem Namen Steinkohl-Haus, denn bewohnt wurde es die meiste Zeit von der Familie Steinkohl, die mit den Bockmayrs verwandt war. Emma Steinkohl (1880 – 1962), die Tochter des Peter I. Bockmayr sowie deren Tochter, die ledige Künstlerin Emmy Steinkohl (1906 – 1998), waren langjährige Bewohner.

Emmy Steinkohl verkaufte 1954 das Steinkohl-Haus und zog in ihren letzten Lebensjahren in ein schönes Garatshausener Anwesen an der Weylerstraße 4, direkt neben dem Gasthof Seerose. Das Haus hatte ihr die Tante,

Abb. 12 *Beide Häuser von Metzgermeister Peter Bockmayr an der Hauptstraße, links Ladengeschäft (1912 – 1990), rechts denkmalgeschütztes Wohnhaus, später Steinkohl, um 1920*

Bauzeit 1894 – 1933

Fräulein Therese Gonetzny-Steinkohl (1869–1952) vermacht, die von dem kinderlosen, jedoch begüterten Ehepaar Gonetzny[16] aus Kempten adoptiert worden war.

Münchner Bank einst „Colonial- und Delikatessen" Marx, 1902

In der Tutzinger Ortsmitte, wo sich heute die Münchner Bank eG befindet, stand vormals das Hoffischerhaus „Zum Märkl". Als der letzte Besitzer, der „Wilderer Hias"[17], verstorben war, heiratete die Witwe 1896 den Fischer Johann Nepomuk Marx.[18] Ihr Ehemann ließ das alte Fischeranwesen abreißen und an gleicher Stelle ein Wohn- und Geschäftshaus erbauen, in dem sich ebenerdig der Laden „Colonial- und Delikatessen Hans Marx" befand. Die Pläne für das imposante Haus mit Turm stammten von dem Münchner Architekten Hans Lettner. Den Bau führte die Firma Xaver Knittl durch. Hans Marx gab den Laden später an den Konsumverein Penzberg weiter. Danach wandelte sich das Gebäude von der Genossenschaftsbank zur Raiffeisenbank und schließlich zur heutigen Münchner Bank.

Abb. 13 *„Colonial- und Delikatessen"- Geschäft Hans Marx an der Hauptstraße, heute Sitz der Münchner Bank, um 1920*

Genossenschaftsbank Tutzing (gegr. 1897)

Die Geschichte der Genossenschaftsbank nahm ihren Anfang mit einem landwirtschaftlichen Darlehensverein. Die Initiative ging von Engelbert Schnell aus, dem die Gründung[19] der Spar- und Darlehenskasse sicher geschäftlich gelegen kam. Schnell hatte das Amt des Vereinsrechners inne. Gründer und erster Vorstand war der Landwirtssohn Lorenz Pauli aus Unterzeismering.

Bevor die Genossenschaftsbank Tutzing e.G.m.u.H.[20] 1927 in das Gebäude des Konsumvereins an der heutigen Hauptstraße 33 zog, war die Bank aus heutiger Sicht in unkonventionellen Räumen, nämlich im Geschäft des Tapezierers und Dekorateurs Friedrich Dommaschk an der Traubinger

Abb. 14 *Blick entlang der Hauptstraße nach Süden, hinten Ladengeschäft Marx, davor die beiden Häuser Bockmayr, um 1950*

Zum Einzug in das neue Gebäude war in der Presse zu lesen: „[...] Große Schaufenster an zwei Seiten des in neuem Kleide prangenden Hauses spenden Tageslicht in Fülle für Schalter-, Kassenräume und Buchhaltungssaal. An den letzteren anschließend befinden sich die Direktions- und Sitzungszimmer für Vorstand und Aufsichtsrat. Vom Buchhaltungssaal führt eine massive Treppe zu der im Keller eingebauten Stahlkammern für Kassenschränke u. Depots. Mächtige massive Eisenbetonarmierungen umgeben diese wichtigen Räume, die durch eine 32 Ztr. schwere Panzertüre und die neuesten und modernsten Sicherungen und ein Stahlstabgitter verschlossen werden. Besonders eigenartig und kunstvoll sind auch die Schlösser an den zahlreichen Fächern für geschlossene Depots. Die sämtlichen neuen Räume sind luftig, hell und trocken, gediegen ausgestattet und mit Zentralheizung versehen. Besonders schön und angenehm wirkt die elektrische Beleuchtung [...]."[21]

Straße 14, untergebracht. Der Bankleiter Anton Dommaschk (S. 195ff) richtete zwischen den Werkstätten schrittweise passable Räumlichkeiten inklusive eines Tresors ein, die sich für ein Geldinstitut sehen lassen konnten. Die Werkstätten mussten dementsprechend mitwandern.

Zu Beginn der Zwanzigerjahre zog die Bank mit dem geschäftstüchtigen Bankleiter Anton Dommaschk in die Hauptstraße 38, schräg gegenüber des heutigen Standortes.[22] Für den Umzug der Genossenschaftsbank im Jahr 1927[23] erfolgte ein größerer Umbau des Wohn- und Geschäftshauses des Konsumvereins.

Die Bank für Landwirtschaft und Gewerbe wurde für Zwecke der Warenlagerung noch mal im Jahr 1955 umgebaut und der Turm abgebrochen. Zur üblichen Bankabteilung kam noch eine Warenabteilung hinzu, in der Kunstdünger, Kraftfuttermittel, Oelkuchenmehle und Hühnerfutter erhältlich waren. Nach vielen bankinternen Umstrukturierungen befindet sich dort heute nach wie vor eine Genossenschaftsbank, eine Filiale der Münchner Bank eG, die ihren Sitz in München hat und die älteste Genossenschaftsbank in Bayern ist.

Zentralheizungsgeschäft Blümel, 1902

Ein weiteres Wohn- und Geschäftshaus in Tutzing an der Hauptstraße 53 war das Erstlingswerk des „Bauträgers" und Installateurs Ludwig Gassner, das die Baufirma Knittl errichtete. Das ortsprägende Haus, dessen Treppenaufgang zum Laden durch ein kleines romantisches Vorzimmer führt, ist heute noch gut erhalten. Xaver Knittl baute es nach den Plänen von Ludwig Gassner.

Bekannt wurde das Installationsgeschäft jedoch erst durch den Nachfolgebesitzer, den Kupferschmied und Spenglermeister Josef Blümel (1880–1952), der dort ab 1909 über 40 Jahre sein Zentralheizungsgeschäft

Die Abkürzung NARAG stand für den Berliner Warmwasserheizungshersteller, die Nationale Radiator Gesellschaft. Ab den Zwanzigerjahren waren diese unabhängigen Etagenheizungen weit verbreitet und beliebt. Der Zimmerheizkessel mit den dazugehörigen Radiatoren spendete überall in den Räumen der Wohnung eine gleichmäßige Wärme. Kellerraum und Wasserleitungsanschluss waren nicht erforderlich.[24]

Bis Ende der Sechzigerjahre gab es diese Schwerkraftheizungen, die keine Umlaufpumpe benötigten, sondern durch den Dichteunterschied des warmen und kalten Wassers zirkulieren konnten.

Auch bei der Baumeisterfamilie Knittl gab es solch eine NARAG-Heizungsanlage aus dem Installationsgeschäft Blümel. Der Heizungskessel war in einer Nische im vorgelagerten Glashaus des Rückgebäudes untergebracht. Die Rohre wurden als Aufputz durch die Zimmer gelegt. Je weiter weg die Rohre vom Kessel waren, desto größer war die Gefahr, dass bei Kälte das Wasser in den Rohren einfror. Der Lagerist, der sich im hintersten Bereich des Hauses im Magazin aufhielt, musste daher oft mit einem zusätzlichen gusseisernen Ofen heizen. Wenn die Heizung nicht mehr funktionierte, umwickelte das Dienstmädchen die Rohre mit heißen Tüchern, damit das Wasser in den Rohren wieder auftauen konnte. Die zusätzlich aufgestellten gusseisernen Öfen wurden mit Kohle und später mit Eierbriketts gefüllt und verursachten einen unglaublichen Dreck. Diese Zusatzöfen kamen oft zum Einsatz, denn der NARAG-Heizofen war ständig kaputt. Darüber regte sich in der Familie jedoch keiner mehr auf, denn alle plagte das gleiche Schicksal und jeder musste sich damit arrangieren.

Abb. 15 *Wohn- und Geschäftshaus Josef Blümel, Hauptstraße/Ecke Oskar-Schüler-Straße, um 1940*

führte. Der aus Dachau stammende Blümel konnte aufgrund der anhaltenden Bautätigkeit am Starnberger See einen großen Kundenkreis aufbauen und als Handwerksbetrieb lange überleben. Der Heizungsfachmann Josef Blümel hatte zusammen mit seinem Obermonteur Abdon Schöffel (1837–1933) ein erfolgreiches Patent zu einer Warmwasserheizung entwickelt. Diese Heizung war eine Abwandlung der klassischen NARAG-Warmwasserheizung. Das Patent bestand aus einer Heiztasche, die im Küchenofen eingebaut wurde und die übrigen Räume beheizte.[25]

Das tragische Ende des „Bauträgers" Gassner

Der Installateur Ludwig Gassner (1870–1939) tauchte mehrmals in Tutzing als Bauherr auf. Er hinterließ neben dem Wohn- und Geschäftshaus Blümel vier weitere Villen (von Hillern, S. 109 f; Berghaus, S. 116; Gassner, S. 127; Elsperger, S. 127 f) in Tutzing, die er in den Jahren 1903 bis 1914 als Bauträger errichtete, zum Teil selbst bewohnte und wieder verkaufte. Der aus Thannhausen im Landkreis Günzburg stammende ehrgeizige Handwerker kam 26-jährig nach Tutzing, machte sich als Installateur selbstständig und bemerkte nach seinem ersten gelungenen Bauprojekt, dass er als Projektierer und Immobilienspekulant Karriere machen konnte, denn neben seinem Planungstalent warteten mit der zunehmenden Bautätigkeit blendende Geschäfte auf ihn. Das nötige Anfangskapital dürfte von seiner Frau Anna (1877–1957) in die Ehe gebracht worden sein, einer reichen Bauerstochter aus der Nähe von Holzkirchen. Jedoch endete sein Werdegang auf tragische Weise. Er setzte nach 1916 seine Immobilienlaufbahn am Tegernsee fort. Dort verstarb er, völlig verarmt, und bereits jahrelang erblindet nach schwerem Leiden. Sein Sohn Ludwig Gassner jun. führte im Ort Tegernsee seine Installationsfirma im kleinen Stil weiter. Diese existiert heute nicht mehr in ihrer ursprünglichen Form, sie wurde von der Firma Rixner übernommen.

Abb. 16 *Ludwig Gassner, ein Schwabe aus Günzburg, der 1896 nach Tutzing kam*

Spenglermeister Bustin, 1904

Ein angesehener Spenglermeister in Tutzing war der aus Ungarn zugewanderte Jude Ferdinand Bustin. Nachdem er um 1900 in Tutzing eingetroffen war, übernahm er die im Jahr 1896 für seinen Vorgänger Franz Rüppel von Xaver Knittl erbaute Schlosserwerkstatt[26] am Kirchenweg.[27] Mit der zunehmenden Bautätigkeit am Starnberger See verbesserte sich die Auftragslage für den Spengler stetig. Im Zuge des Baubooms zahlte es sich aus, das konjunkturkräftige Handwerksmetier um Tätigkeitsfelder wie Installations- und Sanitärtechnik erweitert zu haben. Er eröffnete sein eigenes Geschäft in dem von Xaver Knittl 1904 errichteten Wohn- und Geschäftshaus[28] an der heutigen Traubinger Straße 10–12 in Tutzing.
Nach der Machtergreifung der Nationalsozialisten musste Ferdinand Bustin sein Geschäft aufgeben und nach Argentinien emigrieren. Das Wohnhaus mit dem Installations- und Spenglereigeschäft übernahm die Münchner Firma Baer & Derigs im Jahr 1937. Zwei Jahre später war das heute noch bestehende Haus umgebaut und in seiner ursprünglichen äußeren Erscheinung verändert worden.
Die im Jahr 1908 für Zentralheizung, Lüftungs- und Trockenanlagen gegründete Firma Baer & Derigs hatte ihren Firmensitz in der Schiller-

Abb. 17 *Gegenüber: Bau- und Lageplan des Hauses Bustin von Xaver Knittl aus dem Jahre 1904*

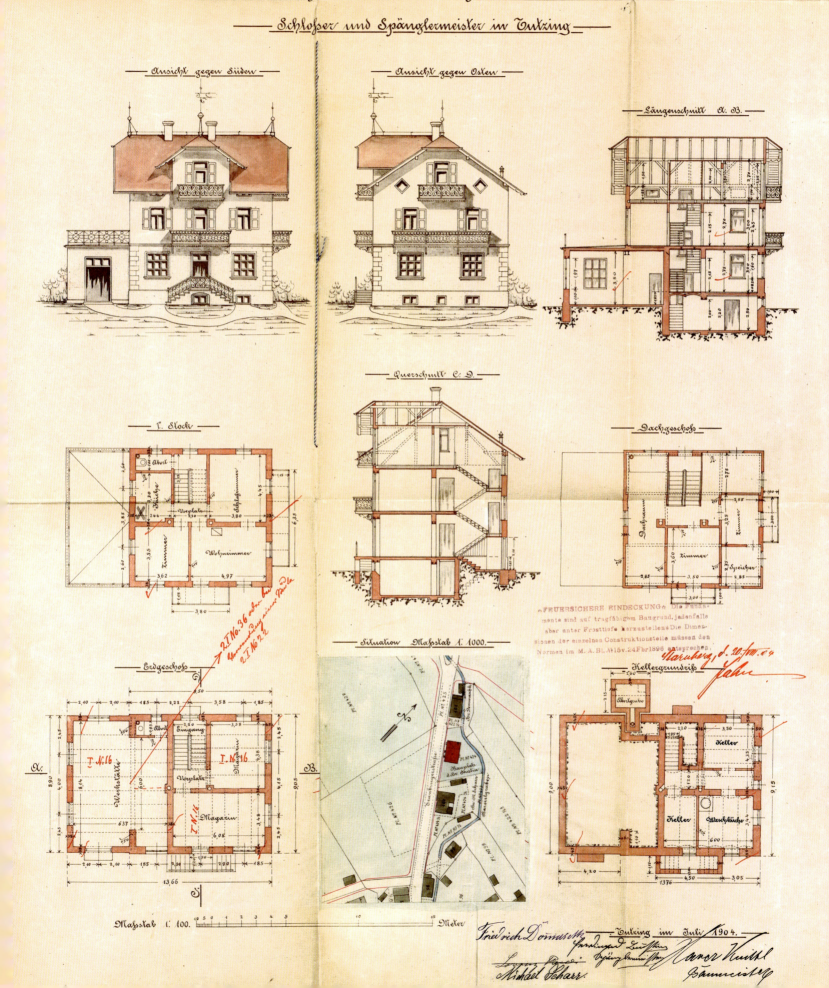

Bauzeit 1894 – 1933

Abb. 18 *Frühe Aufnahme des Hauses von Ferdinand Bustin mit Laden und Terrasse an der Traubingerstraße, um 1910*

straße 27 in München. Der von den Amerikanern eingesetzte kurzzeitige Tutzinger Bürgermeister Ferdinand Derigs (S. 135 ff) führte nach dem Tod von Ernst Baer das Unternehmen von 1927 bis 1985 alleine weiter. Die eingesessene Firma Derigs, zu deren Arbeitsgebieten der Spenglerei, Gas-, Wasser- und Elektroinstallation noch der Heizungs- und Lüftungsbau in Tutzing hinzukamen, führte eine Menge dieser Arbeiten in öffentlichen wie auch privaten Gebäuden durch, wie beispielsweise im Hotel Simson, im Rathaus Tutzing, im Kloster, im Gabrielenheim, im „Drei-Mäderl-Haus" oder beim Pelzwarenfabrikanten Oskar Schüler.

Ein Erfolgsmodell - Sägewerk Suiter und Baugeschäft Knittl

Als der bereits 43-jährige Zimmermeister Johann Nepomuk Suiter (1852 – 1929) von seinem Onkel Joseph Anton Steidele (1835 – 1895) das Sägewerk am Fadlbach übernahm, war Xaver Knittl mit 22 Jahren gerade ein gutes Jahr im Baugeschäft. Das Dampf- und Sägewerk befand sich idealer Weise in nördlicher Nachbarschaft zur Baufirma Knittl. Es umfasste nicht nur ein Sägewerk, sondern eine Zimmerei, einen großen Holzhandel, ein Hobelwerk, eine Bauschreinerei und ein Wohnhaus nebst Werkstätte.[29] Heute befindet sich auf dem Areal nur noch das Wohnhaus, alle anderen Gebäude sind verschwunden und ein großer Lebensmittel- und Getränkemarkt mit weitläufigen Parkplatzflächen sind entstanden.
Beide Meister hatten das Glück, dass die Holzverarbeitung zu Beginn des Goldenen Zeitalters des Bauens eine zunehmend wichtige Rolle

spielte. Holz auf dem Bau war schon länger ein Faktor, jedoch kam mit der Nachfrage nach Landhäusern und lieblichen Villen immer mehr Holz in allen Varianten hinzu, für das Zierfachwerk, für Verzierungen im Dachgiebel, für dekorative Fensterläden und Balkone oder Ähnliches. Beide Firmen expandierten und ergänzten sich ideal, denn die Landhaus-Architektur von Xaver Knittl erforderte einen hohen Verbrauch an Holz.

Das Sägewerk – die ehemalige Schlossmühle

Beim Sägewerk am Fadlbach handelte es sich um die ehemalige Schlossmühle (Fadlmühle), die als Malz- und Getreidemühle von der Schlossbrauerei genutzt wurde. Der Zimmermeister Joseph Steidele, Onkel von Johann Suiter, war als junger Zimmermeister aus Schwaben nach Tutzing gekommen und begann mit seiner ersten Zimmerei in seinem 1869 selbst erbauten Haus an der Hauptstraße 80. Der unternehmerische Schwabe Steidele, der den baulichen Aufschwung zu dieser Zeit voraussah und sich vergrößern wollte, erwarb 1873 die ehemalige Schlossmühle und verlegte dorthin seinen Betrieb. Der Neffe Johann Suiter hatte, als er das Sägewerk 1895 übernahm, schon viele Jahre als fähiger Handwerker und Gehilfe und später als angesehener Zimmermeister bei seinem Onkel gearbeitet. In die Sägemühle baute er eine Dampfmaschine ein und ver-

Abb. 19 *Das Sägewerk Suiter (links), Reinigung Würth (rechts), Holzhaus Gregor Müller (oben), Tankstelle Hößle (unten), um 1970*
Heute befinden sich auf dem Gelände die Einkaufsmärkte Edeka und Fristo.

Bauzeit 1894 – 1933

Abb. 20 *Wohnhaus und Zimmerei Suiter, davor Johann Suiter (mit Gehrock und Hut) zwischen seinen Mitarbeitern, um 1900*

größerte die Zimmerei und Schreinerei. Suiter stattete viele Schlösser im Umkreis mit Dachstühlen aus, wie das Schloss Riegsee, das Schloss Elmau, das Schloss Hirschberg bei Eberfing oder den Neubau des Schlosses Garatshausen und den Umbau des Klosters Polling.

Joseph Steidele hatte den Betrieb seinem Neffen nur unter der Bedingung übergeben, dass sein ältester Sohn Johann Steidele (1863 – 1920) Teilhaber wurde. Die Zusammenarbeit erwies sich später als unmöglich, da Johann Steidele (S. 223 f) schwermütig wurde und sich beruflich nach Feldafing orientierte.

Johann Suiter und seine drei Söhne beherrschen am oberen Starnberger See den kompletten Holzmarkt. Der holzverarbeitende Betrieb Suiter war in der Region der größte seiner Art. Sein Sohn Luitpold (1891 – 1918) war Bautechniker und Planfertiger, fiel jedoch im Ersten Weltkrieg in Flandern. Sein Sohn Ludwig (1881 – 1971) führte den Betrieb weiter, musste ihn aber 1950 wegen Krankheit an die Schreinerei Müller weiterverpachten. Im November 1964 wurde das Sägewerk Opfer eines Großbrandes.[30]

Upgrade von Villen, Landhäusern und Anderem

Neben einigen frühen Villen-Neubauten wurden auffallend viele eher schlichte Häuser in den letzten Jahren des 19. Jahrhunderts zu repräsentativen Villen aufgewertet, indem sie aufgestockt, erweitert und die Fassaden verschönert wurden. Vermutlich verströmten die den Starnberger See entdeckenden Sommerfrischler und Künstler ein Fluidum, das dazu animierte, das Häuschen in der zunehmend gefragten Gegend aufzuwerten. Der Hofschauspieler Friedrich Kester beispielsweise veranlasste 1897 bei Xaver Knittl einen Giebelaufbau[31] mit dekorativem Zierfachwerk für das 1873 entstandene Ludwig Neustätter-Haus[32] am Barbaraweg 11 in Tutzing.

Bauzeit 1894 – 1933

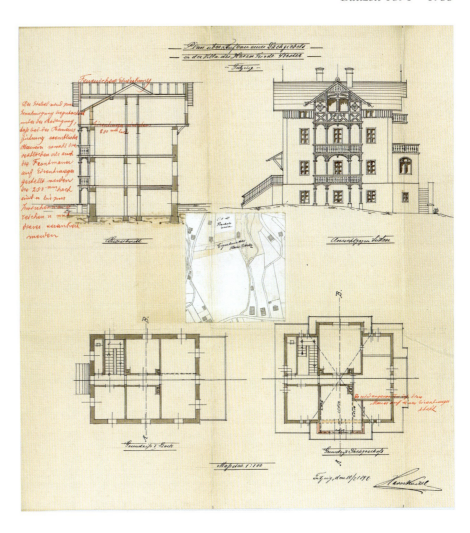

Abb. 21 *Die mit einem Giebelvorbau aufgehübschte Villa Kester, Plan Xaver Knittl vom 10. Febr. 1897*

Vom Bauernhaus zum Wohnhaus Fraunberg, 1894/95

Der Name Fraunberg stammt von dessen Besitzer Theodor von Fraunberg, der 1882 den Bauernhof von Sebastian Rieger erworben hatte. Fraunberg verkaufte ihn 12 Jahre später an Otto Ritter von Kühlmann (1834 – 1915). Dieser lebte zuvor in Konstantinopel, machte dort Karriere bei der orientalischen Eisenbahn, dem späteren Orient-Express, und war zuletzt Direktor in Kleinasien bei der Anatolischen Eisenbahn. Unmittelbar nach dem Kauf ließ Frau Direktor von Kühlmann von dem jungen Xaver Knittl das Bauernhaus zum Wohnhaus umbauen. Vermutlich war ihr Ehemann noch viel beruflich unterwegs und selten in Deutschland. Sie lebte schon längere Zeit mit den Kindern in München und übernahm dort die operativen Geschäfte für die Familie.

Unmittelbar nach dem großen Umbau zum Wohnhaus folgte vom Baugeschäft Knittl noch ein „Abortanbau" sowie die Erstellung eines nördlichen Nebengebäudes, welches zuerst als Gesindehaus und später für den Hausmeister genutzt wurde.

Etwa um 1926 erwarb das Anwesen Frieda Lindemann (1892 – 1973), die Ehefrau des Bayerischen Textilwerkebesitzers Lothar Lindemann.[33] Südwestlich auf dem Areal errichtete Xaver Knittl 1926 noch ein hölzernes Gärtnerhaus (Abb. 169, S. 185).

Das Nebengebäude, das damals auch im Besitz des Zahnarztes Dr. Frank Schleyerbach war, wurde mehrmals von den Eigentümern umgebaut und

Bauzeit 1894 – 1933

Abb. 22 *Links: Wohnhaus Fraunberg; rechts: Nebengebäude (1895 – 2014)*

schließlich 2014 abgebrochen und durch einen größeren Neubau ersetzt. Das große Landhaus am Fraunberg steht heute unter Denkmalschutz.

Vom Wohnhaus zur Villa Waltenberg, 1895/96

Ein noch effektvoller gestaltetes Haus, das nachher wie eine Jugendstilvilla anmutete, war die Villa Waltenberg an der heutigen Heinrich-Vogl-Straße 12 in Tutzing. Die ursprünglich einfache Version stammte von dem Bauherrn Stelzer, der das Haus 1873/74 von Josef Knittl erbauen ließ.
Das „Haus-Upgrade" nahm die damals bereits verwitwete Villenbesitzerin Karoline Waltenberg vor, die Xaver Knittl beauftragte, das Haus um ein Stockwerk zu erhöhen sowie eine Veränderung der Fassade vorzunehmen.³⁵
Die Käuferin der Villa Waltenberg, Georgine Gröschl, war vermögend, denn sie hatte kurz vorher in Tutzing die feudale Villa Sack an der Traubinger Straße 40 verkauft.³⁶
Ihr dritter Ehemann, Hofrat Dr. Gröschl, richtete sich in der von ihr neuerworbenen und umgebauten Villa eine Arztpraxis im Parterre ein. Sein Nachfolger war der Arzt Dr. Rudolf Rein. Der aus Ostpreußen geflüchtete Dr. Rein wurde von den Amerikanern als Chefarzt der Chirurgie im Lazarett im Hotel Kaiserin Elisabeth in Feldafing am Ende des Krieges eingesetzt, bevor er die besagte Praxis des Dr. Gröschl übernahm und von 1951 bis 1977 selbst führte. Georgine Gröschls einzige Tochter Gretel war Haushälterin bei Hans Albers in Garatshausen. Sie verstarb allerdings sehr jung. Das Schicksal der wunderschönen Jugendstilvilla nahm seinen Lauf. Das Prachtstück fiel um 1980 der Abrissbirne zum Opfer und wurde durch eine Wohnanlage ersetzt.

Kurioses schildert Heimatpfleger Drummer über die nachfolgenden Besitzer der Villa Waltenberg, die Familien D. und Georgine Gröschl:
„Hans D. Sekretär des Kunstgewerbevereins. Verhutzelte Leutchen. Ihn trifft mit ca. 51 der Schlag. Sie stirbt einige Jahre später. Lassen 2 Töchter zurück. Die eine hager die andere rundlicher. Nichtssagende Wesen. Der Sohn stürzt von der Nordseite der Benediktenwand tötlich [sic] ab.
Hans D. war ein Genießer, wie die ganze Familie Frühschoppen u. dergleichen Kneiperei liebte, Geselligkeit ohne große innere Ansprüche. Sie waren nur Sommers in Tutzing und vermieteten immer an Freunde.
Die Kinder verkauften [1922] das Haus dann an die Hofrätin Gröschl, welche das Haus um zwei Fenster nach Süden verbreiterte und gänzlich umbaute und dabei sehr viel Geld einsetzte. [...] Das Haus wurde mit allerlei Altertümern, aber ohne tieferes Verständnis vollgepfropft. [...] Er [Hofrat Dr. Gröschl] war ein glühender Patriot.
In den Jahren von 1932 auf 33 vollführte sie allerlei Exzesse, so schlug sie z.B. bei dem Zahnarzt Hartmann eine vermeintliche Rivalin. [...] Gröschl führte viele Jahre den Orchesterverein und brachte ihn bis zu seiner Auflösung ziemlich weit voran."³⁴

Bauzeit 1894 – 1933

Abb. 23 *Lage des Ensembles Fraunberg in waldreicher Parklandschaft*

Abb. 24 *Detailansicht der Villa Waltenberg / Gröschl (1895 – 1980), Xaver Knittl, 1895*

Bauzeit 1894 – 1933

Vom Kutscherhaus zum Landhaus, 1896

Auf dem Seegrundstück, auf dem sich heute die Benedictus-Realschule in Tutzing befindet, erwarb 1874 Julius Neustätter, einer der vier Neustätter-Brüder, eine im Verhältnis zur Grundstücksgröße kleine Villa. Zu dem Anwesen gehörte ein südlich gelegenes Nebengebäude an der heutigen Hauptstraße 10, genannt Kutscherhaus, welches sich in nördlicher Nachbarschaft zum Kustermann-Anwesen befindet. Der Rentier Julius Neustätter ließ das kleine Nebenhaus komplett von Xaver Knittl zum großen Wohnhaus im Landhaus-Stil[38] abändern und aufstocken.

Nach Fertigstellung des Umbaus wurde daraus ein schmales langgestrecktes Landhaus mit gewissen Extras wie einem Glashaus, einem Salon, einem Badezimmer und einer eigenen Separationswohnung für den Gärtner, die man heute als „Einliegerwohnung" bezeichnen würde.

Auffallend war, dass das Haus über vier Eingänge verfügte und der Mittelteil und die Beletage hochwertiger ausgestattet waren, was darauf hindeutet, dass das Personal die einfacheren Räume nutzte. Von 1934 bis 1957 bewohnte das heute noch schön erhaltene Landhaus der Kammersänger und Wagner-Interpret Hermann Nissen aus München.[39]

Die vier Neustätter-Brüder waren einflussreiche und sehr wohlhabende Bürger. Der Jüngste, Julius Neustätter (1838–1912), besaß neben dem Neustätter Landhaus an der Hauptstraße auch das Landhaus Kalb am Ringseisweg 2 von 1871–1876.

Der älteste Bruder, der Kunstmaler Ludwig (Leo) Neustätter (1829–1899), war aufgrund seiner Verdienste für den Ort Tutzing eine bedeutende Persönlichkeit und erhielt daher einen eigenen Straßennamen. Ludwig Neustätter war Bauherr der Villa am Barbaraweg 11 und Käufer des Wohnhauses an der Traubinger Straße 5 im Jahr 1878.

Gottlieb Neustätter (1832–1923) kaufte im Jahr 1875 die Villa Cohen an der Hauptstraße 80. Angelo Neustätter lebte als Kaufmann in München.[37]

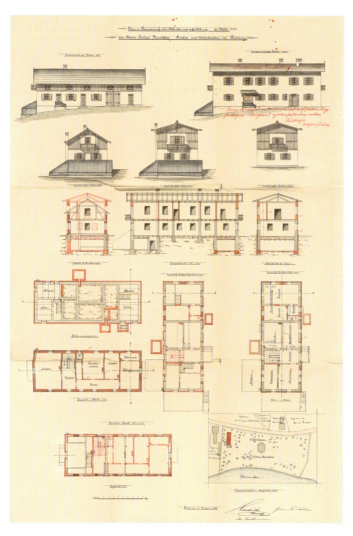

Abb. 25 *Xaver Knittls Plan von 1896 für den Ausbau vom Kutscherhaus zum Landhaus*

Abb. 26 *Blick von der Seeseite auf das noch bestehende Landhaus, 2016*

Wohnhaus mit Künstler-Atelier für Max Kleiter, 1896

Max Kleiter, ein überregional angesehener Kunstmaler, war als spöttischer Kritiker bekannt und veröffentlichte seine Karikaturen unter anderem in der politisch-satirischen Wochenzeitschrift Simplicissimus zu Zeiten des Kaiserreichs. Anlässlich der Gründung der Alpenvereinssektion Tutzing 1903 kritisierte er mit seinen Zeichnungen die bevorstehenden negativen Auswirkungen des Fremdenverkehrs.[41]

Der Kunstmaler Max Anton Kleiter (1868–1915) erweiterte sein großes Anwesen an der heutigen Heinrich-Vogl-Straße, das vom Schluchtweg begrenzt wurde, mit einem eigenständigen, südlich im Garten gelegenen Atelier.[40] Xaver Knittl hatte es bis zu seinem Einzug im Jahr 1896 realisiert. In den Dreißigerjahren übernahm die Kunsthändler- und Restauratoren-Familie Fritz Rühmer das Anwesen und führte dort viele Jahre generationenübergreifend ihr Geschäft. Die Villa wurde um 1998 abgerissen und das Grundstück mit einer Wohnanlage bebaut.

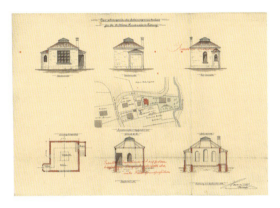

Abb. 27 *Xaver Knittls Plan für ein Atelier neben der Villa des Kunstmalers Max Kleiter*

Abb. 28 *Eingangsvorbau der Villa Kleiter (1896–1998)*

Expansion des Baugeschäfts

Maria Knittl, die Witwe des Baugeschäftsgründers Josef Knittl, die 1894 offiziell ihrem ältesten Sohn Xaver das Baugeschäft übergeben hatte, warf in den beruflichen Anfangsjahren ihres Sohnes weiterhin ein Auge auf die Geschäftsabläufe, zumal sie noch die Besitzerin des Stammhauses an der Hauptstraße 93 in Tutzing war. Die Baupläne trugen daher noch eine Weile den Firmenstempel „Joseph Knittl's Witwe Baugeschäft". Daher war auch Knittl's Witwe Bauherrin für die Verlängerung und Erweiterung des gewerblichen Rückgebäudes[42] des Baugeschäfts in den Jahren 1896 und 1897. Ihr Sohn Xaver arbeitete nun als Planzeichner und Bauleiter der Erweiterungsbauten des heutigen denkmalgeschützten Rückgebäudes mit zweigeschossigem Satteldachbau und Fachwerkobergeschoss. Im Zuge dieser Erweiterung wurde das Vorderhaus samt gewerblichem Rückgebäude (Abb. 29, S. 74) mit einem heute noch erhaltenen und einzigartigen Glashaus verbunden.

Hohe Fertigungstiefe

Die Erweiterung der gewerblichen Räume war essentiell, denn ein Baugeschäft hatte um die Jahrhundertwende eine hohe Fertigungstiefe. Das heißt, die meisten Baumaterialien wurden vornehmlich von der Baufirma

Bauzeit 1894 – 1933

selbst hergestellt, da sich erst mit der zunehmenden Industrialisierung eine Spezialisierung entwickelte. Die spätere Fertigbauweise und die entsprechenden Zulieferfirmen am Bau, so wie wir sie heute kennen, gab es damals in dieser Form nicht. Für den Eigenbedarf wurden unter anderem auch Zementrohre im Rückgebäude hergestellt. Die frühindustrielle Fertigung in kleinen Stückzahlen war zwar aufwendiger, aber garantierte hohe Individualität vor allem in der Fassadenarchitektur, die historische Bauten einzigartig und unwiederbringlich macht.

Den heute nur noch mit Wasser anzumischenden Fertigmörtel gab es früher nicht. Daher wurde im Rückgebäude auch der Mauermörtel aus Sand, Wasser, Kalk und/oder Zement hergestellt. Den angelieferten, gebrannten Kalk löschte man in Mörtelpfannen mit Wasser ab, um ihn anschließend zusammen mit Sand, Zement und Wasser auf Blechen zu Mörtel anzurühren. Der zugekaufte Zement wurde im Zementlager neben den Kalkgruben gelagert.

In Kalkgruben gelagerter gelöschter Kalk verbesserte seine Eigenschaften im Laufe der Zeit durch das sogenannte „Einsumpfen". Dieser wertvolle „Sumpfkalk" eignet sich etwa für lang haltbare Kalkputze oder als Kalkfarbe. Außerdem ist er bei Stuckateuren sehr beliebt.

Es kam aber auch vor, dass Löschkalk verbrannte, wenn er mit zu wenig Wasser gelöscht wurde. Andererseits konnte man ihn mit zu viel Wasser ertränken. Da Löschkalk in Verbindung mit Wasser heiß und ätzend wurde, war bei dieser Arbeit stets besondere Vorsicht geboten. Aber auch die konservierende Wirkung von gelöschtem Kalk nutzte man, wenn man z.B. Eier in Kalk einlegte, um so ihre Haltbarkeit zu verlängern.[43]

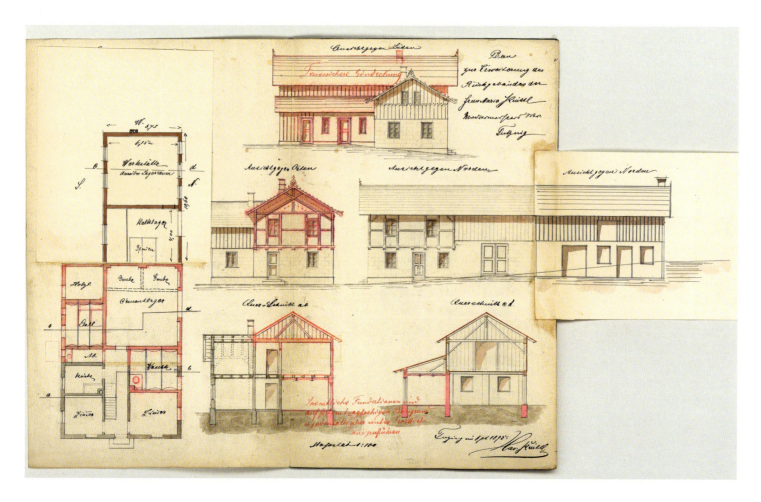

Abb. 29 *Plan für einen Erweiterungsbau des Rückgebäudes der Villa Knittl, 1896*

Abb. 30 *Die Villa Knittl mit ihren ehemaligen rückwärtigen Anbauten, um 1960*

„Mayr-Haus" mit Belvedere, 1899

Das seit 2014 unter Denkmalschutz stehende „Mayr-Haus" an der Hauptstraße 24 hat eine turbulente Geschichte mit zahlreichen Bewohnern und unterschiedlichsten Nutzungsweisen wie Nähgeschäft, Wirtshaus und Metzgereigeschäft, „Doktorhaus" und Obdachlosenhaus.

Bevor im Jahr 1894 der Bäckermeister Donatus Mayr (1842–1928) und seine Frau Therese (1854–1903) gemeinsam mit ihren drei Töchtern das Haus bezogen, wohnte hier der ehrgeizige Maurermeister und Baulöwe Anton Echter (1837–1877) (S. 11) mit seiner Frau Maria Pichelmaier. Dazu kamen gegen Ende des 19. Jahrhunderts einige Metzger, die dort eine Wirtschaft betrieben sowie eine Näherin und eine Kleidermacherin, die im Haus schneiderten.

Als Bäckermeister Mayr Eigentümer wurde, ergänzte Xaver Knittl das Wohnhaus mit einem Waschhausanbau,[44] einer Kaminanlage sowie einem Belvedere zur Seeseite, eingefasst von einem schmiedeeisernen Geländer von Johann Suiter.

Drummer notierte folgendes zu den Hausbewohnerinnen:

„Die drei Mayrmädel führen einen Haushalt. Sie bewohnen den 1. Stock. Im Parterre haben sie den Tierarzt Dr. Brückelmayr (S. 129) einquartiert, der dort ein nettes Junggesellenleben führt, obwohl er eigentlich verheiratet ist mit einer Pfundskanone von Frau, die aber irgendwo auswärts sitzt. Die Mayrmädel dürfen partizipieren an dem Foxl Dawet [Brücklmayrs Hund]. Die eine Mayr Greti [Margarethe] gibt Klavierunterricht und verdient dadurch das Nötige, eine macht den Haushalt und eine andere kocht. Sie werden schon langsam alte Jungfern, als ob das Glück an ihnen vorübergegangen wäre. Aber sie haben an sich ein schönes Dasein, machen sonntags ihre Ausflüge, gehen nachmittags zum Johannishügel hinaus oder gegen Unterzeismering zu, gießen ihre Blumen, die sie auf ihrem bauchigen Eisenbalkon stehen haben, laden sich manchmal musikfrohe Menschen ein und machen kleine anspruchslose Konzerte."[45]

Abb. 31 *Denkmalgeschütztes „Mayr-Haus" von Süden an der Hauptstraße 24/Ecke Schlösserweg, rechts der Waschhausanbau mit Belvedere, um 1980*

Bauzeit 1894 – 1933

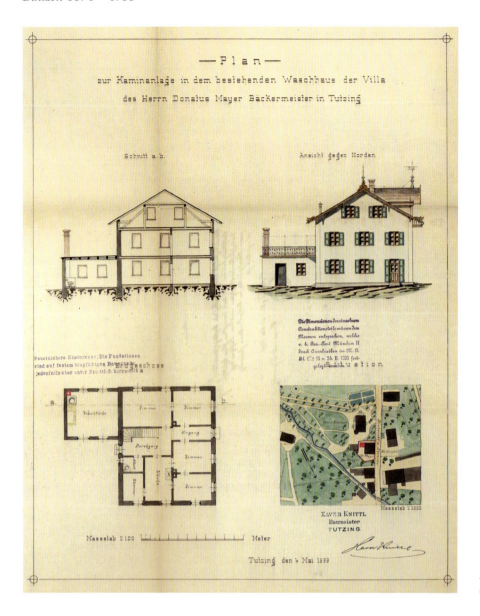

Abb. 32 *Bau- und Lageplan zur Kaminanlage für das Haus des Bäckermeisters Donatus Mayr, 1899*

Die drei Töchter der Mayrs, Karolina (1882 – 1960), Therese (1884 – 1965) und Margarethe (1893 – 1967) übernahmen ab 1928 das Haus ihrer Eltern und hatten im Parterre einige gewerbliche Mieter wie den Tierarzt Dr. Brücklmayr, bevor dieser mit seiner Praxis in das Landhaus Lautenbacher an der Hauptstaße 66 (Abb. 104, S. 129) umzog, und auch die Dentisten Erich Schätzle, Walter Boecke und Georg Rösch. Zeitweise lagen die beiden Praxen Boecke und Rösch Tür an Tür im Haus, so dass jeder der beiden Dentisten versuchte die Patienten, die hereinkamen, zu sich zu lotsen. Nach dem Tod der letzten Mayr-Tochter Margarethe ging das Wohnhaus 1968 an die Gemeinde Tutzing über mit der Vermächtnisauflage der Schwestern, dass das Haus vierzig Jahre lang als „Armenhaus" zu dienen habe. Die Frist war bereits sechs Jahre abgelaufen, ehe es ein Baudenkmal wurde.

Saalneubau im Hotel Simson, 1899/1900

Der besonders schöne in Jugendstilformen erbaute Speisesaal für die Hotelgäste, der auch für kulturelle Veranstaltungen verwendet werden konnte, war Teil des zweiten Erweiterungsbaus für das Hotel Simson um

Zur Eröffnung schrieb die Presse:
„Der Saalneubau ist höchst elegant, im modernsten Stil durch das bekannt solide Baugeschäft Knittl in Tutzing hergestellt, und der Plafond, von zwei Marmorsäulen getragen, mit künstlerischen Verzierungen geschmückt. Das Ganze ist eine vollendete Zierde Tutzings und des Starnbergersees."[46] Nun hatte das Hotel Simson, das von der Witwe Therese Simson als Alleineigentümerin geführt wurde, nach der Erweiterung nicht nur zwei wunderbare, neue Säle sondern auch insgesamt 90 Zimmer mit etwa 120 Betten und war gerüstet für den aufstrebenden Tourismus am Starnberger See. In dem renommierten Hotel verkehrte internationales Publikum und auf der Gästeliste standen auch bekannte Künstler wie die Brüder Heinrich und Thomas Mann.

die Jahrhundertwende. Geplant und durchgeführt wurde diese Erweiterung von der Firma Xaver Knittl, bestehend aus einem eindrucksvollen Nordanbau mit zusätzlichen Zimmern und zwei repräsentativen Sälen. Ein Saal wurde mehrfach von der in Tutzing wohnhaften Pianistin Elly Ney wie auch von dem Tenor Raoul Walter (S. 82) als Konzertsaal genutzt.

Abb. 33 *Neuer Saal im Hotel Simson mit jugendstilartiger Dekoration, um 1920*

Erweiterung des Sommersitzes Gutleben/Roeckl, 1898/1899

Als die Unternehmersgattin Maria Gutleben 1898 das kleine Landhaus Roth mit dem großen Garten an der heutigen Traubinger Straße 16 in Tutzing für die Familie als Sommersitz erwarb, musste mehr Platz geschaffen werden und Xaver Knittl erledigte für die neuen Besitzer entsprechende Umbauarbeiten. Die aus Tirol stammende Bankiersfamilie war Eigentümer der großen Speditionsfirma Gutleben & Weidert in Berlin-Charlottenburg. Die Enkelin von Maria Gutleben war Gertrud Roeckl (1913–2013).

Ein Geschenk des Grafen

In Zusammenhang mit dem Baugrund für das spätere Landhaus Gutleben/Roeckl kursiert eine Geschichte, deren genauer Wahrheitsgehalt heute jedoch nicht mehr nachprüfbar ist.
Sicher ist, dass der eigentliche Bauherr, der Gendarmerie-Stationsmeister Andreas Roth, mit Juliane Stelzer, der Tochter des Schlossgärtners Stelzer, verheiratet war. Juliane selbst hatte denselben Arbeitgeber wie ihr Vater, denn sie war im Schloss Köchin. Juliane Stelzer soll nun angeblich eine Liebschaft mit einem Herrn aus der Grafenfamilie gehabt haben. Ein aus dieser Romanze hervorgegangenes uneheliches Kind soll Anlass gewesen sein, dass sie vom Kindsvater ein Baugrundstück geschenkt bekam, auf dem das Landhaus Roth 1870 errichtet wurde.

Bauzeit 1894 – 1933

Aufstockung des Stammhauses Knittl, 1901

Das 1871 erbaute Stammhaus der Familie Knittl an der heutigen Hauptstraße 93 in Tutzing, ließ Maria Knittl als Bauherrin im Jahr 1901 umbauen.[47] Die Bauausführung lag jedoch ganz in den Händen des Sohnes Xaver. Das Vorderhaus wurde im Wesentlichen um ein Stockwerk angehoben, der Erker samt der jugendstilähnlichen Treppe zum Garten hin ergänzt sowie das Vorderhaus im Südwesten erweitert.

Mit den Umbaumaßnahmen von Xaver Knittl erhielt das heute denkmalgeschützte Landhaus einen villenartigen Charakter „mit reichem Zierfach- und Bundwerk sowie vorkragenden Flachwalm- und Satteldächern [...]. Der Baukörper ist ganz im Sinne des Späthistorismus gestaltet. Das sehr aufwendige, ornamental über die obere Hälfte der Fassade gelegte Zierfachwerk, eine für [Xaver] Knittl charakteristische Gestaltungsweise, war in keiner Weise konstruktiv notwendig, sondern allein als malerische Bereicherung gedacht."[48]

Nach der Erweiterung wurde das Vorderhaus immer fremd vermietet. Die Familie selber hatte im Obergeschoss des Rückgebäudes ihre Schlafräume. Im Parterre des Rückgebäudes befanden sich vorne das Wohnzimmer, die Küche und das Baubüro und hinten die gewerblichen Räume wie Lager, Werkstätten, Waschküche, Holzlege und Hühnerstall.

Nach dem Zweiten Weltkrieg quartierte man im Vorderhaus Flüchtlingsfamilien aus dem Sudentenland ein, die vorhandenen Mieter mussten sich „einengen". Vertriebene Familienangehörige und auch alleinstehende Damen, die in München ausgebombt worden waren, wurden im Haus aufgenommen. In der Familie nannte man sie die „Bombenweiber", einer

Die Geschwister meines Vaters erinnern sich noch, dass im Obergeschoss des Rückgebäudes die amerikanischen Soldaten über den Türstock der Toilette „Latrine" schrieben. Es diente ihnen als Hinweis, dass sich hier die Toilette befindet. Auch stutzten die US-Besatzungssoldaten die sie störenden spitzen Blätter der Palmen im Glashaus zwischen Vorder- und Rückgebäude, von denen sie gelegentlich gestochen wurden. Die Pflanzen überlebten diese drastische Vorkehrung meist nicht und gingen ein.

Abb. 34 *Stammhaus Knittl in Tutzing: vorne links Zaun bestehend aus Xaver Knittls patentierten Orkan-Betonpfosten aus seiner eigenen Fabrikation, 1926*

der Spezialausdrücke meines Vaters. Nach Kriegsende hatten für etwa zwei Wochen amerikanische Soldaten die Wohnräume der Familie besetzt. Carl Knittl, der Sohn und Nachfolger von Xaver Knittl, wußte sich nicht anders zu helfen und setzte seine Familie in ein Holzboot und ruderte unter großen Anstrengungen mit Frau und den drei Kindern über den Starnberger See nach Ammerland, um dort bei der Schwiegermutter unterzukommen.

Anbau an das Ökonomiegebäude Lautenbacher, 1902

Die Ladenzeile mit dem darüberliegenden Wohnbereich an der Hauptstraße 64 in Tutzing, die sich von Süd nach Nord erstreckt, entstand 1902 im Zusammenhang mit einem Queranbau im rechten Winkel zum älteren, bewohnten Ökonomiegebäude Lautenbacher.[49] Im Parterre des Anbaus befindet sich heute der Modeladen Tutti Frutti und eine Bäckerei. Im Laufe der Zeit gab es viele Pächter wie beispielsweise den Lebensmittelladen Fruth oder den Schneider Matuschek. Der sich anschließende denkmalgeschützte bäuerliche Anbau im Norden kam erst knapp zehn Jahre später hinzu (S. 128 f).

Der Landwirt und Musiker Thomas Lautenbacher (1837 – 1889) aus Haunshofen und seine Ehefrau Walburga (1837 – 1900) waren die Bauherrn und Bewohner des älteren, bäuerlichen und heute noch bestehenden Gebäudes von 1882. Walburga Lautenbacher war die Schwester der Kammersängerin Therese Vogl. Beide stammten aus der Tutzinger Lehrer- und Mesnerfamilie Thoma am See.

Eines der fünf Lautenbacher Kinder und Erben, Auguste Lautenbacher (1878 – 1952), heiratete den Kunstmaler Hermann Fricke (1887 – 1966)

Abb. 35 *Anwesen Lautenbacher an der Hauptstraße/ Ecke Fischergaßl, das links angrenzende Grundstück gehörte damals zum Brahms-Haus, 1929*

Bauzeit 1894 – 1933

und bewohnte zusammen mit ihm den oberen Teil des von Xaver Knittl 1902 errichteten Anbaus. Da Auguste, genannt „Gustl", musisches Talent hatte und die Nichte des Kammersängerehepaars Vogl war, bekam sie die nötige Unterstützung und wurde zur Opernsängerin ausgebildet. Auch ihre jüngste Schwester Magadalena, genannt „Leni", machte musikalische Karriere als Hofkapellsängerin in Dresden.[50]

Das Testament und „Der letzte Blick"

Im Streit soll der Kunstmaler Hermann Fricke das Testament seiner Ehefrau „Gustl" Fricke mit den Worten zerrissen haben: „Nein, deines Hauses wegen habe ich dich nicht geheiratet." Nach ihrem Tod im Jahr 1952 hatte er nur noch Einzelteile des Testaments übrig und musste sich in einem langen Rechtsstreit sein Erbe sichern. Der neun Jahre jüngere Hermann Fricke überlebte seine Ehefrau um vierzehn Jahre, wohnte weiter in der Dachwohnung des Anbaus und malte dort in seinem Atelierzimmer. Wenn er aus dem Fenster sah, erblickte er auf der anderen Seite der Hauptstraße das Wohn- und Geschäftshaus des Installateurs Josef Blümel, das im Jahr 1957 Elfriede Wittmann erwarb. Ihre Tochter Gabriele Heirler lebt heute noch mit ihrer Familie in diesem Haus. Umgehend begannen die neuen Eigentümer dort einen südlichen Anbau erstellen zu lassen. Der Kunstmaler ahnte, es würde nicht mehr lange dauern, bis ihm der Ausblick auf die Kirchtürme der Kirche St. Joseph verbaut würde. Er begann

Abb. 36 *Hermann Fricke, „Der letzte Blick", 1957*
Die Häuser von Installateur Josef Blümel (rechts) und Dekorationsmaler Kaspar Brandl (links)
Der Anbau in der Mitte befindet sich im Rohbau.

sein Schicksal mit einem Ölgemälde zu verarbeiten, dem er den Namen „Der letzte Blick" gab.

Manch finanzielle Verbindlichkeit soll Fricke den Handwerkern mit Gemälden bezahlt haben, wie es zu dieser Zeit bei zahlreichen Künstlern üblich war. Das Gemälde „Der letzte Blick" behielt die Installationsfirma Heirler, der Nachfolgebetrieb von Josef Blümel.

Umbau der Villa seiner Schwiegereltern Enderle, 1903

Von seinen Schwiegereltern, dem Braumeister Karl Enderle (1852 – 1914) und seiner Gattin Maria (1851 – 1916), erhielt Xaver Knittl 1903 den Auftrag, die frühere Villa Amtmann[52] an der heutigen Marienstraße 10 in Tutzing, die Enderle 1903 erworben hatte, umzubauen. Die Villa in der Nähe des Dampferstegs gehörte zuvor Magdalena Amtmann, der Witwe von Konrad Amtmann, die in Tutzing einige Häuser besaß. Der Nachname Amtmann ist hier nicht zu verwechseln mit der Berufsbezeichnung des Amtmanns, der oberste Dienstherr des Grafen von Vieregg. Das Amtmann-Haus lag gegenüber an der Marienstraße.

Die Villa der Brauereifamilie Enderle steht noch an der gleichen Stelle, ist jedoch durch nachträgliche Umbauten sehr stark verändert worden.

Der Jurist und Schriftsteller Reinhold Eichacker (1886 – 1931) lebte mit seiner Familie ab 1913 zur Miete in der Villa. Er war Besitzer des Prometheus-Verlages in München und wirkte auch als Schauspieler in mehreren Spielfilmen der Münchner Orbis-Film-Produktionsfirma mit. Er galt als Modedichter in der Zeit der Weimarer Republik, der die Genres Science-Fiction, Erotik, Abenteuer und Krimi bediente. Zur Zeit des Nationalsozialismus waren sämtliche seiner Schriften in Deutschland verboten.[51]

In einem Roman von 1921 kommt der Schriftsteller Reinhold Eichacker fast ins Schwärmen, als er die Villa sehr pathetisch umschreibt: „Das Tutzinger Haus des verstorbenen Dichters Horst Willman [seine Romanfigur] lag mitten im Mondschein. Uralte Wipfel des tieferliegenden Parks warfen gespenstische Schatten nach schlummernden Fenstern. In lichtlosen Wellen sprang lautlos die Nacht die kalkweiße Wand an. Wie eine Brandung wogte das Dunkel am Fuß breiter Treppen. Der träumende Garten schlief trunken im Rausch roter Rosen [...]".[53]

Abb. 37 *Villa Enderle, heute Marienstraße 10, um 1910*

Bauzeit 1894 – 1933

Veranda-Anbau für Kammersänger Walter, 1905

Der Königlich Bayerische Kammersänger Dr. Raoul Walter (1865 – 1917) erwarb 1897 die ein Jahr zuvor erbaute Villa an der heutigen Hallberger Allee 12 von dem Spenglermeister Johann Pfister, dem Bauherrn dieses wunderschönen Hauses.[54] Für ein Jahr hatte Pfister seinen Firmensitz von der heutigen Schloss-Apotheke[55] in diese Villa verlegt.

Die Villa des Hofopernsängers wurde mit einem Nebengebäude[56] zur Villa Beisele hin erweitert und erhielt im Jahr 1905 eine Aufwertung durch ihre Unterkellerung sowie einen Verandaanbau von Xaver Knittl. Raoul Walter lebte bis zu seinem Tod in dieser Villa. Danach wohnte die Jüdin Vally Neubauer in diesem Haus, die 1942 im Konzentrationslager Theresienstadt ums Leben kam. In Zeiten des Dritten Reichs war in der Villa von 1940 bis 1945 ein Kindergarten der Nationalsozialistischen Volkswohlfahrt (NSV) untergebracht. Die Villa wurde durch einige Umbauten stark verändert. Im Ladengeschäft im Parterre befindet sich heute ein Bio-Markt, der dem Feinkostladen Peschka nachfolgte.

Abb. 38 *Villa Raoul Walter vom Westen, um 1920 Heute befindet sich auf der Seite zur Hallberger Allee ein Ladengeschäft.*

Eingangstreppenvorhaus und Runderker an der Villa von Wilhelmina Busch-Scharrer, 1914

Die bekannte und wohlhabende Wilhelmina Busch (1884 – 1952) war die Tochter der aus Deutschland stammenden amerikanischen Brauereibesitzerfamilie Adolphus und Lilly Busch. Ihre Mutter war eine geborene Anheuser. Mit viel Vermögen ausgestattet, kam sie im Jahre 1911 jung verheiratet mit ihrem ersten Ehemann, dem Stuttgarter Eduard August Scharrer (1880 – 1932), den sie in den Staaten kennengelernt hatte, während einer Jagd- und Kunstreise durch Europa nach Bernried an den Starnberger See. Eduard Scharrer, der durch das Vermögen seiner Ehefrau in die höchsten Kreise der Stadt München aufstieg, war später auch Unternehmer und Förderer der NSDAP.

Wilhelmina Busch und Eduard Scharrer, von der oberbayerischen Seenlandschaft entzückt, beschlossen, sich am Starnberger See niederzulassen. 1911 erwarb Wilhelmina Busch-Scharrer zuerst vom Baron Maximilian Freiherr von Wendland das Gut Bernried mit rund 13 ha.[57] Später, im Jahr 1928, kam noch das rund 88 ha große Gut Höhenried von Baron Alexander Freiherr von Wendland dazu. Letztendlich umfasste dann ihr Gesamtbesitz in und um Bernried rund 400 ha.

Als privaten Wohnsitz kaufte sie von Rechtsanwalt Karl Berchtold eine Villa im Landhaus-Herrenstil an der Seeshaupter Straße 3. Karl Berchtold war Rechtsberater des Barons von Wendland und hatte sich diese Villa[58] zwei Jahre zuvor vom Baugeschäft Josef Niggl aus Weilheim erbauen lassen.

Abb. 39 *Wilhelmina Busch mit Schleiertuch und perlenbesetztem Diadem*

Bauzeit 1894 – 1933

Da das Ehepaar Scharrer hohes gesellschaftliches Ansehen genoss, legte es gesteigerten Wert auf ein repräsentatives Haus. Xaver Knittl verschönerte die Villa zum Einzug 1914 mit einer aufwendigen jugendstilartigen Aufgangstreppe sowie einem Erkeranbau.[59]

Wilhelmina Busch-Borchard verkaufte die „Pfauenvilla" im Jahr 1941 an die Versorgungsanstalt der Deutschen Reichspost für 540.000 RM, die seitdem „Postvilla" heißt. Sie wurde zuerst als Erholungsheim für Postbedienstete, dann im Verlauf der Jahre bis Kriegsende als Forschungsanstalt für Radaranlagen von der Reichspost genutzt.

In den Nachkriegsjahren war die „Postvilla" erst Flüchtlingsunterkunft, später Caritas-Kinderheim. Im Jahr 1957 kaufte die Landesversicherungsanstalt (LVA) Oberbayern,[61] die zwei Jahre zuvor bereits das Schloss Höhenried mit Parkanlage für ihre Klinik erworben hatte, das Anwesen „Postvilla" für 775.000 DM und richtete darin acht Dienstwohnungen ein.[62]

Die „Postvilla" ist noch erhalten, hat jedoch durch den Umbau und die sie umgebende Bebauung ihre Präsenz und den Charme der einstigen Herrschaftsvilla verloren. Die letzte Ruhestätte Wilhelmina Buschs zusammen mit ihrem dritten Ehemann Sam Woods befindet sich im Schlosspark Höhenried über dem Ufer des Starnberger Sees.

Die Privatvilla Busch-Scharrer bekam den Beinamen „Pfauenvilla", da Wilhelmina Busch-Scharrer weiße Pfauen liebte, von denen sie über 100 im Park vor dem Haus hielt. Das Ehepaar verlegte ab Ende 1928 allmählich seinen privaten Wohnsitz nach Gut Höhenried, die „Pfauenvilla" blieb weitgehend unbewohnt. Jedoch fanden dort noch einige entscheidende Vorgespräche zur Machtergreifung der NSDAP zwischen Adolf Hitler, von Neurath, von Hugenberg, von Papen und Scharrer statt.[60] Etwa um diese Zeit hatte Wilhelmina Busch-Scharrer bereits ernsthafte Scheidungsabsichten, kurz nach der Silberhochzeit 1931 trennte sich das Ehepaar endgültig. Wilhelmina Busch heiratete kurz darauf den wenig begüterten Arzt Dr. med. Carl Borchard.

Abb. 40 *Die „Pfauenvilla" von Wilhelmina Busch-Scharrer, die nach dem Verkauf an die Reichspost im Jahre 1941 „Postvilla" genannt wurde.*

Neue Villen, Landhäuser und Wohnhäuser

Alle bereits hier und im weiteren Text vorgestellten alten Bauten am Starnberger See hatten eines gemeinsam, sie waren solide Handwerksarbeit. Ihr Erscheinungsbild war lebendig, charmant und einzigartig. Die verwendeten Baumaterialien hatten gestalterischen Anspruch, sie waren keine Massenware, keine geschmacklosen Industrieprodukte. Gut kann man das heute noch an der Hauptfront erhaltener Häuser erkennen, der Fassade, die ein Gesicht hat. Denn ein Gesicht besteht aus Augen, den Fenstern und dem Mund, der Eingangstür.

Typisch für den Landhaus-Stil am Starnberger See sind schlichte Häuser mit Balkonen über mehrere Geschosse, die eine imposante Fernsicht über die Landschaft ermöglichten. Die Veranda- und Balkonbrüstungen sowie Giebeluntersichten sind reich mit filigranen Holzarbeiten verziert. Das Satteldach hatte häufig einen Quergiebel zum See.

Die Fassade lebt vom Rhythmus der Anzahl und der Proportionen der Fenster. Die handgefertigten Fenster hatten meist Sprossen, waren fein und unaufdringlich im Gegensatz zu den pflegeleichten und groben Normfenstern von heute mit den zu breiten beschichteten Rahmen. Neben den Fenstern war die Tür die Visitenkarte des Hauses, auf die man früher größten Wert legte. Sie war der Händedruck, einladend, großzügig und repräsentativ für die Gäste angelegt, aus edlen Materialien und mit Ornamenten geschmückt, im Gegensatz zu der modernen Haustür, die einbruchssicher und maximal praktisch sein muss.[63]

Heute sind Gebrauchsspuren unerwünscht. Aber gerade diese Patina von Naturmaterialien und das Understatement machen den Reiz alter Häuser aus. Zudem musste früher keine Rücksicht auf umstrittene gesetzliche Bauvorschriften genommen werden, die heutzutage ästhetische Architekturformen immens einschränken. Parkanlagen und große bepflanzte Vorgärten sowie geschmackvolle Eingangstore schmückten ehemals den Bereich um das Haus, die nunmehr versiegelten Autostellplätzen, Garagen oder dem Straßenverkehr weichen müssen.

Landhaus Schwicker, 1895

Der „Knittl-Stil" ist ein von Xaver Knittl geprägter Landhaus-Stil am Starnberger See. Charakteristisch für seine Bauauffassung ist das kunstvolle, ornamentale Zierfachwerk an der oberen Hälfte der Fassade, das allein der Verschönerung dient, ganz im Sinne des Späthistorismus.[64]

Das Wohnhaus im Landhaus-Stil für Georg Schwicker an der Waldschmidtstraße 7 in Tutzing war Xaver Knittls erstes größeres Bauvorhaben. Man kann es als sein Debüt bezeichnen, denn hier lässt sich bereits seine charakteristische Bauweise erkennen, die er im Laufe der Jahre zum sogenannten „Knittl-Stil" weiterentwickelte.

Die Eltern des Bauherrn und späteren Hausbesitzers Georg Schwicker (1864 – 1928), Andreas (1832 – 1906) und Anna Schwicker (1831 – 1896), hatten den aus der Familie stammenden alleinstehenden Johann Schwicker (1841 – 1925) bei sich aufgenommen, da er auf dem Hof in seinem Heimatort Etting nicht mehr gern gesehen war. Etting ist ein ländlich oberbayerisches Idyll südlich von Weilheim und gehört heute zu Polling. Der verstoßene Johann verkaufte den landwirtschaftlichen Besitz, an dessen Stelle sich heute der Dorfplatz von Etting befindet. Mit dem Erlös konnten Georg Schwicker und seine Ehefrau Luise (1877 – 1938) das Eigenheim am Starnberger See finanzieren. Es war einer der ersten Bauten in der Umgebung, zu dem ein nahezu 4000 m² großer Wiesengrund gehörte. Georg Schwicker war während seiner Militärzeit Stabstrompeter gewesen, ein Dienstgrad, der ihn befähigte die Musikkapelle zu leiten. Für die Gemeinde Tutzing zog er Steuern ein und arbeitete im Ort als Steg- und Wasserwart. In dieser Funktion unterstand ihm auch das „Pumpenhäusl" beim Freibad in Garatshausen.

Bauzeit 1894 – 1933

Seine Tochter Elisabeth Schwicker (1906 – 1994) heiratete Hans Baumgärtel (1890 – 1961). Die beiden hatten sich in der Arbeit kennengelernt. Sie war bei den Bayerischen Textilwerken in Tutzing als Schreibkraft tätig, während Hans Baumgärtel dort als Formstechermeister arbeitete.

Nach seiner Anstellung in den Textilwerken machte er sich selbstständig und erbaute 1938 auf seinem Anwesen eine noch existierende Werkstätte. Die von ihm angefertigten Model aus weichem Lindenholz verkaufte er an die bekannte Textilhanddruckerei Wallach.

Elisabeth Baumgärtel war, wie bereits ihr Vater Georg Schwicker, als Steuereinnehmer für das Finanzamt Starnberg tätig. Die von ihr schriftlich benachrichtigten Leute kamen zu ihr ins Haus, um ihre Steuern zu begleichen. Sie verbuchte das Geld und gab es an das Finanzamt weiter. Die Söhne Walter und Werner (1934 – 1995), letzterer kam bei einem Lawinenunglück ums Leben, verbrachten ihre Kindheit in diesem Landhaus. Um die Haushaltskasse aufzubessern, vermietete man über den Sommer Fremdenzimmer an Feriengäste. Walter und Werner mussten dann in die Werkstatt umziehen. Als die Söhne erwachsen waren, lebten sie mit Anhang und wechselnden Mietern im elterlichen Heim. Vor einigen Jahren verkauften die Baumgärtels das alte Haus. Danach wurde der zugehörige Grund parzelliert und bebaut. Heute ist das alte Gebäude von Neubauten eingekeilt.

Formstecher ist ein künstlerischer Handwerksberuf, der sich mit der Herstellung von Druckformen aus Holz oder Metall für den Stoffhanddruck befasst. Heute werden diese Arbeiten kostengünstiger von Maschinen erledigt. Das Prinzip des Stoffhanddrucks ist vergleichbar mit dem Abdruck eines Stempelkissens. Der Formstecher sticht mit speziellen filigranen Werkzeugen Motive in den Model, an dessen Rand zusätzlich Rapportstifte angebracht sind, die genau markieren, an welcher Stelle der nächste Abdruck anschließen muss.

Abb. 41 *Landhaus Schwicker, 1959*

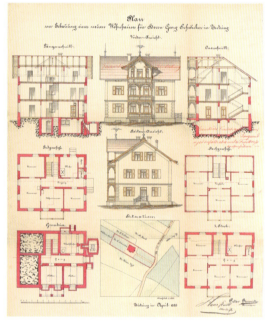

Abb. 42 *Der Bau- und Lageplan des Wohnhauses Schwicker von Xaver Knittl vom April 1895 (Planzeichner Peter Rumi[t]z)*

Die Villa des Architekten Schnell, 1895/96

Engelbert Schnell (1847 – 1936) war bereits seit einigen Jahre in Tutzing als Architekt erfolgreich tätig und ein erfahrener Baufuchs, als er sich den Wunsch nach einer Architektenvilla an der Bahnhofstraße 12 in Tutzing erfüllte. Zuvor hatte er bereits in westlicher Nachbarschaft die später unter dem Namen Thudichum bekannt gewordene Villa für sich erbaut. Die Erd- und Maurerarbeiten übernahm die Firma Xaver Knittl, deren Inhaber mit seinen 22 Jahren ein ausgesprochener „Newcomer" in der Bauszene war. Schnell war gemeinsam mit dem neuen Schlossbesitzer und Verleger Eduard von Hallberger 1875 als bautechnischer Berater von Stuttgart nach Tutzing gekommen und wurde Hallbergers „Hofarchitekt". Als ältestes von neun Kindern und Sohn eines Maurermeisters in Baden-Württemberg geboren, machte er seinen Abschluss als Diplom-Ingenieur für Architektur an der Baugewerkschule in Stuttgart als Jahrgangsbester. Die Villa Schnell bewohnte er mit seiner zweiten Frau Creszentia (1863 – 1936), genannt „Kreszenz", und einer zwölfköpfigen Kinderschar. Aus erster Ehe mit Pauline Schnell (1852 – 1897) hatte er neun, mit seiner zweiten Frau drei Kinder. Mit Pauline wohnte er einst im Nachbarhaus (S. 32 f), das er 1895 an Gustav Thudichum weiterverkauft hatte.

Engelbert Schnell brachte mit seinen Architekturentwürfen einen ganz persönlichen und neuen Baucharakter nach Tutzing und prägte damit entscheidend das historische Ortsbild. Er verstand sein planerisches Handwerk bis ins hohe Alter und die von ihm entworfenen Bauten hatten einen individuellen Wiedererkennungswert. Viele seiner Fassaden erkennt man heute noch an dem für ihn typischen Sichtmauerwerk, wie das des Tutzinger Hofs, des Steinkohl-Hauses (S. 61 f) oder des „Klösterls" (S. 39 f).

Als Architekt des Schlossherren und engagierter Tutzinger Bürger waren seine Aufgaben hauptsächlich auf die Durchführung von Veränderungen und Neuanlagen der Besitztümer von Eduard von Hallberger ausgerichtet. So übernahm er die Aufträge für viele Neu- und Umbauten im Schloss, der Schlossbrauerei und den Neubau der zum Schloss gehörigen Reithalle, die spätere, jedoch heute nicht mehr vorhandene TSV-Turnhalle an der Greinwaldstraße. Seine Entwürfe flossen auch in die drei ansässigen

Abb. 43 *Villa des Architekten Engelbert Schnell an der Bahnhofstraße, um 1910*

Bauzeit 1894 – 1933

Hotels (Seehof, Simson, Tutzinger Hof) in Tutzing sowie in etliche Privatvillen ein.

Schnell, der bereits gute Erfahrungen mit dem Baugeschäftsgründer Josef Knittl gemacht hatte, setzte nach Fertigstellung seiner Villa die Zusammenarbeit mit dem Nachfolger Xaver Knittl über lange Zeit fort. Ihr größtes gemeinsames Projekt wurde der Klosterbau 1903 in Tutzing (S. 170ff). Seine Tochter, die Musiklehrerin Getrud Schnell (1904 – 2000), wohnte bis zu ihrem Tod in der denkmalgeschützten Villa ihres Vaters, die nach dem Verkauf sehr liebevoll renoviert wurde. Diese Arbeiten erledigte der Frankfurter Architekt Siegfried Wendt, der anschließend die Villa Knittl mit viel Feingefühl sanierte.

Landhaus Dall'Armi, 1896 – Seeshaupt

Der Tabakkaufmann Heinrich von Dall'Armi (1846 – 1922) und seine Ehefrau Antonie wohnten bereits ab 1888 in Seeshaupt in einem Landhaus am Bürgermeister-Schallenkammer-Weg 5, das heute in der Ortsmitte hinter der Sparkasse liegt und als „Dall'Armi-Haus" bekannt ist.[65]

Abb. 44 *Villa des Bauherrn Heinrich Dall'Armi an der St.-Heinricher-Straße 32 in Seeshaupt, um 1910*

Bauzeit 1894 – 1933

Abb. 45 *Heinrich und Antonie Dall'Armi mit ihrem Foxterrier, um 1905*

In diesem mitten in einem wunderschön angelegten Garten befindlichen Haus wohnten die Eheleute von Dall'Armi acht Jahre zur Miete, bevor sie sich zum Bau eines Eigenheims entschlossen. Dieses über lange Jahre gemietete „Dall'Armi-Haus" erwarb 1913 Heinrich von Dall'Armi, ein Jahr vor dem Tod seiner Frau Antonie, als zusätzliche Immobilie von einem gewissen Kintwieser.[66] Baumeister des neuen Eigenheims war 1896 Xaver Knittl. Als Wunschhaus entstand eine Villa[67] im Landhaus-Stil mit viel Zierfachwerk an der heutigen St.-Heinricher-Straße 32 in Seehaupt. Laut Aussage der Familie gehörte die Villa später einem der fünf Brüder Heinrich von Dall'Armis, dem Königlich Bayerischen Oberstleutnant Anton Joseph von Dall'Armi (1844–1906). Dieser war zwei Jahre älter und, wie sein Bruder, in Seeshaupt geboren. Seine Witwe Bernhardine, geb. Neydeck (1852–1925), übernahm die Villa und vererbte sie an ihre fünf Kinder.[68] Sie wurde nach dem Krieg umgebaut und ist in der veränderten Form heute noch Familiensitz.

Remise mit Kutscherappartment, 1903 – Seeshaupt

Zur Villa des Tabakkaufmanns Heinrich von Dall'Armi baute Xaver Knittl sieben Jahre später noch zusätzlich ein Nebengebäude[70] für die Pferde und den Kutscher, nach heutigen Maßstäben eine Autogarage mit Chauffeurapartment, jedoch ökologischer und optisch ansprechender. Hier war damals das Pferdefuhrwerk samt Kutscherzimmer untergebracht.

Diese Pferdestallung ist etwa 1970 zu einem Wohnhaus umgebaut worden. Der Nachfolgebau der Remise steht auf derselben Stelle am heutigen Bürgermeister-Schallenkammer-Weg 3, in Richtung See blickend, vor der Polsterei Andrä.

Der aus dem Geschlecht einer betuchten Kaufmannsfamilie aus Trient stammende Heinrich von Dall'Armi war gebürtiger Seeshaupter und Sohn eines Bezirksarztes aus Weilheim. Seine Mutter, die Tochter eines Revierförsters, stammte aus St. Heinrich bei Seeshaupt.

Kommerzienrat Heinrich von Dall'Armi kam durch den erfolgsgekrönten Tabakhandel zu erheblichem Wohlstand. Aber auch die Heirat mit der Witwe Antonie Philipp, deren verstorbener Ehemann aus der Tabakfirma Philipp stammte, brachte ihm zusätzliches Vermögen ein. Im Jahr 1902 setzte er allein zehn Millionen Zigarren und 66 Millionen Zigaretten um. Der Tabakimporteur Heinrich von Dall'Armi war zeitlebens als großzügiger und naturverbundener Mann bekannt.[69] Zudem beschäftigte er sich als leidenschaftlicher Landwirt. Seinen Gutshof verwirklichte er 1898 in Nussberg bei Seeshaupt (S. 162 f).

Abb. 46 *Nebengebäude zur Villa Dall'Armi in Seeshaupt (1903 – ca. 1970)*

Bauzeit 1894 – 1933

Wohnhaus Weber / Vache, 1896

An der Kustermannstraße oberhalb der Bahnlinie gab es vor der Jahrhundertwende in Tutzing nur zwei Häuser, das kleine heute noch bestehende Wohnhaus[71] des Ökonomen Lorenz Pauli[72] an der Kustermannstraße 16 und gleich gegenüber an der Kustermannstraße 7 das ein Jahr jüngere villenartige Wohnhaus des Isidor Weber (1851–1917), das um 2011 durch einen großen Neubau ersetzt wurde. Beide Häuser von 1895 und 1896 plante und errichtete Xaver Knittl. Bauherr des zweiten und etwas später entstandenen Wohnhauses[73] war der aus Pähl stammende Isidor Weber. Er arbeitete beim Metzgermeister Bockmayr als verantwortungsbewusster Kutscher mit einem großen Tätigkeitsbereich. Seine offizielle Berufsbezeichnung lautete Ökonomiebaumeister.

Die beiden gegenüberliegenden Häuser an der Kustermannstraße plante und errichtete Xaver Knittl.

Isidor Weber und seine Ehefrau Klara (1855–1942) hatten eine Tochter namens Magdalena (1889–1965), die ihren späteren, aus Würzburg

Die Bezeichnung Ökonomiebaumeister verwendete man damals für eine Art Vor- oder Großknecht, also einen Knecht mit speziellen Aufgaben in der Landwirtschaft.

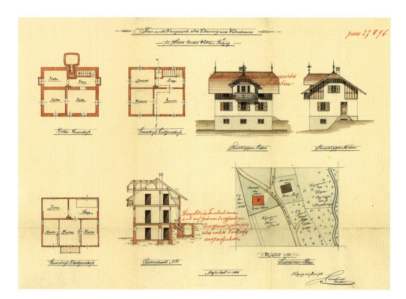

Abb. 47/48 Links: Bau- und Lageplan von Xaver Knittl, Juni 1896; rechts: Wohnhaus Isidor Weber (1896–2011)

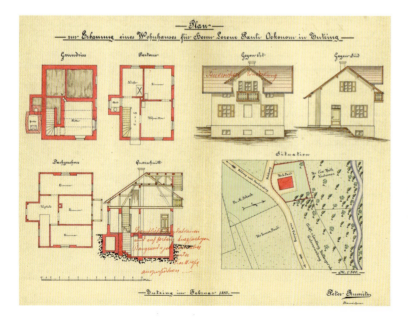

Abb. 49/50 Links: Bau- und Lageplan von Peter Rumi(t)z, Februar 1895; rechts: Wohnhaus, Bauausführung Xaver Knittl

stammenden Ehemann Christian Vache (1878–1975) kennenlernte, als dieser seine Schwester Hermine (1866–1951) besuchte. Sie war mit dem Maschinenmeister Franz Heil (1858–1936) verheiratet und wohnte an der heutigen Traubinger Straße 5 in Tutzing.

Magdalena und Christian, der als Maschinenschlosser im Textilwerk in Tutzing arbeitete, bezogen später die kleine Villa, die ab dann „Vache-Haus" genannt wurde. Die Eheleute hatten drei Kinder: Klara (1911–2009), Karl (1915–1998) und Anna, wovon letztere bereits jung verstarb. Die Tochter Klara Vache heiratete Josef Königseder (1902–1992), der bei der Zimmerei Suiter angestellt war. Ihre Ehe blieb kinderlos. Karl Vache ehelichte Hedwig Hagspiel (1914–2007) aus München. Aus dieser Verbindung gingen drei Kinder - Christa, Renate und Hedwig - hervor, die im Laufe der Jahre aus Tutzing wegzogen. Nach dem Tod der im Haus letztverbliebenen Klara Königseder wurde das Anwesen 2010 verkauft und durch einen Neubau ersetzt.

Wohnhaus Walser, 1896 – Garatshausen

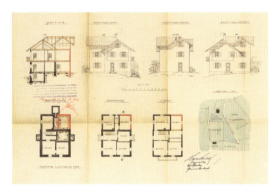

Abb. 51 *Wohnhaus Walser, um 1960*

Das reizvolle ländliche Wohnhaus mit dem entzückenden Garten und den vielen kleinen alten „Meister Eder"- Nebengebäuden ist noch gut erhalten. Es liegt an der Alten Traubinger Straße 8 in Garatshausen in unmittelbarer Nachbarschaft zum Garatshausener „Knittlhof" (Abb. 3/7, S. 202ff). Bauherr war der Bootsbauer Mathias Walser, der das Haus für sich und seinen Sohn zum Wohnen und Arbeiten vom Baumeister Xaver Knittl erbauen ließ. Zur Werkstatt gehörte die um 1920 am See nördlich des Thurn und Taxis'schen Besitzes erbaute Bootswerft. Die Firma war bekannt für ihre sehr solide gebauten Erzeugnisse.[74] Heute bewohnt das renovierte Haus die Familie Irrgang.

Wohnhaus für den Maurer Grünwald, 1896/97

Das heute stilsicher renovierte Wohnhaus[75] an der Neustätterstraße 8 hat eine schicksalhafte Geschichte. Der eigentliche Bauherr Johann Grünwald

Abb. 52 *Bau- und Lageplan des Wohnhauses Grünwald mit der Eintragung des Anbaus von 1906, Bauausführung Xaver Knittl*

Abb. 53 *Wohnhaus Grünwald, um 1920*

betätigte sich bis 1889 als Maurer bei der Baufirma Knittl. Geboren war er laut Meldebuch am 01.04.1856 und wohnhaft in Tutzing.

Der Grund für seinen frühen Tod soll die übermäßige Belastung beim Bau seines Wohnhauses gewesen sein. Vermutlich wollte es Grünwald in Eigenregie errichten. Er selbst erlebte die Fertigstellung nicht mehr, denn im Bauverzeichnis der Firma Knittl ist Grünwalds Witwe als Bauherrin verzeichnet. Das Häuschen nebst Waschhaus bewohnte die Witwe Ottilie Grünwald alleine. Sie ließ von der Firma Xaver Knittl 1906 noch einen Anbau hinzufügen. Die heutigen Bewohner und Eigentümer, die Familie Kühler, erhalten das Haus vorbildlich.

„Mississippi-Dampfer", 1897

Als „Mississippi-Dampfer" am Gröberweg bezeichnete man die zum Kustermann-Anwesen gehörende Luxus-Gärtnervilla.[76] Xaver Knittl führte auch hier die Erd- und Maurerarbeiten nach dem Entwurf des Münchner Architekturbüros Heilmann & Littmann durch.

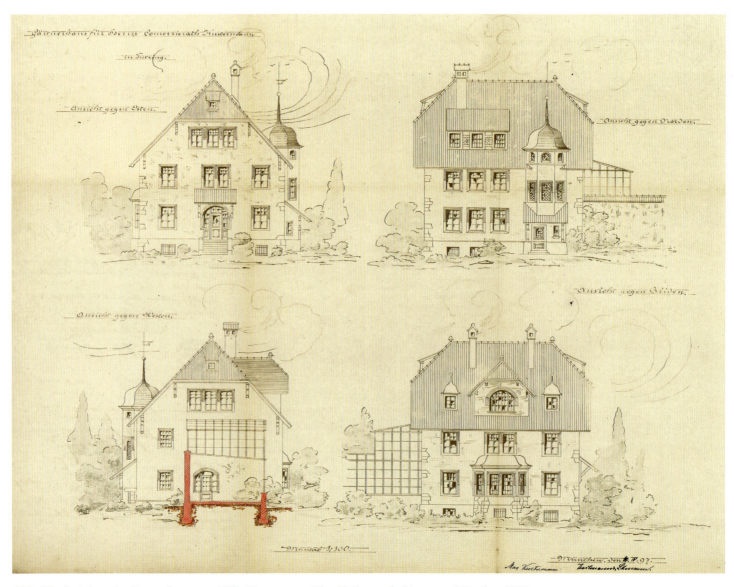

Abb. 54 *Ansichten des Gärtnerhauses zur Villa Kustermann, Plan Heilmann & Littmann, München 1897*

Abb. 55 *Gärtnerhaus zur Villa Kustermann an der Hauptstraße (1897–1972); heute befindet sich dort eine Tankstelle.*

Der Königlich-Bayerische Kommerzienrat Max Kustermann (1825 –1901) war ein Guss- und Eisenwarenfabrikant in München und ein klassischer Vertreter eines Sommerfrischlers, der das Angenehme mit dem Nützlichen verband. Er hatte 1848 den Betrieb seines Vaters Franz Seraph (F. S.) Kustermann übernommen. Mit der Eröffnung der Bahnlinie von Starnberg nach Tutzing entwickelte sich ein großer Absatzmarkt für Halbzeuge (vorgefertigte Rohmaterialformen) und Fertigbauteile aus seiner Gießerei. Die Eisenwaren wurden zu dieser Zeit beispielsweise für den Bau des Eisenbahnschienennetzes und für den dekorativen Fassadenbau benötigt.

Sehr mondän wirkte das feudale Gärtnerhaus, welches auf der anderen Straßenseite gegenüber dem Eingang des Kustermannparks lag. An seiner Stelle steht seit 1972 eine Tankstelle. Zum Kustermann-Ensemble in Tutzing gehörte neben dem Gärtnerhaus auch eine spätklassizistische Villa im italienischen Stil, die sogenannte „weiße Villa" (1865) an der Hauptstraße 2. 1874 erbaute man etwas nördlicher ein Jagdhaus, das direkt an der Hauptstraße 4 liegt. Schließlich kam 1891 ergänzend das Landhaus, Hauptstraße 6, welches auf die winkelförmig zum Jagdhaus anschließenden Remisen folgte und zum Seeufer ausgerichtet war, hinzu. Diesen Bau bewohnten seine Söhne Hugo [77] und Franz Kustermann.[78]

Villa für die Damen Servière und Steinbrück, 1898

Die Schulvorsteherinnen aus Leipzig, Maria Servière und Meta Steinbrück, ließen sich Ende des Jahrhunderts eine herrschaftliche Villa am Hang mit Blick zum See am Sprungleitenweg 1 im Norden Tutzings er-

Bauzeit 1894 – 1933

Abb. 56 *Haus Froh, Foto vom 18. August 1904*

richten. Der Architekt und Planzeichner war Engelbert Schnell und der Baumeister Xaver Knittl.[79]

Ab 1917 bewohnte Frau Meta Steinbrück die Villa alleine, ehe sie 1924 die Baronin Erika Leonhardi übernahm. Sie vererbte das Anwesen 1938 ihrer Nachfahrin, Baronin Antonietta Leonhardi,[80] mit dem dazugehörigen Grundstück, das sich weit nach Norden ausdehnte. Baronin Antonietta Leonhardi verkaufte 1977 die Villa mit dem östlich zum See geneigten Garten der Familie von Mitschke-Collande. Der nördliche Teil des Grundstücks wurde ebenfalls von der Baronin verkauft und mit Einfamilienhäusern bebaut. Die Villa, die den Beinamen „Haus Froh" trägt, hat sich bis heute erhalten.

Künstlerfamilie Knote-Horst in Seeshaupt

In Seeshaupt gab es entlang des Seeufers an der Tutzinger Straße bis zum Ortsende in Richtung Seeseiten vier Landhäuser, die sich im Besitz der Künstlerfamilie Knote-Horst befanden. Aufgrund der Nachverdichtung sind diese heute jedoch nicht mehr als Ensemble erkennbar. Alle Landhäuser haben eines gemeinsam, sie zeigen den für Xaver Knittl typischen und charakteristischen Landhaus-Baustil, den sogenannten „Knittl-Stil" (S. 85). Drei dieser Villen haben sich erhalten, die Landhäuser Idris, Knote und Horst. Das Landhaus Rossmann wurde durch einen Neubau ersetzt.

Bauzeit 1894 – 1933

Landhaus Horst, 1898 – Seeshaupt

Das Stammhaus der Eheleute Emma (1838 – 1909) und Gustav Horst (1834 – 1914) war das erste von Xaver Knittl erbaute und gestaltete Landhaus Horst[81] an der Tutzinger Straße 14 in Seeshaupt. Es erhielt später den Namen „Villa Elisabeth". Dieser Schriftzug ist heute noch an der Fassade zu lesen.

Die Bauherrin, die Witwe Emma Horst, stammte aus einer wohlhabenden, niederrheinischen Industriellenfamilie und hatte von ihrer Mutter ein beträchtliches Vermögen erhalten. In erster Ehe hatte sie Gustav Knote (1838 – 1879) geheiratet, der jedoch mit 41 Jahren früh verstarb. Aus dieser Ehe stammten sieben Kinder, vier Söhne und drei Töchter.[82] Als die Witwe im Jahr 1880 eine zweite Ehe mit dem Schriftsteller und

Gustav Adolf Horst war in München ein sehr angesehener, aber mittelloser Schriftsteller und Kunstmaler. Er hatte seine zukünftige Frau, die verwitwete Emma Knote, in München im Hause ihrer Schwester Marie Thieme, der Gattin des Mitbegründers der Münchner Rückversicherung und langjährigen Generaldirektors der Allianzversicherung, Carl von Thieme, kennengelernt. Horst liebte die oberbayerische Voralpenlandschaft und war bereits vor der Heirat auf seinen künstlerischen Exkursionen in das Fünfseen-Land gekommen. 1876 veröffentlichte er einen von ihm selbst illustrierten Wanderführer vom Starnberger See.[83]

Mit der Heirat wurde Horst Stiefvater von sieben Kindern. Das Verhältnis zu seinen Stiefkindern muss ein sehr herzliches gewesen sein. In seinen Jugenderinnerungen berichtet Manfred Knote über seinen Stiefvater, „daß er nie ein ‚Stiefvater', sondern uns Kindern stets ein treuer und gütiger Freund und bei seiner großen Bildung ein hochbegabter Lehrer gewesen ist".[84]

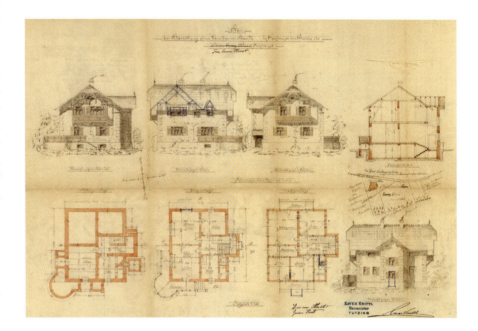

Abb. 57 *Bau- und Lageplan des Landhauses Horst mit vier Fassadenansichten, Xaver Knittl 1898*

Abb. 58 *Landhaus Horst, das später den Namen „Villa Elisabeth" erhielt, 2017*

Bauzeit 1894 – 1933

Kunstmaler Gustav Adolf (G. A.) Horst (1834 – 1914) einging, behielten die Kinder den Namen ihres leiblichen Vaters.

Beim Bau des Hauses 1898 waren diese Kinder nahezu erwachsen. Der älteste Sohn Manfred Knote (1868 – 1932), damals schon dreißigjährig, konnte bereits einen gewissen finanziellen Anteil beisteuern. Emma und Gustav Horst, ihr zweiter Ehemann, hatten zusammen eine Tochter, die Kunstmalerin Hanna (1881 – 1901), mit der sie in ihrem Landhaus in Seeshaupt lebten. Im Dachgeschoss befand sich das Maleratelier mit Blick auf den See.

Als die talentierte Tochter Hanna bereits mit zwanzig Jahren verstarb und seine Ehefrau Emma ihr acht Jahre später (1909) folgte, ertrug es der Witwer G. A. Horst nicht mehr alleine in dem großen Haus und zog in eine Wohnung im Dorf. Er vermietete die Villa an den Kunstmaler Hermann Ebers, der gerade das „Russenschlössl" neben dem Hotel Post in Seeshaupt erworben hatte, das er aufwendig renovieren ließ, und deswegen eine vorübergehende Bleibe suchte.

Nach dem Tod von G. A. Horst erbte Manfred Knote sen. die Villa. Erst nach dessen Ableben wurde das Anwesen 1932 verkauft.[85] Den Namen „Villa Elisabeth" erhielt die Villa im Landhausstil erst später durch die Tochter eines Nachbesitzers.

Landhaus Roßmann, 1899 – Seeshaupt

Die älteste Tochter, Emma Knote (1867–1945), heiratete den Regierungsrat Wilhelm Roßmann. Ihr Ehemann war Bauherr des vom Baumeister Knittl entworfenen und erbauten Landhauses Roßmann[86] an der Tutzinger Straße 20. Es war ein Jahr nach dem Bau ihres Elternhauses entstanden und leicht nach Nordwesten versetzt. Um das Jahr 1990 wurde es abgebrochen und einige Jahre später durch einen Neubau ersetzt.

Abb. 59 *Landhaus Roßmann nach einem Gemälde von Gustav A. Horst (1899–ca. 1990)*

Landhaus Knote, 1903 – Seeshaupt

Direktor Manfred Knote sen. (1868 – 1932) war der Bauherr des von Xaver Knittl konzipierten und erstellten charmanten Landhauses Knote[87] an der Tutzinger Straße 10 in Seeshaupt. Manfred Knote sen. wollte eigentlich Chemiker werden, begann jedoch eine beachtliche Karriere nach väterlichem Vorbild bei der Münchner Rückversicherung. Zuletzt hatte er den Posten des Generaldirektors der Providentia-Versicherung in Wien inne.

Das nordwestlich angrenzende Landhaus Horst war das Haupthaus, in dem die Eltern Horst lebten. Das kleinere Landhaus Knote war das Nebenhaus für Bedienstete, Enkelkinder und deren Erzieherinnen. Da unter den Generationen ein enger Kontakt gepflegt wurde, verzichtete man auf einen Zaun zwischen den beiden Landhäusern. Der gleichnamige Sohn des Bauherrn, Manfred Knote jun. (1911 – 1957), erblickte im ersten Stock des Landhauses Knote das Licht der Welt. Als das Elternhaus Horst im Jahr 1932 nach dem Tod von Manfred Knote sen. verkauft worden war, wurde das Nebenhaus zum Sommersitz der Familie Knote jun., die ihren Hauptwohnsitz in München an der Königinstraße hatte. Dieses Landhaus, sehr einfühlsam renoviert, liegt heute versteckt zwischen Neubauten.

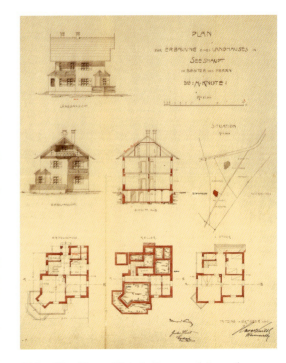

Abb. 60 *Xaver Knittls Bau- und Lageplan zum Landhaus Knote vom Oktober 1903*

Bauzeit 1894 – 1933

Abb. 61 *Rohbau Landhaus Manfred Knote im Winter 1903/04, im Hintergrund das Landhaus Horst, heute „Villa Elisabeth"*

Landhaus Knote-Hecker, 1906 – Seeshaupt

Das dritte und südlichste Landhaus in Seeshaupt an der Tutzinger Straße 2 bewohnte die jüngste Knote-Tochter Elsa (1877 – 1975), die mit dem Kinderarzt und späteren Universitätsprofessor Dr. Rudolf Hecker verheiratet war. Sie erwarben um 1908 von Anna Rindfleisch[88] dieses Landhaus, das von den nachfolgenden Besitzern den Namen „Villa Idris" erhielt. Xaver

Abb. 62 *Xaver Knittls Bau- und Lageplan zum Landhaus Knote-Hecker vom Juli 1900*

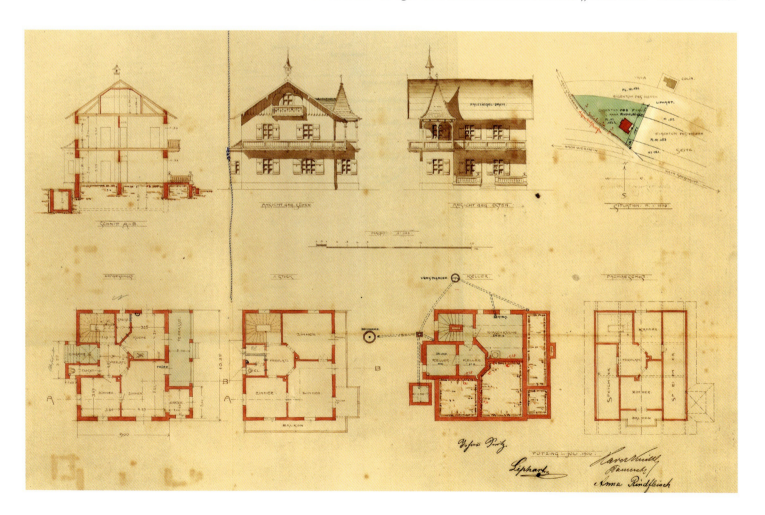

Bauzeit 1894 – 1933

Abb. 63 *Landhaus Knote-Hecker, später „Villa Idris", um 1950*

Knittl hatte zwei Jahre zuvor für die Bauherrin Anna Rindfleisch das entzückende Landhaus mit Türmchen entworfen und erbaut. Das östliche und zwischenzeitlich verschwundene Türmchen wurde von der Familie Idris originaltreu wieder aufgebaut. Frau Dr. Erdmuthe Idris erwarb das Landhaus in den Sechzigerjahren. Die Fernsehjournalistin Maria von Welser wohnte dort in den Achtzigerjahren einige Jahre zur Miete.

Landhaus Schwarzmann, 1901/02 – Seeshaupt

Neben den Landhäusern für die Künstlerfamilie Knote-Horst entwarf und erbaute Xaver Knittl für den Münchner Sekretär Georg Schwarzmann und seine Frau Sofie an der Baumschulenstraße 32 in Seeshaupt ein Landhaus[89] mit Türmchen.
Georg Schwarzmann war als Gemeindesekretär in Seeshaupt beschäftigt und hatte unter anderem ein Fremdenverkehrs-Heft verfasst, das vom Seeshaupter Verschönerungsverein um 1910 herausgegeben wurde. Das alte Haus gibt es heute noch in veränderter Form.

Erinnerungen an das Leben der Sommerfrischler

Manfred Knote sen. (1868 – 1932) war zweifellos ein Vertreter einer aufstrebenden Gesellschaftsschicht, die vom wirtschaftlichen Aufschwung der Gründerzeit profitiert hatte. In diesen Kreisen leistete man sich den Luxus eines Sommerhauses am Starnberger See.
Normalerweise wohnte der erfolgreiche Versicherungsdirektor mit seiner Familie in München in einer 8-Zimmer-Stadtwohnung der Münchner Rück. Sie befand sich in der Nähe des Firmensitzes an der Königinstraße. Es handelte sich um eine herrschaftliche Altbauwohnung mit hohen Räumen, repräsentativen Parkettböden und Flügeltüren, eingerichtet mit schwerem bürgerlichen Mobiliar. Das Wochenende, die Ferien oder auch manchmal einen längeren Sommeraufenthalt der Ehefrau mit den noch nicht schulpflichtigen Kindern verbrachte die Familie in ihrem Landhaus in Seeshaupt am Starnberger See.

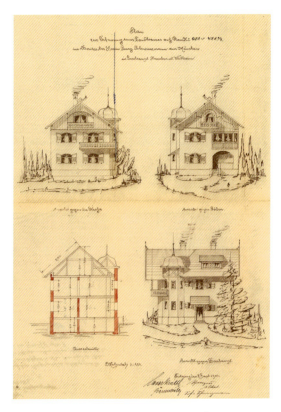

Abb. 64 *Xaver Knittls Plan zum Landhaus Schwarzmann vom September 1901*

Der Enkel von Manfred Knote sen. erinnert sich an die heiß ersehnten Packstunden am Freitagnachmittag nach der Schule, in denen alles Nötige für den Aufenthalt im Landhaus gepackt wurde.

Die Sommerfrischler in Seeshaupt waren damals keine Vertreter der „Schickimicki-Gesellschaft" im heutigen Sinne. Sie waren bei der Landbevölkerung eine feststehende Gesellschaftsgröße, die zweifellos geschätzt wurde, jedoch nahmen sie eine Sonderrolle ein, denn sie waren nicht wie die Einheimischen in die Ortsgemeinschaft integriert. Einen direkten persönlichen Kontakt zur Landbevölkerung gab es kaum und wenn, dann nur zweckgebunden. Die Bewohner auf Zeit verfügten über ein solides Vermögen und waren deshalb im Hinblick auf die zu erwartenden Handwerksaufträge oder Dienstleistungen durchaus interessant. Das Gefälle zwischen Arm und Reich war zu dieser Zeit relativ groß, so dass sich Handwerker oder Servicepersonal ihnen gegenüber freundlich und aufgeschlossen verhielten, auch wenn die Städter weitgehend unter sich blieben. Nicht selten waren sie miteinander verwandt und gut untereinander vernetzt.

Manfred Knote hatte seine Kindheit im Sommerhaus in bester Erinnerung. Für die aus den umliegenden Häusern zusammenkommenden Kinder war es das reinste Paradies. Allein die Ankunft auf dem Lande verbindet er heute noch mit einem ganz besonderen Glücksgefühl. Die positiven Gefühle verknüpft er mit dem Knarzen der Treppen, den großen Wiesen, der Weite der Landschaft, dem nicht spürbaren Autoverkehr und dem gesellschaftlichen Miteinander. Um alle im ganzen Haus und der Umgebung verstreuten Bewohner zum gemeinschaftlichen Essen zusammenzurufen, half ein Tischgong, der laut ertönte. Das Haus stand immer offen, es war ein pausenloses Kommen und Gehen voller Leben. Wenn Gäste aus der Stadt kamen, wurde telegrafiert „Komme abends, bitte Bett" oder „Komme mittags, bitte Essen".

Seine Großmutter Elisabeth schrieb Theaterstücke, die im Landhaus Knote oder auch im Hotel Post in Seeshaupt aufgeführt wurden. Um die Requisite und die Kostüme kümmerte man sich selbst und fertigte sie in Eigenregie. Man beschäftigte sich in der Freizeit neben Theaterspielen auch viel mit Lesen, Schreiben und anderen schöngeistigen Dingen.

Im Freien vertrieb man sich die Zeit mit Kricket- oder Tennisspielen auf dem Platz im Park oder beim Baden auf dem Seegrundstück. Viele Erwachsene konnten damals noch nicht schwimmen und erfrischten sich daher oft nur im seichten Wasser des Sees. Ein absolutes Novum war der Steg am Ufer oder eine Bootshütte. Die Städter entdeckten die Möglichkeit des Bootfahrens und Segelns.

Im Landhaus gab es anfangs weder eine Zentralheizung noch fließendes Wasser, Strom, ein Bad oder eine gemeindliche Müllabfuhr. Diese für uns heute selbstverständlichen Errungenschaften der modernen Zeit wurden erst mit dem zunehmenden technischen Fortschritt Bestandteile des Alltags. Mit Holz beheizbare Kachelöfen sorgten für angenehme und langanhaltende Wärme. Das Wasser wurde aus einem Brunnen im Garten gepumpt und das Schmutzwasser in einer Versitzgrube auf dem Grundstück aufgefangen. Hingegen gab es im Haus schon früh eine moderne Toilette mit Wasserspülung. Das Wasserklosett stammte aus dem Sanitärgeschäft Fischer in Seeshaupt. Auf einem geheizten Holzofen stand immer eine gefüllte Wasserschüssel, die der Familie für sämtliche Waschgänge zur Verfügung stand.

Bauzeit 1894 – 1933

Etwa ab den Zwanzigerjahren stattete man das Haus mit einem Badezimmer aus. Das warme Wasser wurde in einem Holzofen erhitzt und anschließend bereits über ein Kalt- und Warmwasser-Rohrsystem in die Wanne für ein Bad eingelassen. Am Badetag gab es in der Familie eine festgelegte Hierarchie über die Reihenfolge der Wannenbenutzung.

Bereits ab 1911 gab es in Seeshaupt elektrischen Strom, was die Öllampe oder Kerze als Lichtquelle überflüssig machte. Davor hatte man im Dunklen einen Kerzenständer aus Emaille mit Unterteller und Henkel als Beleuchtungsmittel benutzt, mit dem man sich relativ unkompliziert durchs Haus bewegen konnte. Dadurch, dass im Rohbau keine Strom- und Wasserleitungen eingebaut waren, verlegte man die Leitungen später aus Kostengründen auf Putz.

Im Garten gab es eine mit Brettern abgedeckte gemauerte Grube, die nach hinten aufklappbar war. Dort hinein kam der Hausmüll, der im Prinzip nur aus Bioabfall bestand, denn Plastikverpackungen gab es nicht. Die relativ übersichtliche Müllentsorgung übernahm ein einheimischer Landwirt privat, der in größeren Zeitabständen die Müll- und Sickergrube entleerte. Mit Hilfe einer langen Stange, an der vorne ein Topf befestigt war, wurden diese Gruben ausgeräumt.

Der „Solitär" in Starnberg – Wohnhaus Kain, 1898/99

Das einzige Bauprojekt in Starnberg, das die Baufirma Xaver Knittl in Starnberg durchführte, war das Wohnhaus[90] für den Zimmermann und Händler Josef Kain (1846 – 1931) an der heutigen Max-Zimmermann-Straße 3. Die Pläne dazu stammten bereits von seinem drei Jahre jüngeren Mitstreiter und späteren Starnberger Hofbaumeister Andreas Fischhaber, der wie Xaver Knittl wunderschöne Landhäuser und Villen in der Prinzregentenzeit schuf. Dadurch, dass er sein eigenes Baugeschäft erst zwei Jahre später gründete, konnte er vermutlich nicht die Erd- und Maurerarbeiten übernehmen.

Bauherr Josef Kain wohnte seit 1876 in Obertraubing gemeinsam mit seiner dort ortsansässigen Ehefrau Therese Bals. Als er das Haus in Starnberg mit 52 Jahren in Auftrag gab, lautete seine Berufsbezeichnung Austrägler (Ex-Landwirt) und Bahnwärter. In dem Haus lebte auch sein Bruder Ludwig Kain, von Beruf Stiegenbauer.[91]

Im Jahr 1916 erwarb die Münchnerin Sabine Mayer das Wohnhaus Kain in Starnberg. Sie stammte aus der Posthalterei-Familie Eckart, die bis 1901 die letzte Münchner Posthalterei an der Dachauer Straße 27 betrieb. Zu solch einem Poststall gehörten nicht nur bis zu 200 Pferde nebst Kutschen und den dazugehörigen 120 Postillionen, sondern auch die Stallungen, Wirtschaftsgebäude und Verwaltungsbauten. Von ihrem Erbe hatte sich die Münchnerin das Wohnhaus in Starnberg gekauft. Das Anwesen ist heute noch erhalten und in Familienbesitz.

Abb. 65 *Wohnhaus Kain an der Max-Zimmermann-Straße 3 in Starnberg, um 1930*

Der Starnberger Baumeister Andreas Fischhaber

Der Maurermeistersohn Andreas Fischhaber jun. (1876 – 1954) gründete das Baugeschäft Fischhaber (1900 – 1999) in Starnberg und prägte mit seinen Bauten maßgeblich das historische Ortsbild von Starnberg. Er hinterließ, wie das bei seinen zeitgenössischen Bau-Konkurrenten üblich war, seine Spuren auch an anderen Orten am Starnberger See, wie Tutzing oder Seeshaupt. Er kooperierte meistens mit dem Starnberger Zimmermeister und Dampfsägebesitzer Johann Stadler.

Das Baubüro Andreas Fischhaber befand sich an der heutigen Leutstettener Straße 16, in dem noch existierenden, jedoch umgebauten und veränderten Wohnhaus. Im rückwärtigen Teil an der Leutstettener Straße 14 lagen die Stallungen und Lagerräume und darüber seine Wohnung. In diesem gewerblichen Teil der Firma befindet sich jetzt der Baustoffhandel Fischhaber, der seit 1994 vom Baugeschäft Fischhaber getrennt geführt wird. Der spätere Baumeister und Baugeschäftsinhaber Andreas Fischhaber war das fünfte und jüngste Kind des Starnberger Maurermeisters Andreas Fischhaber sen. (1840 – 1903) und seiner ersten Ehefrau Anna Sandbichler (1843 – 1880). Neben den drei Schwestern Kreszentia, Anna und Maria war sein einziger Bruder, der sieben Jahre ältere Josef Fischhaber, Bautechniker und Erster Bürgermeister von Starnberg. Dessen gleichnamiger Sohn Josef Fischhaber jun. wiederum arbeitete bis in die Fünfzigerjahre als Kreisbaumeister im Landkreis Starnberg.

Abb. 66 *Andreas Fischhaber jun. mit seinem Hund vor seinem Baugeschäft an der Leutstettener Straße 16 in Starnberg, um 1910*

Der Baugeschäftsinhaber Andreas Fischhaber jun. blieb unverheiratet. Seinen Stiefsohn Wilhelm Fischhaber (1914 – 2002) hatte er von seiner Lebensgefährtin angenommen. Wilhelm Fischhaber trat die Nachfolge des Baugeschäfts an, das bis zum Jahr 1999 existierte.

Das Herrenhaus Alexander Freiherr von Wendland, 1898/99 – Bernried

In Alt-Höhenried nordwestlich des Buchheim-Museums befand sich in Bernried der ehemalige Schwaighof des Augustinerchorherrenstifts. Dieser war der Wirtschaftshof des Klosters zur Erzeugung von Milch, Käse und Eier. Im Zuge der Säkularisation wurde das Stift aufgelöst und die

Bauzeit 1894 – 1933

Abb. 67 *Herrenhaus Alexander Freiherr von Wendland in Bernried, 2017*

Immobilie kam in staatliche Hände. Zum ehemaligen Klosterbesitz gehörten neben Alt-Höhenried auch viele andere Ländereien.
Nach der Abschaffung der Klöster wechselten oftmals die Besitzer, unter anderem war Alois Ritter von Dall'Armi von 1820 bis 1830 Eigentümer des ehemaligen Stiftsbesitzes. Im Jahr 1852 erwarb August Freiherr von Wendland das frühere Klostergut. Der Schwaighof kam 1875 zu seinen Besitztümern hinzu. Das heutige Kloster Bernried wurde von ihm zum Schloss Bernried umgestaltet.[92]
Alexander Freiherr von Wendland, der Erbe von Höhenried, betrieb eine Pferdezucht und ließ sich die Schwaige in Alt-Höhenried von Xaver Knittl zu einem Herrenhaus umgestalten.[93]
Dieses nicht denkmalgeschützte Haus liegt im östlichen Teil der Parkanlagen der Rehabilitationsklinik Höhenried und wurde später modernisiert. Die Landesversicherungsanstalt Oberbayern (LVA) hatte dieses große Anwesen Gut Höhenried mit dem von 1938 bis 1940 erbauten Schloss Höhenried im Jahr 1955 von der Erbengemeinschaft Busch-Woods für 2,2 Millionen DM für ihre Klinik erworben.[94]

August Freiherr von Wendland hatte zwei Söhne: Alexander und Maximilian. Alexander Freiherr von Wendland erbte von seinem Vater weitgehend alle Besitztümer in Höhenried. Sein anderer Sohn Maximilian bekam die Besitztümer um das heutige Kloster Bernried. Zusammen betrieben sie die Wendland'sche Brauerei und die Gutsverwaltung Bernried und waren dadurch auch Eigentümer vieler umliegender Gasthäuser, wie beispielsweise in Tutzing, Unterzeismering, Unterpeissenberg sowie Seeshaupt.

Bauzeit 1894 – 1933

Der „Frauensitz" von Wendland, 1899 – Bernried

Ein Jahr danach bekam Xaver Knittl von Alexander Freiherr von Wendland, Rittmeister a.D., den Auftrag für seine Gattin, ihrer „Excellenz" Freifrau von Wendland, ein Nebengebäude[95] zum Herrenhaus, den sogenannten „Frauensitz", in Alt-Höhenried zu erbauen. Vermutlich legte die Gutsherrengattin gesteigerten Wert auf ihr eigenes Haus, da sich das Paar bald scheiden ließ. Das Nebengebäude wurde später als Gärtnerhaus genutzt und vor vielen Jahren abgebrochen.

Abb. 68 „Frauensitz" der Familie von Wendland in Höhenried (1899 – 1975)

Fabrikantenvilla Renner, 1899/1900

Bauherr, der von der Firma Xaver Knittl erbauten Villa an der Bräuhausstraße, Ecke Gröberweg, in Tutzing, war Ferdinand Renner (1845 – 1922), Direktor der Thonwerk AG. Die überregional bekannte Ziegelei Renner, genannt Thonwerk AG, befand sich am südlichen Ende von Tutzing an der nach der Fabrik benannten heutigen Ziegeleistraße. Aufgrund des lehmhaltigen Bodens in dieser Gegend gründete der Unternehmer Ferdinand Renner im Jahr 1879 dort eine Ziegelfabrik, die unter Leo Renner (1882 – 1956) im Jahr 1938 Konkurs machte. Dort stellte man in vorindustrieller Fertigung (S. 73 f) Dachziegel her. Das Besondere war damals, dass nicht jeder Ziegel gleich aussah, da diese in kleiner Stückzahl und nicht in Massenfertigung produziert wurden. Die mit dem eingebrannten Schriftzug „Ziegelei Renner" versehenen Unikate decken noch wenige alte Häuser in der Gegend und geben dem Dach einen ganz besonderen Charme.

Durch einen glücklichen Zufall kam 1922 ein Besitzerwechsel der privaten Villa Renner zustande. Frieda Lindemann reiste im Jahr 1921 zur Sommerfrische ins Hotel Simson nach Tutzing. Sie saß in Urlaubsstimmung bei einem Kaffee auf der schönen Hotelterrasse, als sie lautes Kirchengeläut vernahm und einen Trauerzug von der Veranda aus beobachten konnte. Sie wollte wissen, welche bekannte Persönlichkeit denn zu Grabe getragen wurde. Redselige Hotelgäste erzählten ihr, dass der Ziegeleifabrikant Ferdinand Renner gestorben sei und seine private Villa an der Bräuhausstraße zum Verkauf stünde. Sie nahm die Gelegenheit wahr und erwarb die für die Familie ideal gelegene Villa, denn ihr Ehemann Lothar Linde-

Bauzeit 1894 – 1933

Abb. 69 *Villa Renner an der Bräuhausstraße / Ecke Gröberweg (1900 – ca. 1979)*

mann war gerade dabei, die Bayerischen Textilwerke in der ehemaligen Schlossbrauerei zu etablieren, die sich unweit am südlichen Ende der Bräuhausstraße befanden.

In den Siebzigerjahren musste die Fabrikantenvilla dem „Betonbunker" an der Bräuhausstraße 11 weichen. Er beherbergt großzügige Eigentumswohnungen mit Terrassen im Stil der damals dem Zeitgeist entsprechenden Architektur.

Villa Rödl, 1899 / 1900

Bauherr der Villa an der Höhenbergstraße 5 in Tutzing war der Schäfflermeister Franz Xaver Rödl (1846 – 1939), ein vielbeschäftigter Mann in der Schlossbrauerei, beliebt wegen seines freundlichen Wesens. Durch eine schicksalhafte Verbindung seiner Tochter Anna Rödl kam er der Baumeisterfamilie Knittl später noch näher, als er dachte.

Der Kriegsveteran Franz Xaver Rödl war mit seiner Familie bereits 1887 nach Tutzing gekommen und hatte sich noch von der Baufirma Knittl eine Villa (Abb. 7, S. 47) an der Bräuhausstraße 15 erbauen lassen. Die „Villa Cetto" bekam ihren Namen später von dem Nachbesitzer Frei-

Der Schäffler, ein sehr alter und traditionsreicher Handwerksberuf, fertigt Holzfässer und übernimmt auch deren Reparatur. Angestellt waren Schäffler häufig in Brauereien. Mit dem Aufkommen industriell gefertigter Fässer ging die Zahl der Schäffler massiv zurück.

Bauzeit 1894 – 1933

Abb. 70 *Villa Rödl an der Höhenbergstraße, um 1950*

herr von Cetto. Rödl hatte sie dem Freiherrn im Jahre 1900 verkauft, um selbst mit dem Bau einer Villa an der Höhenbergstraße noch einmal neu zu beginnen. Da seine Ehefrau Appolonia Rödl (1851 – 1898) aus Grassau im Chiemgau früh verstorben war, wollte der Witwer für sich, seine Kinder und die im Haus lebende Schwester seiner Frau, Therese Jackl (1859 – 1939), ein neues Zuhause in Höhenlage schaffen. Nachdem er beim ersten Eigenheim mit dem Baugeschäft Knittl sehr zufrieden gewesen war, beauftragte er nun den Sohn des damaligen Erbauers, Xaver Knittl, ihm die Villa im Landhaus-Stil[96] über der Bahn nach den Plänen des Architekten Weber zu errichten.

Ob seine zu Zeiten des Hausbaus erst siebzehnjährige Tochter Anna Rödl (1883 – 1963) den ein Jahr älteren Engelbert Knittl (1882 – 1963), den jüngsten Bruder von Xaver Knittl, schon kannte, ist ungewiss. Sicher ist jedoch, dass sich Anna und Engelbert irgendwann lieben lernten, heirateten und mit ihrer Familie in Feldafing in dem bekannten „Haus Knittl" (S. 225 f) lebten.

Ihr Bruder Georg Rödl, Studienrat in Tutzing, heiratete Maria Flossmann aus der bekannten Feldafinger Schreiner- und Bürgermeisterfamilie. Anna und ihr Bruder Georg wurden durch ihre Heirat zu Feldafingern, waren jedoch mit ihren Familien regelmäßig zu Gast beim Vater Franz Xaver Rödl in Tutzing, der jetzt nicht nur ein Haus von der Baufirma Xaver Knittl bekommen hatte, sondern auch den Bruder seines Haus-Erbauers, Engelbert Knittl, zum Schwiegersohn. Mit 91 Jahren wurde Franz Xaver Rödl im Jahr 1939 zum ältesten Mann der Gemeinde Tutzing gekürt. Bis zu seinem Tode war er selig mit seinem Alterssitz und verrichtete an der schönen Villa begeistert alle anfallenden Arbeiten.

Georg Rödls Sohn Ruppert nutzte unter anderem das Haus als Sommersitz und bewohnte im Alter noch ein Zimmer im ersten Stock mit Veranda. Ruppert Rödl verkaufte es nach dem Krieg an Elisabeth Münster (1916 – 2000), genannt „Lizzy", die bereits mit ihren Eltern im ersten Stock des Hauses

Bauzeit 1894 – 1933

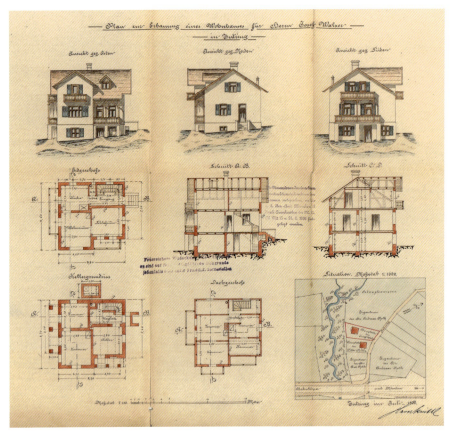

Abb. 71 *Xaver Knittls Bau- und Lageplan zum Wohnhaus Walser (1900 – 1998) vom Juli 1900*

Der Maurermeister Peter Rumiz (1868–1946) stammte aus Tarcento, einem kleinen Ort in der italienischen Provinz Udine. Er kam wie viele andere Bauhandwerker Ende des 19. Jahrhunderts aus Italien nach Oberbayern. Peter Rumiz arbeitete als Maurer und herausragender Bauzeichner ab 1893 bei der Firma Knittl. Seine handgezeichneten Baupläne erscheinen wie Kunstwerke (Abb. 100, S. 127). Nachdem er reichlich Erfahrung im Baugeschäft Knittl gesammelt hatte, gründete er im Jahr 1907 sein eigenes Unternehmen an der heutigen Hofrat-Beisele-Straße 5. Die gewerblichen Bauten befanden sich südöstlich des im Jahr 1900 errichteten Wohnhauses, welches er mit seiner Ehefrau, Maria (1868 – 1937), die aus Starnberg kam, bewohnte.

Der älteste seiner Söhne, Wilhelm, genannt „Willi" (1897 – 1975), übernahm das väterliche Baugeschäft und führte es noch gut zehn Jahre bis etwa 1959 fort.

Abb. 72 *Wohnhaus Rumiz an der Hofrat-Beisele-Straße 11, um 1910*

viele Jahre zur Miete gewohnt hatte. Das beliebte Fräulein „Lizzy" war während des Krieges Lazarett-Krankenschwester und später Klavierlehrerin in Tutzing. Das Erdgeschoss bewohnte Karl Staltmaier mit seiner Familie. Elisabeth Münster blieb kinderlos und vermachte nach ihrem Tod die Villa Rödl der Familie Staltmaier, mit der sie viele Jahre im Haus zusammen gewohnt hatte und in deren Besitz sie heute noch ist. Die Villa gehört zu den wenigen nicht denkmalgeschützten historischen Häusern, die bis heute weitgehend erhalten sind.

Die Zwillings-Wohnhäuser Rumiz und Walser, 1900

Wie eineiige Zwillinge sahen sich die beiden Wohnhäuser von Peter Rumiz (Abb. 72) und Josef Walser (Abb. 71) an der Hofrat-Beisele-Straße in Tutzing ähnlich. Im Abstand von vier Monaten errichtete sie das Baugeschäft Xaver Knittl. Bauherr des ersten Wohnhauses[97] war der Maurermeister Peter Rumiz, der des zweiten in südwestlicher Nachbarschaft hieß Josef Walser. Das durch Umbauten veränderte Wohnhaus Rumiz an der Hofrat-Beisele-Straße 11 hat überlebt, das Wohnhaus Walser[98] wurde 1998 durch Neubauten ersetzt.

Das große Landhaus Schneiders

Der Privatier Karl Schneiders, ein ehemaliger Schlafwagenschaffner, war gegen Ende des 19. Jahrhunderts Besitzer des großen Landhauses Schneiders und zehn Jahre später Bauherr des benachbarten kleinen Landhauses. Zuerst hatte er im Jahr 1893 das an der heutigen Neustätterstraße 16 in Tutzing gelegene Landhaus Charlotte erworben, das unter der nachfolgenden Besitzerin Charlotte von Dürsch seinen Namen bekam.

Abb. 73 *Landhaus Schneiders, hier schon Pension Fiala an der Neustätterstraße 16*

Bauzeit 1894 – 1933

Das sogenannte Landhaus Charlotte war bereits 1871 von dem sechs Jahre später bei einem Jagdunfall verunglückten Maurermeister Anton Echter (S. 11) für einen anderen Bauherrn fertiggestellt und später unter Karl Schneiders von Xaver Knittl umgebaut worden. Vielen ist das Haus eher unter dem Namen Pension Fiala bekannt, nach dem Besitzer Karl Fiala benannt, der das Haus ab den Sechzigerjahren als Pension geführt hatte. Nach Aufgabe des Fremdenzimmerbetriebs wurde es zu einem Mietshaus umgewandelt.

Das kleine Landhaus Schneiders, 1901

Karl Schneiders erwarb zu seinem oben am Hang liegenden Anwesen an der Neustätterstraße 16 einige Jahre später noch ein weiteres Grundstück in östlicher Nachbarschaft, das er als Sommersitz von Xaver Knittl bebauen ließ. Eigentümerin des villenartigen Häuschens an der heutigen Waldschmidtstraße 3, das kleine Landhaus Schneiders,[99] war offiziell seine Gattin Maria Schneiders aus München.

Vom großen zum kleinen Landhaus Schneiders musste noch ein Fußweg geschaffen werden. Schon damals gab es „verschachtelte" Grundstücksaufteilungen, die durchaus Streitpotential boten. Der Grundbesitz von Irene Freifrau von Asch grenzte unmittelbar nördlich etwas unglücklich an die beiden Grundstücke von Karl Schneiders an. Das Verbindungsstück lief quer durch den Grund der Freifrau. Ihm blieb nichts anderes übrig, als die nötigen Quadratmeter Grund, die für den Fußweg nötig waren, von ihr zu erwerben. Außerdem fehlte noch ein Zugang von der Waldschmidtstraße. Dafür musste Karl Schneiders von einer gewissen Barbara Fischer, „einer Tiroler oder Tschechischen Händlerin" ein Stück Boden erstehen,[100] sonst wäre die Villa ohne Zufahrt unverkäuflich gewesen.

Maria Schneiders verkaufte das kleine Landhaus Schneiders samt Zugang bereits sieben Jahre später an den Geheimen Oberregierungsrat Karl Landbeck aus Schwäbisch Hall. Im Jahr 1956 erbte die Tochter und sein Schwiegersohn Ludwig Walmbach die kleine Villa. Die betagte und verwitwete Schwiegermutter Martha Landbeck behielt ihren Wohnsitz in Schwäbisch Hall. Das nur als Sommersitz genutzte Haus bewohnte zeitweise ihre Tochter. Heute ist das kleine Landhaus Schneiders wieder hübsch renoviert und ein Vorzeigebeispiel für die Erhaltung historischen Baubestands.

Abb. 74 *Das kleine Landhaus Schneiders, um 1920*

Landhaus Mahlmeister, 1903

Das anmutige Landhaus für den Oberstleutnant Friedrich Mahlmeister an der heutigen Kustermannstraße 27 in Tutzing erbaute Xaver Knittl 1903 nach Plänen des Architekten Franz Böttge. Franz Böttge hatte sein Architekturbüro an der Sonnenstraße 1 in München. Bereits zwei Jahre zuvor hatten er und Xaver Knittl gemeinsam an der Errichtung von vier Landhäusern in Seeheim am Ostufer (S. 138 ff) gearbeitet. Im selben Jahr entstand unter der Regie von beiden das im Folgenden beschriebene Landhaus Gümbel direkt gegenüber.

Im Jahr 1935 erwarb der Kleinkunstliebhaber Hermann Scheuerpflug aus Stuttgart das Landhaus. Er war zu dieser Zeit sowohl Direktor des Apollo-Theaters am Zeugplatz in Augsburg als auch Mitinhaber des Revuetheaters Bonbonniere von Adolf Gondrell am Münchner Platzl.

Bauzeit 1894 – 1933

Abb. 75 *Das Haus rechts an der Straße war das Landhaus Mahlmeister (1903 – 1966) und gehörte zum Fremdenheim Excelsior.*

„Die Schwestern Gümp[b]el:
Es sind 4 Schwestern. Die eine war verheiratet und ist Witwe. Eine war bei der Post und ist in Pension. Eine war Malerin [Sofie] und anscheinend ohne Beruf. Sie hausen zusammen. Die Gelder beziehen und legen sie zusammen. Und jede hat wie bei den Meier [Mayr]-Mädchen ihren Anteil bei der Arbeit. Die eine kocht, die andere hat den Garten zu versorgen und die Bienen. Wieder eine andere ist im Haus räumen und putzen tätig. Man sieht diese 4 Frauen nur selten. Am öftesten noch die Malerin. Sie halten ihr Haus in schönen Stand, pflegen besonders ihren Garten, dessen Obstbäume sie mit allen neuzeitlichen Finessen tragfähig halten. Sie versorgen damit ihre ganzen Anverwandten und erzielen dadurch noch einige Pfennige, die sie allerdings auch zum Teil für ihren Garten aufwenden. Stille, gute Menschen."[102]

Er ließ etwas weiter südlich auf dem großen Grundstück seines Landhauses in Tutzing ein weiteres spitzgiebliges Haus erbauen. In den beiden Häusern betrieb Hermann Scheuerpflug ab 1949 das ganzjährig geöffnete Fremdenheim Excelsior. Ein Prospekt wirbt:
„Das Fremdenheim EXCELSIOR [...] liegt am schönsten Punkte Tutzings in Waldesnähe, fern vom Autoverkehr in ruhiger, sonniger Höhenlage [...]. Herrliche Aussicht auf den See und die Bergkette. Eine wunderschöne Terrasse und ein hübsch eingerichteter Gesellschaftsraum dienen der Behaglichkeit d. Gäste. Der große und schattige Park des Fremdenheim Excelsior birgt beschauliche Liege- u. Ruheplätze zur Erholung und Ausspannung. Garagen i. Hause."[101]
Mit dem Ende der Ära des Fremdenheims Excelsior wurde die Mahlmeister-Villa im Jahr 1966 abgerissen und durch den „Houdek"- Bungalow an der Kustermannstraße 29 ersetzt. Das südlichere Haus des Fremdenheims Excelsior an der Kustermannstraße 31 existiert heute noch als Wohnhaus.

Landhaus Geschwister Gümbel, 1903

Vis-a-vis des Landhauses Mahlmeister entstand kurz darauf das Landhaus Gümbel an der heutigen Kustermannstraße 28. Bauherr war der Königliche Eisenbahninspektor a.D. Friedrich Gümbel. Er hatte vier Töchter: Sofie, Betty, Anna und Marie, die alle in Würzburg gebürtig waren. Das nette Häuschen wurde 1975 abgerissen und durch einen Neubau ersetzt.

Abb. 76 *Landhaus Gümbel kurz vor dem Abbruch (1903 – 1975)*

Villa Gassner, später Wilhemine von Hillern, 1903

An der durch die Schauspielerin und Schriftstellerin Wilhelmine von Hillern (1836 – 1916) bekannt gewordene Villa im Landhausstil an der Traubinger Straße 35 in Tutzing, die sich dort noch heute in veränderter Form befindet, war der Installateur und „Bauträger" Ludwig Gassner (1870 – 1939) beteiligt, der kurz zuvor an der Hauptstraße 53 sein Installationsgeschäftshaus errichtet hatte.

Bauzeit 1894 – 1933

Abb. 77 *Villa Gassner nach Engelbert Schnells Entwurf von 1903*

Ludwig Gassner (S. 64) war gemeinsam mit seiner Frau Anna sowie dem Architekten Engelbert Schnell je zur Hälfte Eigentümer des Baugrundes.[103] Der anteilige Grundstückseigentümer Engelbert Schnell entwarf die herrschaftliche Villa für den Bauherrn Gassner. Die Bauarbeiten führte das Baugeschäft Xaver Knittl durch.

Gassner selbst bewohnte mit seiner Familie die Landhausvilla knapp zehn Jahre, bis er sie im Jahr 1911 an die 75-jährige Schriftstellerin Wilhelmine von Hillern weiterverkaufte. Ihr größter Erfolg war der Heimatroman „Die Geierwally" (S. 5), dessen Protagonistin Anna Knittel aus dem Lechtal in Tirol stammte. Von dort kam auch der Mauermeister Josef Knitt(e)l.

Die Schriftstellerin hatte zuvor ihr Landhaus „Hillernschlößchen" in Oberammergau verkauft und blieb über fünf Jahre Eigentümerin des Tutzinger Anwesens. Sie verbrachte jedoch am Starnberger See nur einige kurze Aufenthalte. Für ihre letzten Jahre zog sie auf Bitten von Theodor von Cramer-Klett jun. (1874 – 1938), mit dem sie aus der Zeit in Oberammergau eine freundschaftliche Beziehung pflegte, nach Aschau am Chiemsee. Zum Gedächtnis an die mütterliche Freundin widmete Cramer-Klett der Verstorbenen einen Bildstock in Aschau.[104]

Bauzeit 1894 – 1933

Abb. 78 *Landhaus Frey, um 1940*

Landhaus Frey, 1904

Der Textilfabrikant Johann Baptist Frey war Bauherr des Landhauses[105] an der Hofrat-Beisele-Straße 6 in Tutzing und Sohn des Johann Georg Frey, der 1842 die Firma Lodenfrey in München gegründet hatte. Der Firmenname Lodenfrey entstand aus dem Familiennamen Frey und dem Wollstoff Loden. Johann Baptist Frey entwickelte 1872 den Strichloden, einen wasserabweisenden Stoff, aus dem der Lodenmantel rein handwerklich gefertigt und so zum Klassiker der Firma Lodenfrey wurde.
Als Baumeister engagierte man Xaver Knittl, die Pläne stammten vom Münchner Architekten Otto Lasne. Das im Jahr 1948 an der Einfahrt zum Anwesen entstandene Gärtnerwohnhaus war ebenfalls von der Firma Knittl erbaut worden.[106]
Anfang der Fünfzigerjahre fand ein Umbau des Landhauses statt. Dabei wurde es vergrößert und das Interieur des Hauses vom Architekten Hans Knapp-Schachleitner im Stil der Zeit gestaltet.
Auf dem Anwesen entstand 1954 südöstlich des alten Landhauses noch ein weiteres Haus für den Sohn Dr. Georg Frey, der dort ein privates Käfermuseum mit einer Sammlung von mehr als zwei Millionen Käfer einrichtete. Heute wird die Sammlung im Naturhistorischen Museum in Basel aufbewahrt.

Landhaus Ritter von Landmann, 1904

Das heute noch erhaltene Landhaus für seine „Excellenz" Ritter von Landmann am Martelsgraben 2 in Tutzing steht für die damalige regionale Landhausarchitektur. Den Entwurf und die Fertigstellung des Landhauses Landmann[107] übernahm Xaver Knittl.
Bauherr Robert von Landmann (1845 – 1926) und seine Ehefrau Gabriele

Bauzeit 1894 – 1933

(1853 – 1925) hatten durch längere familiäre Sommerurlaube in der Villa Beringer den Ort Tutzing bereits lieb gewonnen, bevor sie sich ihr eigenes Sommerfrischler-Domizil gleich westlich der Bahnlinie verwirklichten.

Robert von Landmann entstammte einer fränkischen Beamtenfamilie. Als Sohn eines Revierförsters wurde er nach seinem Studium der Geschichte, Rechtswissenschaft und Kunstgeschichte mit Anfang dreißig in das Bayerische Innenministerium berufen. Als stellvertretender Bevollmächtigter Bayerns im Bundesrat wirkte er bei der Umsetzung der Sozialgesetzgebung unter Bismarck in Berlin mit. Im Jahr 1892 wurde er mit der Verleihung des Bayerischen Verdienstordens zum Ritter geschlagen und damit in den Adelsstand erhoben.

Im März 1895 ernannte ihn Prinzregent Luitpold von Bayern zum Staatsminister für Unterricht und Kultus. In seinem siebenjährigen Wirken als bayerischer Kultusminister setzte sich Landmann für ein progressives und eines der fortschrittlichsten Schulbedarfsgesetze im Deutschen Reich ein, das zur Verbesserung der Schulorganisation und Lehrerbesoldung sowie zur Regelung der einheitlichen Schulaufsicht in Bayern beitrug. Überdies setzte er sich dafür ein, dass Frauen der Zugang zu Hochschulen erleichtert wurde.

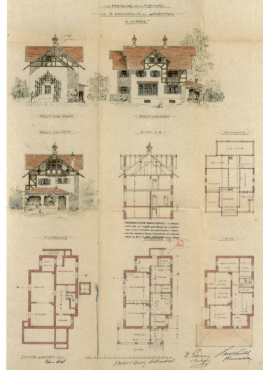

Zu dieser Zeit kam es bei einer Auseinandersetzung in einer an sich unbedeutenden Angelegenheit zwischen dem Kultusministerium und dem Senat der Universität Würzburg über die Umwandlung von einer außerordentlichen in eine ordentliche Professur zum Eklat. Landmann wurde jegliche Unterstützung von den Ministerkollegen verweigert, was ihn zum Rücktritt veranlasste. Das Geschehene zog weite Kreise, sogar Kaiser Wilhelm mischte sich ein. Der Vorsitzende des Ministerrats, Graf Crailsheim, trat schließlich 1903 von seinem Amt zurück.

Ritter Robert von Landmann zog sich gänzlich aus der Politik zurück und

Abb. 79 *Villa Landmann, Ansicht von Osten (Foto von 2015)*
Die Terrasse wurde erst später über der Loggia erbaut (siehe Plan Ansicht 3).

Abb. 80 *Bauplan der Villa Landmann mit drei aquarellierten Ansichten von Xaver Knittl aus dem Jahr 1904*

Johanna Rüdinger, deren Passion die Jagd war, betrieb eine erfolgreiche Wachtelhund-Zucht auf ihrem Anwesen. Diese Hunderasse ist vielseitig einsetzbar: als Blinden-, Schäfer-, Wach- oder Jagdhund und zugleich als treu sorgender Familienhund. Die Züchterin wurde für ihren weltbekannten Wachtelhundzwinger „Von der Lüß" im Benediktenweg mit höchsten Siegermedaillen ausgezeichnet. Bei der Hundeausstellung im September 1933 in München erhielten sowohl der Rüde „Curt von der Lüß" als auch die Hündin „Norma von der Lüß" den ersten Preis in der Anwartschaft für das Internationale Schönheitschampionat. Mancher Hund nahm schon mal bei ihr Reißaus, worauf die angeschlagene Vermisstenanzeige hindeutete: „Zwei Wachtelhunde, braun und grau, entlaufen. Gute Belohnung Frau Oberst Rüdinger, Tutzing".

Sie erregte auch als erste Autofahrerin in Tutzing großes Aufsehen und wurde bis ins hohe Alter mit ihrem Auto im Ort gesehen.[110]

Abb. 81 *Landhaus Rüdinger, Ansicht von Süden, Eingang mit überbauter Loggia, Bau Xaver Knittl 1904/05*

Abb. 82 *Plan zum Landhaus Rüdinger mit drei aquarellierten Ansichten von Liebergesell & Lehmann, 20. Sept. 1904*

widmete sich wieder mehr der Rechtswissenschaft, vor allem den Themen der Bismarck'schen Sozialgesetzgebung.[108] Nach seinem Rückzug aus dem Berufsleben konnte er viel Zeit in seinem Landhaus in Tutzing verbringen.

Villa Rittmeister Rüdinger, 1904

Bauherr der jugendstilähnlichen Villa[109] mit einem Pferdestall am heutigen Benediktenweg 23 in Tutzing war Rittmeister Max Rüdinger. Als Ehemann von Johanna Vogl (1871 – 1958) war er zugleich Schwiegersohn des bekannten Kammersängerehepaars Therese und Heinrich Vogl.

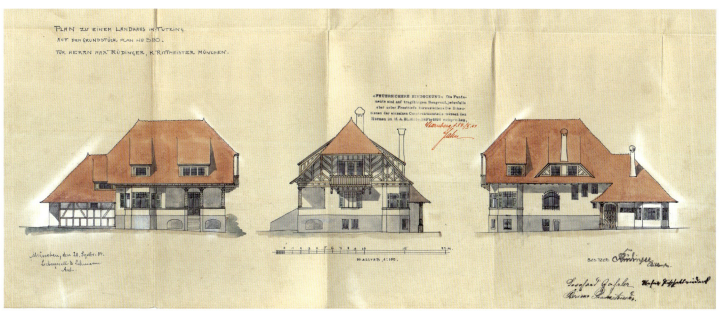

Bauzeit 1894 – 1933

Sie lebten auf Gut Deixlfurt (S. 36ff) und Vater Heinrich Vogl erwarb am „Oberen Bareisl", dem heutigen Benediktenweg, von den Bauersleuten Michael und Viktoria Ruhdorfer in Pöcking für 7800 Mark ein großes und wunderbares Grundstück[111] in Höhenlage.

Das Architekturbüro Liebergesell & Lehmann aus München übernahm die Planung der Villa, die Erd- und Maurerarbeiten führte die Baufirma Xaver Knittl aus. Die Villa besaß große und weite Räume, vor allem aber eine ungewöhnlich schöne Aussicht, denn das Haus stand damals völlig frei. Rittmeister Rüdinger soll der Frauenwelt gegenüber durchwegs nicht abgeneigt gewesen sein, worunter seine Ehe litt. Daher soll sich die Rittmeistersgattin Johanna mit dem Gedanken getragen haben, sich von ihm scheiden zu lassen. Allerdings hätte dies den Verlust ihrer Witwenpension zur Folge gehabt.[112] Die Villa ist aufgrund der späteren Erweiterungen und Umbauten nicht denkmalgeschützt und vor kurzem wieder einfühlsam renoviert worden.

Nebenhaus zum Landhaus Rüdinger, 1913

Zehn Jahre nach dem Villenbau konzipierte und erbaute Xaver Knittl für denselben Bauherrn Rüdinger auf dem westlichen Teil des Grundstücks am heutigen Benediktenweg 27 ein kleines noch erhaltenes bezauberndes Nebenhaus,[113] an das 1916 noch ein Eselstall angebaut wurde.[114] Später nutzte man es als Austragshäusl. Über dreißig Jahre war Johanna Rüdinger Alleineigentümerin des gesamten Anwesens, das sie 1928 nach dem Tod ihres Ehemannes übernommen hatte.

Ihr jüngster Bruder Heinrich (1885–1961) wollte Sänger werden, war aber zeitlebens kränklich. Er blieb Junggeselle und lebte ab 1945 bei seiner Schwester Johanna. Die Haushälterin Maria Nerl pflegte den Bruder in dem einem Puppenhaus ähnlichen Nebenhaus. Johanna Rüdinger vermachte ihrer treuen Dienerin Maria Nerl das bescheidene Häuschen. Der Bruder Heinrich Vogl lebte dort noch drei Jahre nach dem Tod seiner Schwester, von Maria Nerl fürsorglich betreut und verstarb 1961.[115]

Als Dank bekam die Haushälterin Nerl ein lebenslanges Wohnrecht in dem Häuschen.

Abb. 83 *Nebenhaus zum Landhaus Rüdinger, 2016*

Landhaus Weberbeck, 1905 – Garatshausen

Die Ehefrau Karoline (1873–1933) des Brauereibesitzers Ernst Weberbeck (1863–1940) fühlte sich nicht recht wohl in Bregenz, wo ihr Mann eine Brauerei betrieb. So erfüllte der Gatte ihr den Wunsch nach einer schönen Bleibe am Starnberger See. Die Wahl fiel auf Garatshausen, denn dort wurde zu dieser Zeit ein großes Grundstück oberhalb der Alten Mühle nahe der Kapelle an der Ortsstraße angeboten. Xaver Knittl erhielt von Ernst Weberbeck den Auftrag zum Entwurf und Bau einer repräsentativen Villa[116] mit Ökonomiegebäude. Die Villa befand sich im südlichen Teil von Garatshausen an der Graf-Arco-Straße und wurde unter diesem Namen bekannt.

Ernst Weberbeck war ein reicher Mann, jedoch machte der Erste Weltkrieg sein komplettes Vermögen, das er in Kriegsanleihen angelegt hatte, zunichte. Ihm blieb nichts anders übrig, als das imposante Anwesen mit der angeschlossenen Landwirtschaft zu verkaufen.

Der Arzt Dr. med. Georg Brendel (1883–1944) aus Frankfurt und seine

Abb. 84 *Ehepaar Karoline und Ernst Weberbeck*

Bauzeit 1894 – 1933

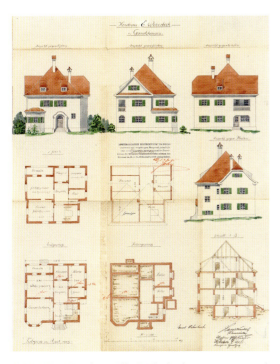

Abb. 85 *Bauplan Villa Weberbeck mit vier aquarellierten Ansichten; der Plan kam in veränderter Form zur Ausführung. Xaver Knittl, April 1905*

Ehefrau Verena (1890 – 1949), zu dieser Zeit die Betreiber des Kurhauses in Feldafing, kauften das riesige Grundstück mit 579 ar, wovon allein 170 ar auf einen Obst-, Gemüse- und Ziergarten entfielen. Die herrschaftliche Villa bestand aus neun Zimmern zuzüglich Küche, Speisezimmer, Badezimmer, Balkon und Veranda. Ferner gehörten zum Grundstück unter anderem ein Bauernhäuschen, eine Stallung, eine Remise, eine Waschküche und ein Eiskeller. Im Garten befanden sich zweiundzwanzig kleine Weiher und ein mit Forellen besetzter Bach. Der Kaufpreis betrug 90.000 Mark.[117]

Das zugehörige Areal schloss im Süden die heutige Wohnanlage „Am Schorn" ein, die von den Garatshausenern heute liebevoll „Schachtelhausen" genannt wird, und reichte bis hin zum Bauernhof der Familie Pulfer an der Klenzestraße. Westlich erstreckte sich das Grundstück bis zur Bahnlinie.

Die Brendels hatten drei Kinder: Walter, Margot und Günther, der wie sein Vater Arzt wurde. Sein Sohn Walter (1913 – 1929) sollte Landwirt werden und das landwirtschaftlich geprägte Anwesen in Garatshausen übernehmen. Allerdings verstarb dieser mit sechzehn Jahren unerwartet an einer Lungenentzündung. Mit dem Tod des Sohnes sah der Vater keine Notwendigkeit mehr, das große Anwesen zu behalten und verkaufte es 1936 an Ferdinand Graf Arco-Zinnenberg.

Nach dem Verkauf verlegte Dr. Georg Brendel nicht nur seinen Wohnort,

Abb. 86 *Villa Weberbeck in Garatshausen (1905 – ca.1969); heute befindet sich hier eine Wohnanlage.*

sondern auch seine Praxis vom Feldafinger ins Tutzinger Kurhaus (S. 158). Sein Sohn Dr. med. Günther Brendel jun. (1922–2001), der dem Schauspieler Curd Jürgens ähnlich sah, hatte dort lange Jahre eine Hausarztpraxis. Auch dessen Sohn Dr. med. Günther Brendel betreibt nun in dritter Generation im östlichen Teil des Kurhauses in Tutzing seine Arztpraxis.

Die berühmte „Villa Arco" kam schließlich im Laufe der Jahre in die Hände einer Baugesellschaft und musste Ende der Sechzigerjahre der Wohnanlage Süd[118] in Garatshausen weichen. Das im Jahr 1922 hinzugekommene südliche Landhaus Brendel[119] ist noch erhalten.

Villa Berghaus, 1905

Bauherr des heute denkmalgeschützten Landhauses, der „Villa Berghaus", an der Waldschmidtstraße 13 in Tutzing war Adolf Hirt(h), wohnhaft in München, Rottmannstraße 22. Gekauft hatte Adolf Hirt das Baugrundstück vom Installateur und Immobilienspekulanten Ludwig Gassner und seiner Ehefrau Anna. Rentier Adolf Hirt entwarf selbst die Pläne für das Sommerlandhaus, denn er hatte in der Baubranche gearbeitet, bevor er in Rente ging. Ein Jahr später entwickelte er ein ähnliches Landhaus in Seeshaupt (Abb. 96, S. 122). Den Bau der beiden Landhäuser führten Xaver Knittl und die Zimmerei Johann Suiter durch.

Nach Adolf Hirt folgten viele verschiedene interessante Besitzer. Im Jahr 1909 die Witwe Hermine Denninghoff (1854–1924) aus Wiesbaden. „Sie war eine sehr kunstliebende und wohltätige Dame", so wird sie vom Heimatpfleger Drummer beschrieben, „die erste Umbauten am Hause vornahm und Kunstwerke einbaute." Der Kunstschlosser Bodemann versah das Haus unter anderem mit reich verzierten Fenstergittern. Verschönerungen wie beispielsweise bunte Glasfenster im Tiffany-Stil, ein ausgefallener Kamin im Esszimmer, ein roter Marmor-Brunnen im Treppenhaus und

Abb. 87 „Villa Berghaus"; diese Bauart nannte man damals auch „Schweizerhaus".

Adolf Hirt (1871–1916) hatte bis Ende des 19. Jahrhunderts an der Kaiser-Wilhelm-Straße in Starnberg[120] auf der Nordseite der Evangelischen Kirche das „Baugeschäft & techn. Bureau A. Hirt Starnberg". Sein Vater Georg Hirt war bereits Maurermeister in Starnberg und hatte unter anderem im Jahr 1865 das Hotel Seehof am Bahnhofsplatz 6 erbaut, das eine klassizistische Architektur vor dem Umbau Ende des 19. Jahrhunderts besaß.

Adolf Hirt trat zunächst in die Fußstapfen seines Vaters. Im Melderegister[121] wurde er zuerst als Baumeister geführt, während er später als Restaurateur eingetragen ist, was heute gleichbedeutend mit Gastwirt ist. Seine Nachkommen sind immer noch wie er als Hoteliers tätig. Neben dem Hotel Seehof betreibt die Familie Hirt auch das Seerestaurant Undosa in Starnberg.

ein Madonnen-Fresko an der Fassade wurden von Wilhelmine Dennighoff vorgenommen. Ein Holzgerüst, so hoch wie das Haus, im westlichen Teil des Gartens demonstrierte potentiellen Kaufinteressenten an diesem Teil ihres Grundstücks den fulminanten Blick auf See und Alpen. Die kunstvolle Steinbank aus ihrem Garten schmückt heute noch den Thomapark am Tutzinger Seeufer. Zwei Jahre nach ihrem Tod wurde das Haus zwangsversteigert.

Danach kaufte Dr. Walther Möller-Holtkamp das Anwesen. Er hatte laut Drummer „5 Töchter und einen Adressenverlag". Er verkaufte 1928 an Baron Godin (1896–1982), der unter dem sozialdemokratischen Ministerpräsidenten Wilhelm Hoegner bis 1959 erster Polizeipräsident in Bayern war. Baron Godin ordnete beim Hitlerputsch 1923 in München den Schießbefehl gegen den Aufmarsch der Nationalsozialisten an. Er musste daher vor den späteren Machthabern in die Schweiz emigrieren und verkaufte 1931 an Prof. Nicolai Guleke. Der aus Jena stammende Professor für Chirurgie nutzte das Landhaus mit seiner Familie als Ferienhaus, bis es seine beiden Töchter ab 1938 als Wohnsitz ständig nutzten, weil sie in München eine Ausbildung zur Krankengymnastik machten. Eine Freundin der Töchter, Marianne Kranzbühler, die später in ein eigenes Haus an der Neustätterstraße 2 zog, fand mit ihrer Schwester unter dem Dach des Ferienhauses Asyl, als sie während des Krieges in München ausgebombt worden waren.[122]

Villa Major von Hövel, 1905

Als Friedrich Freiherr von Hövel (1852–1914) mit seiner Ehefrau Luise Freifrau von Hövel (1855–1942), geborene von Bülow, im Jahr 1905 nach Tutzing kamen, erwarben sie ein wunderbares Grundstück in Höhenlage mit einem schönen Blick auf den See. Dort entstand Am Höhenberg 18 eine imposante nicht unter Denkmalschutz stehende Villa, die später unter dem Namen „Villa Thies" bekannt wurde. Architekten waren die Münchner Henry Helbig & Ernst Haiger, nach deren Plänen Xaver Knittl den Bau ausführte. Die Anbauten und das imposante ortsprägende Metallkuppeldach kamen erst zwischen 1928 und 1931 unter dem späteren Besitzer, dem Baurat Riepert, hinzu. Die Villa umgab ein sehr großes Grundstück, das östlich fast bis zur Bahn reichte und westlich noch ein Ökonomieanwesen einschloss, heute als „Gut Martelshof" Am Höhenberg 52 bekannt.

Bauherr von Hövel hatte nicht lange Freude an dem Prachtstück, denn der hohe Offizier erlag Ende des Ersten Weltkriegs an der Ostfront seinen Kriegsverletzungen.

Luise von Hövel verkaufte fünf Jahre nach dem Tod ihres Mannes das Anwesen an den Vorstand des Deutschen Zementbundes, den Baurat und Dipl. Ing. Hans-Peter Riepert (1874–1939) aus Berlin.

Sie zog anschließend in das berühmte Lerchenfeldhaus, auch „Haus Goya" genannt, an der Hauptstraße 82 in Tutzing, das 1979 einem Neubau weichen musste. Das alte Haus wurde in der Folgezeit mehrfach umgebaut und äußerlich verändert. Die Einheimischen bezeichnen es heute gerne als „Russenhaus", denn darin wohnte einst auch ein Russe.

1925 verkaufte Luise von Hövel besagtes Lerchenfeldhaus an den Kunsthistoriker August Liebmann Mayer, der es nach dem von ihm verehrten spanischen Maler Francisco de Goya in „Haus Goya" umbenannte.[123] Sie richtete sich als Pensionärin im „Klösterl" (S. 39f) an der Hauptstraße 17

Abb. 88 *Villa Hövel vor 1920, noch ohne Anbau*

Bauzeit 1894 – 1933

Abb. 89 *Villa Hövel nach dem Umbau um 1930, später „Haus Braunschweig" bzw. „Villa Thies"*

ein. 1941 zog sie hochbetagt zu ihren Verwandten nach Bingen in die Nähe ihres Geburtsortes Koblenz.

Der „Zement-Onkel" Riepert und neue Besitzer der Villa von Hövel gehörte seinerzeit zum „Who is Who" der Berliner Gesellschaft. Als Vorsitzender der Fachgruppe Steine und Erden war er ein wichtiger Mann in der Baustoffindustrie und mit dem Reichskanzler Gustav Stresemann bekannt. Beschrieben wird er als „kleiner Mann mit großer Glatze, seine Ehefrau als groß und vornehm".[124]

Von 1902 bis 1911 war Hans-Peter Riepert Regierungsbaumeister der Provinz Posen, danach in der Zementindustrie beschäftigt, anschließend wurde er zum Vorstand des Deutschen Zementbundes gewählt. In dieser Position erwarb er 1920 besagte Villa von Hövel in Tutzing als Sommer- und Alterssitz, die er nun „Haus Braunschweig" nannte. Seine einzige Tochter Liselotte heiratete 1947 Walter Thies (1905 – 1964) aus Bielefeld, der unter anderem Fabrikant für Sicherheitsschlösser war. Nach dem frühen Tod ihres Mannes lebte die junge Witwe Liselotte Riepert-Thies (1926 – 2014) mit ihren vier Kindern in der Villa.

Villa Erika, 1905

Die Villa Erika an der Kustermannstraße 24 wurde für das Fräulein Johanna Schneider, Lehrerin a. D., aus der Zieblandstraße in München von der Baufirma Xaver Knittl erbaut. Warum das Haus den Namen „Villa Erika" bekam, ist nicht hinterlegt.

Der Planentwurf[125] stammte von dem Oberbauführer Alois Ludwig aus

Bauzeit 1894 – 1933

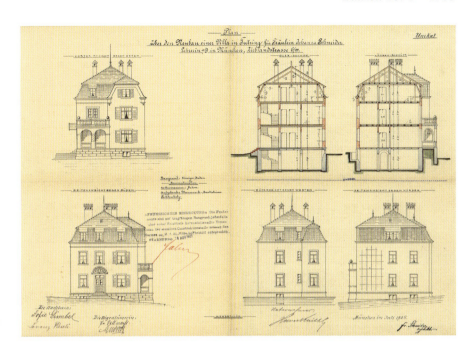

Abb. 90 *Bauplan der Villa Erika von Fr. Schneider, Juli 1905*

Abb. 91 *Blick zum See von der „Villa Erika" auf das daruntergelegene Haus Sollinger (1934 – ca. 1975)*

Abb. 92 *„Villa Erika", die um das Jahr 2000 einen modernen Anbau bekam; beide Aufnahmen stammen aus den Zwanzigerjahren.*

München. Dass es sich um den bekannten Architekten Alois Ludwig (1872 – 1969) aus Brünn handelte, der in München auch die „Villa Poschi" für Thomas Mann im Herzogpark entwarf, ist sehr wahrscheinlich, jedoch aufgrund der Namenshäufung zu dieser Zeit nicht eindeutig belegbar.

Fanny und Anny Kilg kauften die Villa im Jahr 1929 von Wilhelm Behrens, einem ledigen Großkaufmann aus dem norwegischen Bergen. Die Kilg-Schwestern, von denen es insgesamt vier gab, nutzten die Villa bis zum Krieg als Sommer- und Feriensitz. Zu Beginn der Dreißigerjahre vergrößerten sie den Grund um ein westliches Stück unterhalb ihres Teiches. Eine der Schwestern, Olla Rosa Sollinger, geb. Kilg, erbaute darauf im Jahr 1934 das Haus Sollinger.[126] Die Bauarbeiten führte Carl Knittl durch, der zu dieser Zeit bereits Geschäftsinhaber der Firma war. Das Ehepaar

Bauzeit 1894 – 1933

Sollinger lebte während des Krieges in Amerika, kehrte später in sein Eigenheim zurück und verbrachte hier seinen Lebensabend. Später verkauften die Erben der Familie das Haus. In den Siebzigerjahren wurde es abgerissen und durch eine Wohnanlage an der Kustermannstraße 22 ersetzt.

In der Villa Erika residierten zeitweise berühmte Künstler zur Miete wie der Kammermusiker Julius Walther[127] und von 1921 bis 1930 der Maler Alfred Thielemann[128] (1883 – 1973).

Villa Demmel, 1906 – Seeshaupt

Die große Gärtnerei mit dem angrenzenden Wohnhaus[129] war einst für den Handels- und Kunstgärtner Wilhelm Demmel (1880 – 1941) und seine Ehefrau Theresa (1885 – 1982) von Xaver Knittl geplant und erbaut worden. Sie liegt unweit des Seeufers an der heutigen Baumschulenstraße 3 in Seeshaupt. Das ehemals villenartige Wohnhaus steht heute noch neben der Gärtnerei, ist jedoch durch Umbauten stark verändert.

Im Jahr 1902 gründete Wilhelm Demmel in seinem Heimatort Seeshaupt eine Baumschule: „[...] Aus kleinen Anfängen, einem 1 ha großen Acker

Abb. 93 *Villa Demmel an der Baumschulenstraße 3 in Seeshaupt, Ansicht von Westen*

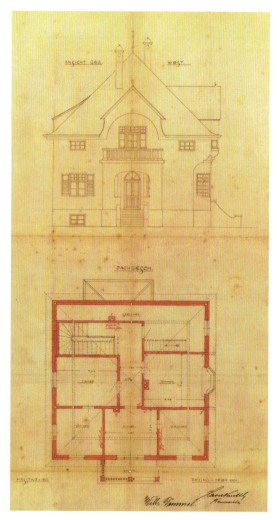

Abb. 94 *Bauplanteil der Villa Demmel von Xaver Knittl, Februar 1906*

heraus wuchs durch Gottes Segen, großen Fleiß, nimmermüdes Schaffen, mithilfe einer tüchtigen Gefolgschaft und Unterstützung eines treuen Kundenkreises, der heutige große Baumschulenbetrieb," so umschreibt sein Sohn Wilhelm Johann Demmel 1952 die Firmengründung seines Vaters zum 50-jährigen Jubiläum. Sein umfangreiches Sortiment umfasste Obst- und Ziergehölze, Stauden, Rosen und Alleebäume bis hin zu Heckenpflanzen.

Fünf Jahre nach Gründung der Baumschule beschloss der Kunstgärtner Wilhelm Demmel, sich ein Wohnhaus zu errichten. Die Bauzeit des Wohnhauses mit Jugendstil-Elementen betrug insgesamt nur acht Monate, von März bis November 1906. Nach dem Tod von Wilhelm Demmel ging der Betrieb 1941 an seinen Sohn Wilhelm Johann Demmel, der nicht nur Gärtner und Baumschulenbesitzer, sondern auch von 1965 bis 1970 Seeshaupter Bürgermeister war.

Durch den wirtschaftlichen Aufschwung nach dem Krieg gewann die Gestaltung und Ausführung von privaten Haus- und Villengärten zunehmend an Bedeutung. Auch viele öffentliche Anlagen in der Umgebung sind durch die Planung und Gestaltung von der Gärtnerei Demmel geprägt worden. 1973 ging der Betrieb an die nächste Generation, seinen Sohn Wilhelm Hermann Demmel und seine Ehefrau Gabriele, über. Zwei Jahre später wurde das Wohnhaus umgebaut.

Landhaus Stegmann, 1906 – Seeshaupt

Als das Wohnhaus für Wilhelm Demmel etwa zur Hälfte fertig war, begann die Firma Xaver Knittl im Juni 1906 mit dem Bau eines Landhauses[130] für den Telegraphen-Direktor Ferdinand Stegmann. Laut Bauanzeige war es zehn Monate später im April 1907 fertiggestellt. Dieses typische Landhaus im „Knittl-Stil" (S. 85) befindet sich an der Pettenkoferallee 24 in Seeshaupt, einer Verbindung von der Ortstraße zum Bahnhof. Das denkmalgeschützte Haus kann als Musterbeispiel für die Erhaltung von historischer regionaler Architektur bezeichnet werden, da es zudem in einen gepflegten parkähnlichen Garten wirkungsvoll eingebettet ist.

Bauherr war Ferdinand Stegmann (1868 – 1933). Als Direktor des Telegraphenamtes München absolvierte er eine ambitionierte berufliche Laufbahn, die ihn rund um die Welt führte. Seinem Zweitwohnsitz in Seeshaupt verdankte es die Stadt Weilheim, dass dort das erste vollautomatische Fernmeldeamt Bayerns eingerichtet wurde. Nachdem seine Beförderung zum Oberregierungsrat im Jahr 1913 verweigert worden war, ihm aber die öffentliche Anerkennung seiner Arbeit im Amt und bei seinen Vorgesetzten

Abb. 95 *Landhaus Stegmann an der Pettenkoferallee in Seeshaupt, um 2010*

Bauzeit 1894 – 1933

viel bedeutete, ließ er sich aus gesundheitlichen Gründen mit 45 Jahren vorzeitig in den Ruhestand versetzen. Trotz alledem wurde er später noch zum Ministerialrat ernannt.

Villa Hirt(h), 1906 – Seeshaupt

An der St.-Heinricher-Straße 81 in Seeshaupt entstand ein fast identisches Landhaus für den Privatier Adolf Hirt wie ein Jahr zuvor in Tutzing an der Waldschmidtstraße 13 (Abb. 87, S. 116).
Dieses Sommerlandhaus am Seeufer wurde lange als Ferienpension genutzt. Wie Dirk Heißerer in seinen literarischen Erkundungen am Starnberger See „Wellen, Wind und Dorfbanditen" erzählt, verbrachte von Mitte Juni bis Ende September 1907 die junge Familie Mann, der 32-jährige Schriftsteller Thomas Mann mit seiner 24-jährigen Ehefrau Katja und ihren beiden kleinen Kindern Erika und Klaus, ihre ersten Ferien am Starnberger See in der privat vermieteten „Villa Hirt" in Seeshaupt, der heutigen Villa Eberle, die einen direkten Seezugang hat. Seinem Bruder Heinrich Mann schrieb er zu Beginn des Aufenthalts: „Willst du uns nicht mal besuchen? Es ist ein gutes Gasthaus nicht weit von uns [...]."[131] Er arbeitete in der Seeshaupter Villa an seinem Eheroman „Königliche

Abb. 96 *Villa Hirt(h) an der St.-Heinricher-Straße in Seeshaupt im „Schweizerstil"*

Hoheit". „Ich bin möglichst fleißig und arbeite hier wenigstens regelmäßig, wenn auch die tägliche Kraft nicht weit reicht."[132]

Der Traum von einem eigenen „Schlößchen" am Starnberger See ging für Thomas Mann nicht in Erfüllung. „Es blieb beim ‚Villino'- Gastrecht in Feldafing"[133] (S. 243). Im Zuge der beginnenden Inflation stellte er in einem Brief von 1922 an Ernst Bertram fest: „Auch bei bescheidenen Ansprüchen wird man heute unter einer Million Mark kaum wegkommen, ein finanzielles Abenteuer also. Und doch ist es für mich etwas wie eine Lebensfrage."[134] Die Ferienpension hieß später „Sonnenhütte". Ab 1937 diente sie der Familie Seibert aus Saarbrücken als Sommervilla mit Tennisplatz, der gegenüber der St.-Heinricher-Straße lag.

Die heutige Villa Eberle ist noch in Familienbesitz, wurde umgebaut und erhielt dabei einen Anbau auf der Südseite, an der Stelle des Erdhügels, der damals als ungewöhnliche Eingangsrampe diente. Der Tennisplatz jenseits der St.-Heinricher-Straße wurde später zum Bauplatz.

Wohnhaus Otto, 1907

Am heutigen Beringerweg 10, der parallel zur westseitigen Bahnhofsanlage in Tutzing verläuft, ließ sich der Eisenbahnexpeditor Oskar Otto ein kleines idyllisches Wohnhaus[135] von Xaver Knittl errichten. Durch den Eisenbahnbau von 1865 kamen viele Bahnmitarbeiter und suchten Wohnungen am Westufer des Starnberger Sees. Die Nachfrage nach einer Wohnlage in Bahnhofsnähe war bei diesen Mitarbeitern besonders hoch. Als Eisenbahnexpeditor stand Oskar Otto als kaufmännischer Angestellter im Dienste der Bahn und betreute den Güterversand auf der Schiene. Er behielt das Haus jedoch nicht lange und verkaufte es drei Jahre später an

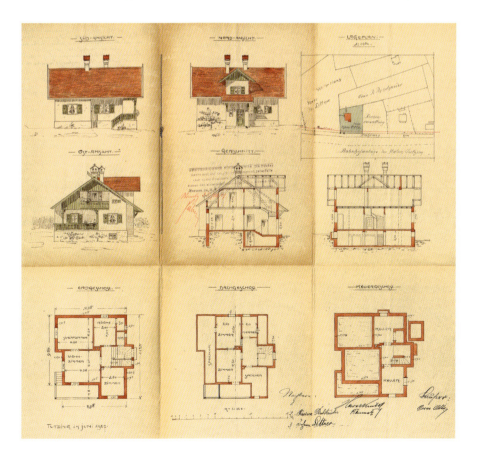

Abb. 97 *Bau- und Lageplan des Wohnhauses Otto in Tutzing von Xaver Knittl, Juni 1907*

den Apotheker Anton Friedrich Moll und seine Gattin Laura (1842 – 1930). Der Apotheker hatte beruflich in München zu tun und die Familie nutzte das Wohnhaus als Sommersitz. Das Ehepaar Moll, anfangs unschlüssig, ob es nicht besser in ein zum Kauf angebotenes Haus (heute Schloßstr. 8) direkt am See ziehen sollte, entschied sich dann aber aufgrund der Gichterkrankung von Frau Moll für das Wohnhaus des Oskar Otto in Bahnhofsnähe. Bei der aus heutiger Sicht kaum nachvollziehbaren Abwägung der Kaufentscheidung war die Nähe zur Bahnstation, die man bequem über eine Bahnhofsbrücke erreichen konnte, ausschlaggebend.

Die Witwe Laura Moll übergab das Wohnhaus ihrem Sohn Karl, der als Ingenieur in München arbeitete. Liselotte, die einzige Tochter von Karl und Therese Moll, heiratete einen Landwirt aus der Nähe von Ingolstadt. Ihre zwei Kinder wuchsen in dem dortigen Bauernhof auf und besuchten Tutzing nur in den Ferien. Der Sohn wurde Landwirt und wohnte weiter auf dem Bauernhof, für die Tochter Liselotte wurde Tutzing zur Wahlheimat. Das Haus ist noch immer in Familienbesitz und wurde etwa 1970 zum Miethaus vergrößert und umgebaut.[136]

Herrenhaus Schlossgut Oberambach, 1907 – Münsing

Das Schlossgut Oberambach wird in Reiseführern als Sehenswürdigkeit in dem zur Gemeinde Münsing gehörenden Ortsteil Ambach aufgeführt. Wegen seiner langen und interessanten Geschichte ist Oberambach schon immer etwas Besonderes am Ostufer des Starnberger Sees.

Es war ehemals eine Einzelhofsiedlung aus dem 15. Jahrhundert, die ursprünglich zum Grundeigentum des Klosters von Schäftlarn gehörte. Erst in der Ära Lobkowitz, gegen Ende des 19. Jahrhunderts, entwickelte sich Oberambach zum Herrensitz. Der idyllische kleine Ort Holzhausen mit seiner reizvollen Kirche auf der Anhöhe liegt in unmittelbarer Nachbarschaft. Seit 1991 befindet sich das Schlossgut Oberambach im Besitz der Familie Schwabe und wird von ihr nach einer Sanierung 2002 als Bio-Hotel geführt.

Das heute denkmalgeschützte Herrenhaus des Anwesens entstand im Jahr 1907 unter den damaligen Eigentümern, dem Großherzoglich Badischen Oberstleutnant Hans Ebers aus Karlsruhe und seiner Ehefrau Margarethe. Nachdem Hans Ebers den Landsitz erworben hatte, beauftragte er den Münchner Architekten Johann Rosenthal, das Herrenhaus[137] und die Erweiterung des Stallgebäudes[138] zu entwerfen sowie den Tutzinger Baumeister Xaver Knittl, die Bauarbeiten durchzuführen.

Als der Königliche Kämmerer Franz Freiherr von Lobkowitz und seine Frau Marie Therese das Hofgut Oberambach im Jahr 1869 für 9400 Gulden erwarben, war es das einzige bäuerliche Anwesen weit und breit. In den knapp 40 Jahren, in denen es die Familie von Lobkowitz in Besitz hatte, verwandelte sich der alte Gutshof zum herrschaftlichen Anwesen samt Parkanlage mit ausgedehnten Ländereien und einem Seeplatz. Der Umfang des Besitzes wurde im Laufe der Jahre von der jüngeren Generation der Familie Lobkowitz durch Verkäufe wieder geschmälert.

Im Garten des Schlossgutes Oberambach mit Blick auf den Starnberger See liegen noch die sterblichen Überreste der Marie Therese Freifrau von Lobkowitz (1817–1882). Als Tochter eines gutsituierten Hamburger Generalkonsuls brachte sie ein beträchtliches Vermögen mit in die Ehe. Nach der Ära Lobkowitz folgte der bereits erwähnte Bauherr des Herrenhauses,

Bauzeit 1894 – 1933

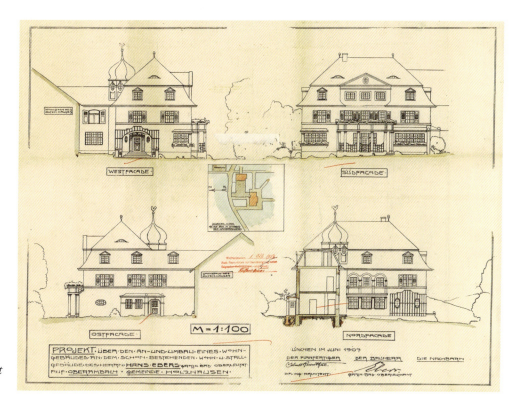

Abb. 98 *Bau- und Lageplan von Schlossgut Oberambach, Johann Rosenthal, 1907*

Abb. 99 *Das ehemalige Herrenhaus, heute Bio-Hotel Schlossgut Oberambach, Südansicht, 2017*

Bauzeit 1894 – 1933

Oberstleutnant Hans Ebers aus Karlsruhe mit seiner Frau Margarethe. Nach den Eigentümern Ebers war es äußerst schwierig einen langfristig interessierten Käufer für das sehr einsam gelegene Anwesen zu finden, das nicht leicht zu erreichen und im Winter häufig zugeschneit war. Schließlich erwarb es im Jahr 1919 der Generalkonsul Dr. jur. Otto Heye aus Düsseldorf zur Gründung einer Existenz für seine Tochter Angelika Heye für einen geringen Betrag. Ihr Ehemann und spätere Besitzer, Baron Eberhard von Kleydorff (1900 – 1987), richtete im Parterre des Herrenhauses, dort wo sich heute die Rezeption des Hotels befindet, eine ganz besondere und wertvolle Bibliothek mit Originalen von Dante, Novalis, Goethe und vielen weiteren literarischen Schätzen ein.

Baron Eberhard von Kleydorff hatte an der Akademie in Berlin Malerei studiert und pflegte enge Freundschaften zu anderen Künstlern. In Zeiten des beginnenden Nationalsozialismus unterstützte er einige in München lebende Kunstmaler, die zunehmend unter den Machenschaften der Machthaber des Dritten Reichs litten. Auch bestand großes Interesse, neue Ideen in der Kunst zu unterstützen. Die Großnichte des Barons, die Kunstmalerin Ulrike Weihe, entschloss sich Mitte der Siebzigerjahre, während eines Aufenthalts in der Wiedemann-Klinik im nahegelegenen Ambach, ins Schlossgut Oberambach zu ihrem Großonkel Baron Eberhard von Kleydorff zu ziehen. Sie wollte ihre künstlerische Tätigkeit in dem inspirierenden Geist des Schlossguts weiterentwickeln und dort einen künstlerischen Treffpunkt für Maler, Literaten und andere Schöngeister einrichten.

Wohnhaus Wilhelm Müller, 1907/08

Das Wohnhaus[139] im Landhaus-Stil an der Marienstraße 18 in Tutzing am See, errichtet von Xaver Knittl für den Zimmerpolier Wilhelm Müller, wechselte häufig die Besitzer. So stammte der Bauherr Wilhelm Müller (1875 – 1943) aus einer alten Tutzinger Fischerfamilie. Allesamt in dieser Familie waren sehr musikalisch. Wilhelm selbst blies mit Geschick Trompete. Als junger Mann erlernte er das Zimmerhandwerk bei der Zimmerei Suiter in Tutzing. Als tüchtiger Handwerksmeister wurde er auch überregional außerordentlich geschätzt. Als Zimmermeister arbeitete Wilhelm Müller in Tutzing beim Bau der Kirche St. Joseph, der Villa des Grafen zu Stolberg-Stolberg oder der „Kalle-Villa" sowie über die Ortsgrenze hinaus bei den Zimmermannsarbeiten von Schloss Elmau mit.

Ab dem Jahr 1933 gehörte die kleine Villa am See dem Arzt Dr. Karl Windstosser aus München. Er war der Enkel des Majors Windstosser, der sich als Major a.D. 1904 von den Baumeistern Knittl und Biersack an der Traubinger Straße ein typisches Landhaus[140] hatte erbauen lassen. Dieses war zuletzt im Besitz der Familie von Holzschuher und wurde zu Beginn des Jahres 2017 für anstehende Neubauten abgebrochen.

Dr. Karl Windstosser richtete im Haus am See, am ehemaligen Brahmsweg 165, eine ärztliche Praxis für Naturheilverfahren und Homöopathie ein. Sein Praxisnachfolger Dr. med. Josef Rupp betrieb nach dem Krieg ab 1949 in den Räumlichkeiten ganzjährig ein individuelles Kur- und Erholungsheim, das „Haus Ingrid", das er nach seiner Ehefrau Ingrid Maria benannte. Dr. Rupp verkaufte das Haus in den Siebzigerjahren und zog an die Hauptstraße 97 in Tutzing.

Das idyllische Haus am See wurde nach längerem Leerstand wieder renoviert und ist heute ein Einfamilienhaus.

Im „Haus Ingrid" wurden unter der Leitung des Homöopathen Dr. Josef Rupp neuzeitliche Naturheilverfahren angeboten wie Kurdiäten, Heilfasten, Wasserbehandlung, Massagen, Liegekuren oder Atemtherapie. Eine Kur dauerte im Durchschnitt zwei bis vier Wochen.

Es gab im kleinen „Haus Ingrid" nur eine beschränkte Bettenzahl, jedoch warb man mit einer besonders „eingehenden persönlichen Betreuung". Der Tagespreis betrug damals 6 bis 10 DM einschließlich verordneter Anwendungen. Erfolgversprechend waren die Kuren vor allem bei Stoffwechsel- und Gelenkleiden, Erkrankungen der Verdauungsorgane, Hautleiden sowie vorzeitigem Altern, Frauenleiden oder nervösen Störungen wie Zivilisations- und Aufbraucherkrankungen. Etliche Sportmöglichkeiten wie Segeln, Rudern oder Wassersport konnten gleich neben dem Haus wahrgenommen werden.[141] Die kleine Erholungsklinik am See bestand bis in die Fünfzigerjahre.

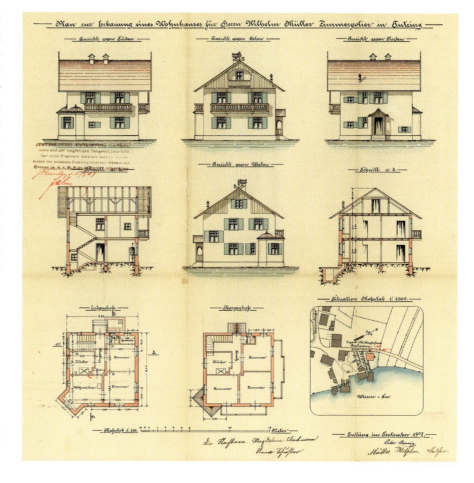

Abb. 100 *Wohnhaus Wilhelm Müller am See in Tutzing, Bau- und Lageplan von Peter Rumiz vom September 1907, Bauausführung Xaver Knittl*

Kleine Villa Gassner, 1910

Die heute denkmalgeschützte kleine Villa Gassner an der Hauptstraße 21 in Tutzing wurde als einziges Haus offiziell nach dem Installateur, „Bauträger" und Immobilienspekulanten Ludwig Gassner (S. 64) benannt, obwohl Gassner, neben seinem Installationsgeschäft an der Hauptstraße 53, Bauherr weiterer vier Häuser in Tutzing war. Die kleine Villa nutzte Gassner als neuen Familiensitz für sechs Jahre, nachdem er seine Landhaus-Villa an der Traubinger Straße 35 an Wilhelmine von Hillern verkauft hatte.

Für den Neubau hatte er südlich des Bernrieder Hofs, dem heutigen Andechser Hof, zusammen mit seiner Frau ein großes Grundstück[142] erworben, auf dem das aus dem 15. Jahrhundert stammende Anwesen, genannt „Beim Bäck", stand. Nach dem Kauf ließ er den alten Besitz samt Stallungen abreißen und überbaute das Grundstück zügig mit zwei Häusern. Hier entstand die bereits genannte Villa Gassner und das Haus Elsperger auf der Südseite des Andechser Hofs. Im Jahr 1916 zog Gassner mit Ehefrau, den beiden Töchtern Anna und Paula und seinem Sohn Ludwig von Tutzing an den Tegernsee.

Abb. 101 *Die kleine Villa Gassner*

Haus Elsperger, 1910

Die Pächter des Bernrieder Hofes (heute Andechser Hof) Abdon Elsperger (1881 – 1932) und seine Frau Emma (1889 – 1960) kauften das erste[143] der beiden von Ludwig Gassner fertiggestellten Häuser an der heutigen

Bauzeit 1894 – 1933

Abb. 102/103 *Haus Elsperger an der Hauptstraße 23 (Foto links, angeschnittener Bildrand: die kleine Villa Gassner)*

Hauptstraße 23 in Tutzing. Es lag in südlicher Nachbarschaft zu ihrer Arbeitsstätte. Die Schwester des Gastwirts, Anna Elsperger (1878 – 1960), heiratete im Jahr 1900 Konrad Knittl (1876 – 1966), den Bruder von Xaver Knittl. Sie lebten im „Knittlhof" (S. 202 ff) in Garatshausen. Zu ihrer Goldenen Hochzeit am 31.10.1950 brachte sie eine geschmückte Mercedes-Limousine zu den Feierlichkeiten in den Andechser Hof (Abb. 1, S. 201). Über die Jahre gab es viele Bewohner im Haus Elsperger. Auch der Heimatpfleger und Schriftsteller Josefranz Drummer (1887 – 1959) (S. 34), Ehemann von Therese Elsperger (1910 – 1994) und Schwiegersohn der Gastwirtsleute Elsperger, lebte in dem Haus. Das schön erhaltene Mietshaus im Landhaus-Stil ist noch im Besitz der Familie Heiss, den Nachfahren von Emma Elsperger (1914 – 1988).
Beide Häuser Gassner und Elsperger, deren Architekt Engelbert Schnell sowie Baumeister Xaver Knittl waren, sind noch vorhanden und gut erhalten.

Landhaus Lautenbacher, 1910

Das langgezogene Anwesen Lautenbacher an der Hauptstraße 64 – 66 in Tutzing, welches auf der Nordseite aus einem denkmalgeschützten Teil besteht (Hausnr. 66), dem Landhaus Lautenbacher, und einem südlichen Teil (Hausnr. 64), in dem Ladengeschäfte im Erdgeschoss und Wohnungen im oberen Teil untergebracht sind, hat eine ungewöhnliche Baugeschichte.
Xaver Knittl hatte bereits im Jahr 1902 den Südteil, einen Queranbau zum bestehenden Ökonomiegebäude Lautenbacher, erbaut. Acht Jahre später ließ der Landwirtssohn Paul Lautenbacher den glanzvollen nördlichen Teil[144] errichten, der an das Fischergäßl grenzt. Der Entwurf hierfür stammte vom Münchner Architekten Hans Lettner, die Bauarbeiten führte das Baugeschäft Xaver Knittl durch.
Bauherr Paul Lautenbacher war das zweite von fünf Kindern der Eheleute Thomas (1867 – 1946) und Walburga Lautenbacher (1873 – 1936). Sie sind als erste Besitzer des Lautenbacher-Anwesens an der Hauptstraße in

Johann Paul Lautenbacher (1870 – 1923), genannt Paul Lautenbacher, hatte eine klassische Karriere als Ökonom gemacht. Zuerst war er Ökonomiepraktikant, später Revierjäger und Verwalter auf Gut Deixlfurt. Diese beruflichen Stationen hatte er den verwandtschaftlichen Beziehungen zu seinem Onkel Heinrich Vogl, dem Kammersänger und Eigentümer von Gut Deixlfurt, zu verdanken.
Im Jahr 1900, als sein Onkel Heinrich Vogl verstarb, wechselte er als Gutsverwalter zum Landsitz Gschwend am Thierberg bei Kufstein. Er arbeitete nun im Dienst der Familie Sedlmayr und lernte dabei seine spätere aus Österreich stammende Ehefrau Franziska Sedlmayr (1857 – 1935) kennen. Sie war in erster Ehe mit Johann Nepomuk Sedlmayr (1847 – 1900), einem Mitfirmeninhaber der Spatenbrauerei in München und einer der größten Brauereien Deutschlands, verheiratet. Nach dem Tod ihres ersten Mannes ehelichte die wohlhabende

Abb. 104 *Landhaus Lautenbacher, 1953*

Witwe den dreizehn Jahre jüngeren Gutsverwalter Paul Lautenbacher aus Tutzing. Er und seine Frau Franziska haben bereits 1905 mit der bekannten großbürgerlichen „Seidlvilla" nebst Remise, Pferdestall und Kutscherwohnung am Nikolaiplatz 1b in Schwabing ein einmaliges Baudenkmal hinterlassen, das heute der Landeshauptstadt München gehört und kulturelle Begegnungsstätte ist. Die ursprünglich nach ihrem Bauherrn benannte „Villa Lautenbacher" in München erhielt später den Namen „Seidlvilla" nach dem berühmten Architekten Emmanuel von Seidl (1856–1919), dem Cousin des verstorbenen ersten Ehemannes von Franziska Lautenbacher.

Tutzing eigetragen. Paul Lautenbacher kam durch die Heirat mit Franziska Sedlmayr, einer wohlhabenden Brauerei-Erbin, zu Vermögen, was ihn in die glückliche Lage versetzte, sich 1910 dieses bäuerliche Wohnhaus in Tutzing zu verwirklichen.

Der Tierarzt Dr. Franz Brücklmayr erwarb im Jahr 1938 das Haus, eröffnete im Parterre seine Praxis und wohnte im Obergeschoss. Er hatte in Niederbayern eine große Tierarztpraxis betrieben und kam nun an den Starnberger See, um beruflich kürzer zu treten. Bevor er sich im Lautenbacher-Anwesen einrichtete, befanden sich seine Behandlungsräume im „Mayr-Haus" (Abb. 31, S. 75) an der Hauptstraße 24 in Tutzing.

Als er in den Ruhestand ging, verkaufte er 1958 das Wohnhaus an den pensionierten Bahnhofsvorstand Rudolf Mittl (1899–1993) aus Nordschwaben. Seine Tochter Luise Mittl hatte durch Zufall die Immobilienanzeige des Lautenbacher-Wohnhauses in der Zeitung entdeckt. Sie erinnerte sich an das schöne Haus, das ihr bereits bei einem Schulausflug am Starnberger See aufgefallen war, und legte ihrem Vater den Kauf ans Herz. Brücklmayr behielt sich gemeinsam mit seiner Haushälterin im Dachgeschoss ein Wohnrecht auf Lebenszeit. Der hübsche Vorgarten auf der Westseite nahm bis Ende der Sechzigerjahre die Hälfte der jetzt verbreiterten Hauptstraße ein.

Der Garten des benachbarten Brahmshauses war vor der Parzellierung gegen Ende der Zwanzigerjahre noch so groß, dass er, nur durch das Fischergaßl getrennt, im Norden an das Lautenbacher-Anwesen angrenzte.

Bauzeit 1894 – 1933

Abb. 105 *Rechts der Guggerhof in Ortsmitte, links das alte Vogl-Anwesen, jetzt Konditorei (Foto um 1920)*

Guggerhof, 1911

Der heute denkmalgeschützte Guggerhof an der Hauptstraße 31 in Tutzing, seit 2014 im Besitz von Gastronom Fritz Häring, gehört als noch erhaltenes Hoffischer-Anwesen aus dem 16. Jahrhundert genau genommen zu den alten Traditionsanwesen in der Ortsmitte von Tutzing und wirkt in seinem bäuerlichen Erscheinungsbild wie aus einer anderen Zeit. Da er aber im Jahr 1911 abgebrochen und um 90⁰ gedreht neu aufgebaut wurde, sind seine Gemäuer keineswegs so alt, wie viele vermuten. Der neugebaute Hof[145] mit seiner großen Tenne im rückwärtigen Teil wurde nach den Plänen Engelbert Schnells von der Baufirma Xaver Knittl errichtet.

Bauherr des neuen Wohn- und Ökonomiegebäudes war der Landwirt Stefan Pischetsrieder (1845 – 1913). Nach 170 Jahren im Besitz der Familie Gröber heiratete Stefan Pischetsrieder 1878 in den Hof ein. Da dieser besagte „letzte" Gröber keine Kinder hatte, vererbte er das Hofanwesen seiner Nichte Anastasia Gröber (1842 – 1916), der Gattin von Stefan Pischetsrieder. Der Guggerhof ist bei der „Tutzinger Fischerhochzeit" der erste Schauplatz dieses Historienspiels.

Der Guggerhof steht in Verbindung mit der Fischerhochzeit, ein historisches Festspiel des Heimatpflegers Josefranz Drummer. Dieser Hof spielt im Besitz des Fischers Michael Gröber eine tragende Rolle. Die Braut Gröbers war die Ambacher Fischermeistertochter Vroni Bierbichler vom Ostufer. Wegen eines Streits seines Vaters mit dem Grafen Vieregg wurde Michael Gröber gezwungen, mit den napoleonischen Truppen in den Russlandfeldzug zu ziehen, obwohl er als Sohn eines Hoffischers vom Kriegsdienst befreit wäre. Als die Nachricht, der Zukünftige sei in Russland erfroren, die Braut erreichte, wurde sie sich plötzlich ihrer Liebe bewusst, die sie vorher wenig verspürt hatte. Die Geschichte nahm dennoch ein Happy End, denn der Totgeglaubte kehrte als zerlumpter Landstreicher heim und einer „Fischerhochzeit" stand nichts mehr im Wege.

Landhaus Schmidt, später Burgdorf, 1912

Den Bau eines für diese Zeit typischen regionalen Landhauses in Tutzing gab der bei den IG-Farbwerken tätige Chemiker und Privatgelehrte Dr. Karl Schmidt in Auftrag. Er zog von Bad Homburg in das kleine reizende Landhaus[146] im „Knittl-Stil" (S. 85) hoch oben an der heutigen Traubinger Straße 45, umgeben von einem großen Garten mit Waldanteil. Er wohnte dort mit seiner Gattin Lullu und seiner Schwiegermutter Julie Hitzel, der Witwe des Geheimen Sanitätsrates Hitzel.

Im Ruhestand wollte sich Dr. Schmidt nochmals verändern, zog in ein altersgerechteres Haus am Ort und verkaufte 1931 das Landhaus an den pensionierten Chemiker Dr. Christian Burgdorf (1868–1952), der ebenfalls bei den IG-Farbwerken Karriere gemacht hatte. Die Räumlichkeiten des kleinen Landhauses reichten für die große Familie Burgdorf nicht aus, daher erfolgte im Einzugsjahr ein nördlicher Anbau,[147] der von der Baufirma Otto Gassner aus Starnberg durchgeführt wurde.

Bereits als Student hatte Dr. Christian Burgdorf bei einem Ausflug an den Starnberger See Gefallen an der schönen Gegend gefunden und davon geträumt, sich irgendwann hier niederzulassen. Der gebürtige Schleswig-Holsteiner Pastorensohn war in seiner beruflichen Laufbahn weit in der Welt herumgekommen. Daher sprach das älteste der vier Kinder, die Tochter Marie Simon (1899–1980), genannt „Tante Mieke", sehr gut Französisch, denn sie hatte mit den Eltern lange in Frankreich gelebt. „Tante Mieke" verbrachte ihren Lebensabend in der Beletage des Elternhauses und wurde von der Taxigeschäftsinhaberin Erika Kugler (1939–1986) regelmäßig chauffiert. Heute ist der große Garten um das Landhaus durch Erbteilung parzelliert und mit mehreren modernen Häusern bebaut.

Abb. 106 *Landhaus Schmidt von Südwesten, um 1985*

Bauzeit 1894 – 1933

Abb. 107 *Kleine Villa des Gaswerkdirektors Hans Ries, 2017*

Die kleine Villa Ries, 1912

An der ehemaligen Oberen Bergstraße, heute Reiserbergweg 12, in Tutzing erwarb Baurat Hans Ries (1855 – 1930), von 1908 bis 1922 Leiter des Münchner Städtischen Gaswerkes, ein großes Grundstück über der Bahnlinie. Dort ließ er sich nach dem Entwurf des Münchner Architekten Hans Brücks eine hohe schlanke Villa[148] mit Nebengebäude (1914) errichten. Die Bauarbeiten führte die Firma Xaver Knittl durch. Im Jahr 1954 erwarb das Haus der Rechtsanwalt Dr. Ludwig Steichele und bewohnte es mit seiner Familie. Das Nebengebäude gibt es heute nicht mehr, die Villa ist kürzlich von den neuen Besitzern schön renoviert worden. Der parkähnliche Garten wurde im Laufe der Jahre für Neubauten parzelliert.

Yacht Club, 1912/13

Direkt am Seeufer in Tutzing an der heutigen Seestraße 18 erwarb der Deutsche Touring Yacht Club e.V. ein Grundstück und errichtete darauf in bester Lage sein erstes Clubhaus. Die Baufirma Xaver Knittl baute zusammen mit den Zimmerleuten Johann Suiter und dessen Sohn Luitpold ein Clubhaus aus viel Holz, das wie eine übergroße Badehütte aussah. Architekt war der Münchner Franz Xaver Huf (S. 135).
1941 schlug ein Blitz in das Segler-Vereinsheim ein. Es brannte bis auf

Da die früheren Gaswerke von München an der Thalkirchner Straße und am heutigen Vogelweideplatz um die Jahrhundertwende den wachsenden Gasbedarf nicht mehr decken konnten, erfolgte nach den Plänen der Städtischen Gasanstalt unter Oberleitung des Gaswerkdirektors Hans Ries ein Neubau an der Dachauer Straße 148 in Moosach. Das Werk wurde für eine tägliche Leistung von 150.000 cbm Stadtgas ausgelegt und nach einer Bauzeit von 1906 bis 1909 für den Betrieb fertiggestellt. Das Werk Dachauer Straße wurde am 23.4.1909 zunächst mit sechs, später mit zwölf Öfen betrieben.[149] Seit der Inbetriebnahme erzeugte man von 1909 bis 1967 durch Steinkohlevergasung in diesem letzten Gaswerk der Stadtwerke München Stadtgas. Der denkmalgeschützte und imposante Wasserturm des Bauherrn Hans Ries im heutigen „Stadtwerke München"- Gelände an der Emmy-Noether-Straße 2 erinnert noch an das alte Gaswerk.

Bauzeit 1894 – 1933

Abb. 108 *Richtfest des ehemaligen Clubhauses des Deutschen Touring Yacht Clubs e.V., im Winter 1912/13*

Abb. 109 *Clubhaus des Deutschen Touring Yacht Clubs e.V. (1913–1941), um 1930*

Bauzeit 1894 – 1933

die Grundmauern vollständig ab. Ein neues Vereinsheim ließ auf sich warten und erst 1947 erlaubten die Alliierten wieder das Segeln auf dem Starnberger See. Nun halfen alle Clubmitglieder zusammen und erbauten gemeinsam ihr neues Clubhaus, das 1949 eingeweiht wurde.[150] Die Leitung für den Wiederaufbau hatte der Münchner Architekt Johann Mund, der in unmittelbarer Nachbarschaft sein eigenes Landhaus[151] an der Seestraße 2 bewohnte. 1958 erwarb der Filmkomponist und Arrangeur Gert Wilden sen. (1917 – 2015) dieses Architekten-Landhaus, das sein gleichnamiger Sohn kürzlich behutsam renovierte.

Wohnhaus Berghammer, 1914

Ein sehr eigenwilliges, aber ganz besonderes Wohnhaus mit steilem Spitzdach ist das von der Bauherrin Maria Berghammer (1848 – 1918) an der Kustermannstraße 12 in Tutzing in Auftrag gegebenes Haus. Das großflächige Grundstück, auf dem das Haus ganz im Süden zur Straße hin platziert wurde, erstreckte sich damals im Norden bis zum Neuen Friedhof. Mitten durch das Grundstück verlief der Bareislgraben. Xaver Knittl übernahm die Bauarbeiten am Wohnhaus und Bauingenieur Konrad Berghammer, der Sohn von Maria Berghammer, zeichnete die Pläne.

Abb. 110 *Wohnhaus Berghammer, um 1920*

Bauzeit 1894 – 1933

Maria Berghammer lebte nach dem Tod ihres Mannes Georg, der von Beruf Bahnverwalter in Augsburg war, noch vier Jahre in dem Spitzdachhäuschen. Die Bahnverwalterswitwe, eine geborene Jaud, stammte aus der alten Schmiede an der Marienstraße 17 in Tutzing, dem heutigen „Gästehaus Lidl".

Als Erben des Hauses setzte sie ihre zwei Töchter, Magdalena (1877 – 1937) und Maria (1881 – 1974) ein. Der Erbteil des Sohnes Konrad war mit der Finanzierung der kostspieligen Ausbildung zum Bauingenieur abgegolten. Er wurde mit der Planung des Hauses vertröstet. Die beiden ledigen Töchter und Eigentümerinnen bewohnten nach dem Tod der Mutter gemeinsam das Haus. Um ein wenig Geld zu ihrem Lebensunterhalt dazu zu verdienen, vermieteten sie zusätzlich den Wohnraum unterm Dach an wechselnde Mieter. Der Münchner Dichter Peter Paul Althaus (1892 – 1965) wohnte dort[152] von 1945 bis 1947 nach seinem Kriegseinsatz, bis er wieder nach München-Schwabing zurückkehrte. Am Starnberger See entstanden 1951 unter anderem seine berühmten Gedichte mit dem Titel „In der Traumstadt".

In der Nachbarschaft wussten alle, dass die „Berghammer-Damen", Magdalena und Maria, Katzenliebhaberinnen waren. Ihre Miezen räkelten sich oftmals genüsslich in der Sonne auf der damals noch kaum befahrenen Kustermannstraße. Die Anwohner kannten diese Marotte der Katzen und stellten sich dementsprechend darauf ein. Wenn sie die Straße hinauffuhren, verlangsamten sie ihre Geschwindigkeit auf Schritttempo und machten einen großen Bogen um die Katzen, damit diese nicht bei ihrem Sonnenbad gestört wurden.

Maria Berghammer überlebte ihre Schwester und Mitbewohnerin um 37 Jahre. Sie wohnte bis zu ihrem Tod 1974 zusammen mit einer im Dachgeschoss untergebrachten Betreuerin in ihrem geliebten Spitzdachhäuschen. In den letzten Jahren hielt sich die Hochbetagte nur noch im Erdgeschoss des Hauses auf, auch wenn es dort kein Bad gab. Das wie aus der Zeit gefallene Haus an der Bahnlinie besitzt heute natürlich ein Badezimmer, ist noch auffällig gut erhalten und ein Blickfang, wenn man es aus dem fahrenden Zug sieht.

Landhaus Derigs, 1914

Ähnlich wie das in unmittelbarer Nachbarschaft gelegene, zwei Jahre zuvor gebaute Landhaus Dr. Schmidt (S. 131), ist auch das Anwesen Derigs[153] an der Traubinger Straße 29 in Tutzing ein typisch regionales Landhaus dieser Zeit. Architekt war der Münchner Franz Xaver Huf, Baumeister Xaver Knittl aus Tutzing. Diese Konstellation hatte es bereits ein Jahr zuvor beim Clubhaus des Yacht-Clubs gegeben (S. 132). Vermutlich hatte hier die ambitionierte Seglerfamilie Derigs den Architekten Huf kennengelernt und setzte auf eine weitere Zusammenarbeit bei ihrem Eigenheim.

Das Landhaus war zuerst als klassischer Ferien- und Sommersitz am Starnberger See gedacht. Als München jedoch bombardiert wurde, nutzte man den Zweitwohnsitz in Tutzing als Unterschlupf. Nach dem Krieg beherbergte das stilvolle Landhaus bekannte Persönlichkeiten wie den Maler Anton Leidl, den Musikprofessor Ludwig Hoelscher oder den Brauereidirektor Drummer, die dort alle zur Miete wohnten.

Eigentliche Bauherrin des heute noch schön erhaltenen Landhauses war Maria Derigs (1888 – 1955), die Ehefrau des Ingenieurs Ferdinand

Bauzeit 1894 – 1933

Derigs (1882 – 1975). Ursprünglich lebte das Ehepaar mit seiner Familie in der Pettenkoferstraße in München, denn Ferdinand Derigs führte in der Schillerstraße 27 zusammen mit seinem Geschäftspartner Ernst Baer seit 1908 die Installationsfirma Baer & Derigs. Nach dem Tod von Ernst Baer leitete Ferdinand Derigs von 1927 bis 1985 die Firma alleine und übernahm 1937 zusätzlich in Tutzing die Installations- und Spenglereifirma von Ferdinand Bustin in der Traubingerstraße 10 – 12 (S. 64 ff).

Ingenieur Ferdinand Derigs galt als bedeutende Persönlichkeit. Er war Mitgründer des 1909 gegründeten Touring-Yacht-Clubs, nach Kriegsende kurzzeitig Bürgermeister und seit 1937 Inhaber des Installationsgeschäfts Derigs in Tutzing. Nachdem er von den Amerikanern als Tutzinger Bürgermeister eingesetzt worden war, hatte er das Amt ein halbes Jahr bis zum 20. November 1945 inne. Danach übernahm der Landwirt Karl Bleicher das Amt. Dennoch war seine Amtszeit als Bürgermeister sehr geschichtsträchtig und verlangte viel Verhandlungsgeschick: In der Nacht vor dem Eintreffen der Amerikaner am 30. April 1945, blieb ein offener Güterzug mit KZ-Häftlingen am Tutzinger Bahnhof liegen. Die SS-Bewachung und der Lokomotivführer waren geflohen. Ein Teil dieses Mühldorfer KZ-Häftlingstransports, der über Wolfratshausen, Bichl und Tutzing nach Seeshaupt unterwegs gewesen war, blieb am 28. April 1945 am Seeshaupter Bahnhof liegen. Der Zug stand dort einen Tag lang und war noch den Angriffen amerikanischer Tiefflieger ausgesetzt. Erst am nächsten Tag, dem

Abb. 111 *Landhaus Derigs, um 1920*

29. April 1945, bewegte er sich mit bereits toten Insassen über Bernried nach Tutzing zurück.

Die Gefangenen waren durch ihr Leiden derartig erschöpft, dass in den nächsten Tagen etwa fünfzig von ihnen starben. Die Leute sollten unter keinen Umständen noch länger im Zug bleiben, das Wetter war äußerst schlecht, denn am 1. Mai hatte es in Tutzing geschneit. Derigs organisierte eine Unterkunft im Nachbarort, die einige Jahre zuvor gebaute Reichsschule in Feldafing, die jüdischen KZ-Häftlingen für die Unterbringung zur Verfügung gestellt werden konnte. Die schnelle Beschaffung der notwendigen Betten, Kleider usw. für 2000 Menschen war für ihn keine einfache Aufgabe. Auch in der Folgezeit musste er dafür sorgen, dass für die amerikanischen Besatzungstruppen und für die Lazarette von 270 Häusern in Tutzing etwa 70 vollständig geräumt wurden, darunter sämtliche Hotels und alle großen Villen. Viele Bürger mussten dafür umgesiedelt werden.[154] Der spätere Präsident von Amerika, Dwight D. Eisenhower, sprach damals mit Bürgermeister Derigs über die Unterbringung amerikanischer Truppen in Tutzing, als er am 19. August 1945 zu einem Besuch nach Tutzing und Feldafing kam. In Feldafing besichtigte Eisenhower das DP-Lager (Displaced Persons) in der ehemaligen Reichsschule (S. 236 ff).

Abb. 112 *Landhaus Derigs, 2017*

Bauzeit 1894 – 1933

Häuser am Ostufer

Aufgrund der früheren Erschließung des Westufers setzte die Bautätigkeit am Ostufer wesentlich später ein. Der zu Münsing gehörende Ortsteil Seeheim, direkt an der autofreien Uferstraße am Ostufer zwischen Ammerland und Ambach, bekam sein erstes Haus im Jahr 1898. Als die Bautätigkeit hier um die Jahrhundertwende langsam zunahm, errichtete die Baufirma Xaver Knittl in der Zeitspanne von Ende 1901 bis 1903 dort fünf Häuser, zwei Villen und drei Landhäuser. Sie standen am Seeufer wie eine Perlenkette aufgereiht. Vier von fünf Häusern (Noessel, Kratzeisen, Glüßener und Schwörer) entwarf derselbe Architekt Franz Böttge, der mit Xaver Knittl anschließend die beiden Landhäuser Mahlmeister und Gümbel in Tutzing (S. 108f) realisierte und dessen Büro sich an der Sonnenstraße 1 in München befand.

Die Bauarbeiter und einige am Ostufer nicht vorhandene Baustoffe mussten über den See gefahren werden. Die einheimischen Fischer hatten damals üblicherweise ihre eigenen Stege am See. Neben dem „Fischermichl" im angrenzenden Ort Ammerland befand sich auf der Höhe von Seeheim der „Biersteg". Dort ist heute die Wasserwacht untergebracht. Wahrscheinlich wurde der „Biersteg" als Anlegestelle für den Bau dieser fünf Häuser benutzt.

Der Transport von Arbeitern und Material auf die andere Seeseite erfolgte mit Dampfschiffen und Flößen. Die Schifffahrt und die Flößerei hatten damals eine wichtige Funktion beim Waren- und Personentransport bis schließlich der Eisenbahn- und Automobilverkehr einsetzte.

Villa Kratzer, 1901/1902 – Seeheim

Die erste und nördlichste Perle in der Kette ist die Villa Kratzer, das vierte Haus in Seeheim. Der Baugrund stammte vom „Kramergütl" in Holzhausen und gehörte vor dem Villenbau von 1900 bis 1901 den aus Würzburg stammenden Dr. Richard Geigel und Dr. Leonhard Lutz sowie dem Aschaffenburger Dr. Robert Geigel.[155] Sie verkauften den Grund an Johann Baptist Kratzer, Likörfabrikant im Tal in München, der sich im Jahr 1901/1902 die sehr eindrucksvolle und heute denkmalgeschützte Villa Kratzer mit dem Turm vom Baugeschäft Xaver Knittl nach den Plänen des Ingenieur Wahl aus München erbauen ließ. Der kunstvolle Schriftzug J.B. Kratzer ist noch am Gartentor des Anwesens zu lesen.

Künstlerwohnsitz Freksa, 1902 – Seeheim

Nach der zweiten Perle, dem in den Sechzigerjahren für einen Neubau abgebrochenen Landhaus Kratzeisen,[156] folgt die dritte noch schillernde Perle in der Kette, der Künstlerwohnsitz Freksa. Als Haus Nr. 7 in Seeheim[157] wurde es vom Baumeister Xaver Knittl und dem Münchner Architekten Franz Böttge errichtet. Das Haus Freksa liegt am Hang von einer wunderbaren Baumkulisse eingerahmt. Das Landhaus, welches zur besseren Nutzung der Nachmittagssonne und des Seeblicks um 45° gedreht zum Seeufer steht, gehörte der Dichterin Margarete Beutler, als Frau des Schriftstellers Friedrich Freksa, auch unter dem Namen Margarete Friedrich-Freksa bekannt.

Abb. 113 *Villa Kratzer in Seeheim, 1993*

Bauzeit 1894 – 1933

Bauherr dieses Landhauses war im Jahr 1902 der Münchner Theaterkünstler Ludwig Glüssener. Es folgten als weitere Besitzer der Münchner Kunstmaler Jakob Brändl und der österreichische Schauspieler Carl Meinhard (1875–1949), der Theaterdirektor in Berlin war, bevor es im Jahr 1920 die Lyrikerin Margarete Beutler zu ihrer Heimat machte. Nach längerer Unterbrechung befindet sich das Anwesen heute wieder im Besitz der Nachkommen der Schriftstellerin.

Als sie das Landhaus in Seeheim im Jahr 1920 erwarb, wohnte sie in Schwabing, in der Viktor-Scheffel-Straße 12 im 3. Stock. Nach der Trennung von ihrem Ehemann zog sie von München ganz an den Starnberger See in ihr Landhaus, welches sie liebevoll „Waldhaus" nannte. Margarete Beutler, die sich gut in der Natur auskannte und die Pflanzen des Waldes zu nutzen wusste, wurde daher von Freunden auch mit „Gnädige Waldfrau" angesprochen. Die freischaffende und alleinlebende Künstlerin hatte immer mehr Schwierigkeiten, für ihren Lebensunterhalt aufzukommen, zumal sie sich 1937 weigerte in die Reichsschrifttumskammer, den nationalsozialistischen Schriftstellerverband, einzutreten. Das führte dazu, dass sie in Seeheim wiederholt kleine Grundstücksanteile verkaufen musste.

Die emanzipierte Dichterin Margarete Beutler (1876–1949), gebürtig aus Gollnow bei Stettin in Hinterpommern, kam 1902 über die Künstlerkolonie Friedrichshagen am Müggelsee bei Berlin in die Münchener Künstlerszene und zählte sich selbst zur sogenannten Bohème. Sie verkehrte in der Berliner und Münchner Intellektuellenszene und war unter anderem mit Erich Mühsam, Christian Morgenstern und Frank Wedekind befreundet. Als selbstbewusste alleinerziehende Mutter heiratete sie in München den Roman- und Kriminalautor Friedrich Freksa (1882–1955).

Angesichts der gesellschaftlichen Rolle der Frau in der damaligen Zeit war Margarete Beutler eine Ausnahmeerscheinung und erinnert an die fünf Jahre ältere Franziska Gräfin zu Reventlow (1871–1918), die wie sie den Namen des Vaters ihres Sohnes zeitlebens verschwieg.

Neben dem unehelichen Sohn Peter Klaus Beutler hatte Margarete Beutler mit ihrem Ehemann Friedrich Freksa den gemeinsamen Sohn Hans-Florian Friedrich-Freksa, dem sie die Grundschulkenntnisse selbst beibrachte, um ihn nicht „in die Hände der Pfaffen" fallen zu lassen.

Abb. 114 *Künstlerwohnsitz Freksa in Seeheim, um 1940*

Ihre beiden Söhne, die das Erbe nach ihrem Tod antraten, hatten unterschiedliche Vorstellungen vom Immobiliennachlass ihrer Mutter. Die Erhaltung des Landhauses war in den schwierigen Nachkriegszeiten eine kostspielige Sache. Der Sohn Peter Klaus wollte verkaufen, um sich eine neue Existenz aufzubauen. Der Halbbruder Hans-Florian hing jedoch sehr an seiner geliebten Mutter und ihrem „Häusl" und wollte den Besitz unter allen Umständen, ihrem Wunsch gemäß, für die Familie bewahren. Da die Brüder ihrer Mutter geschworen hatten, sich nie zu streiten, fanden sie zu einer ungewöhnlichen Lösung.

Als Käufer fanden sie ein älteres kinderloses Ehepaar, mit denen ein Erbvertrag ausgehandelt wurde, wonach das Anwesen spätestens nach deren Tod wieder an die Familie von Hans Friedrich-Freksa zurückfallen sollte. Zwar konnte der eigentliche Erbe das Anwesen selbst nicht mehr nutzen, gab es jedoch an seine nächste Generation weiter. So erfreuen sich heute die Nachfahren Freksa an dem schönen Besitz am See.

Landhaus Noessel, 1902 – Seeheim

Die vierte Perle zeigt das charmante Landhaus Noessel. Sie war das achte Haus in Seeheim,[158] errichtet von Xaver Knittl und dem Münchner Architekten Franz Böttge. Gustav und Sophie Noessel wohnten seit dem 25. Juli 1902 als Eigentümer und Erbauer in dem im Vergleich zu den umliegenden Bauten kleinen Haus am Hang, das heute noch romantisch von einer Baumkulisse eingerahmt wird. Den Baugrund für die Villa nebst dem Areal, das sich über den Seeweg zum Seeufer erstreckt, erwarben die beiden von dem Holzhausener Bauern Karl Huber für 8000 Mark.

Der aufstrebende Jurist Gustav Noessel, ein typischer Vertreter der damals prosperierenden Mittelschicht, besaß das entsprechende Vermögen, sich ein Sommerhaus auf dem Land leisten zu können. Das Ehepaar bevorzugte Ruhe und Abgeschiedenheit und entschied sich daher für einen Sommersitz am Ostufer. Wenn die Familie Noessel an den Starnberger See kam, reiste zuerst die Vorhut aus München an, bestehend aus dem Zimmermädchen und der Köchin, gefolgt von der Mutter mit den beiden Kindern. Diese verbrachten die gesamten Schulferien am See. Als die Kinder nicht mehr schulpflichtig waren, bewohnten sie das Haus als Feriensitz den ganzen Sommer über. Das vielbeschäftigte Familienoberhaupt konnte sich nur ab und zu am Wochenende der Familie anschließen. Die Reise aus der Stadt erfolgte in zwei Abschnitten. Zuerst die Eisenbahnfahrt von München nach Starnberg, dann die Kutschenfahrt von Starnberg nach Seeheim. Dafür kam der Bauer Ulrich aus Holzhausen mit seiner Kutsche zum Bahnhof Starnberg und brachte die Ankömmlinge samt Gepäck auf seinem Fuhrwerk zu ihrem Domizil am See.

Unten am Seeufer ließ sich im Jahr 1933 der Ökonom Otto Noessel, Sohn der Landhausbesitzer Noessel, zusätzlich ein einfacheres Holzhaus im Landhaus-Stil von der Ambacher Baufirma Bolzmacher errichten, so dass die Familie ihre eigenen Wohnbereiche hatte. Als sie in München im Zweiten Weltkrieg ausgebombt waren, wurde das Holzhaus zum festen Familienwohnsitz, da das Landhaus am Hang für längere Zeit vermietet war. Auch Kriegsflüchtlinge fanden im Landhaus eine Bleibe.

1951 kam es zur Katastrophe. Sohn Otto Noessel, inzwischen Privatier, weilte im unten gelegenen Haus am Steg, als ein vorbeifahrender Dampfer stehen blieb und mehrfach tutete. Beim Blick den Hang hinauf in den Wald

---

Der „Königliche Polizeirath" und Jurist Gustav Noessel (1859–1924) wurde in Zweibrücken in der damals noch zu Bayern gehörigen Rheinpfalz geboren und hatte Jura studiert. Nach seiner Tätigkeit in Kitzingen versetzte man ihn in die Königlich Bayrische Landeshauptstadt München, was für ihn eine große Ehre bedeutete. Der höhere Beamte stieg zum Dienststellenleiter der Polizeidienststelle 1 in der Bürkleinstraße auf, wo die Familie auch eine Dienstwohnung bezog, bis er schließlich 1924 als Polizeidirektor in den Ruhestand verabschiedet wurde.

Bauzeit 1894 – 1933

sah er bereits Flammen, die aus dem Dachstuhl der oberen Villa schlugen. Die Mieterin Leitmeier hatte ihre Nylonstrümpfe über dem Spanofen zum Trocknen aufgehängt. Die Strümpfe hatten Feuer gefangen und das Haus brannte bis auf seine Außenmauern nieder. Die gesamte Inneneinrichtung, die aus den während des Krieges ausgelagerten Möbeln der Münchner Wohnung bestand, war zerstört und damit auch die Aussteuer der männlichen Nachkommenschaft. Die Feuerversicherung finanzierte einen Neubau nach historischem Vorbild. Der Architekt Sepp Böck aus Ammerland plante schließlich im Jahr 1952 den Nachbau für die Witwe Sophie Noessel. Lediglich die Zimmeraufteilung wurde leicht verändert. Ansonsten deutet nichts auf einen Nachbau hin.

Abb. 115 *Landhaus Noessel in Seeheim, um 1920*

Villa Schwörer, 1902/1903 – Seeheim

Bei der fünften und letzten Perle in Seeheim handelt es sich um die mondäne Villa für den Bauherrn Hofrat Dr. Emil Schwörer. Er war selbstständiger Rechtsanwalt in München und erwarb den Baugrund damals für 13.200 Mark. Sie stand als neuntes Haus in Seeheim[159] und mit ihr endete auch die Zusammenarbeit des Baumeisters Xaver Knittl mit dem Münchner Architekten Franz Böttge in Seeheim.

Nach vielen Besitzerwechsel kauften 1968 Josef Tretter, Schuhgroßhändler, und seine Ehefrau Anny die renovierungsbedürftige denkmalgeschützte Villa und sanierten sie in den Neunzigerjahren.

Bauzeit 1894 – 1933

Abb. 116 *Villa Schwörer in Seeheim, 1993*

Abb. 117 *Landhaus Weißhaupt in Ambach, 2017*

Das „Weiberhaus" Weißhaupt, 1903 – Ambach

Die kleine Villa Weißhaupt an der Seeuferstraße 43 in Ambach liegt etwas außerhalb der genannten Perlenkette, aber nicht sehr weit entfernt im Nachbarort. Sie wird gerne auch als „Weiberhaus" bezeichnet, denn sie wurde fast ausschließlich von Damen bewohnt, Männer hielten es dort, laut Überlieferung, nicht lange aus.

Bauherrin war die Kaufmannswitwe Anna Weißhaupt, wohnhaft in München, Kurfürstenstraße 53/III. Das Haus entstand als zwanzigstes in Ambach[160] und liegt nicht weit entfernt vom Gasthaus „Bierbichler". Anna Weißhaupt erwarb im Jahr 1902 von einem gewissen Herrn Grünwald den Grund für ihren Neubau, den Xaver Knittl nach den Plänen des Architekten Kurz erstellte. Die hohe und schmal gebaute Villa ist im Verhältnis zum Grundstück sehr klein. Auf dem Gelände befand sich im hinteren östlichen Teil eine Kiesgrube, was für Xaver Knittl bedeutete, dass der Kies nicht erst angeliefert werden musste. Die heute „arena-ähnliche" Topologie des Gartens deutet noch auf diese abgetragene Grube hin.

Angeblich besaßen die Weißhaupts einen lukrativen Fahnenladen in München. Nach dem Tod von Anna Weißhaupt übernahm ihre Tochter

143

Bauzeit 1894 – 1933

Maria (1863–1953) im Jahr 1909 die niedliche Villa am Seeufer. Laut Überlieferung der in der Nachbarschaft wohnenden Bauerstochter Agathe Gebhard pflegte Maria Weißhaupt wohl eine romantische Frauenfreundschaft mit der vermögenden Marie Gräfin von Tattenbach (1867 – 1947). Die Bäuerin Gebhard hatte des Öfteren beobachtet, wie sich die beiden verheirateten Frauen sehr vertraut Küsse zuwarfen, wenn Gräfin von Tattenbach mit der Kutsche das Anwesen Weißhaupt passierte.

Maria Weißhaupt war seit 1911 mit einem Franzosen namens Le-Sage verheiratet und nannte sich seitdem Dr. Maria Le-Sage. Der Franzose hielt es aber nur ein halbes Jahr in dem beschaulichen Wohnsitz aus. Man vermutete, dass ihm die Einsamkeit und die Abgeschiedenheit im ländlichen Ambach Probleme bereitet hatte.

Weitere Damen aus der Familie Weißhaupt zogen in die kleine Villa aufs Land, eine ledige Nachkriegsbewohnerin, die an der Königinstraße in München ausgebombt worden war, sowie eine Verwandte, die einen gewissen Franz Fahrmair geehelicht hatte. Auch Fahrmair kam anscheinend mit dem „Weiberhaushalt" nicht lange zurecht. Er vergnügte sich lieber in der Stadt. Im Jahr 1981 veräußerte Franz Xaver Fahrmair die Villa an die Familie Dechamps, die 1984 einen sehr dezenten südlichen Anbau hinzufügte, der sich in die historische Architektur einordnet.

Die vermögende Wohltäterin Gräfin Marie von Tattenbach hatte den mittellosen Grafen von Tattenbach geheiratet. Sie ließ auf dem von ihrem Vater, dem Großindustriellen Georg Käs, erworbenen Gelände das Schloss Weidenkam bei Münsing erbauen, welches nur einige Kilometer von Ambach entfernt liegt.

Abb. 118 *Landhaus Weißhaupt vor der Erweiterung, um 1970*

Bauzeit 1894 – 1933

Häuser auf Vorrat

Im Jahr 1911 waren 357 Mitarbeiter im Baugeschäft Xaver Knittl beschäftigt, der höchste Stand in der Firmengeschichte. Bis zum Ausbruch des Ersten Weltkriegs blieb die Beschäftigung weiter hoch, bis sie zum Ende des Krieges rapide abnahm und sich erst wieder in den Goldenen Zwanzigern allmählich erholte.

Xaver Knittl musste aufgrund der guten Geschäftslage sein überschüssiges Kapital investieren, um für schlechtere Zeiten gerüstet zu sein. Als Bauherr erwarb er nicht nur Grundstücke, sondern errichtete in der Zeit von 1911 bis 1913 Häuser auf Vorrat. Diese sahen sich in gewisser Weise sehr ähnlich und einige haben bis heute überlebt. Es sind keine große Villen, sondern eher kleine, aber besondere Häuser, die sich auch zum Wohnen für seine Arbeiter eigneten.

Wohnhaus Sander, 1911 – Feldafing

An der heutigen Wielinger Straße 14 in Feldafing erwarb Xaver Knittl gegenüber dem Anwesen des Kunstmalers Julius Mössel ein Grundstück, auf dem er ein kleines villenartiges Wohnhaus[161] als Bauherr auf Vorrat baute. Er erwarb das Grundstück als Kapitalanlage von der Witwe seines ehemaligen Feldafinger Geschäftskollegen Johann Biersack (S. 224). Therese Biersack (1848–1932) gehörten sämtliche Liegenschaften im Abschnitt nördlich der Wielinger Straße. Der Weg am Haus vorbei nannte sich daher auch „Privatstraße der Therese Biersack".

Im Wohnhaus lebte seit 1913 ein Maurer des Baugeschäfts Knittl. Der Angestellte bekam das Haus vermutlich zum Mietkauf von seinem Arbeitgeber. Jedoch fiel der Firmenmitarbeiter im Ersten Weltkrieg und die Witwe war nicht mehr in der Lage, den Kredit alleine weiter abzuzahlen. Das Wohnhaus mit Gras- und Baumgarten ging im Oktober 1917 für 20.000 Mark an den Fabrikanten Hugo Melder aus Mähren, der in München wohnhaft war.[162] Heute lebt dort die Familie Sander und ist sehr glücklich mit dem ehemaligen „Haus als Rücklage".

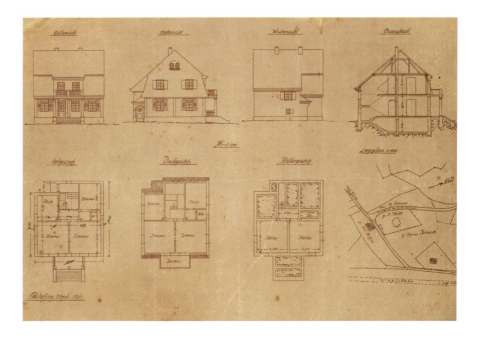

Abb. 119 *Bau- und Lageplan für das Wohnhaus Sander, Xaver Knittl, Sept. 1911*

Bauzeit 1894 – 1933

Abb. 120 *Wohnhaus Sander an der Wielinger Straße 14 in Feldafing, um 1920*

Haus „Vineta", 1912 – Unterzeismering

Bauherr des Hauses[163] mit Spitzdach in Unterzeismering an der heutigen Bernrieder Straße 9 war Xaver Knittl, der es in der Rolle des Bauträgers bereits 1912 auf Vorrat gebaut hatte. Der aus Leipzig stammende Schriftsteller und Lyriker Gustav Herrmann, der dem Haus den eigenwilligen Namen „Vineta" gab, erwarb das Gebäude als Sommerhaus erst um 1922. Vermutlich bewohnte es zwischendurch ein Mitarbeiter der Baufirma. Heute ist dort das Atelier am See für Antiquitäten und Restaurierung untergebracht.

Das Schriftstellerhaus beherbergte viele Künstler wie Max Reger, Cosima von Bülow, Ringelnatz oder Hans Albers. Gustav Herrmann bezog sich bei der Namensgebung auf die sagenhafte Stadt „Vineta" an der südlichen Ostseeküste. Demnach ging „Vineta" bei einem Sturmhochwasser unter. Grund sei der moralische Verfall der Stadt, der „Hochmut und die Verschwendung der Bewohner" gewesen. Vor dem Untergang der Stadt gab es eine Warnung: Als farbiges Lichtgebilde erschien sie über dem Meer drei Monate, drei Wochen und drei Tage. Die Ältesten rieten allen Leuten daraufhin, die Stadt zu verlassen, denn sehe man Städte, Schiffe oder Menschen doppelt, so bedeute das immer den Untergang. Doch die Bewohner „Vinetas" kümmerten sich in ihrem Mangel an Demut nicht darum. Niemand beachtete auch die allerletzte Warnung: Einige Wochen vor der Katastrophe tauchte eine Wasserfrau dicht vor der Stadt aus dem Meer auf und rief dreimal mit hoher, schauerlicher Stimme: „Vineta, Vineta, du reiche Stadt, Vineta soll untergehen, weil sie viel Böses getan hat." Die Stadt ging unter und noch heute sollen Glocken aus den Tiefen des Meeres zu hören sein.[164]

Der Schriftsteller und Lyriker Gustav Herrmann wurde am 3. April 1871 in Leipzig geboren. Er studierte Philosophie, Germanistik und Chemie an der Leipziger Universität. In den Jahren 1893 bis 1895 hielt er sich in den Vereinigten Staaten auf. Danach kehrte er nach Leipzig zurück und leitete nach dem Tod seines Vaters dessen Rauchwarenfabrik mit Großhandlung bis 1914.

Nach dem Ersten Weltkrieg widmete er sich zunehmend mehr den geistigen und künstlerischen Dingen. Seit 1914 war er Dozent für Rhetorik an der Leipziger Volksakademie. Darüber hinaus betätigte er sich am Leipziger Schauspielhaus. Bekanntheit erlangte Herrmann in erster Linie als Bühnenschriftsteller, beispielsweise durch das Drama „Der große Baal" (1907). Einigen Ruhm erntete er auch mit seinem 1930 erschienen Roman „Einer vom Brühl". Herrmann starb am 20. August 1940 in Leipzig.[165]

Bauzeit 1894 – 1933

Abb. 121 *Haus „Vineta" von Osten an der Bernrieder Straße 9 in Unterzeismering, um 1920*

Abb. 122 *Haus „Vineta", um 1950*

Bauzeit 1894 – 1933

Kiesgruben, Baustoffhandel und Maurertreff

Über eine eigene Kiesgrube zu verfügen und damit uneingeschränkt Zugriff auf Kiesvorkommen zu haben, war damals für ein Baugeschäft von existentieller Bedeutung. Heute, in Zeiten von Zulieferern, ist solch ein autarkes Bauunternehmen nicht mehr notwendig.

Xaver Knittl betrieb in seiner Schaffenszeit zwei Kiesgruben, eine in Tutzing in der Waldschmidtschlucht, die er von seinem Vater übernommen hatte und eine andere in Seeshaupt nahe des Bahnhofs, die er sich Ende des 19. Jahrhunderts selbst angeschafft hatte (S. 152 f).

Kiesgrube I. mit Schottermühle

Der Gründer des Baugeschäfts Josef Knittl sorgte bereits für eigene Kiesvorkommen, indem er vom Schlossbesitzer Eduard Hallberger das kieshaltige Areal am Kalkgraben westlich der Straße Am Pfaffenberg in Tutzing für 600 Mark [166] erwarb.

Als Spaziergänger erkennt man auf dem Weg durch die Waldschmidtschlucht gleich in der Nähe der Bahnlinie die imposante steile Nagelfluhwand, die noch auf die ehemalige Kiesgrube hindeutet. Der aus der Eiszeit stammende Kies wurde etwa bis in die Fünfzigerjahre für das Baugeschäft abgetragen. Am heutigen Am Pfaffenberg 1 hatte der Sprengmeister Heinz seine Dienstwohnung. Er war dafür zuständig, das Gestein zu sprengen und für den Kiesabbau freizulegen.

Im Jahr 1984 machte der siebzehnjährige Hobby-Speläologe Christian Eisele auf der Suche nach einer Tropfsteingrotte, die es angeblich im Tutzinger Gemeindegebiet geben soll, dort an der Wand eine interessante Entdeckung. Er fand in der ehemaligen Kiesgrube eine Höhle ganz anderer Art. Hinter einem nur schulterbreiten Einstieg erkundete der Jugendliche ein 300 Meter langes Stollensystem, das eine Höhe von bis zu sechs Metern aufwies. Das Rätsel konnten die hinzugezogenen Höhlenforscher lösen. Der am Eingang zugeschüttete Stollen lässt sich mit dem Abbau der Kiesschichten zu Zeiten des Baugeschäfts Knittl erklären.[167]

Um den Kiesabbau weiter voranzutreiben und eigene Baumaterialien zu fertigen, erbaute Xaver Knittl schließlich im Jahr 1912 eine Schottermühle am Pfaffenberg in Tutzing, die auch Steinmühle oder Quetschwerk genannt wurde. Die Anlage bestand aus einem Haupthaus mit angrenzenden Holzhallen. Das Haupthaus diente zuerst als Versuchshaus für Deckenkonstruktionen, das Erdgeschoss als Werkstatt und Maschinenhalle. Das umgebaute Haus wurde später von seinen Mitarbeitern als Wohnung genutzt.

In einer der Holzhallen befand sich die Steinmühle. Dort wurde das grobe Steinmaterial zwischen zwei aufeinanderliegenden Mühlsteinen (Boden- und Läuferstein) zerkleinert, danach gewaschen und gereinigt. In einer anderen Halle stand ein Traktor, der das Quetschwerk über Riemen antrieb. Das Schüttgut konnte durch stufenweises Mahlen in unterschiedlicher Qualität hergestellt werden. Es wurde beispielsweise für die Herstellung von Beton und Mörtel verwendet.

Nach 1937 stellte man den Betrieb des Quetschwerkes ein. Im Dritten Reich wurden auf dem von den Nazis beschlagnahmten Gelände Zwangsarbeiter eingesetzt. So kamen zwischen Oktober 1944 und Januar 1945 täglich etwa zwanzig mit Werkzeug ausgestattete KZ-Häftlinge aus Feldafing zur Kiesgrube nach Tutzing. Auf Pfählen gebaute Unterkünfte für die Arbeiter

Das Kiesgrubenareal wurde Anfang der Neunzigerjahre an einen Steinmetz verkauft, der jedoch keine Gewerbeerlaubnis dort erhielt. Es kam zur Versteigerung und der neue Eigentümer sanierte die Schottermühle, von der noch die Grundmauern erhalten werden mussten, geschmackvoll zum Wohnhaus.

Abb. 123 *Renovierte Schottermühle von Westen, heute als Einfamilienhaus genutzt, Foto 2018*

befanden sich gegenüber der Kiesgrube. Eine zusätzliche Baracke für die Aufseher stand auf dem Gelände. Die KZ-Häftlinge arbeiteten für die Dornierwerke, die Arbeitsstätte nannte sich „Tutzing Trutzkirch". Die Häftlinge sollten die Stollen, die bereits durch den Kiesabbau entstanden waren, weiter aushöhlen. Darin waren Hallen für den Flugzeugbau geplant, zur endgültigen Durchführung kam es jedoch nicht.[168]

Abb. 124 *Schottermühle der Firma Knittl für den Kiesabbau und Weiterverarbeitung am Eingang zur Waldschmidtschlucht, Ansicht von Osten um 1920*

Baustoffhandel anno dazumal

Aufgrund der großen Nachfrage nach Baustoffen sowie Fertigzementartikeln hatte Xaver Knittl eine neue Geschäftsidee aus dem Schotterwerk entwickelt. Er eröffnete einen „Baustoffhandel" und vertrieb Quetschmaterial in beliebigen Größen, die sortiert, gereinigt und gewaschen waren. Die Baustoffe konnten beispielweise für Beton und Mörtel, für die Bekiesung von Straßen oder Garten- und Promenadewegen sowie für Tennis- und sonstige Spielplätze verwendet werden.

Aus seiner kleinen frühindustriellen Fabrikation bot er zusätzlich Fertigzementartikel an. Dazu gehörten Rohre in allen Größen, Stufen, Randsteine, Brunnentröge, Wegrinnen oder diverse Betonpfosten. Diese „Orkan-Beton-Pfosten" ließ er patentieren. Sie dienten als Wegweiser, Zaunpfosten

Bauzeit 1894 – 1933

oder Laternenpfähle und fanden sogar Verwendung für Drahtzäune in der Hühnerzucht. Sie waren eine echte Zierde. Er warb damit, dass die „Orkan-Beton-Pfosten" nicht nur schön aussehen, sondern auch mit den Jahren immer fester und widerstandsfähiger werden. Daher seien sie jedem anderen Material überlegen: sie könnten nicht verrosten, vermorschen oder zerfressen werden, zudem seien sie völlig unempfindlich gegen Witterungseinflüsse. Hitze, Kälte, Trockenheit und Nässe würden sie nicht im Geringsten angreifen.[169]

Dieser Gedanke, Ästhetik mit praktischem Nutzen zu verbinden, ist im Zuge der industriellen Standardisierung verloren gegangen.

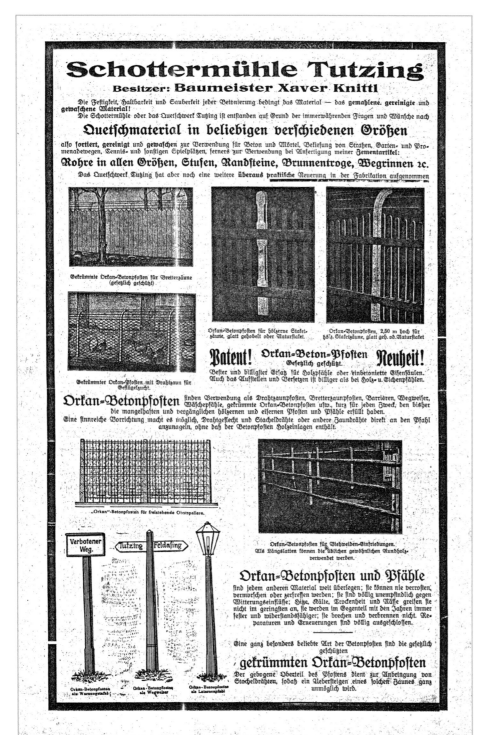

Abb. 125 *Xaver Knittls Werbeblatt für verschiedene in Serie produzierte Orkan-Betonpfosten wie Zaunpfosten, Kandelaber u.a.*

Maurertreff „Schwarze Gans" – Arbeiterhaus

Da das Baugeschäft weiter expandierte, brauchte Xaver Knittl mehr Platz sowohl für seine Baumaterialien als auch für seine Zugpferde. Bisher waren die Materialien und Rösser im Rückgebäude des Baugeschäfts untergebracht. Ein neuer Pferdestall mit Heuboden sowie zusätzliche Lagerhallen sollten hierfür gleich in der Nähe des Baugeschäfts Knittl Platz schaffen. An der heutigen Von-Kühlmann-Straße 5–7 erbaute Xaver Knittl 1905 die Lagerhallen und den Pferdestall,[170] der später zum legendären Maurertreff „Schwarze Gans" und Arbeiterhaus wurde. Nicht nur in den Lagerhallen war das Baumaterial untergebracht, sondern es lag zwischen den Bäumen auf der großen Wiese um den Pferdestall verstreut.

Vom rückwärtigen westlichen Teil des Baugeschäfts konnte man früher noch auf direktem Wege zu Fuß zum Lagerplatz an der jetzigen Von-Kühlmann-Straße 5–7 gelangen. Diese Verbindung ist heute aufgrund von Grundstücksparzellierungen abgeschnitten.

Dort oben im Fuhrpark lagen dem Baumeister besonders seine Pferde sehr am Herzen: „Knittl hatte so viel Freude an seinen schweren Pferden, daß er oft am Sonntag zum Stall hinaufging und bis zum Mittagessen seine schönen Rösser besichtigte und mit seinem Roßknecht plauderte."[171]

Mit Einführung der motorisierten Baufahrzeuge waren die Rösser plötzlich überflüssig geworden und der Stall erfuhr eine Nutzungsänderung. Im Erdgeschoss entstand die berühmte „konzessionslose" inoffizielle Maurerkneipe „Schwarze Gans" mit angegliedertem Getränkeabholmarkt, betrieben vom Maurerpolier Josef Krutina (1926–2001) (Abb. 3/6, S. 268 ff). Der erste Stock des Pferdestalls wurde zur Wohnung umgebaut, in der Vater und gleichnamiger Sohn Josef Krutina jeweils mit ihren Familien über lange Zeit wohnten.

In der beliebten „Schwarzen Gans" trafen sich neben den Maurern auch andere Arbeiter aus der Umgebung zur Brotzeit oder nach Feierabend. Entweder drinnen an verrauchten Biertischen oder bei Sonne draußen vor dem Haus saßen sie in geselliger Runde zusammen. In einem kleinen Nebenraum türmten sich die Getränkekisten, die der Polier Krutina verkaufte. Wie bei Maurern durchaus üblich, waren die Wände mit erotischen

In der „Schwarzen Gans" prägten die Tutzinger Handwerker den Begriff der „Glorreichen Sieben". Diese standen für ihre sieben Arbeitgeber. Einer von ihnen war mein Vater.

Abb. 126 *Blick vom Sägewerk Suiter auf den alten Pferdestall und das Materiallager des Baugeschäfts Knittl an der Von-Kühlmann-Straße 5, später die „Schwarze Gans"*

Bauzeit 1894 – 1933

Postern geschmückt. Die „Schwarze Gans" war ein gefragter Ort des Beisammenseins und auch als unkonventioneller Getränkemarkt beliebt. Als privater Hauptabnehmer der Weilheimer Bräuwastl-Brauerei wurden zu besten Zeiten an die 40 Tragl Bier pro Woche in der Maurerkneipe konsumiert, an Selbstabholer abgegeben oder zur gegenüberliegenden Zimmerei Suiter oder Tankstelle Hößle ausgefahren. Die „Schwarze Gans" gibt es seit Aufgabe des Baugeschäfts nicht mehr, jedoch existiert noch das Arbeiterhaus mit angrenzenden Schuppen in einer gemütlichen gewerblichen Hinterhof-Atmosphäre.

Kiesgrube II. mit Brech- und Fuhrwerk – Seeshaupt

Neben der Kiesgrube in Tutzing betrieb Xaver Knittl ab 1898 zusätzlich eine Kiesgrube mit Brech- und Fuhrwerk in Seeshaupt. Sie befand sich in der Verlängerung der Bahnhofstraße an der heutigen Hohenberger Straße, südwestlich des Bahnhofs Seeshaupt. Das gesamte Areal umfasste beachtliche 25 Tagwerk.

Die Lage der Kiesgrube war optimal, denn seit 1866 gab es eine Bahnverbindung zwischen München und Seeshaupt. Um den Kies auf dem Bahnweg zu transportieren, wurde zwischen dem Baumeister und der Königlich Bayerischen Eisenbahndirektion München ein Vertrag zur „Benutzung von Bahneigentum als Fahrt im Bahnhof Seeshaupt durch

An die westliche Grundstücksgrenze der „Schwarzen Gans" schloss sich ehemals direkt an ihren Schuppen ein Remisenanbau der Webereifabrik und Frottierwarenfabrik C. G. Haebler & Söhne, die 1949 an der Von-Kühlmann-Straße 1 ansässig war. Später führte der Textilkaufmann Karl Herbert Pöttschke die Handtuchfabrik. Im Jahr 2006 verschwand der Remisenanbau mit dem Neubau von drei Wohnhäusern. Bis zum Abriss war die Remise, die als Werkswohnung ausgebaut worden war, noch bewohnt.

Abb. 127 *Xaver Knittls Bauernhof, gelegen neben der Kiesgrube in Seeshaupt, um 1930*

Bauzeit 1894 – 1933

Xaver Knittl" geschlossen. Zum Abtransport des Kieses verlegte man zusätzliche Industriegleise.

Xaver Knittl war in Seeshaupt mit dem Bau von Landhäusern bereits weit vorangeschritten, als er zum Kiesgrubenareal noch einen 1700 qm großen Baugrund[172] für 1000 Mark vom Posthalter Rasso Vogl (S. 166 f) und dessen Ehefrau Karolina aus Seeshaupt erwarb, um darauf einen Bauernhof zu errichten. In dem an der heutigen Hohenberger Straße 27 gelegenen Hof konnte er die für sein Fuhrwerk notwendigen Ochsen und Pferde unterbringen.

Der Bauernhof ist den Einheimischen aufgrund der späteren Pächter unter dem Namen „Schneidhof" bekannt. Nach Einstellung des Kiesabbaus wurde er für landwirtschaftliche Zwecke zuerst an die Eheleute Fuhr und ab 1933 bis Anfang der Neunzigerjahre an das Ehepaar Schneid verpachtet. Der anfänglich jährliche Pachtpreis betrug 365 Mark. In Seeshaupt gab es aufgrund des kiesreichen Bodens viele weitere Kiesgruben. Die Knittl-Kiesgrube wurde 1978 aufgeschüttet. In unmittelbarer Nähe gab es später noch das Kieswerk Feigl.

Der aufgrund seines markanten Knicks im Dachstuhl unverkennbare Bauernhof erhielt 1994 durch die Nachkommen von Josefa Müller, einer der beiden Töchter Xaver Knittls, eine originalgetreue Renovierung[173] und ist heute ein Mehrfamilienhaus.

Abb. 128 *Xaver Knittls Hof, benannt nach den Pächtern „Schneidhof", Gemälde von Karl Walther, 1948*

Bauzeit 1894 – 1933

Hotels, Pensionen, Gastwirtschaften, Cafés

Gasthof Dusold, später „Seerose", 1896 – Garatshausen

Auf der Fassade unter dem Dachgiebel des ehemaligen Gasthofes Dusold in Garatshausen an der Weylerstraße 2 rankte lange eine gemalte Seerose. Sie stand für den Namen des Gasthofes, der vielen auch als „Seerose" bekannt ist. Dieser stammte von dem gleichnamigen Künstlerkreis, der sich dort in den Vierzigerjahren regelmäßig traf und eng mit dem Künstler Theo Prosel verbunden war. Den Jüngeren wird das Gebäude eher geläufig sein, als die Diskotheken namens Captain Flint, Lord Nelson oder Secret später ebenfalls dort untergebracht waren.

Den Namen Dusold bekam der Gasthof durch den Schwiegersohn des Vorbesitzers Heinrich Müller, den Gendarm und Landwirt Ignaz Dusold. Heinrich Müller kaufte 1872 das Anwesen, als sich für ihn durch den Eisenbahnbau ein neues Tätigkeitsfeld auftat, denn er erhielt die Erlaubnis, eine Kantine für Bahnarbeiter zu eröffnen. Er erweiterte das Anwesen durch ein Ökonomiegebäude.[174] Der Grundriss dieses Rückgebäudes zeigt eine Schreinerwerkstätte, ein Waschhaus, einen Viehstall und einen Gaststall. Der Stall war vorgesehen für die Pferde der Gäste, heute wäre es die Besuchergarage.

Als der Schwiegersohn Ignaz Dusold den Gasthof bereits 20 Jahre geführt hatte, ließ er ihn von Xaver Knittl im Jahr 1896 modernisieren, indem er eine Küche an die Westseite des Wirtschaftsgebäudes[175] und im darauf folgenden Jahr einen Eiskeller südwestlich hinzufügen ließ. Zu dieser Zeit kamen immer mehr Tagesausflügler und Feriengäste an den Starnberger See, so dass die Verköstigung der Gäste mit Hilfe einer langanhaltenden Kühlung gewährleistet sein musste.

Der Traditionsgasthof hat eine lange bewegte Geschichte, die mit vielen Besitzer- und Pächterwechseln verbunden ist. Interessant ist der bereits erwähnte Besitzer Theo Prosel, dem der Gasthof den Namen „Seerose"

Theo Prosel (1889–1955) war ein berühmter österreichischer Dichter und Kabarettist. Er hatte sein erstes Engagement bei Karl Valentin und trat ab 1920 regelmäßig bei Kathi Kobus im Simplicissimus auf, den er selbst auch als Pächter später leitete. Nachdem der Simplicissimus im Jahr 1944 durch eine Sprengbombe zerstört worden war, eröffnete er den Neuen Simpl am Platzl und setzte die Tradition des literarischen Kabaretts fort.

Abb. 129 *Wein- und Gastwirtschaft Dusold in Garatshausen, später genannt „Seerose", 1919*

zu verdanken hatte. Von 1942 bis 1946 trafen sich durch ihn regelmäßig bekannte Münchner Künstler im Haus Prosel in Garatshausen.

Zu ihnen zählte auch der Schriftsteller und Kabarettist Peter Paul Althaus. In der Zeit von 1945 bis 1947 wohnte Althaus im Haus Berghammer an der Kustermannstraße 12 in Tutzing zur Miete (Abb. 110, S. 134). Er gründete 1948 den Künstlerkreis Seerose in München, zu der Zeit als Prosel das Haus in Garatshausen bereits verkauft hatte. Die Namensgebung „Seerose" stammte aber aus der Garatshausener Zeit.

Das Ende der „Seerose"

Zuletzt betrieb den Gasthof „Seerose" die Familie Floth. Die Gastwirte Karl Floth (1899–1961) und seine Ehefrau Anna (1910–1983) hatten in Karlsbad das Kurhotel Villa Lauretta geführt, waren kriegsbedingt enteignet worden, geflüchtet und schließlich an den Starnberger See gekommen, wo sie 1957 die „Seerose" übernahmen. Im Jahr 1961 kam es zu einem tragischen Ereignis, das dazu führte, dass die gelernte Köchin Anna Floth den Gasthof nur noch einige Jahre alleine weiterführen konnte. Ihr Ehemann verunglückte tödlich mit dem Auto bei der Rückfahrt von der Münchner Großmarkthalle.

Ihr Sohn und Nachfolgebesitzer Horst Floth (1934–2005) schrieb später Sportgeschichte in Garatshausen, dem Ort mit den meisten Medaillengewinnern im Verhältnis zu seinen Einwohnern. Der gelernte Hotelkaufmann gewann mit seinem Bremser Pepi Bader bei den Olympischen Winterspielen in Grenoble 1968 und in Sapporo 1972 die Silbermedaille. In Grenoble war der Bob Deutschland I zeitgleich mit dem italienischen Bob. Das wäre eigentlich die Goldmedaille für Floth und Bader gewesen. Aus nicht nachvollziehbaren Gründen entschied sich jedoch die Jury, den Italienern allein die Goldmedaille zuzusprechen, mit der Begründung, dass diese im letzten der vier Läufe die schnellere Zeit gefahren waren.

Abb. 130 *Gasthof „Seerose", 1933, im Hintergrund der „Knittlhof"*

Bauzeit 1894 – 1933

Gastwirtschaft Kustermann, 1896 – Diemendorf

Der Eisenwarenfabrikant Max Kustermann eröffnete im Jahr 1896 in Diemendorf eine der drei Zweigstellen seines Mustergutes Oberzeismering. Er kaufte sich dort ein, indem er den Gutshof „Kastenjackel" auf der Anhöhe im südlichen Diemendorf für den Jungviehbetrieb und den Hof „Daimer" neben der St.-Magarethen-Kirche von der Firma Schülein aus München für den Zweck einer Gastwirtschaft erwarb. Diesen Hof „Daimer" ließ er von Xaver Knittl zur Ortswirtschaft umgestalten.[176]

Die bis Anfang der Jahrtausendwende geführte Gastwirtschaft mitten in Diemendorf wurde nach der Kustermann'schen Ära erst zur Gastwirtschaft Kergl und später zur Gastwirtschaft Geiger.

Die Übernahme der Kustermann'schen Gastwirtschaft durch den Landwirt Peter Kergl (1882–1956) war sehr abenteuerlich. Der aus Diemendorf stammende Peter Kergl wanderte wegen seiner bösen Stiefmutter im Jahr 1907 zusammen mit seinem Bruder nach Amerika aus und versuchte sein Glück als Brauhelfer bei der Brauerei Papst in Milwaukee am Westufer des Michigansees. Peter Kergl hatte im Gegensatz zu seinem Bruder, der einen Kolonialwarenladen in Übersee eröffnete, dort heiratete und blieb, Heimweh nach Oberbayern und konnte endlich nach dreizehn Jahren nach Diemendorf zurückkehren. Zudem stand ihm das Glück zur Seite, denn bei einem zwischenzeitlichen Heimaturlaub 1912 hatte er schon die Jungfernfahrt der Titanic am 14. April 1912 von England nach Amerika gebucht, die er aber wegen Überbuchung nicht antreten konnte. Endgültig wieder im Jahr 1920 im Heimatort angekommen, überredete er Franz Kustermann, ihm die Gastwirtschaft im Ort zu verkaufen. Da das in Amerika verdiente Geld nicht ganz reichte, wurde der Rest in Raten beglichen. Dafür spazierte seine Ehefrau Dora Kergl regelmäßig mit den fälligen Geldraten, im Kinderwagen versteckt, nach Tutzing in die Villa Kustermann, um sie persönlich beim Kommerzienrat abzuliefern.

Abb. 131 *Gastwirtschaft Kustermann in Diemendorf, um 1910*

Bauzeit 1894 – 1933

Hotel König Ludwig – Kurhaus, 1897

Gegenüber der Metzgerei Bockmayr entstand an der Hauptstraße 42 in Tutzing ein ortsprägendes Bauwerk, bekannt unter dem Namen Kurhaus, dessen Architektur eher städtisch anmutet. Dass das Bau-Duett Engelbert Schnell/Xaver Knittl das Gebäude errichtete, ist wahrscheinlich, jedoch nicht belegt.

Das Kurhaus fällt nicht nur wegen seiner Optik aus der Rolle, sondern auch wegen seiner Bücher füllenden Geschichte. Die Immobilie brachte den Gastronomen und Hoteliers kein Glück. Innerhalb von 30 Jahren verschliss das Haus zehn Pächter oder Besitzer. Anfangs hatte es mit dem Bauherrn des Hauses, dem Malermeister Wilhelm Schöffel sen. (1847–1901) noch erfolgversprechend begonnen, bevor die Odyssee der mehr oder weniger unfähigen Pächter folgte.

Wilhelm und Magdalena Schöffel (1844–1928) waren bereits erprobte Geschäftsleute in Tutzing und wollten in ihrem Neubau ein Café und Weinrestaurant eröffnen. Nach langem Hin und Her mit der Gemeinde wegen der Genehmigung wurde schließlich daraus das „Café Würmsee". Als im Keller noch eine kleine Weißbierbrauerei hinzu kam und zusätzlich Fremdenzimmer im Haus angeboten wurden, entwickelte sich die Gastronomie zu Beginn des 20. Jahrhunderts zum Hotel König Ludwig.[177]

Einer der Geschäftsführer des Hotels König Ludwig, der die mangelnde Nachfrage der Touristen zu spüren bekam, war der Gastwirt Georg Roth, Besitzer von 1919 bis 1927. Danach gab er entnervt auf und ließ sich stattdessen den Bauernhof Roth an der Hofrat-Beisele-Straße 19 in Tutzing erbauen.

Ein entscheidendes Kriterium für den Wert einer Immobilie ist bekanntlich ihre „Lage". Die schlechte Lage war einer der Gründe, warum das Hotel König Ludwig kein Erfolgsmodell wurde, denn die Touristen störten sich sowohl an der staubigen und stark frequentierten Hauptstraße als auch an den Schlachtgeräuschen der gegenüberliegenden Metzgerei Bockmayr. Sie buchten daher lieber das Hotel Simson oder den Seehof.

Abb. 132 *Hotel König Ludwig, das spätere Kurhaus in der Tutzinger Ortsmitte, um 1920*

Bauzeit 1894 – 1933

Wandel zum Kurhaus

Die Wende sollte mit einer Nutzungsänderung zu einem Kurhaus-Betrieb eingeleitet werden, für die eigens ein Kurhausverein gegründet wurde. Der Arzt Dr. Georg Brendel, der vorher das Kurhaus in Feldafing geleitet hatte, wurde 1930 Geschäftsführer des Musterinstituts. Dafür ließ der Kurhausverein das Gebäude nach modernsten Ausstattungsstandards mit aufwendiger Kurtechnik umbauen. Ein ebenerdiges Gebäude mit einer Kegelbahn für die Kurgäste wurde auf der Ostseite im Jahr 1932[178] angebaut. Heute befindet sich darin eine Wohnung.

Der Kurhausbetrieb auf Luxus-Niveau floppte jedoch in Tutzing. Xaver Knittl, der als guter Geschäftsmann bekannt war, sah das Desaster voraus und ließ sich seine Baurechnungen unverzüglich auszahlen. Die anderen Gläubiger, zu denen viele Tutzinger Handwerker zählten, gingen leer aus. Das rettungslos verschuldete Kurhaus bekam als neuen Besitzer den Geschäftsführer des Kurhausvereins Dr. Georg Brendel, der dafür angeblich die gewaltige Kaufsumme von 302.000 Reichsmark aufbrachte. Das nötige Geld erlöste Dr. Georg Brendel wohl durch den Verkauf seines überaus großen Anwesens in Garatshausen.[179] (Abb. 85/86, S. 115)

Während des Zweiten Weltkrieges wurde das Kurhaus zu einem der sieben Lazarette in Tutzing umfunktioniert. Nach dem Krieg besetzten das Haus die Amerikaner. Danach belebte die Ärztefamilie Brendel das Kurhaus wieder als Allgemeinpraxis, mittlerweile schon in dritter Generation.

Pension Sonnblick, 1897/98

Der Hofgraveur Rudolf Horrmann war Bauherr der charmanten Villa im Landhaus-Stil an der heutigen Heinrich-Vogl-Straße 4 in Tutzing. Das villenartige Wohnhaus lag nördlich der damaligen Gärtnerei Herre (später Reiter), die sich wiederum in unmittelbarer Nachbarschaft des Neuen Friedhofs befand. Xaver Knittl entwarf und baute die für ihn typische Villa mit Schopfwalmdach und Zierfachwerk.

Am Ende des Zweiten Weltkrieges wechselten Nutzung und Besitzer. Die Familie Thalhofer[180] führte in dieser Villa die Pension Sonnblick. Laut Prospekt wurde sie dort wie folgt charakterisiert: „Mittlere Höhenlage, mit Liegewiese und auf Wunsch mit Diätreform, ganzjährig". Um das Jahr 2000 wurde die Villa abgebrochen. An ihrer Stelle steht heute in sehr guter Lage ein Wohnblock mit mehreren Eigentumswohnungen.

Abb. 133 *Villa Sonnblick (1898 – 2000) an der Heinrich-Vogl-Straße neben dem Neuen Friedhof*

Abb. 134 *Pension Sonnblick, Werbeprospekt*

Bauzeit 1894 – 1933

Gasthaus Hubertus, 1898 – Ammerland

Der Privatier Johann Kroher aus München erwarb vom Fischer Josef Hirn ein Baugrundstück an der Hauptstraße 4 in Ammerland und ließ sich ein Jahr später von Xaver Knittl darauf eine beindruckende Villa[181] mit Turm erbauen. Die Westufler Hugo und Betty Schmidt aus Tutzing erwarben das Bauwerk 1918 und machten daraus ein Café und Weinrestaurant mit Sitzplätzen im Freien. Später wurde es unter neuen Besitzern zum Café Hubertus mit Eisdiele, Biergarten sowie angeschlossenen Fremdenzim-

Abb. 135 *Café Hubertus bzw. Gaststätte Hubertus-Klause (1898–1988) in Ammerland*

mern in der oberen Etage. Das Café Hubertus besuchten viele Stammgäste, rauschende Feste für Alt und Jung wurden hier gefeiert. Nach neunzig Jahren brach man das traditionsreiche Gastronomiegebäude, das aus einer der ersten Villen am Ostufer entstanden war, im Frühjahr 1988 ab.[182]

Hotel am See, 1899/1900 – Seeshaupt

Der frühere Besitzer Franz Kohler warb mit: „Schönster Punkt am Starnberger See. Lieblingsort Pettenkofers. Größter Garten direkt am See gelegen."

Abb. 136 *Hotel am See in Seeshaupt (1900–1970), Foto um 1905 (offizielle Bezeichnung war „Hotel Seeshaupt")*

Bauherr des späthistoristischen Hotels[183] und des Nebengebäudes, das spätere Restaurant „Bürgerstüberl", war Alexander Freiherr von Wendland, der damalige Besitzer von Schloss Höhenried. Der Baumeister war Xaver Knittl. Dieses wunderschöne Hotel, auch offiziell „Hotel Seeshaupt" genannt, mit Nebenhaus wechselte oft die Besitzer. Die beiden lagen an der Seepromenade 5–7 in Seeshaupt in unmittelbarer Nähe zur Landestelle der Dampfschiffe. Sechs Jahre vor dem Abbruch wurde es verpachtet und im Juli 1970 für die Mousson-Häuser, eine Eigentumswohnanlage, abgerissen.

Forsthaus Ilkahöhe, 1900 – Oberzeismering

Die heutige Gastwirtschaft auf der Ilkahöhe mit dem schönsten Panoramablick auf den Starnberger See war das ehemalige um 1883 erbaute „Forstrevier" des Gutes Oberzeismering und Bestandteil des Mustergutes von Max Kustermann. Aus dieser Zeit erhielt die Gastwirtschaft den Namen „Forsthaus". Zum Gut gehörten viele Wälder und Wiesen, für deren Pflege ein von Kustermann bestellter Förster eingestellt wurde. Die Dienstwohnung des Försters befand sich im Forsthaus. Im Jahr 1900 ergänzte man das Anwesen um eine Wirtschaft. Den Auftrag für diese Nutzungsänderung erhielt Xaver Knittl. Später, als das alte Revier nur noch als Gasthaus betrieben wurde, zog der Förster Kirschner, Nachfolger des Försters Gram, in ein noch heute erhaltenes neues „Forstrevier" in Oberzeismering 12, jenseits der Staatsstraße von Tutzing nach Weilheim, kurz vor Kampberg.

Im gleichen Jahr, in dem der Umbau zum Gasthof auf der Ilkahöhe stattfand, errichtete Xaver Knittl das nötige Eishaus,[184] welches sich nord-

Abb. 137 *Gasthaus Ilkahöhe in Oberzeismering*

Bauzeit 1894 – 1933

westlich der Wirtschaft neben der Kirche St. Nikolaus befand sowie ein Waschhaus und andere landwirtschaftliche Gebäude, die heute zur Guts- und Forstverwaltung Ilkahöhe in Oberzeismering gehören.

Mustergut Kustermann – Oberzeismering

Der am Ort schon länger ansässige Wahl-Tutzinger Max Kustermann (1825–1901) hatte sich noch mit 60 Jahren ein ehrgeiziges Ziel gesteckt. Der Fabrikbesitzer wollte in Oberzeismering bei Tutzing ein Mustergut errichten. Solche landwirtschaftlichen Großbetriebe waren zu dieser Zeit bei Großgrundbesitzern in Mode gekommen. Für dieses ab 1885 in Angriff genommene Mammut-Projekt musste sich Kustermann erst etwa zehn Bauernhöfe sichern, damit er freie Hand für den Aufbau seines Mustergutes hatte. Man kann sich vorstellen, dass die alteingesessenen Bauern zuerst alles andere als begeistert waren, als sie davon erfuhren. Aber Max Kustermann kam der Umstand zugute, dass die meisten Bauern verschuldet waren, da sie unter dem rauen und nährstoffarmen Boden in Oberzeismering litten. Im Jahr 1890 verkaufte der letzte Bauer seinen Hof an Max Kustermann.[185]

Sein Sohn Franz Kustermann (1861–1945) übernahm den land- und forstwirtschaftlichen Gutsbetrieb nach dem Tod des Vaters im Jahr 1901 und verkaufte ihn 1924 an den Papierfabrikanten Heinrich Nicolaus. Der unter Elsa Carp eingesetzte Verwalter Otto Frey übernahm schließlich 1959 die Besitztümer und gab sie an seine Tochter weiter.[186]

Konditorei Dreher, 1913

Der Ort Tutzing bekam kurz vor dem Ersten Weltkrieg an der Hauptstraße 29 gegenüber dem Tutzinger Hof eine besonders schöne Konditorei mit Café und Biergarten, die es immer noch gibt. Vor dem Neubau stand an der Stelle der alte traditionsreiche „Zimmermeister" aus dem 17. Jahrhundert, dessen letzte Besitzer die Hoferbin Magdalena Schellinger und ihr Mann Mathias Vogl waren (Abb. 105, S. 130). Sie hatten sich stattdessen einen Bauernhof in Unterzeismering zugelegt.

Als Georg Dreher, der an der Hauptstraße in Starnberg neben dem alten Rathaus eine gleichnamige Bäckerei führte, in der Tutzinger Ortsmitte den Bauernhof samt riesigem Obstgarten von den Vogls gekauft hatte, um diesen für sein Neubauprojekt abzubrechen, waren die Einheimischen nicht begeistert und hatten große Bedenken. Bereits damals missfiel der breiten Öffentlichkeit der Vorrang wirtschaftlicher Interessen bei Immobilienkäufen: „Wir erfahren, daß das Vogl'sche kleine Bauernanwesen an der Hauptstraße gestern verkauft wurde. Käufer ist der Bäckermeister Dreher von Starnberg, der diese Ladengeschäftslage für seinen Konditoreibetrieb ausnutzen will. So wird wohl dieses Stück Alt Tutzing einem neuen Geschäftsgebäude weichen müssen."[187]

Im Gegensatz zu heute bewahrheitete sich in diesem Fall die Befürchtung der Bevölkerung nicht, dass das Ortsbild aufgrund von wirtschaftlichen Interessen verschandelt würde, denn das hübsche Kaffeehaus ist heute immer noch eine Bereicherung für den Ort.

Die Bauleitung für den Neubau der Konditorei und des Wohnhauses mit Laden für Georg Dreher übernahm das Baugeschäft Peter Rumiz,

Bauzeit 1894 – 1933

Architekt war der Münchner G. Harhauser.[188] 1920 baute Xaver Knittl einen zusätzlichen Kamin in das Gebäude ein, was nicht reibungslos vonstatten ging, denn der Abstand des Kaminausgangs der Dreher'schen Feinbäckerei zum Balkon des nördlichen Nachbarn gab erheblichen Anlass zu Streitereien.

Georg Dreher verkaufte das Haus im Jahr 1928 an die Konditoren-Eheleute Hans und Christine Hofmair. Nachdem der Konditor Dreher Tutzing den Rücken gekehrt hatte, eröffnete er in Bad Reichenhall ein Kaffeehaus und kaufte dort später noch ein Hotel dazu. Außerdem betrieb er in München neben der Theatinerkirche ein Café.[189]

Abb. 138 *Café & Conditorei Dreher, anschließend Übernahme von Hans Hofmair, Foto um 1925*

Landwirtschaftliche Gebäude

Gutshof Dall' Armi, 1899 – Nussberg

Der landschaftlich sehr reizvolle Ortsteil Nussberg, in dem sich der Tabakkaufmann Heinrich von Dall' Armi einen Gutshof von Xaver Knittl erbauen ließ, gehörte damals zur Gemeinde Jenhausen, heute zu Seeshaupt. Er liegt zwischen Schmitten und Bernried.

Kommerzienrat Heinrich von Dall' Armi war, wie der Kammersänger Heinrich Vogl, der sich mit dem Gut Deixlfurt (S. 36 ff) bei Tutzing den Traum einer Landwirtschaft erfüllte, naturverbunden und ein passionierter Landwirt. Seiner Leidenschaft für die Agrarwirtschaft folgend, kaufte er 1898 vom Sohn Jakob der Eheleute Joseph und Katharina Streidl das An-

Bauzeit 1894 – 1933

wesen Nussberg. Joseph Streidl hatte den Bauernhof nach der Säkularisation erworben und später mit einer kleinen Kapelle anstelle eines baufälligen Kirchleins als Dank für die Genesung seines Sohnes Georg ergänzt.[190]

Heinrich von Dall' Armi ließ den alten Bauernhof abreißen, um dann einen neuen Gutshof[191] etwas nördlicher zu errichten. Dieser wird mit Stall und anderen landwirtschaftlichen Nebengebäuden malerisch eingerahmt von den drei künstlich angelegten größeren Weihern: dem Nussberger, dem Bernrieder und dem Hapberger Weiher. Nach mehreren Besitzerwechseln musste im Jahr 1936 der Landwirt Franz Xaver Birzle seine Landwirtschaft in Stadtbergen bei Augsburg aufgeben und kaufte stattdessen das Anwesen Nussberg.

Heute bewohnt und bewirtschaftet die Familie Birzle Gut Nussberg, zu dem eine Fischzucht gehört wie auch eine Rot-Anguszucht mit Mutterkuhhaltung, die zu Zeiten von Dall' Armi noch ein Milchviehbetrieb war.

Abb. 139 *Gutshof Dall' Armi in Nussberg bei Seeshaupt, um 1910*

Riedhof Karl von Spies, 1901 – Wolfratshausen

Der Riedhof in Egling, heute Golferparadies, war einst ein großes landwirtschaftliches Gut zwischen Wolfratshausen und Sauerlach. Die unterschiedlichen „Riedbauern" bewirtschafteten und bewohnten den Hof seit Anfang des 19. Jahrhunderts bis der heutige Besitzer große Ländereien und seine landwirtschaftlichen Gebäude 1987 an einen Golfplatzbetreiber verpachtete, die seither zum großen Teil von Clubmitgliedern genutzt werden. Der Königlich Bayrische Kämmerer und Oberstleutnant Karl von Spies erwarb 1899 Gut Riedhof und nahm umfangreiche bauliche Veränderungen vor. Er war einer von drei Söhnen des Bayrischen Kriegsministers Moriz von Spies. Nach dem Kauf des Anwesens stand 1901 neben der Errichtung eines Stadels, eines Kutscherwohngebäudes und weiterer Wirtschaftsneubauten auch der Bau eines Haupthauses[192] an, der von

163

Bauzeit 1894 – 1933

Abb. 140 *Das zum Riedhof gehörige Gutsherrenhaus in Egling bei Wolfratshausen, ehemals Pflegeheim, 2017*

Xaver Knittl zusammen mit dem Oberbaurat Schultze durchgeführt wurde. Dieses Haupthaus wurde auch Herrenhaus genannt. Die letzte Besitzerin der Familie war Fräulein Rosa von Spies. Sie verkaufte 1961 das 84 ha große Gut an Kurt und Klara von Raesfeld, zog aus dem Gutsherrenhaus aus und verbrachte ihren Lebensabend in unmittelbarer Nähe am Waldesrand in einem Austragshaus.

Das umgebaute Gutsherrenhaus diente bis zum Herbst 2016 über 35 Jahre als familiäres und beliebtes Pflegeheim für etwa 26 betagte Menschen. Die pflegebedürftigen Personen konnten sich an einem 10.000 qm großen Park mit eigenem Kräutergarten erfreuen. Der Betreiber, ein gemeinnütziger Verein, musste es von behördlicher Seite schließen, da die gesetzlichen Verordnungen für Heime nicht mehr erfüllt werden konnten. Die Bewohner waren im historischen Gutsherrenhaus in kleinen individuellen Zimmern untergebracht, die der Mindestgröße moderner Standards für Altersheime nicht länger entsprachen. Ein dementsprechender Umbau des Altbaus war bautechnisch unmöglich und eine Wirtschaftlichkeit bei Reduzierung der Bettenzahl nicht gegeben. Unter großem Protest und Unverständnis mussten die Bewohner ausziehen, obwohl das Wohnklima der alten Gemäuer der Seele der betagten Menschen so gut getan hatte.[193]

Stallungen Georg Leis, 1905 – Unterzeismering

Der Ökonom Johann Georg Leis (1847–1915) gehörte zu den Opfern der Aufkauf-Aktion Max Kustermanns für sein Mustergut in Oberzeismering (S. 161). Leis besaß oben auf der Ilkahöhe den Hof „Lary", den er an Max Kustermann 1888 abtreten musste. Stattdessen siedelte Leis in das fruchtbarere Unterzeismering um, erwarb dort den „Tyroller Hof" und nahm den alten Hofnamen „Lary" von Oberzeismering nach Unterzeismering mit. Später übernahm sein Sohn Georg Leis (1878–1958) mit seiner Frau Friederike (1878–1962) den Hof „Lary" in Unterzeismering. Sie beauftragten Xaver Knittl mit einem westlichen Anbau[194] für die Stallungen am heutigen Unteranger 3.

Das Ehepaar Leis blieb kinderlos, der Bruder Martin Leis fiel im Ersten Weltkrieg. Für das Fortbestehen des Hofes musste dringend gesorgt werden. Daher adoptierten die Landwirte Leis ihre Magd Magdalena Löffler

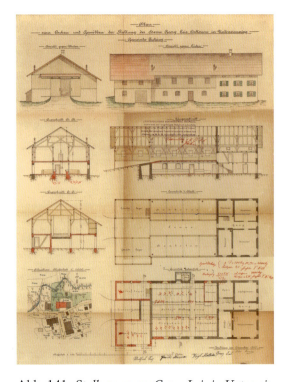

Abb. 141 *Stallungen von Georg Leis in Unterzeismering, Plan Peter Rumiz, Bauausführung Xaver Knittl, 1905*

(1924 – 2009). Sie stammte aus Hohenpeißenberg und hatte bereits mit 14 Jahren am Hof ihren Arbeitsdienst begonnen. Die ehemalige Magd heiratete den Landwirt August Knott (1917 – 1998) aus der Oberpfalz. Der Hof im Ort war ein klassischer Bauernhof mit Milchvieh. Etwa 1991 wurde die Landwirtschaft aufgegeben und stattdessen entstand der Reitstall Knott westlich der Ortsmitte am Ackerberg 1.

Gutshof Kustermann, 1906 – Hapberg bei Bernried

Neben den Zweigstellen des Mustergutes Oberzeismering in Diemendorf und Polling schaffte Franz Kustermann eine dritte Zweigstelle in Hapberg an. Das ist ein Gemeindeteil von Bernried und grenzt westlich in Richtung Weilheim direkt an Bernried. Der Weiler besteht aus zwei Höfen, dem Hof von Severin Greinwald am Bernrieder Ortsausgang links und dem gegenüberliegenden Hof von Franz Kustermann.

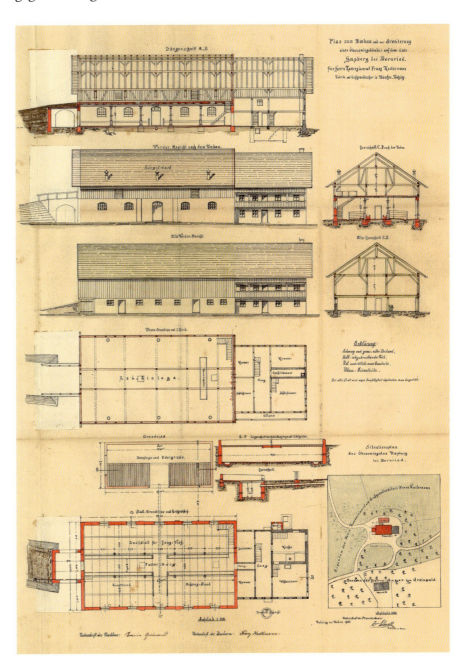

Abb. 142 *Plan von Engelbert Schnell, März 1906 zum Umbau und zur Erweiterung eines Ökonomiegebäudes in Hapberg bei Bernried, Bauausführung Xaver Knittl*

Bauzeit 1894 – 1933

In Hapberg ließ Franz Kustermann auf seinen landwirtschaftlichen Latifundien an ein schon bestehendes Wohnhaus auf der Westseite ein großes Ökonomiegebäude[195] von Xaver Knittl und dem Zimmereibetrieb Johann Suiter nach den Plänen von Engelbert Schnell errichten. Er hielt dort wie in Diemendorf sein Jungvieh. Das Braunvieh kam im Sommer von Oberzeismering nach Hapberg und wurde im Herbst über Unterholz wieder zurück nach Oberzeismering getrieben. Im Jahr 1927 war Franz Kustermann gezwungen, den Gutshof zu verkaufen, was mit der Spielsucht seines Schwiegersohns Hugo Ritter von Maffei zu tun hatte. Dieser soll im gleichen Jahr im Casino in Monaco etwa 7,5 Millionen Mark verspielt haben. In den Dreißigerjahren gehörte Gut Hapberg der Bayerischen Landessiedlung GmbH, deren Ziel die Förderung des ländlichen Siedlungswesens war. Nach mehreren Besitzerwechseln kauften schließlich Anton und Maria Schmid 1957 das Gut vom Landwirt Unsinn aus dem Allgäu. Sie betrieben dort eine Landwirtschaft mit Milchvieh, die ihr Sohn Anton Schmid jun. im Jahr 1973 übernahm. Ab dem 1. Juli 2010 verpachtete Anton Schmid jun. nach dem Tod seines Sohnes Anton den Hof weiter an den Landwirt Walser aus Obersöchering. Momentan beläuft sich der Viehbestand auf etwa 200 Tiere, davon 60 bis 70 Stück Milchvieh. Der Rest sind Zuchtbullen und Jungrinder.

Das alte Kustermann'sche Wohnhaus entspricht heute nicht mehr den originalen Plänen. Im Jahr 1937 kam ein Anbau hinzu, der weiterhin von der Familie Schmid bewohnt wird.

Hugo Ritter von Maffei (1888 – 1932), verheiratet mit Gabriele Kustermann (1890 – 1955), der Tochter von Franz Kustermann (1861 – 1945), gehörte zu dieser Zeit zu den reichsten Männer des Königreichs Bayern. Gut Unterholz und die Karra-Höfe, die in Richtung Bauerbach folgen, waren neben vielen anderen Ländereien in seinem Besitz. Dazu gehörten die Güter Staltach, Eurach, Neuried bei Antdorf, der Berghof bei Sindelsdorf, Gut Freiham, Ländereien in Berchtesgaden sowie die Villa Maffei in Feldafing. Der an Spielsucht Leidende musste nach der Scheidung den Rest seines Lebens auf der Insel Java (Indonesien) verbringen.

Stallneubau Rasso III. Vogl 1909 – Seeshaupt

Die renommierte „Post" in Seeshaupt lag unmittelbar an der heutigen S-Kurve in der Ortsmitte am Südufer des Starnberger Sees, dort wo sich seit 2001 die „Seeresidenz Alte Post" befindet.

Das große Anwesen blickt zurück auf eine lange und turbulente Geschichte. Sie begann, als Rasso I. Vogl aus Unterbrunn 1816 die verwitwete Gastwirtin der sich dort befindlichen Taverne „Sanktjohanser" ehelichte. Als beim Küchlbacken eine Schmalzpfanne Feuer fing, kam es 1815 zum Dorfbrand, bei dem die Taverne niederbrannte.[196]

Mit ihrer Heirat wurde die über mehrere Generationen bestehende „Post"-Besitzerfamilie Vogl ins Leben gerufen, deren älteste Söhne alle sechs den Vornamen Rasso trugen und das Anwesen um die „Post" stetig erweiterten sowie neue Geschäftsfelder erschlossen. Sie lebten mit ihren Familien in einem Wohnhaus auf dem Gelände und führten zuletzt das Hotel mit Postagentur sowie den Gasthof mit eigener Landwirtschaft und eigener Metzgerei mit Schlachthaus.[197]

In der Zeit von Rasso III. Vogl (1866 – 1925) folgte dem Dorfbrand von 1815 ein zweiter Großbrand am 28. Mai 1909, der durch die militärische Einquartierung verursacht wurde. Der angebaute Stall mit Tenne und ein Teil des Gasthofes fielen den Flammen zum Opfer. Posthalter und Gasthofbesitzer Rasso Vogl und seine Frau Lina ließen sich 80 m weiter östlich ein neues Stallgebäude mit Tenne von der Baufirma Xaver Knittl und der Zimmerei Johann Suiter errichten. Planfertiger war die „Baustelle des Bayerischen Landwirtschaftsrates".[199] Den großen Stall, der 1909 im Norden an den Gasthof angebaut wurde, gibt es heute nicht mehr. Beim Wiederaufbau nach einem Brand wurde 1910 anstelle des Sommersaletlls der große Festsaal errichtet. Dieser steht dank einer Bürger-

Ein berühmter Gast der „Post" war König Ludwig II., der regelmäßig seine Pferde in der Alten Post wechselte so wie er das auch auf seiner letzten Fahrt von Schloss Neuschwanstein nach Berg am 12. Juni 1886 machte, einen Tag bevor er im Starnberger See ertrank. Von der Postwirtin Anna Vogl erbat er sich ein letztes Glas Wasser, worauf er dreimal in eindringlichem Ton „Danke" sagte.[198]

166

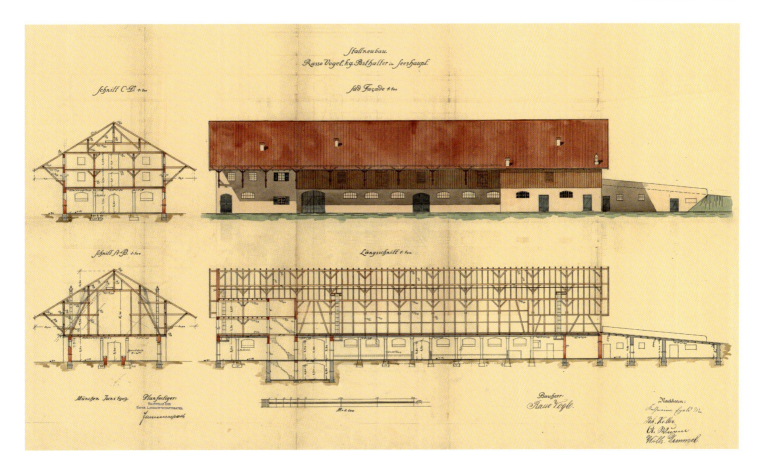

Abb. 143 *Stallneubau für den Kgl. Posthalter Rasso III. Vogl in Seeshaupt, 1909*

initiative seit 1989 unter Denkmalschutz und wurde vor einigen Jahren restauriert. Im Frühjahr 1992 riss man allerdings alle Gebäude bis auf den Post-Festsaal ab.

Stallgebäude Gut Rößlberg, 1914 – Tutzing

Als Gut Rößlberg gerade vier Jahre im Besitz des Reichsbarons Theodor von Cramer-Klett jun. (1874–1938) war, brannte das zum Herrenhaus rechtwinklig angrenzende Stallgebäude nieder. Cramer-Klett jun. ließ das landwirtschaftliche Gebäude[200] von der Baufirma Xaver Knittl und der Zimmerei Johann Suiter neu errichten. Der Stall nahm 80 bis 100 Kühe auf, für damalige Verhältnisse war seine Größe in der Umgebung einmalig. Die Wände waren hübsch gekachelt. Der Stall ist in seiner Erscheinung unverändert geblieben, seine Nutzung ist jedoch nicht mehr auf Viehhaltung ausgelegt, er wird heute als Wirtschaftsgebäude genutzt. Das noch wunderschön erhaltene Gut Rößlberg liegt nordwestlich von Diemendorf an der Bahnlinie nach Weilheim. Keine Autostraßen, sondern nur weite Wiesen und Natur, fernab von Lärm und Hektik ist es sowohl für Menschen als auch für Tiere ein wahres Paradies.

Die Ursprünge der Schwaige und des Jagdschlosses reichen zurück bis ins Spätmittelalter. Bis das Gut im Jahr 1864 der Steuergemeinde Tutzing zugesprochen wurde, war es der Hofmark Pähl zugehörig. Über die lange Zeit hinweg lebten dort viele interessante Persönlichkeiten. Die Hesseloher Betsäule mit der Jahreszahl 1483, die sich etwa 300 Meter westlich vom Schloss befindet, soll an den „letzten Minnesänger" und Eigentümer auf Gut Rößlberg, Hans Hesseloher, ein Landrichter aus Pähl und in seiner

Bauzeit 1894 – 1933

Nebentätigkeit ein talentierter Autor von Tanzliedern, erinnern, der auf dem Ritt von Weilheim nach Rößlberg wahrscheinlich an dieser Stelle aus dem Leben schied.[201]

Philip Fürst von Wrede verkaufte zu Zeiten der Hofmark Tutzing das Gut im Jahr 1869 an den Tutzinger Schlossbesitzer Eduard von Hallberger,[202] der den Landwirt Wilhelm Emanuel Süskind als Gutsverwalter einsetzte. Dieser bewirtschaftete ab 1878 die Schwaige. Ihm folgte ab 1898 sein Sohn Alfred Süskind. Zur Familie Süskind gehörte auch der Journalist und leitende Redakteur der Süddeutschen Zeitung Wilhelm Emanuel (W.E.) Süskind[203] (1901 – 1970), Jugendfreund von Erika und Klaus Mann sowie Vater des bekannten Schriftstellers Patrick Süskind. Die Verwalterfamilie Süskind hätte gerne das Schlossgut Rößlberg gekauft, jedoch gelangte das Schloss 1910 in den Besitz des Freiherrn Theodor von Cramer-Klett jun. Die Süskinds verließen fünf Jahre später ihren so liebgewonnenen Wohnsitz.[204]

Das Imperium des Freiherrn Theodor von Cramer-Klett jun. geriet im Zuge der Inflation ins Wanken. Viele Besitztümer mussten verkauft werden, darunter auch das Schlossgut Rößlberg. Nächster Eigentümer wurde Prof. Hans Fritz Rost, Professor für Chirurgie in Heidelberg. Eine von ihm gepflanzte Linde auf dem Anwesen hat mittlerweile eine beachtliche Größe erreicht. Sein gleichnamiger ältester Sohn Hans Fritz erbte das Gut von dem früh verstorbenen Vater. Er bewohnte es mit seiner Familie bis in die Fünfzigerjahre. Danach veräußerte er es an Marion Gräfin von Dönhoff. Hans Fritz Rost zog nach dem Verkauf mit seiner Familie zur Schwiegermutter[205] in das Haus Hollerberg im nah gelegenen Ort Wilzhofen. Seine Tochter Roswitha zog später in ein von Engelbert Knittl erbautes Haus nach Feldafing (Abb. 40, S. 247).

Der kurzzeitige Nachfolgebesitzer von Gut Rößlberg, Christoph von L'Estocq, veräußerte im Jahr 1960 das Gut zusammen mit 46 ha umliegendem Grund, die gerade für den Betrieb einer Landwirtschaft ausreichend

Theodor Freiherr von Cramer-Klett jun. (1874 – 1938) wurde in Nürnberg als einziger Sohn des Stammvaters Theodor Freiherr von Cramer-Klett sen. (1817 – 1884) geboren. Von seinem Vater erbte er ein riesiges Vermögen, darunter die Herrschaft Hohenaschau nebst Schloss am Chiemsee. Theodor Freiherr von Cramer-Klett jun. hatte nach der Auflösung des Hallberger-Immobilienbesitzes um die Jahrhundertwende das Gut Kerschlach und drei um die Kirche liegende Höfe in Monatshausen erworben. Er ließ diese abbrechen und den heute denkmalgeschützten Heiß-Hof westlich der Kirche in Monatshausen erbauen. Um 1910 verkaufte er das Anwesen an die Familie Josef Heiß und erwarb stattdessen das nahe gelegene Gut Rößlberg. Cramer-Klett jun. zählte bis zur Inflation 1923 zu den reichsten Männern Europas und zu den mächtigsten Großgrundbesitzern in der Umgebung nach der Hallberger-Epoche. Sein Vater Theodor Freiherr von Cramer-Klett sen. gehörte wie Joseph Anton von Maffei, Baron Freiherr von Wendland, Heinrich Dall' Armi und Max Kustermann zu den vermögendsten Unternehmern dieser

Abb. 144 *Gut Rößlberg mit Stallungsgebäude von Süden, 2016*

Zeit, die in der weitläufigen Umgebung des Starnberger Sees Besitzer von unzähligen Gütern und Ländereien waren. Sie waren meist nicht nur Forst- und Gutsverwalter, sondern auch Besitzer von Brauereien mit den dazugehörigen Gasthäusern.

Theodor Freiherr von Cramer-Klett jun. trug den Beinamen „Romantischer Stahlbaron". Der zum Katholizismus konvertierte Protestant rettete viele säkularisierte Klöster durch seine finanziellen Zuwendungen. Beispielsweise wurden die Klöster Ettal und Wessobrunn durch seine Unterstützung wiedergegründet. Er widmete sein Leben sozialen und karitativen Tätigkeiten mit großer Spendenfreudigkeit. Ein Kriegslazarett wurde mit eigenen Mitteln in Hohenaschau unterhalten. Oft sorgte er durch seine Beziehungen dafür, dass Tutzinger Missionsbenediktinerinnen an ihre Einsatzorte in aller Welt gelangen konnten.[206]

waren, an Niklas Freiherr von Schrenck-Notzing, der den Kauf mit seinem ausbezahlten Erbteil finanzierte. Der neue Besitzer rettete das über die Jahre heruntergekommene Herrenhaus, indem er es zusammen mit dem berühmten Münchner Architekten und Denkmalpfleger Erwin Schleich sanierte. Dafür bekam er eine Auszeichnung.

Im Zuge der Renovierung bauten sie das langgestreckte Nebengebäude zum Herrenhaus, welches im Kupferstich von Michael Wening aus dem Jahr 1701 zu sehen ist, wieder originalgetreu auf. Die Werterhaltung der Bausubstanz ist mit der Sanierung vorbildlich erreicht worden. Auch die Wiedererrichtung des Nebengebäudes ist so gut gelungen, dass es als Nachbau nicht erkennbar ist. Niklas Freiherr von Schrenck-Notzing bewohnte Gut Rößlberg, bis er 1979 nach Amerika auswanderte. Seither leben dort Andreas und Manuela Botas, die Stieftochter von Niklas von Schrenck-Notzing. Die heute aus reinem Grünland bestehende Landwirtschaft ist verpachtet.

Pferdestallung Eduard Scharrer, 1914 – Bernried

Nachdem Xaver Knittl für das Ehepaar Busch-Scharrer die Privatvilla an der Seeshaupter Straße 3 in Bernried mit einer imposanten Aufgangstreppe und einem Erker geschmückt hatte (S. 84), vergab der Pferdenarr Konsul Eduard Scharrer an Xaver Knittl den Auftrag für eine Pferdestallung[207] im Ökonomiegebäude des Gutes Bernried. Die Stallung wurde in das heute denkmalgeschützte Hofgut Bernried an der Tutzinger Straße 12 eingebaut. Das Bernrieder Hofgut war landwirtschaftlicher Versorgungsbetrieb des damaligen Augustinerchorherrenstifts, genannt Meierhof. Mit dem Kauf des Gutes von Baron Maximilian Freiherr von Wendland übernahm das Ehepaar Scharrer-Busch 1911 auch den alten Meierhof mit den zahlreichen Ökonomiegebäuden. Die vom Stuttgarter Architekten Carl Stadlinger entworfene Stallung für Scharrer ist heute noch in Teilen erhalten. Ein einstöckiger Anbau an das Ökonomiegebäude kam im Zuge der Baumaßnahmen hinzu.

Die liebevolle Pferdestall-Architektur mit den gusseisernen Säulen und dem halbkreisförmigen Tonnengewölbe ist typisch für die damalige Zeit. Ausgestattet war der Pferdestall mit fünf Standboxen für jeweils ein Pferd, vier Laufstandboxen für jeweils zwei Pferde, einer Burschenkammer, einer Futterkammer, einem dekorativer Brunnen, einer Putzkammer, einer Geschirr- und Sattelkammer und einem repräsentativ überdachten Vorplatz zum Vorfahren der Kutsche.

Nach der Ära von Wilhelmina Busch erwarb Dr. Lorenz Mayr im Jahr 1956 das Hofgut Bernried mit den dazugehörigen Liegenschaften. Gut Adelsried, welches sich auf einer Anhöhe kurz hinter Bernried in Richtung Seeshaupt befindet, gehört ebenfalls dazu. Dort widmet sich heute der landwirtschaftliche Betrieb Limbecker der Aufzucht und Ausbildung von Nachwuchspferden. In Bernried auf dem Grundstück nördlich des Bernrieder Hofguts errichtete die Familie Mayr in den Siebzigerjahren das Hotel Marina. Für das Milchvieh entstand um die Jahrtausendwende an Stelle des Hofguts ein moderner Aussiedlerhof, der auf der Anhöhe gegenüber dem Hotel Marina liegt.

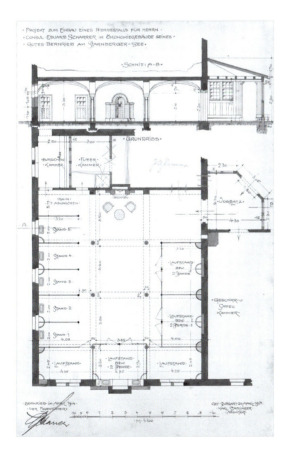

Abb. 145 *Einbau eines Pferdestalles in das vorhandene Ökonomiegebäude, 1914*

Bauzeit 1894 – 1933

Großbauten

Zu den Großbauten in Tutzing zählen das Kloster von 1903, die Villa Prittwitz von 1912, die Volksschule mit Lehrerwohnhaus von 1915, das Rathaus von 1924, die Katholische Kirche St. Joseph von 1928 und die Evangelische Christuskirche von 1929. Außerhalb von Tutzing gehört die Erweiterung der Kirche St. Michael von 1909 in Seeshaupt dazu. Aufgrund des über die normalen Maße hinausgehenden Bauvolumens waren Großbauten immer ein Gemeinschaftswerk vieler Bauhandwerker und Künstler. Das Baugeschäft Xaver Knittl hat mit seinen unzähligen Mitarbeitern einen großen Anteil am Gelingen dieser Großprojekte geleistet.

Kloster der Missionsbenediktinerinnen, 1903

Dem Klosterbau ging voraus, dass Geheimrat Dr. Johann Nepomuk von Ringseis (1785–1880), Leibarzt von König Ludwig I., für seine Familie bereits 1865 ein Landhaus an der Bahnhofstraße 1 in Tutzing erworben hatte und es zu dem heute denkmalgeschützten Ringseis-Haus mit dem Wandgemälde im Giebel umbauen ließ.

Seine drei ledigen Töchter, Emilie, Marie und Bettina erbten das Haus mit großem Grundstück, auf dem später das Kloster entstand. Die drei Damen waren kultiviert und sozial engagiert.[208] Sie verfügten über den väterlichen Nachlass sehr vorbildlich im Sinne des Allgemeinwohls. In den Jahren 1884 und 1891 kamen die Kinderbewahranstalt und die Kapelle Maria Hilf (S. 39) hinzu.

Die Missionsschwestern planten um die Jahrhundertwende aufgrund des großen Zulaufs im Stammkloster St. Ottilien den Bau ihres eigenen Klosters an der heutigen Hauptstraße 15 in Tutzing. Der Klosterbau begann im Juni 1902 mit dem Rasenaushub und der Herstellung der Zufahrtswege. Die Bauzeit erstreckte sich über zwei Jahre. Zum Richtfest am 22. August 1903 fanden sich alle wichtigen Verantwortlichen wie der bekannte Münchner Kirchen- und Klosterarchitekt Michael Kurz, Engelbert Schnell und Xaver Knittl zu einem Gruppenfoto zusammen.

Abb. 146 *Baugrube für den Klosterbau, dabei wurden die Fundamentgräben von Hand ausgehoben. Im Hintergrund die „Scholastica"*

Nach dem Entwurf von Kurz wurde eine dreiflügelige Anlage mit vier Geschossen gebaut. Der öffentliche und der private Bereich waren entsprechend den Ordensregeln getrennt konzipiert worden. Zum Haus gehörten zudem Wirtschaftsräume im Keller und ein Gemüse- und Obstgarten. Die wuchtige Gesamterscheinung ähnelt einer alten Burg mit mittelalterlichen Elementen: außen die Ecktürmchen, Balkone und Erker sowie die Rundbögen und Pfeiler im Inneren.

Neben Kurz und Schnell war für die Planung der Gruft des Kloster-Mutterhauses auch Pater Paulus aus dem Kloster St. Ottilien mit verantwortlich. Die örtliche Bauleitung übernahm Schnell. Mit der Bauausführung beauftragte man die Firma Xaver Knittl, die im Jahr 1902 allein 238 Arbeiter beschäftigte.

Im Jahr 1904 konnte das Mutterhaus der Missions-Benediktinerinnen von St. Ottilien nach Tutzing verlegt werden. Von hier aus gingen die Schwestern in alle Kontinente dieser Welt, um vor allem in den ärmsten Ländern zu helfen und Missionsstationen, Krankenhäuser und Schulen zu gründen. Das Kloster in Tutzing ging ab 1945 zum großen Teil in das Benedictus Krankenhaus an der Bahnhofstraße 5 über, das immer wieder baulich erweitert und modernisiert wird und in dem sich auch heute noch viele Klosterschwestern sozial engagieren.

Abb. 147 *Xaver Knittl auf der Baustelle, Gewölbebau im Durchgang*

Bauzeit 1894 – 1933

Abb. 148 *Die Klostergebäude während der Bauzeit; im Vordergrund steht Architekt Michael Kurz, der die Karte geschrieben hat.*

Abb. 149 *Richtfest am 22. August 1903; erste Reihe von links nach rechts: 4. Architekt Michael Kurz, 5. Emilie von Ringseis, 7. Engelbert Schnell, 8. Xaver Knittl*

Bauzeit 1894 – 1933

Abb. 150 *Kloster der Missionsbenediktinerinnen in Tutzing, Ansicht von Nordwesten mit Obstgarten, um 1910*
Abb. 151 *Ansicht von Südwesten, um 1906*

Bauzeit 1894 – 1933

Pfarrkirche St. Michael, 1909 – Seeshaupt

Wie alle westlichen Uferorte erfuhr auch Seeshaupt am Südende des Starnberger Sees mit der Eröffnung der Bahnlinie München-Tutzing-Kochel im Jahr 1865 und der einsetzenden Schifffahrt einen Aufschwung. Die Einwohnerzahl nahm stetig zu und der Ort wurde zunehmend für Kurz- und Langzeiturlauber attraktiver. Mehr Häuser mussten gebaut und die Kirche vergrößert werden.

Die Pfarrkirche St. Michael in der Ortsmitte hat eine ausgedehnte Baugeschichte. Durch die immerwährenden Um- und Anbauten ist ihr heutiges Aussehen ein wenig „verschachtelt". Der älteste Bauteil stammt aus dem frühen Mittelalter. Im 15. Jahrhundert kam der Wandel in eine gotische Pfarrkirche mit Spitzturm, bis die Kirche schließlich im Jahr 1909 ihre heutige barocke Gestalt mit Zwiebelturm und Anbau des Langhauses bekam. Erste Entwurfsgedanken machte man sich bereits 1903, bis dann endlich 1909 der Erweiterungsbau realisiert wurde. Die Münchner Architekten Joseph Elsner sen. (1845–1933), sein Sohn Joseph Elsner jun. (1879–1970) und die Baufirma Xaver Knittl erhielten vom Pfarrer Alois Behr den Auftrag zur Umsetzung der Pläne. Das Bauprojekt der Kirchengemeinde wäre ohne Geldgeber nicht finanzierbar gewesen. Hier kamen wieder der spendable und kunstverständige Tabakkaufmann Heinrich Ritter Edler von Dall' Armi und seine Frau Antonia (Abb. 45, S. 89) ins Spiel. Die beiden finanzierten nicht nur den Großteil des Neubaus, sie stifteten auch den Hochaltar, die beiden Seitenaltäre und die Kanzel. Die evangelische Henriette Freifrau von Simolin von Schloss Seeseiten zahlte die Orgel und Baron Beck von Schloss Hohenberg den ursprünglich aus Eschenlohe stammenden Altar für die seitliche Anna-Kapelle.[209]

Abb. 152 *Seeshaupter Kirchturm hinter dem Hotel am See, vor und nach seiner Erhöhung mit barocker Zwiebelhaube, Bau 1909*

Abb. 153 *Architekt Joseph Elsner (rechts) auf dem Gerüst unter der Wölbungskonstruktion des Erweiterungsbaus der Kirche St. Michael mit neuem Dachstuhl*

Bauzeit 1894 – 1933

Abb. 154 *Pfarrhof in Magnetsried westlich von Seeshaupt, 2015*

Pfarrhof Magnetsried, 1908 – Seeshaupt

Den zur Filialkirche St. Margaretha in Magnetsried gehörigen Pfarrhof verdankt die Gemeinde dem Mäzen Heinrich von Dall' Armi. Dieser besaß seit 1900 ein landwirtschaftliches Anwesen in dem nah gelegenen Weiler Nussberg (Abb. 139, S. 163). Als kleines Dankeschön für die Finanzierung des Pfarrhofes verpachtete ihm die Kommune die Gemeindejagd Magnetsried.[210] Der von Xaver Knittl erbaute Pfarrhof[211] liegt direkt an der Straße auf halber Strecke von Seeshaupt nach Weilheim und ist heute ein schön renoviertes denkmalgeschütztes Wohnhaus in Privatbesitz. Südlich auf dem Grundstück kam zum Anwesen des Pfarrhofes ein Jahr später noch ein Nebengebäude mit Waschküche und Holzlege hinzu, ein kleines Gemeinschaftsprojekt der Baufirma Knittl und der Zimmerei Suiter.[212]

Villa Prittwitz, 1912

Die Villa Prittwitz, die später zur Benedictus-Realschule umgebaut wurde, liegt heute an der Hauptstraße 12 in Tutzing und zählt aufgrund ihres Umfangs zweifellos zu den Großbauten. Das Jahr 1911 war für die Baufirma Knittl mit 357 Mitarbeiter das konjunkturstärkste in der Firmengeschichte. Die Architekten Eugen Hönig & Karl Söldner entwarfen die Villa und noch verschiedene Geschäftshäuser in München, so zum Beispiel das Gebäude „Zum schönen Turm", in dem heute der Herrenausstatter Hirmer untergebracht ist.

Bauzeit 1894 – 1933

Als der vermögende „Glasbaron aus dem Bayerischen Wald", der Königliche Kommerzienrat Michael Reichsritter und Edler von Poschinger (1835–1908), im Jahr 1897 das große Anwesen am Seeufer in Tutzing erwarb, stand dort noch die kleine Villa Neustätter, deren Bauherr 1873 Julius Neustätter gewesen war. Bevor der Glasbaron aus Theresienthal bei Zwiesel und seine Ehefrau Henriette Steigerwald (1844–1903) die Neustätter Villa erwarben, hatten sie in Starnberg an der Possenhofener Straße das schlichte und heute nicht mehr existierende Landhaus Neuner für zwei Jahre in Besitz.[213]

Nach dem Tod von Michael von Poschinger verkaufte die Erbengemeinschaft Poschinger 1908 das Tutzinger Anwesen an Sara von Prittwitz und Gaffron (1857–1944), geborene von Schottenstein, die die Villa für einen Neubau abbrechen ließ. Sara von Prittwitz wollte nah bei ihrer Mutter Anna von Hofacker sein, die sich einige Jahre zuvor auf einer Anhöhe in Tutzing ein Landhaus (Abb. 25, S. 25) gekauft hatte. Sie war in erster Ehe mit Friedrich Freiherr von Schottenstein verheiratet.

Sara von Prittwitz war zum Zeitpunkt des Neubaus bereits jung verwitwet, denn ihr Ehemann, der Königliche Preußische Oberst Arwed von Prittwitz und Gaffron (1843–1891), war früh verstorben. Neben der Bauherrin lebte in der großen Villa die meiste Zeit der Sohn Dr. Friedrich Wilhelm von Prittwitz und Gaffron (1884–1955) mit seiner Ehefrau Marieluise Gräfin Strachwitz und Groß-Zauche (1892–1986).[214]

Dr. Friedrich Wilhelm von Prittwitz und Gaffron war deutscher Diplomat und unter anderem von 1927 bis 1933 Botschafter in den USA. Drei Monate nach der Ernennung Hitlers zum Reichskanzler schied er freiwillig aus dem Dienst aus, denn seine politischen Überzeugungen standen im Gegensatz zu denen der Nationalsozialisten. Jedoch blieb er mit dieser Entscheidung der einzige deutsche Diplomat. Nach seinem Rücktritt musste er die Villa Prittwitz an die „Braunen Schwestern" abtreten und sich ein neues Haus suchen. Wegen ihrer braunen Tracht nannte man im Volksmund die NS-Schwesternschaft die „Braunen Schwestern".

Zum Bau der neuen Villa Prittwitz beauftragte er im Jahr 1938 den Stararchitekten für Neues Bauen Hugo Häring. Dieser hinterließ der Nachwelt auf dem nördlichen Teil des Anwesens an der Hauptstraße 14 ein weiteres heute denkmalgeschütztes Zeitdokument.

Abb. 155 *Villa von Prittwitz, hier NS-Schwesternheim um 1935*

Bauzeit 1894 – 1933

Volksschule nebst Lehrerwohnhaus, 1915

Die schulischen Räumlichkeiten waren nach 35 Jahren Lehrbetrieb in der „Scholastica" (S. 38 f) an der Bahnhofstraße zu klein geworden. Den Ausweg aus dem Problem sollte der Umzug in ein neu gebautes größeres Schulhaus an der Greinwaldstraße 14 bringen. Die Wahl fiel auf das Gelände östlich der bereits geplanten neuen Katholischen Kirche St. Joseph, was auch den Vorteil mit sich brachte, dass der Gang der Schüler zur Messe kurz war.

Im Januar 1914 legten die Architekten Simon & Kranebitter aus München einen für die damalige Zeit fast feudal zu nennenden Plan für ein neues Schulgebäude mit Trakt für Lehrerwohnungen, Jugend- und Volksbücherei, Hausmeisterwohnung und Nebenräume sowie einem Volksbad im Kellergeschoss vor.[215]

Die Firma Xaver Knittl begann im April 1914 mit den Bauarbeiten und beendete sie im Dezember 1915. Ganz frei und imposant stand damals noch der einmalige architektonische Gebäudekomplex mit seiner an den Jugendstil erinnernden Innenarchitektur. Auf dem Gelände kamen im Laufe der Jahre aufgrund der stetig wachsenden Schülerzahlen weitere Bauten hinzu. Im Jahr 1961 entstand der Längsbau und 1969 die daran anschließende südliche Erweiterung. Als aus der Oberstufe der Volksschule die Hauptschule hervorging, schloss sich 1972 der Neubau für diesen Schultyp an.

Abb. 156 *Denkmalgeschützte Volksschule mit Lehrerwohnhaus an der Greinwaldstraße, 1915*

Bauzeit 1894 – 1933

Nach Vollendung der Erweiterungen und Entspannung dieser Raumsituation beschloss der damalige Gemeinderat, das heute denkmalgeschützte alte Schulhaus zugunsten eines größeren Pausenhofs abzureißen. Als im Jahr 1985 eine Entscheidung anstand und mehrere Lösungen diskutiert wurden, rief die CSU-Fraktion die Tutzinger Bürger auf, sich zu dieser Angelegenheit zu äußern. Sie sprachen sich für den Erhalt des historischen Gebäudes aus.[216]

Im ehemaligen Lehrerwohnhaus, dem südlichen Trakt, ist heute die Musikschule beheimatet. Im Dachgeschoss hat die „Junge Mannschaft" Tutzing seit vielen Jahren ihren Vereinssitz. Das Volksbad im Kellergeschoss bot den Tutzingern, die kein eigenes Bad zu Hause besaßen, die Möglichkeit zu regelmäßiger Körperpflege. Heute ist im ehemaligen Damenbad der Billard-Club Tutzing untergebracht, dessen Mitglieder die historischen Räumlichkeiten mit Tonnengewölbe und Wandbemalung vorbildlich für ihre Zwecke saniert haben.

Abb. 157 *Hauptgang im Inneren der Volksschule*

Rathaus, 1924

Bevor die Gemeindeverwaltung Tutzing ihr eigenes Rathaus an der Kirchenstraße 9 bekam, war sie nach der Verlegung des Schulunterrichts im Jahr 1915 in das neue Schulgebäude an der Greinwaldstraße neun Jahre alleiniger Hausherr in der „Scholastica" (S. 38f) an der Bahnhofstraße. Der Baubeginn des neuen Rathauses fand im Juni 1924 statt. Bereits am Sonntag, den 3. Mai 1925, eröffnete der Erste Bürgermeister Josef Hörmann mit einer Einweihungsfeier das neue Rathaus. Bauherr des Rathauses[217] war erwartungsgemäß die Gemeinde Tutzing. Der Architekt Theodor Dreisbusch entwarf die Pläne und für den Bau war die Firma Xaver Knittl verantwortlich. Der heute nicht mehr benutzte repräsentative Haupteingang befindet sich auf der Ostseite. Der Gemeinderat tagt nach wie vor im Festsaal der alten Gemäuer, der im Jahr 1936 endgültig fertiggestellt wurde.

Ein moderner westlicher Anbau, geplant vom Tutzinger Architekten Klaus Gittner (S. 261ff), kam aufgrund Platzmangels im Jahr 1977 hinzu. Über den Anbau betritt man heute das Rathaus.

Der Architekt Theodor Dreisbusch (1892 – 1956) wurde für seinen Entwurf des Rathauses ausgezeichnet, was für den damals 32-jährigen Baufachmann einen entscheidenden Karrieresprung bedeutete. Theodor Dreisbusch wurde 1892 in Aschaffenburg geboren und studierte in Offenbach Architektur. Mit seiner Ehefrau Mathilde Dommaschk (1898–1988), die aus einer alt eingesessenen Tutzinger Familie stammte, hatte er sieben Kinder, von denen der Sohn Theodor (1930–1966) ebenfalls Architekt wurde. Theodor Dreisbusch arbeitete viel mit der Baufirma Knittl zusammen, vor allem mit Carl Knittl, der 1933 die Nachfolge seines Vaters Xaver antrat.

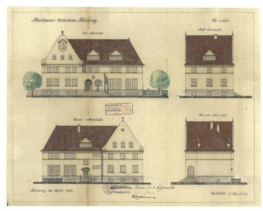

Abb. 158 *Plan mit vier Ansichten des Rathauses in Tutzing, Architekt Theodor Dreisbusch, Bauausführung Xaver Knittl, 1924*

Abb. 159 *Das Tutzinger Rathaus steht hier noch auf freiem Feld.*

Bauzeit 1894 – 1933

Kirche St. Joseph, 1928

Die Kirche St. Joseph mit den zwei typisch neobarocken Zwiebeltürmen ist eine Art Wahrzeichen des ehemaligen Fischerdorfs. Für den Neubau einer größeren katholischen Kirche entschied sich die Einwohnerschaft Tutzings Ende des 19. Jahrhunderts, als der Ort weiter wuchs und die alte Pfarrkirche St. Peter und Paul im Alten Friedhof am See zu klein und die Erhaltung dieser Kirche immer aufwendiger wurde.

Für die Finanzierung von mehreren 100.000 Mark gründeten die Tutzinger Bürger bereits im Jahr 1895 einen Kirchenbauverein, um über Spenden die hohe Bausumme aufzubringen. Jedoch vernichtete der Erste Weltkrieg und die anschließende Inflation das angesparte Kapital und man musste wieder von vorne beginnen. Während der langen Planungszeit entstanden etliche interessante Architekturentwürfe. Einer von ihnen war der von Georg Hauberrisser (1841–1922), der das neugotische Neue Münchner Rathaus am Marienplatz erbaut hatte. Er fertigte 1897 im Auftrag von Max Kustermann einen Kirchenentwurf (Abb. 7, S. 271), ebenfalls im neugotischen Stil. Jedoch schien dieses ausgefallene Modell zu teuer und bekam keine einhellige Zustimmung bei der Bevölkerung.

Abb. 160 *Richtfest nach Fertigstellung des Dachstuhls für die Kirche St. Joseph*

Abb. 161 *Die Turmhauben sind aufgesetzt, der Chor ist noch einzudecken und die Türme zu verputzen.*

Bauzeit 1894 – 1933

Die endgültige Entscheidung für einen neobarocken Kirchenbau fiel im Jahr 1926. Die überwiegende Mehrheit sprach sich für den Kirchenentwurf des Architekten Richard Steidle (1881–1958) aus, der bereits einige neobarocke Kirchen in Bayern erbaut hatte. Die Baukosten für die leere Kirche betrugen ca. 370.000 Mark. Die aufwendige Innenausstattung wurde mit Spenden und Geldzuwendungen der Bevölkerung finanziert.

Das Gelingen der Kirche St. Joseph ist vor allem dem Engagement der Bevölkerung und den einheimischen Handwerkern zu verdanken. Neben Baumeister Xaver Knittl waren andere namhafte Tutzinger Handwerker vertreten wie beispielsweise die Zimmermeister Wilhelm Müller und Johann Suiter, die Glaserei Thallmair, der Malerbetrieb Feldhütter oder die Schlosserei Bodemann.

Für sein größtes Projekt, das ihm sehr viel abverlangte, investierte Xaver Knittl in neue Maschinen. Unter anderem kaufte er den „Hiasl", so wurde der erste Traktor liebevoll genannt, schwerfällig und mit Vollgummirädern versehen. Die ersten Baumaschinen im Zuge der Motorisierung erleichterten sicherlich die schweren Arbeiten an diesem Großprojekt. Insgesamt gelangten 103 Waggons Kies per Eisenbahn aus der Knittlschen Kiesgrube in Seeshaupt (S. 152 f) zur Baustelle in Tutzing. Das neue Wahrzeichen von Tutzing wurde am 10. März 1929 mit der Glockenweihe eingeweiht und half vielen Tutzinger Handwerkern über diese schweren wirtschaftlichen Jahre hinweg.[218]

Die fertiggestellte Kirche wurde auf den Namen „St. Joseph" getauft, denn die Kirche sollte dem damaligen Pfarrer Joseph Boeckeler sowie dem amtierenden Bürgermeister Josef Hörmann (S. 197 f) wie auch Joseph von Nazareth gewidmet sein.

Evangelische Christuskirche, 1930

Deutlich zügiger als das Großprojekt der Kirche St. Joseph verlief der Bau der Evangelischen Christuskirche. Kaum ein halbes Jahr war von der Grundsteinlegung im Sommer 1930 bis zur Einweihung am 8. Dezember 1930 vergangen.

Abb. 162 *Die Evangelische Christuskirche in Tutzing, 2015*

Bauzeit 1894 – 1933

Im Jahr 1927 beschlossen die Mitglieder des Protestantenvereins unter Leitung des Weilheimer Pfarrers Schmid, das Grundstück an der Hörmannstraße für den Bau der Evangelischen Kirche anzukaufen. Die Bauarbeiten führte ebenfalls die Baufirma Xaver Knittl durch, der Architekt Gustav Reuter stammte aus Murnau. Die Baukosten wurden auch hier größtenteils durch Spenden aufgebracht. Fleißigste Spenderin war damals die Lehrerin Fräulein Ritter (1878–1969). Sie gab fast allen Gymnasiasten Nachhilfe in ihrer Wohnung und wurde wegen ihrer kleinen Körpergröße auch „Ritterlein" genannt. So konnte auch, dank der vorzüglichen Arbeiten der Tutzinger Handwerker, eine kunstvolle und schlichte evangelische Kirche realisiert werden, die kürzlich aufwendig modernisiert wurde.[219]

Schiffs- und Berghütten, andere Hütten

Neben den oft schön gestalteten Remisen für Handwerksbetriebe oder für die Landwirtschaft legte man damals gesteigerten Wert auf ausgefallene und hochwertige Hüttenarchitektur in der Region, ganz im Sinne des Landhaus-Stils von Xaver Knittl. Die Fassaden waren im Gegensatz zur heutigen rein zweckmäßig und praktisch orientierten Bauweise sehr aufwendig mit Verzierungen oder anderen dekorativen Elementen gestaltet.

Schiffshütte Sieber, 1907

Das alte „Fischkäufl"-Seeanwesen an der Marienstraße 12 in Tutzing bekam 1907 eine äußerst charmante Hafenanlage im Landhaus-Stil, die heute noch zu den Glanzlichtern am Seeufer zählt. Bauherrn der Schiffshütte nebst Badehaus[220] waren der Wurstfabrikant Andreas Sieber aus München und sein Schwager Hans Roth. Xaver Knittl sowie die Zimmermeister Peter Müller und Johann Suiter aus Tutzing erbauten das Meisterwerk, das nicht wie eine Schiffshütte, sondern wie ein Landhaus anmutet.

Abb. 163 *Schiffshütte Sieber am See, heute unter Denkmalschutz, 2016*

Bauzeit 1894 – 1933

Kommerzienrat Andreas Sieber (1876–1934) führte die bekannte Fleisch- und Wurstfabrik Sieber an der Thalkirchner Straße in München. Er erwarb zusammen mit seinem Schwager Hans Roth im Jahr 1901 das ehemalige „Fischkäufl"-Anwesen von Adolf Greding. Das Haupthaus ließen sie nach dem Kauf durch Xaver Knittl modernisieren. Kurz danach entstand weiter unten am Seeufer die heute denkmalgeschützte und damals in Mode gekommene schmuckvolle Schiffs- und Badehütte. Liselotte Sieber (1917–1986), das jüngste Kind von Andreas und Emma Sieber, erbte das Seeanwesen in Tutzing, ihre älteren Brüder Andreas und Kurt Sieber bekamen die Fleischfabrik in München.

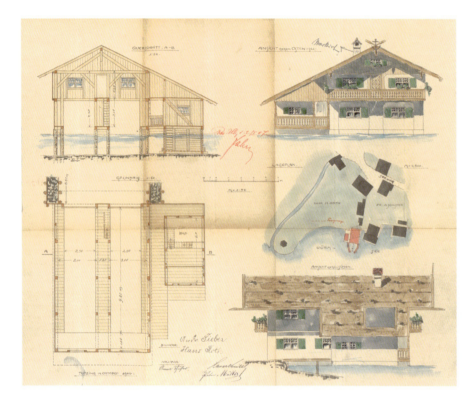

Abb. 164 *Bau- und Lageplan der Schiffshütte Sieber, im Ursprung noch mit steinbeschwertem Legschindeldach, Xaver Knittl im Oktober 1906*

Tutzinger Hütte, 1908 – Benediktbeuern

Bereits im Sommer 1907 fasste die noch kleine Alpenvereinssektion Tutzing den mutigen Entschluss, anstelle der Hausstattalm ihre eigene Alpenvereinshütte in 1327 Meter Höhe an der Benediktenwand zu errichten. Sie erhielt den Namen „Tutzinger Hütte".[221] Es kursierte das Gerücht, dort oben könne eine private Wirtschaft von der Sektion Starnberg errichtet werden. Dieses Vorhaben auf „ihrer Benediktenwand" wollten die Tutzinger Bergliebhaber unter allen Umständen verhindern.

Ins Leben gerufen wurde die Alpenvereinssektion am 20. März 1903 im Gasthof Fiederer in Tutzing unter Vorsitz des Königlichen Eisenbahn-Oberexpeditors Kaspar Höfling und von angesehenen Tutzinger Bürgern: dem Arzt Dr. Beisele, dem Kunstmaler Kleiter, dem Wirt Wiesmayer, dem Metzgermeister Bockmayr, dem Apotheker Ziernbauer, dem Zimmerer Suiter, dem Spenglermeister Bustin, dem Postvorstand von Daumiller, dem Zahntechniker Eckerl und dem Schmied Hößle.

Auch Xaver Knittl gehörte zu den Gründungsmitgliedern, ihm lag der Alpenverein besonders am Herzen. Er pflegte freundschaftliche Beziehungen zu einheimischen Benediktbeuern. Neben der Tutzinger Hütte,

Abb. 165 *Alte Tutzinger Hütte (1908–2000) am Fuße der Benediktenwand*

für die die Hausstattalm, eine ehemals Königlich Bayerische Remontenstation, weichen musste, traf er sich in einer gepachteten Remise mit seinen Bergfreunden zu geselliger Runde.

Zusammen mit dem Zimmermeister Bauer aus Kochel errichtete Xaver Knittl an der Benediktenwand die Hütte mit elf Zimmern und drei Matratzenlagern. Es war damals eine modern ausgestattete Unterkunft inklusive Toilette mit Wasserspülung und fließendem Wasser. 1909 kam noch ein Telefon hinzu. Die Hütte von mittlerer Größe hatte mit einem massiven Natursteinfundament und ihrer Schindelverkleidung ein besonderes Äußeres.

Ohne Hubschrauber, ohne Traktoren und ohne andere motorisierte Fortbewegungsmittel musste der Transport jeglichen Baumaterials auf den dafür angelegten Serpentinen mit Kühen und Pferden erfolgen. Dies war eine unvorstellbare Arbeitsleistung.

Der milde und schneearme Winter 1907/08 trug dazu bei, dass die Tutzinger Hütte bereits am 24. Juni 1908 eingeweiht werden konnte. Die Baukosten hatten sich mehr als verdoppelt. Mit vielen Klimmzügen wurde eine Finanzierung über Anteilsscheine und Zuschüsse auf die Beine gestellt. Damit war das Projekt jedoch noch nicht abgeschlossen. Im Winter 1917 musste Xaver Knittl zu Hilfe eilen, als sich die gesamte Tutzinger Hütte aufgrund einer Lawine um 75 cm von den Fundamenten weg bewegt hatte. Unter seiner Regie schaffte man es - wie genau ist nicht überliefert - vermutlich mit Seilwinden, in einer Art Notoperation, die Hütte wieder auf ihre Fundamente zu stellen.

Die Hütte wurde über die Jahre immer wieder erweitert. 1924 bekam sie noch unter Xaver Knittl eine Glasveranda nebst Winterstube.

Das Jubiläum des hundertsten Aufstiegs zur Tutzinger Hütte war Xaver Knittl jedoch nicht vergönnt: „99 mal führte ihn der Weg zur Hütte. Die hundertste Besteigung hätte der nun Verewigte in nächster Zeit unternehmen wollen, womit die Sektion eine kleine Feier zu verbinden gedachte."[222]

Sein Neffe, der gleichnamige Sohn seines jüngsten Bruders, Dipl.-Ing.

Bauzeit 1894 – 1933

Engelbert Knittl (1912 – 1943) aus Feldafing (Abb. 1, S. 257), führte die Familientradition der Baumeister vom Starnberger See fort und modernisierte die Tutzinger Hütte im Jahr 1938 mit Windfang, Waschräumen, Waschküchen und weiteren Umbaumaßnahmen.[223]

Die alte Tutzinger Hütte mit ihrer bemerkenswerten Geschichte musste 1999 einer größeren, modernen, aber auch schönen neuen Tutzinger Hütte weichen. Sie wurde im Jahr 2001 eingeweiht.

Abb. 166 *Bauarbeiten an der Tutzinger Hütte, 1908*

Abb. 167 *Logo, entworfen vom Architekten Engelbert Knittl jun., der die Tutzinger Hütte im Jahre 1938 modernisierte*

Verkaufspavillon, 1911

Eine ganz besondere Hütte, einen sogenannten Verkaufspavillon,[224] erstellte Xaver Knittl für Gärtnermeister Julius Violand jun. (1869 – 1929) (S. 33) in der Ortsmitte von Tutzing. Der Kunst- und Handelsgärtner Julius Violand und seine tatkräftige Frau Babette (1874 – 1956) nutzten den Kiosk für den Verkauf ihrer Waren aus der eigenen Gärtnerei an der Heinrich-Vogl-

Abb. 168 *Rückansicht des Verkaufspavillons Violand (1911 – 1935) in der Ortsmitte*

Straße, Ecke Boeckelerstraße. Nachdem sie 1920 die Gärtnerei aufgegeben hatten, widmeten sie sich ganz dem Verkauf von Gemischtwaren und betrieben neben dem Verkaufspavillon den Kolonialladen Violand (Abb. 19, S. 20) an der Traubinger Straße 3. Einer der drei Söhne der Eheleute Violand, Erwin Violand (1900–1972), war Maurerpolier bei der Firma Knittl. Den hübschen Kiosk nördlich des Kurhauses verkaufte die Witwe Babette Violand schließlich nach dem Tod ihres Mannes im Jahr 1930 für 10.000 Mark an den Kaufmann Franz Bodemann.[225] Dieser ließ ihn für das 1936 entstandene Wohn- und Geschäftshaus Bodemann an der Hauptstraße 46 abreißen.

Gärtnerhaus Lindemann, 1926

An der Waldschmidtstraße 6 in Tutzing entstand auf der großen „Lindemann-Wiese" am südwestlichen Rand ein winterfestes hölzernes Gärtnerhaus,[226] kurz nachdem Frieda Lindemann, die Ehefrau des Besitzers der Bayerischen Textilwerke, Lothar Lindemann, das große Areal mit dem Landhaus am Fraunberg erworben hatte. Xaver Knittl erbaute das bescheidene Gärtnerhaus nach den Plänen des Münchner Architekten Carl Bauk.

Bewohnt wurde es von etlichen Angestellten des Hauses Lindemann, zu Beginn von einem niederländischen Gärtner namens Dopheide.

Später, in den Vierzigerjahren lebte dort der Chemiker Adolf Sperber (1902–1947), der aus Riga nach Tutzing gekommen war. Sein ebenfalls in Riga geborener Neffe Christian Sperber (1923–2010) kam als deutscher Soldat am Ende des Zweiten Weltkrieges in englische Gefangenschaft und durfte nach dem verlorenen Krieg nicht zu seiner dänischen Mutter nach Kopenhagen einreisen. Daher entschloss er sich, zu seinem Onkel Adolf nach Tutzing zu ziehen. In Tutzing lernte er seine zukünftige Ehefrau, Elisabeth Hößle, kennen und erbaute mit ihr zusammen schräg gegenüber an der Waldschmidtstraße 19 im Jahr 1958 einen Bungalow.

Das erworbene Grundstück war der obere Teil des Anwesens, das zum „Judentempel" gehörte. Der Name dieses Gebäudes an der Waldschmidtstraße 21 stammte von seinem ersten Eigentümer Menachion Kohn, der jüdischen Glaubens war, und es 1873 von Josef Knittl hatte erbauen lassen. Mit einem Türmchen versehen und einem wunderschönen Blick über den Starnberger See gehörte es zu den ältesten und exponiertesten Villen in Tutzing. Daher auch die Beinamen „Seeblick" oder „Schönblick".

Der letzte Bewohner des Gärtnerhauses war der ehemalige Hausmeister der Familie Lindemann, Josef Sieber (1908–2002). Er verbrachte dort einige Jahre seines Ruhestandes. Seine Ehefrau Maria-Magdalena Höfler (1910–1998), genannt „Leni", aus Machtlfing hatte vor der Ehe als Köchin bei der Familie Lindemann gearbeitet und im Nebenhaus des Landhauses gewohnt. Als „Leni" pflegebedürftig wurde, zogen die Siebers 1997 aus dem Gärtnerhaus zu ihrer Tochter Hannelore Lumpe, die gegenüber an der Waldschmidtstraße 23 gebaut hatte. Der Schwiegersohn Walter Lumpe war damals Miterbe des dahinterliegenden Gebäudes, dem sogenannten „Judentempel". Walter und Hannelore Lumpe wohnten dort von 1966 bis 1976. Das Anwesen musste 2017 einem Neubau weichen.

Das leer stehende Holzhäuschen fand irgendwann keine Beachtung mehr, verfiel im Laufe der Jahre und wurde ebenfalls 2017 für eine anstehende Bebauung abgebrochen.

Abb. 169 *Gärtnerhaus Lindemann (1926–2017)*

Bauzeit 1894 – 1933

Mauern und Brücken

Zum Repertoire des Baugeschäfts von Xaver Knittl gehörte nicht nur der „Hochbau", sondern auch Arbeiten im „Tiefbau" wie Kanalbau und Entwässerung, repräsentative Mauern für Friedhöfe oder Villen sowie Brücken. Im Jahr 1893 erbaute Xaver Knittl nach den Plänen von Johann Biersack das Leichenhaus am Alten Friedhof in Tutzing einschließlich der Friedhofsmauer. Der Teil der Schlossmauer, der südlich des Schlosses an den Alten Friedhof grenzt, war inbegriffen. Um deren Planung kümmerte sich Engelbert Schnell. Im Folgejahr nahm Xaver Knittl erfolgreich Reparaturarbeiten an der Nordseite der Schlossmauer (S. 56 f) vor, an der sich der Haupteingang zur Evangelischen Akademie befindet.

Drei Brücken für Diemendorf, 1896

Im Jahr 1896 beauftragte die Gemeinde Tutzing das Baugeschäft Xaver Knittl, drei Brücken im Ortsteil Diemendorf zu errichten. Diese drei Brücken überspannen den Kinschbach, der von Monatshausen kommend durch Diemendorf weiter in Richtung Weilheim fließt und in der Nähe von Wielenbach in die Ammer mündet. Die Brücken sind noch vorhanden, aber durch den Bau und die Verbreiterung der Autostraße meist nicht mehr im Originalzustand. Zwei Brücken überquert man, von Tutzing kommend kurz vor Diemendorf. Die dritte Brücke überfährt man im Ort auf der Straße Richtung Monatshausen.

Friedhofsmauer in Diemendorf, 1903

Zur Kirche St. Margareth in Diemendorf gehört ein eigener Friedhof, dessen Mauer mit einem alten dekorativen Ziegeldächlein von Xaver Knittl im Jahr 1903 mit beheiztem Kalk gemörtelt wurde. Beheizter Kalk galt als Geheimtipp für Langlebigkeit und Festigkeit des Mauerwerks. Bei Diemendorf gab es zwei Kalköfen. Einer befand sich von Tutzing

Abb. 170 *Alte Friedhofeinfassung in Diemendorf aus Ziegelmauerwerk*

kommend vor dem Ortsanfang rechts bei der ersten Brücke, der zweite am Ortsausgang in Richtung Monatshausen. Den nötigen Kalkstein für die Kalköfen nahm man gleich direkt aus dem nahegelegenen Kinschbach.

„Pont Neuf" von Tutzing, 1911

Als Architekt Engelbert Schnell im Jahr 1911 die neue Kirchenstraße plante, entwarf er eine Bogenbrücke, die „Pont-Neuf" über den Martelsgraben. Ein Bach, der entlang des Schluchtwegs südlich des heutigen Kinos in Tutzing vorbeifließt und im Bleicherpark in den Starnberger See mündet. Diese Brücke über den Martelsgraben führt die Kirchenstraße in die Bahnhofsstraße. Heute gibt es diese Überbrückung noch, jedoch fielen die verzierte Brüstung und die „Rundbogen"- Optik der Straßenverbreiterung Mitte der Sechzigerjahre zum Opfer.

Eigentlich verfolgte Schnell im Zuge der Errichtung der Brücke einen weitsichtigen und klugen Plan. Er sah eine Fortführung der Kirchenstraße zwischen dem Hotel Simson und dem Kloster als „Ortsumgehung" vor. Das Konzept fand jedoch keinen Anklang und wurde nicht umgesetzt. Wäre es nach Schnell gegangen, würde heute der enorme Autoverkehr nicht die Ortsmitte von Tutzing durchschneiden.

Abb. 171 *Brücke an der Kirchenstraße über den Martelsgraben, hier noch unverändert nach den Plänen von Engelbert Schnell, um 1940*

Goldene Zwanziger

Nach dem Ersten Weltkrieg ebbte der große Bauboom der Villen und Landhäuser am Starnberger See ab. Während der Weimarer Republik entstanden eigene charakteristische Baustile. Gegen Ende des Ersten Weltkriegs bis zur Inflation 1923 wurden auffallend viele kleinere, hohe und schmale Häuser mit einem markanten, steilen Satteldach gebaut. In den Goldenen Zwanzigern, zwischen 1924 und der Weltwirtschaftskrise 1929, gab es am Starnberger See einen erneuten wirtschaftlichen Aufschwung. Diese Villen unterscheiden sich von denen um die Jahrhundertwende. Typische architektonische Merkmale sind die Korbbogenform der Türen und Fenster, das Mansarddach oder die Fledermausgaube. Dazu gehört auch das „Kaffeemühlen-Haus". Ein alleinstehendes Haus mit quadratischem Grundriss und einem Dach dessen Form einer Pyramide gleicht. Die beginnende Motorisierung begann Einfluss auf die Gestaltung der Anwesen zu nehmen. Vermögende Villenbesitzer legten sich schicke Autos zu und stellten einen Chauffeur ein. Die Nachfrage nach stilvollen Autogaragen inklusive Chauffeurwohnung begann sich zu entwickeln.

Konkurrenz am Bau

Ab den Zwanzigerjahren entwickelte sich zunehmend die Rolle des Baumeisters und des Architekten auseinander. Die gestaltende Aufgabe des eigenständigen Architekten, die bis dahin meist der Baumeister mit übernommen hatte, kam nun verstärkt ins Spiel. Die Arbeitsteilung zwischen Baufirma und Architekt wurde klarer abgegrenzt, was dazu führte, dass die Baugeschäfte mehr und mehr mit Architekten zusammenarbeiten. Neben den bereits alteingesessenen Baugeschäften Knittl und Rumiz kam das Baugeschäft Lorenz Pauli in den Zwanzigerjahren hinzu. Außerdem tauchten einige auswärtige Architekten auf.
Der unternehmungslustige Lorenz Pauli (1882–1932) aus Erling war schon lange Zeit bei der Firma Knittl als Polier beschäftigt, als er sich in den Goldenen Zwanzigern als Inhaber eines Baugeschäftes an der Bahnhofstraße 20-22 in Tutzing selbstständig machte. Mit viel Erfahrung legte er im Alter von 40 Jahren noch mal richtig als Bauunternehmer los. Vermutlich übernahm er sich in den wenigen Jahren der Selbstständigkeit so sehr, dass er bereits mit 50 Jahren verstarb. Seine Witwe schloss den Betrieb und somit war die kurze, aber intensive Ära des Bauunternehmers Lorenz Pauli beendet.
In seiner Schaffenszeit beteiligte er sich am Bau einiger Landhäusern, zu denen auch das Landhaus des Arztes Dr. Georg Brendel[227] an der Graf-Arco-Straße 3 in Garatshausen (S. 116 oben) sowie die beiden nebeneinanderliegenden Landhäuser an der Seestraße 2-4 in Tutzing aus dem Jahr 1924 für Johann Mund[228] und Eugen Zentz[229] gehörten. Die beiden Häuser an der Seestraße entwarf der Architekt Johann Mund, der sein Büro in der Schwanthalerstraße 84 in München hatte, und eines der beiden Häuser für sich baute. Außerdem arbeitete Lorenz Pauli im Jahr 1927 mit namhaften Münchner Architekten an zwei Großbauten zusammen: der „Kalle-Villa"[230] an der Hauptstraße 22 und der „Villa Stolberg"[231] an der Hauptstraße 84-86.

„Maurer-Tal" von Pöcking

In der Blütezeit der frühen Zwanzigerjahre entstand in Pöcking ein „Silicon-Valley" des Baugewerbes. Die vier etwa gleichaltrigen Pöckinger Poliere Eduard Pichlmayr (1887–1946), die Brüder Nikolaus (1884–1975) und Kaspar Engesser sen. (1886–1968)[232] sowie Anton Bernlochner (1883–1943)[233] schufen mit drei hintereinander liegenden „Start-ups" ein „Maurer-Tal", das im Süden vom Schafflergraben, im Norden von der Hindenburgstraße[234] und im Osten vom Possenhofener Bahnhof begrenzt wurde.
Das Areal, auf dem sie ihre Baugeschäfte gründeten, gehörte Seiner Königlichen Hoheit Ludwig Wilhelm Herzog in Bayern,[235] wohnhaft in Bad

Bauzeit 1894 – 1933

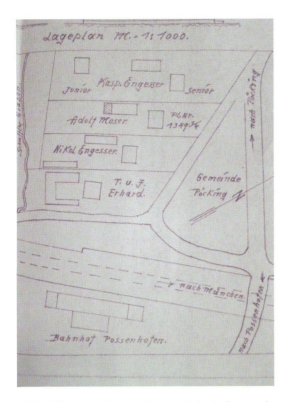

Abb. 172 *Lageplan zur Grundstücksgliederung der Pöckinger Baugeschäfte entlang der Hindenburgstraße in Pöcking*

Kreuth und war Teil des Wittelsbachers Besitzes, der dem Schloss Possenhofen zugerechnet wurde.

Der erste im „Maurer-Tal", Eduard Pichlmayr, errichtete 1924 am Possenhofener Bahnhof an der heutigen Hindenburgstraße 44 sein Wohn- und Geschäftshaus nebst Werkstatt und Lagergebäuden und gründete im Jahr 1925 das Baugeschäft Pichlmayr (später Erhard).

Etwas oberhalb folgte ihm der Maurer Nikolaus Engesser, der selbst kein Baugeschäft hatte, aber sich dort 1924 ein Wohnhaus nach architektonischen Vorgaben von Engelbert Knittl erbaute. Anschließend in der Reihe, vom Bahnhof gesehen oberhalb, kam das Baugeschäft Bernlochner (später Moser), welches 1926 gegründet wurde. Das letzte am Hang gelegene Baugeschäft des „Maurer-Tals" war die Firma von Kaspar Engesser, die erst 1949 nach dem Krieg entstand. Bei Einbruch der Baubranche Mitte der Achtzigerjahre mussten alle drei Baugeschäfte etwa um die gleiche Zeit schließen.[236]

Der Zuschnitt ihrer Grundstücke besaß jeweils eine lange und schmale Handtuchform, die ganz eng nebeneinander lagen. Die an der Grundstücksgrenze gebauten Lager- und Werkstätten von Pichlmayr-Erhard und Nikolaus Engesser wirkten wie zusammengewachsen. Ihre Wohnhäuser reihten sich wie eine Perlenschnur entlang der heutigen Hindenburgstraße (ehemals Bahnhofstraße) und bildeten mit dem Bahnhof ein stolzes Bild des technischen Fortschritts im damals noch bäuerlich geprägten Pöcking.

Das Wohn- und Geschäftshaus Erhard ist noch vorhanden, das Wohnhaus von Nikolaus Engesser gehört heute zum Autohaus Walter. Das Areal des Autohauses umfasst das ehemalige Grundstück von Nikolaus Engesser und das des Baugeschäfts Berlochner-Moser. Das Landhaus Moser im schweizerischen Stil wurde abgebrochen.

Alle vier Maurer waren ausgezeichnete Poliere, hatten aber keinen Meisterbrief. Zu dieser Zeit gab es die Möglichkeit, sich auch ohne Meisterbrief selbstständig zu machen, sofern man sich als Bauhandwerker in besonderem Maße bewährt hatte und keine Lehrlinge ausbilden wollte. Erfahrung hatten sie alle bei den regionalen Bauunternehmungen Fischhaber, Gassner oder Knittl gesammelt.

Eduard Pichlmayr erhielt ein entsprechendes Arbeitszeugnis für seinen Berufsstart in die Selbstständigkeit, das ihm vom Feldafinger Baumeister Engelbert Knittl (Abb. 1, S. 223) ausgestellt und von der Handwerkskammer anerkannt wurde. Im Jahr 1930 bestätigte das Bezirksamt Starnberg der Bayerischen Baugewerks-Baugenossenschaft in München, dass „die neuerdings gepflogenen Erhebungen ergeben, dass bei den von Eduard Pichlmayr [...] ausgeführten Bauten [...] sich keine Beanstandungen ergeben haben. Eduard Pichlmayr ist deshalb als selbstständiger Unternehmer zu erachten und wird als verantwortlicher Bauleiter bei Ausführung von Hochbauten geringeren Umfangs mit Ausnahme von Eisenbetonkonstruktionen künftig bis auf weiteres anerkannt."[237]

Bei Wiedereinführung des Meisterzwangs im Dritten Reich sollte der in die Ehe mitgebrachte Sohn Friedrich, genannt Fritz Pichlmayr (1910–1945), die Nachfolge antreten. Als Absolvent der Staatsbauschule in München wäre er der ideale Geschäftsführer gewesen, jedoch kam er aus dem Zweiten Weltkrieg nicht mehr zurück. Die Familie, die noch lange auf seine Wiederkehr hoffte, setzte in ihrer Not den Schwiegersohn Jakob Erhard (1908–1996), einen gelernten Spengler und Installateur, kommissarisch

Das untere Ende der Perlenschnur tangierte im Nordosten eine zum Eisenbahnbau angelegte dreieckig-förmige Grünanlage, die von Kopfbaum-Linden, einem Feldkreuz, mächtigen Ulmen und Ligusterhecken umsäumt wurde. Dieser mit Bänken bestückte kleine Park lud die Einheimischen, die vom Ort zum Bahnhof spazierten, zum Verweilen ein und diente ihnen als Entree zur Haltestation. Der eigentliche repräsentative Haupteingang zum Bahnhof Possenhofen liegt jedoch im Südosten jenseits der Gleise in Richtung See und Schloss. Diese Anordnung ist heute noch deutlich erkennbar, ordnet sich hingegen zunehmend dem Autoverkehr unter.

Bauzeit 1894 – 1933

ein. Um auf seine Aufgaben im Baugeschäft vorbereitet zu sein, absolvierte er nach dem Krieg eine Maurerlehre bei der Baufirma Fischhaber in Starnberg. Als die Familie im Jahr 1953 die traurige Gewissheit hatte, dass Fritz Pichlmayr im Krieg gefallen war, stand sie vor einer weiteren Herausforderung, denn für den Fortbestand der Firma wurde nun ein Meistertitel benötigt.

Nachdem Jakob Erhard bereits voll im Baugeschäft eingebunden war und keine Zeit hatte, nochmals die Schule zu besuchen, entschied sich die Ehefrau Mathilde (1916–1988), die Meisterschule zu absolvieren. Sie nahm die Sondermaßnahme der Bauinnung in Anspruch, den Meistertitel in verkürzter Zeit zu erwerben. Die Prüfung bestand sie erfolgreich als einzige weibliche Absolventin in Bayern.

„Drei-Mäderl-Haus", 1921

In der Verlängerung der Waldschmidtstraße westlich der Bahnlinie prangte stolz auf der Anhöhe idyllisch das „Drei-Mäderl-Haus". Die Villa mit herrlicher Aussicht lag in einem riesigen Grundstück. Nördlich grenzte das Grundstück an den Abhang des Kalkgrabens und damit an die Kiesgrube der Baufirma Knittl (S. 148 f), südlich neigte es sich hangabwärts zur Bockmayrstraße hinab, auf deren Wiese die zum Haus gehörigen Esel und Schafe weideten. Das herrschaftliche Eingangstor zur Villa befand sich östlich in der Nähe der Bahngleise an der Bockmayrstraße. Von dort aus schlängelte sich ein langer und „geheimnisvoller" Kiesweg zum „Drei-Mäderl-Haus" hinauf. Auf der seeseitigen Fassade der Villa stand der Schriftzug „Drei-Mäderl-Haus". Der Name der Villa war auf die aus der preußischen Provinz Posen stammenden drei Schwestern Käthe, Otty und Helene Rapmund[238] zurückzuführen, die das Haus lange Zeit bewohnten.

Abb. 173 *Das „Drei-Mäderl-Haus" (1922 – 1982), kurz vor dem Abriss*

Bauzeit 1894 – 1933

Eigentlich befand sich anfänglich ein anderes Haus auf dem Grundstück, das jedoch 1921 komplett abbrannte. Diese beachtliche Villa[239] hatte Xaver Knittl im Jahr 1911 für den Architekten Anton Bachmann aus München erbaut, von dem auch der Entwurf stammte. Der schlesische Fabrikbesitzer Dr. Armand Becker erwarb die Villa 1919 und stattete sie für die damalige Zeit mit beachtlichem Luxus aus. Eine bekannte Breslauer Firma fertigte aufwendiges Mobiliar im Stil der Renaissance. Außerdem erhielt der Hausherr ein prächtiges Kaminzimmer und zwei moderne Bäder.[240] Bis zum Brand hielt die Luxussanierung nur zwei Jahre: „Das Haus brennt einmal völlig aus. Der Brand wurde durch Überheizung verursacht, andere sagen durch Brandlegung durch Bachmann. Die Pumpe hatte viel Arbeit das Wasser so hoch zu bringen. Der Hydrant lag beim Eingangstor. Die Feuerwehrleute mußten schwitzen. Es war im Herbst 1921."[241]

Der nun 63-jährige Becker[242] ließ 1922 auf den alten Fundamenten die Villa vom Baugeschäft Peter Rumiz und der Zimmerei Johann Suiter nach den Plänen des Architekten Prof. Dr. Ing. Gustav Cube aus München in anderem, aber ebenfalls anspruchsvollem Stil wieder aufbauen. Bei den „Drei-Mädels" und späteren Hausbesitzerinnen handelte es sich um die adoptierten Nichten von Becker. Die Jüngste, „Leni", heiratete Major a.D. Edmund Georg Kleine. Dieser war zuvor Ehemann der späteren Mathilde Ludendorff, die ab 1921 ein Haus in Tutzing besaß (S. 198f).

Die ledig gebliebene Otty bewohnte gemeinsam mit wechselnden Mietern als Letzte die Villa bis zu ihrem Tod. Das Anwesen war bereits 1967 mit lebenslangem Wohnrecht für die Schwestern verkauft und schließlich 1982 verwertet worden. Heute befindet sich dort an der Elly-Ney-Straße eine Wohnanlage.

Kunstschlosser Wolfgang Bodemann, 1921

Der begabte Ausnahmeschlosser Wolfgang Bodemann (1883–1951) war das siebte und jüngste Kind der Kaufleute Alois und Josefa Bodemann, die damals den Kramerladen an der heutigen Leidlstraße 2 in Tutzing führten. Bereits als junger Mann interessierte er sich leidenschaftlich für das Kunstschlosserhandwerk. Er absolvierte eine Schlosserlehre in München und studierte nachts in Büchern die Kunst des Schmiedens.[244]

Wolfgang Bodemann galt als begehrter Mitarbeiter für alle angesehenen Baumeister und Architekten am Starnberger See. Viele Villen, Landhäuser und Grabsteine wurden mit seinen Kunstwerken geschmückt. Die geschwungenen und verzierten Vordächer, Klingelknöpfe, Fenstergitter sowie Grabkreuze und Beschläge aller Art, wie auch Gartentore und Laternen an Einfriedungen sind ein unverkennbares Markenzeichen seines handwerklichen Schaffens. Er bekam viele Preise auf Ausstellungen, seine

Zu dem Zeitpunkt, als sich Wolfgang Bodemann ein vornehmes Wohnhaus nebst Schlosserwerkstatt in Tutzing von Xaver Knittl und Johann Suiter erbauen ließ, hatte seine Bau- und Kunstschlosserei bereits einen

Abb. 174 *Wohnhaus mit Werkstatt des Kunstschlossers Wolfgang Bodemannn an der Kirchenstraße, um 1925*

Bauzeit 1894 – 1933

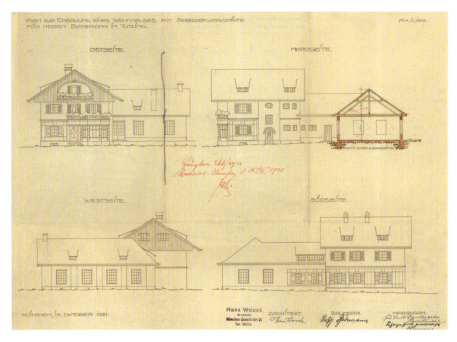

Abb. 175 *Plan der vier Ansichten, Architekt Hans Woock, München, Oktober 1921*

Werke wurden in Kunstkataloge aufgenommen. Sein Können sprach sich auch in den gehobenen Kreisen herum, so dass ihn die Höhenrieder Schlossherrin Wilhelmina Busch-Woods (Abb. 39, S. 83) beauftragte, eiserne Lüster für die Anheuser-Busch-Brauerei in Chicago zu schmieden.[245]

Der Kunstsammler und Schlossbesitzer Marcel von Nemes wusste um das Talent von Bodemann, als er ihm die Gestaltung der reich verzierten Tore und Laternen im Eingangsbereich des Tutzinger Schlosses in den Zwanzigerjahren in Auftrag gab.

Viele weitere Beispiele wie der Lüster im Sitzungssaal des Tutzinger Rathauses, das Tor zum Schloss Höhenried, welches jetzt als Einfahrt zum Buchheim Museum dient, das „Käfertor" (S. 111) an der Hofrat-Beisele-Straße oder das Speisgitter in der Kirche St. Joseph (S. 179) in Tutzing stammen aus seiner Künstlerwerkstatt.

Abb. 176 *Wohnhaus und Werkstatt Bodemann, um 1925*

hervorragenden Ruf. Seine Laufbahn als Kunstschlosser begann er 1909 in einer kleinen Werkstatt mit Kunstschmiede an der Monsignore-Schmid-Straße in Tutzing, die er vom Spengler Ferdinand Bustin übernommen hatte. Als eine Vergrößerung seines Betriebes anstand, beauftragte er den Münchner Architekten Hans Wook das heute noch schön erhaltene Wohnhaus[243] nebst Werkstatt an der Kirchenstraße 7 zu entwerfen, in der sich jetzt ein Kunsthandel-Ladengeschäft befindet.

Mit Kennerblick kann man bei Spaziergängen durch den Ort oder auf Friedhöfen seine meisterlichen Werke entdecken. Die Ästhetik eines von ihm mitgestalteten Hauseingangs ist eine Augenweide verglichen mit einem modernen, korrosionsfreien Edelstahl-Vordach.

Bauzeit 1894 – 1933

„Landhaus-Triptychon" am See

An der Midgardstraße in Tutzing, dem ehemaligen Brahmsweg, entstand von Süd nach Nord innerhalb kürzester Zeit ein Landhaus-Triptychon in erster Reihe, dessen Architektur bezeichnend für die Zwanzigerjahre war. Südlich stand das Landhaus Meck, in der Mitte das Landhaus Schüssel und im Norden das Landhaus Treppenhauer. Die Bauarbeiten für die Landhäuser Meck und Schüssel übernahm Xaver Knittl in Zusammenarbeit mit der Zimmerei Johann Suiter, die des Landhauses Treppenhauer der Konkurrent Lorenz Pauli. Alle drei arbeiteten mit unterschiedlichen Münchner Architekten zusammen. Das Baubüro Heilmann & Littmann entwarf das Landhaus Meck, der Architekt Otto Ammon das Landhaus Schüssel und das Architekturbüro Stengel & Hofer das Landhaus Treppenhauer.

Konsul Meck, 1921

Bauherr des heute noch erhaltenen, jedoch umgebauten Landhauses[246] an der Midgardstraße 4 war Konsul Bernhard Meck. Der Firmeninhaber Bernhard Meck entstammte der Traditionsfabrik Ernst Meck in Nürnberg und nutzte das Landhaus als Sommersitz.

Nachdem Bernhard Meck kinderlos blieb, erbte 1924 das Haus seine Schwester Mina Meck, die mit dem Nürnberger Hotelier Willy Schlenk verheiratet war. Dieser hatte vier Jahre zuvor sein Hotel verkauft und zog nach dem Tod seines Schwagers Bernhard Meck als Privatier mit Gattin nach Tutzing. Zur Winterfrische fuhr man nach Garmisch. Der Sohn von Willy und Mina Schlenk, Hermann Schlenk (1890–1960), übernahm 1922 die Nürnberger Firma Meck seines Onkels Bernhard.

Hermann Schlenk, seine 17 Jahre jüngere Frau Edith und ihre drei Kinder[247] lebten in dem Landhaus bis ihr Vater im Jahr 1960 verstarb und die Witwe das Haus mit dem großen Grundstück, welches bis zur Brahmspromade reichte, an das Architektenehepaar Heinz und Helma Leuchter aus Aachen verkaufte, die es sieben Jahre später an Irene Hassler weiter veräußerten. Über die Jahre wurde das große Grundstück parzelliert, östlich zum See kam zuerst der „Heinzmann-Bungalow" hinzu, den der Architekt

Vater des Bauherrn Bernhard Meck, Honorarkonsul von Serbien, war der Industrielle Ernst Meck, der 1851 in Nürnberg eine metallverarbeitende Fabrik gründete, die Kassenschränke, Tresore und später Lochbleche herstellte. Als die Tresore mit der Inflation weitgehend überflüssig wurden, stellte man die Produktion schwerpunktmäßig auf Lochbleche um, die sich in die beiden Sparten Zier- und Nutzbleche unterteilten.

Die Bleche mit Zierbohrungen wurden als Funkenschutz für offene Kamine, als Trennwände im Jugendstil oder als Balkon- und Geländerverzierung verwendet. Die Nutzbleche setzte man ein zum Aussieben und Sortieren von Schotter, Kohle oder Getreide. Nachdem die klassischen Schotterwerke und Mühlen allmählich weltweit ausstarben, verkaufte man Nutzbleche auch in andere Kontinente, um Kaffee, Reis oder Kokosnüsse zu sortieren. Die noch bestehende Firma Ernst Meck hat ihr Sortiment heute auf die moderne Blechverarbeitung abgestimmt. Nutzbleche werden gefertigt für Trittsicherheitsbleche bei Leitern, für Siebe bei großen Pumpen oder auch für den modernen Fassadenbau.

Abb. 177 *Landhaus Konsul Meck, Rötelzeichnung von Walter Schlenk, um 1955*

Bauzeit 1894 – 1933

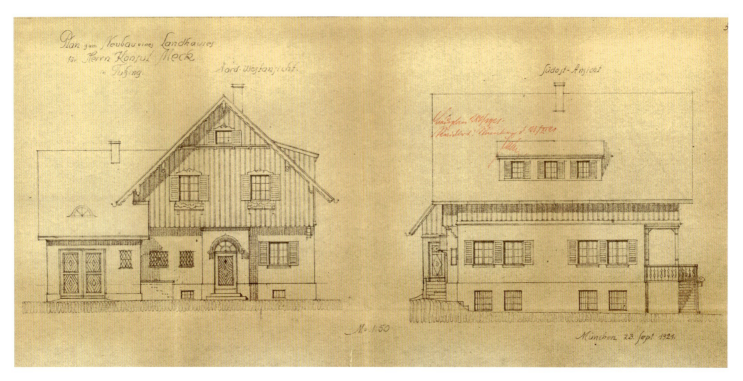

Abb. 178 *Plan des Landhauses Konsul Meck, 1921, Nordwest- und Südostansicht*

Heinz Leuchter geplant hatte, südlich das „Schmidt-Haus". Der sportlich und gut aussehende Sohn Walter Schlenk, der 1955 Bayerischer Meister im Freistilschwimmen wurde, übernahm nach dem Tod des Vaters als Geschäftsführer mit den als Kommanditisten beteiligten Tanten in den Sechzigerjahren die Traditionsfirma Ernst Meck in Nürnberg und wandelte sie in eine GmbH um. Nachdem er keinen Nachfolger in der Familie fand, verkaufte er sie mit Beginn seiner Pensionierung.

Karl Schüssel, 1921

Beim Bauherrn des Landhauses Schüssel[248] am Brahmsweg 1, heute Midgardstraße 8A, handelte es sich um den Kommerzienrat und Kaufmann Karl Schüssel[249] aus München. Das Landhaus entstand in nordöstlicher Nachbarschaft zum Landhaus Meck.

Bevor Karl Schüssel das Landhaus am See erbauen ließ, war er Eigentümer der Villa Schüssel an der Hallberger Allee 5 in Tutzing. In besagter Villa, ursprünglich eine herrschaftliche Villa von 1875, weilte der Schriftsteller Heinrich Mann im Sommer 1913, als er an seinem Drama „Madame Legros" schrieb.[250] Vielen ist das Anwesen als Lokal „Kammerlocher" noch bekannt. Die Familie Kammerlocher hatte die Villa 1917 übernommen und umgebaut. Das Landhaus Schüssel erwarb der Verlagsbuchhändler Adolf Bruno Schäfer aus Leipzig im Jahr 1931, der bereits viele Jahre zuvor regelmäßig seine freie Zeit in Tutzing verbracht und dafür Quartier im Tutzinger Hof bezogen hatte.

Schließlich wollte er etwas Eigenes für die Sommerfrische und hatte die Wahl zwischen dem Haus neben dem Dampfersteg und dem Landhaus Schüssel an der Brahmspromenade. In Sachsen blieb der Erstwohnsitz bestehen, denn Adolf Schäfer arbeitete für den „Übersee Verlag" in Leipzig. Sein Sohn Bruno Schäfer erbte im Jahr 1935, nach dem Tod des Vaters, das Landhaus am See. Heute befindet sich das idyllische Anwesen noch in Familienbesitz.

Bauzeit 1894 – 1933

Abb. 179 *Landhaus Schüssel, um 2005*

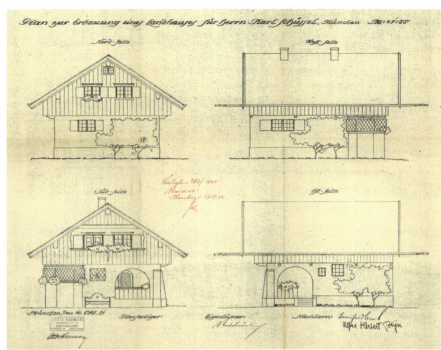

Abb. 180 *Plan des Landhauses Schüssel, Architekt Otto Ammon, München, 10. Okt. 1921*

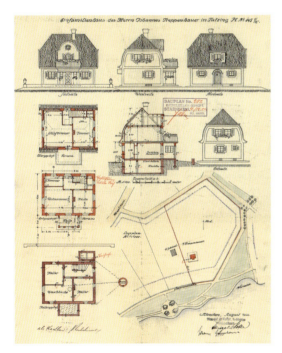

Abb. 181 *Bau- und Lageplan des Landhauses Treppenhauer, Architekten Stengel & Hofer, Aug. 1922 (1922 – ca. 1960)*

Johannes Treppenhauer, 1922

Als die beiden Landhäuser Schlenk und Schüssel bezugsfertig waren, entstand das dritte, letzte und kleinste der drei Häuser[251] an der heutigen Midgardstraße 10-12, die im Dritten Reich in Hindenburgpromenade umbenannt wurde. Das Einfamilienhaus des Johannes Treppenhauer fiel ein wenig aus der Reihe, da es mit Mansarddach und Jugendstilelementen nicht so ländlich wirkte wie die beiden anderen Landhäuser.

Bereits zwei Jahre später erwarb es der Kommerzienrat Rüdinger und ergänzte das Landhaus mit einem Nebengebäude. Im Jahr 1936 kauften dann der Rechtsanwalt Dr. Heinrich Crebert und seine Ehefrau Mathilde das Anwesen. Nach dem Tod der Witwe Mathilde Crebert war der nächste Eigentümer Mitte der Fünfzigerjahre der jüdische Autohändler Correns, der während des Zweiten Weltkrieges im Exil in Japan gelebt hatte. Jahre später brach er das kleine villenartige Landhaus ab und verewigte seine Erinnerungen aus dem Exil in einem noch existierenden Neubau im japanischen Stil.

Wohnhaus Dommaschk, 1924

Das Wohnhaus[252] an der Oskar-Schüler-Straße 3 ließ sich Anton Dommaschk von seinem Schwager, dem Architekten Theodor Dreisbusch, planen und von Xaver Knittl erbauen, als er schon als Bankleiter bei der Genossenschaftsbank in Tutzing tätig war. Zu diesem Zeitpunkt lief es für ihn beruflich noch recht gut. Er hatte sich vom Tapezierergehilfen bei seinem Vater, dem Tapezierer und Dekorateur Friedrich Dommaschk (1856–1950), der sein Geschäft an der heutigen Traubinger Straße 14, Ecke Oskar-Schüler-Straße, hatte, über den Posten des Rechners bei der Gemeinde zum Direktor der Genossenschaftsbank hochgearbeitet.

Bauzeit 1894 – 1933

Zwischendurch erlitt er als Kriegsteilnehmer ein hartes Schicksal. Er wurde schwer verwundet, verlor ein Bein und die Granatsplitter aus dem Krieg, die sich noch in seinem Körper befanden, quälten ihn Zeit seines Lebens. Als Kriegsinvalide lernte er seine spätere Ehefrau im Lazarett kennen, die ihn damals pflegte. Sie war eigentlich von Beruf Kontoristin und konnte ihn daher bei seiner kaufmännischen Karriere unterstützen. Beruflich fest im Sattel hatte er als Bankleiter ideale Voraussetzungen, gute Konditionen für die Finanzierung eines Hausbaus auszuhandeln und sich den Wunsch eines Eigenheims zu erfüllen. Vermutlich handelte er zu euphorisch, denn die hohen Baukosten, die sicherlich auch mit der Inflation zu tun hatten, verführten ihn, im großen Stil zu spekulieren. Dabei bediente er sich unlauterer Mittel, denn der Hausbau hatte plötzlich alles Geld des Bauherrn verschlungen. Der Betrug wurde aufgedeckt und Anton Dommaschk zu zwei Jahren Gefängnis verurteilt.[253] Das Haus konnte er nicht mehr halten.

Nachfolgend übernahm als Eigentümer der Medizinalrat Dr. Ludwig Ufer[254] (1876–1951) das Wohnhaus. Er war in der Pfalz aufgewachsen, hatte in Kamerun seinen Arzttitel erworben und 1919 von Straßburg kommend die älteste Praxis in Tutzing übernommen. Diese hatte Hofrat Hans Beisele 1884 an der Hallberger Allee eröffnet. Mit dem Hauskauf verlegte Dr. Ludwig Ufer seine Praxis an die Oskar-Schüler-Straße 3.

Der Sohn Dr. med. Werner Ufer (1917–2006) trat beruflich in die Fußstapfen des Vaters. Kriegsbedingt wurde er in Halle als Arzt eingesetzt, operierte viel zu dieser Zeit und fand auf diese Weise seine Bestimmung zum Chirurgen. Die väterliche Allgemeinarztpraxis wurde an den Tutzinger Arzt Dr. Heinz Merget verpachtet. Ufer ging zuerst ins Unfallklinikum Murnau und arbeitete später im Krankenhaus in Landsberg, dort wohnte auch seine Familie vorübergehend.

Das schön erhaltene Tutzinger Haus befindet sich weiterhin in Familienbesitz. Die Madonna an der westlichen Fassade stammt von dem aka-

Dr. Ludwig Ufer wird vom Heimatpfleger Josefranz Drummer als sehr liebevoller und fürsorglicher Mensch beschrieben: „Medizinalrat Dr. Ufer hatte es in Tutzing nicht leicht, da immer wieder Vergleiche gezogen wurden, mit dem ungemein beliebten Hofrat, seinem Vorgänger. Aber die gemessene Wesensart des neuen Arztes, sein unaufdringlicher natürlicher Humor, und vor allem seine opfernde Hilfsbereitschaft, besonders als Geburtsarzt, ließen ihn in verhältnismäßig sehr kurzer Zeit das Vertrauen der Bevölkerung gewinnen. Besonders die einfachen Volksgeschichten hingen ihm sehr an, nahm er sich doch der Benachteiligten und Armen mit nie versagender Berufstreue an. Darum vermochte er sich auch trotz der Zunahme der Ärzte in Tutzing zu halten, bis ihm nun infolge eines schweren Siechtums das Skalpell seinen Händen entfiel. Sein Leben war nicht leicht. Ganz besonders hat ihm der frühe Tod seiner Ehefrau Wilhelmine geb. Wernicke (1886–1933), die es nicht verwinden konnte, daß ihr 7 jähriger Sohn [Erich Ufer, geb. 1925] 1932 im See ertrank, viel Leid und spätere große Einsamkeit gebracht [eine Tochter ist im Säuglingsalter verstorben]. Sein in der Ostzone tätiger Sohn [Werner] ist der einzige Hinterbliebene. Seine Praxis, die ursprünglich im Hofrat Beisele-Haus in der Hallberger Allee ausgeübt wurde, die aber dann in sein Anwesen in der Oskar Schülerstraße verlegt worden war, wird nicht verwaist bleiben."[255]

Abb. 182 *Wohnhaus Dommaschk an der Oskar-Schüler-Straße*

demischen Bildhauer Georg Müller (1912–1945). Er war der Schwager von Josefa Müller, einer Tochter Xaver Knittls. Von Georg Müller stammt auch das Relief im Mauerwerk des gegenüberliegenden Feuerwehrhauses.

"Kaffeemühlen-Haus" Hörmann, 1928

Das Wohnhaus[256] für Bürgermeister Josef Hörmann (1874–1940) an der nach ihm benannten Hörmannstraße 6 in Tutzing mit dem quadratischen Grundriss und einem Dach mit vier gleichen Seitenflächen ist ein typisches Haus der Zwanzigerjahre. Dieses „Kaffeemühlen-Haus" (S. 188) ließ sich der Oberlehrer und Bürgermeister von dem Architekten und späteren Nachbarn Theodor Dreisbusch (S. 178) planen. Für die Durchführung waren die Baufirma Xaver Knittl und die Zimmerei Wilhelm Müller verantwortlich.

Der aus Birkland bei Peiting stammende Lehrerssohn Josef Hörmann kam eher zufällig nach Tutzing und hatte als waschechter Sozialdemokrat das Tutzinger Bürgermeisteramt von 1919 bis 1934 inne. Da er das Klima in seinem Heimatort nicht gut vertragen hatte, verhalf ihm der Pfarrer Joseph Boeckeler erst mal zu einer Anstellung als Lehrer an der Tutzinger Volksschule. Der auch als Organist tätige Hörmann heiratete seine fünfzehn Jahre jüngere Klavierschülerin Josefa Spatz (1889–1960), die aus einem großen Gehöft bei Hurlach nahe Landsberg stammte.

Das Amt des Bürgermeisters hatte Hörmann nie angestrebt. Vielmehr musste er dazu überredet werden. Weil sich kein anderer vernünftiger Bürgermeisterkandidat in Aussicht stellte, hielt man ihn für die beste Wahl. Der Bürgermeister „wider Willen" erfreute sich großer Beliebtheit, denn er setzte sich verstärkt für die Schwächeren in der Gemeinde ein. Ein besonderes Anliegen war ihm, dass die Ärmeren auch die Möglichkeit bekamen, in angemessenen Behausungen zu wohnen und sich nicht immer die Gutsituierten im Wohnungsbau durchsetzen sollten. Er dachte an die Interessen der Allgemeinheit, kaufte in weiser Voraussicht Seegrundstücke auf, damit der Öffentlichkeit zukünftig nicht der Zugang zum See verwehrt blieb. Als engagierter Kirchenmusiker förderte Josef

Abb. 183 *Das renovierte Wohnhaus Hörmann, 2017*

Bauzeit 1894 – 1933

Hörmann auch den Kirchenbau, daher betrachtete er die Realisierung des Großbauprojekts, die Kirche St. Joseph (S. 179 f), als eine Krönung seiner Amtszeit. Im Laufe des Jahres 1934 enthoben die aufstrebenden Nationalsozialisten Hörmann seines Amtes, denn sein Parteibuch passte nicht mehr in die politische Zeit. Stattdessen setzten die Machthaber Karl Seemann als Bürgermeister ein. Der gut vernetzte General Ludendorff, der zu dieser Zeit in Tutzing seinen Alterswohnsitz hatte und mit Hörmann befreundet war, half ihm, seine Amtsenthebung unbeschadet zu überstehen. Als Xaver Knittl im November 1927 mit dem Rohbau der Kirche St. Joseph begann, reichte Hörmann den Bauplan für sein Eigenheim in der Nachbarschaft ein. Die Baubeginn-Anzeige lautete auf den 5. März 1928, hier war der Kirchenbau bereits in vollem Gange. So konnten die Erd- und Maurerarbeiten zeitgleich zum Kirchenbau stattfinden und Knittl hatte nur wenige Schritte zur „kleineren" Hörmann-Baustelle.

Nach dem Tod des Bürgermeisters a.D. bewohnten die Witwe Josefa und die Tochter Franziska (1908–1987) weiter das Haus. Franziska Hörmann lebte bis zum Schluss in ihrem Elternhaus. Das Hörmann-Haus mit der bewegten Geschichte wurde kürzlich wieder schön renoviert.

Villa Ludendorff, Neubau 1921 / Erweiterung 1932

Die Villa Ludendorff an der Mühlfeldstraße 2 in Tutzing, die gegenüber dem Stammhaus des Baugeschäfts Knittl lag, diente als Alterswohnsitz von Erich Ludendorff (1865–1937) und seiner zweiten Ehefrau Mathilde (1877–1966). Die Villa, deren Ausstattung und ihr Garten stehen seit 2011 unter Denkmalschutz.

Der Architekt Fritz Kuhn aus München entwarf das Haus,[257] welches sich in seinen klaren, strengen Formen von den umliegenden Landhäusern abhebt. Kuhn übernahm auch die Gestaltung des parkähnlichen Gartens. Das Baugeschäft Xaver Knittl führte die Erd- und Maurerarbeiten durch. Als die promovierte Ärztin Mathilde von Kemnitz-Kleine plante, ihre Nervenarztpraxis von Garmisch nach München zu verlegen, war sie auf der Suche nach einem Haus oder Baugrundstück, welches eine gute Bahn-

Mathilde von Kemnitz war in erster Ehe mit Gustav Adolf von Kemnitz (1881–1917) verheiratet und hatte aus dieser Ehe die drei Kinder Ingeborg, Hanno und Asko von Kemnitz, die als Eigentümer des Hauses in Tutzing eingetragen waren.[258] Nachdem ihr Ehemann mit 36 Jahren bei einem Lawinenunglück 1917 an der Rofanspitze ums Leben gekommen war, heiratete sie 1919 Major a.D. Edmund Georg Kleine, von dem sie bereits nach zwei Jahren wieder geschieden wurde. Im Jahr 1926 ehelichte sie schließlich General Erich Ludendorff, dessen erste Ehefrau sie nervenärztlich in ihrer Münchner Praxis behandelt hatte. General Ludendorffs Wohnung und Arbeitsstätte blieben weiterhin in München in der Heilmannstraße 5, im heutigen München-Solln. Die Villa in Tutzing wurde alljährlich im Sommer ein beliebter Aufenthaltsort des Ehepaares.

Abb. 184 *Wohnhaus von Kemnitz/Ludendorff vor dem Anbau, Foto um ca. 1928*

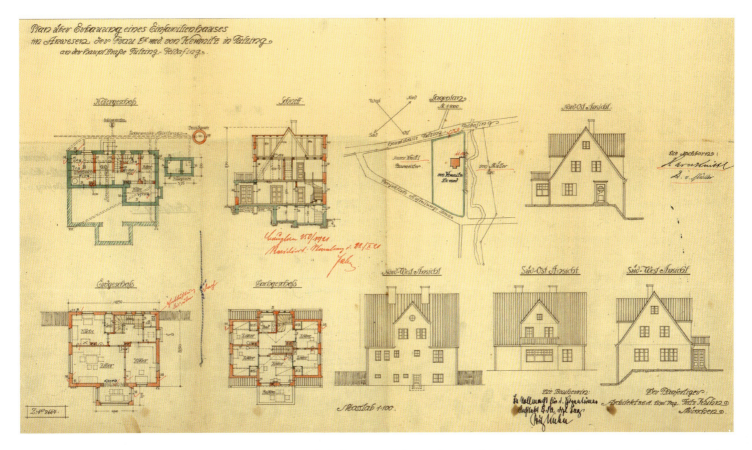

Abb. 185 *Bau- und Lageplan des Wohnhauses von Kemnitz/Ludendorff, Architekt Fritz Kuhn, München 1921*

Die Haushälterin „Annemie" lebte fast 70 Jahre im Haus Ludendorff. Als Mathilde Ludendorff bereits elf Jahre Witwe war, kam die junge und ledige Annemarie Kruse (1923–2016), genannt „Annemie", im Jahr 1948 aus einem großen Bauernhof mit vielen Geschwistern in Schleswig-Holstein - wie das Schicksal es wollte - nach Oberbayern. Laut ihren Erzählungen machte sie als junge Dame gemeinsam mit ihrem Vater, einem Landwirt, Urlaub im Voralpenland. Als sie auf dem Gipfel des Jochbergs standen, war die junge Frau von der herrlichen Landschaft und dem bezaubernden Blick auf das Bergpanorama und der Aussicht auf den Kochel- und Walchensee so angetan, dass sie ihrem Vater gegenüber äußerte, es sei ihr größter Wunsch, hier in Oberbayern bleiben zu dürfen. Vom Schicksal bestimmt hatte sie eine Freundin, die Dienstmädchen im gegenüberliegenden Haus Knittl war. Da Mathilde Ludendorff zum selben Zeitpunkt eine Haushaltshilfe suchte, ging Annemies Traum, ein Leben verbindung nach München zu bieten hatte und wurde in Tutzing fündig. Sie freute sich sehr, „als in Tutzing, an der schönsten Stätte des Starnberger Sees, eine große, bis zum See reichende Wiese noch völlig unbebaut gefunden war" und erstand von der Bayerischen Krongutverwaltung „ein Tagwerk Grund von dieser Wiese [...] mit schönen Baumbestand [...] zu lächerlich billigem Preis."[259]

„Alle Menschen, denen ich [Mathilde Ludendorff] von meinem Beginnen, ein Haus bauen zu wollen, sprach, sagten mir ermutigende Worte wie: „Sind Sie wahnsinnig geworden?" [...] Während also andere Menschen buchstäblich graue Haare bekamen angesichts der mit Riesenschritten forteilenden Inflation, die sie ihres Besitzes beraubte, war ich in ganz umgekehrter Verfassung."[260]

Trotz guter Stimmung fiel der Hausbau zunehmend bescheidener aus. Erst als sich Erich Ludendorff 1932 entschied, das Haus in Tutzing zum ständigen Wohn- und Alterssitz zu machen, erfolgte im Sommer 1932 eine Erweiterung.[261]

Bevor der Anbau erfolgte, kauften die Eheleute Ludendorff den Kindern von Mathilde Ludendorff, die laut Grundbuch[262] Eigentümer des Hauses waren, die Villa ab. Für den Erweiterungsbau beauftragten sie Architekt Josef Erhart sowie Baumeister Xaver Knittl. Ludendorff vermerkte hierzu in seinem Tagebuch, datiert mit Juli/September 1932: „[...] beschließen Anbau an das Haus [in Tutzing] um das Haus in Ludwigshöhe [in München-Solln] aufgeben zu können, was aus verschiedenen Gründen notwendig war [...]. Auch war uns das Haus zu groß. Mit zweiten, Ehrhart [Architekt Erhart] zufrieden, vor allem mit Baumeister Knittel [Xaver Knittl] und anderen Tutzinger Handwerkern, nur mit Heizungsfirma Maurmeier, München Schwierigkeiten, die dann doch behoben wurden."[263]

Bauzeit 1894 – 1933

in Oberbayern zu verbringen, in Erfüllung. Bis zu ihrem Tod lebte sie, lange Zeit mit Dackeln an ihrer Seite, im Ludendorff-Haus, in dem sie nach dem Ableben Mathilde Ludendorffs ein Wohnrecht auf Lebenszeit besaß. Auf die Frage, warum sie nie geheiratet habe, antwortete sie stets, dass es keine Männer in ihrem Alter gab, weil sie alle im Krieg gefallen seien. Sie wurde 2016 im Grab der Ludendorffs in Tutzing beigesetzt.

Abb. 186 *Villa Ludendorff während der Anbauarbeiten, 1932*
Xaver Knittl steht mit Hut und Mantel im Vordergrund.

Abb. 187 *Villa Ludendorff nach dem Umbau, Foto um 1940*

Nach dem Tod Mathilde Ludendorffs erwarb die 1967 gegründete Ludendorff-Gedenkstätte e.V., gemäß ihrem letzten Willen, das Haus von den Erben, ihren drei Kindern aus erster Ehe.

Bauzeichner Konrad Knittl

Konrad Knittl (1876 – 1966), genannt „Onkel Konrad", war der drittälteste Sohn des Mauermeisters Josef Knittl. Als Erbe des „Knittlhofs" in Garatshausen arbeitete er eigentlich als Landwirt. Er bewohnte den Bauernhof mit seiner Ehefrau Anna (1878 – 1960) und den beiden Kindern Max (1902 – 1970) und Therese (1903 – 2001), genannt „Reserl". Seine Frau Anna stammte aus der Familie Elsperger, die viele Jahre die Gaststätte des Andechser Hofs in Tutzing bewirtschaftete. Ein überzeugter Bauer war Konrad nicht, da er die Landwirtschaft die meiste Zeit verpachtete, um seiner eigentlichen Passion nachzugehen und in der Firma seines Bruders in Tutzing als Bauzeichner und Buchhalter zu arbeiten.

Abb. 1 *Konrad und Anna Knittl bei ihrer Goldenen Hochzeit 1950 vor dem Andechser Hof*

Abb. 2 *Denkmalgeschützter Bildstock für Bürgermeister Günther und sein trauriges Schicksal*

Mit 33 Jahren war der Landwirt Konrad Knittl in den tödlichen Unfall des Traubinger Bürgermeisters Michael Günther verwickelt. Dieses tragische Ereignis konnte er Zeit seines Lebens nicht verwinden. Zwei angeblich entflohene Gefangene aus der Männerstrafanstalt Rothenfeld bei Andechs tauchten bei der Ehefrau Anna im „Knittlhof" auf und wurden verdächtigt, Geld entwendet zu haben. Konrad Knittl machte sich zusammen mit seinem Stallknecht auf den Weg Richtung Traubing und traf auf halber Strecke mit dem Bürgermeister Günther und dem Gemeindediener Schillinger zusammen. Die zwei Traubinger hatten sich ebenfalls auf den Weg gemacht, als sie von der Polizei von den mutmaßlichen Straftätern und deren Flucht unterrichtet worden waren. Es war bereits dunkel und sehr neblig an diesem 9. November 1909. In dem kleinen Wäldchen beim Auerbichl[1] trafen die beiden Suchtrupps schließlich aufeinander. Da die Sicht so schlecht war und keiner sein Gegenüber erkennen konnte, gingen sie jeweils davon aus, dass es sich um die beiden Gesuchten handelte. Es kam zu einer wortlosen und heftigen Rangelei. Es fielen Schüsse, von denen einer den Bürgermeister tödlich verletzte. Das Ergebnis der Untersuchung ergab, dass Konrad Knittl, der den tödlichen Schuss abgegeben hatte,

Bauzeit 1894 – 1933

in Notwehr gehandelt hatte und daher nicht verurteilt werden konnte. Zu dem Unglück kam hinzu, dass das als gestohlen geglaubte Geld wieder auftauchte und es sich nicht um die gesuchten Sträflinge, sondern um zwei Handwerksburschen gehandelt hatte. An der Unglücksstelle erinnert ein heute denkmalgeschützter Bildstock in Jugendstilformen an den tödlichen Unfall.[2]

„Knittlhof", 1874 – Garatshausen

Der Vater von Konrad Knittl erbaute für seinen Schwiegervater, den begüterten Landwirt und Fischer Urban Greinwald, im Jahr 1874 den „Knittlhof", ein Wohnhaus mit Ökonomiegebäude[3] an der heutigen Alten Traubingerstraße 7 in Garatshausen. Das Anwesen war von einer großen Obstwiese umgeben, die sich östlich bis hinunter zur Weylerstraße und westlich bis fast zur Bahnlinie erstreckte. Weitere zum Hof gehörige Wiesen befanden sich auf der Anhöhe zwischen Garatshausen und Traubing. Die verwitwete Mutter Maria Knittl beauftragte im Jahr 1900 noch ihren Sohn Xaver das landwirtschaftliche Anwesen zu vergrößern und umzubauen,[4] was dem Hofnachfolger, Xavers Bruder Konrad, zugute kam.

Urban Greinwald besaß als ehemaliger Eigentümer des zum Schloss

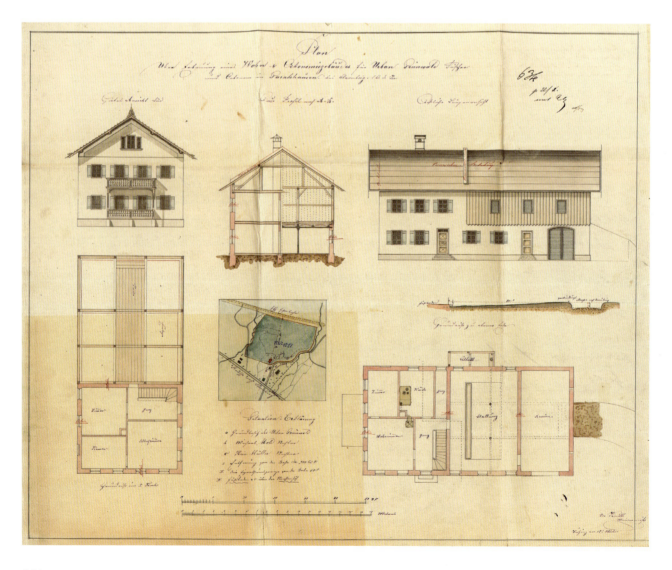

Abb. 3 *Bauplan für ein Ökonomiegebäude für Urban Greinwald, Fischer in Garatshausen. Planzeichner war Josef Knittl. Später kam der Hof in den Besitz der Familie Knittl.*

Bauzeit 1894 – 1933

Garatshausen gehörigen „Hofbauern" das vom Adel als Privileg verliehene Fischereirecht am See, das er auch auf den später erbauten „Knittlhof" übertrug. Da dieses Fischereirecht auf die nachfolgenden Generationen vererbbar ist, gibt es heute noch die Fischerei Schneider-Knittl[5] in Garatshausen.

Zum Schloss gehörte auch eine öffentliche Lände, die den Schiffen, die im Auftrag der Schlosseigentümer Thurn & Taxis unterwegs waren, das Anlegen ermöglichte. Diese befand sich südlich der Schlossanlage in Höhe des Schäufelen-Anwesens an der Schloßmühle 8, welches heute an die Wohnanlage für Betreutes Wohnen des Kreisaltenheims angrenzt. Die freie Wiese zur Lände diente dazu, dass die Hoffischer am Zugang zum See auch ihre Netze aufhängen und trocknen konnten. Konrad Knittl wurde ein Ersatz-Seezugang zugeteilt, als man die Anlegestelle in den Zwanzigerjahren aufgrund von Grundstücksveräußerungen der Thurn & Taxis auflöste. Er bekam stattdessen im Jahr 1927 ein Fischerbootshaus[6] mit einem schmalen Grundstücksstreifen, der nördlich an das Freibad angrenzt. Heute hängt dort am Tor ein Schild mit Fischerei Schneider-Knittl.

Sohn Max Knittl (1902 – 1970) hatte Agrarwirtschaft studiert, um den Hof seiner Eltern Konrad und Anna Knittl zu übernehmen. Der attraktive Max bereiste auch gerne fremde Länder und arbeitete nebenbei jahrelang

Abb. 4 *Neues Grundstück am See neben dem Freibad zum Aufhängen der Netze, heute Fischerei Schneider-Knittl*

Bauzeit 1894 – 1933

immer wieder als Plantagenverwalter in Nigeria, Kamerun und Sumatra. Der eingefleischte Junggeselle machte bereits in den Vierzigerjahren die Bekanntschaft mit Helene Zingraff (1905 – 1996), die er vier Jahre vor seinem Tod heiratete. Sie hatte ihren damaligen Mann Hans Zingraff (1901 – 1975) auf Sumatra begleitet, der dort wie Max Knittl Tabakpflanzer war. Das Ehepaar Zingraff lebte mit ihren drei Söhnen seit 1947 in Pöcking an der Gartenstraße 2.

Nach dem Tod von Max Knittl ging der „Knittlhof" an die Familie Zingraff-Knittl, die selbst den Hof nie bewohnte, sondern die Landwirtschaft verpachtete und den Bauernhof als Wohnhaus vermietete. Helene Zingraff-Knittl (1905 – 1996) ließ sich später an der Beccostraße in Pöcking ihr eigenes Haus erbauen. Die Schwester von Max Knittl, Therese Schneider (1903 – 2001), ließ sich 1957 ebenfalls ein Wohnhaus[7] südwestlich des „Knittlhofs" am heutigen Sprunglweg 6 bauen und verbrachte dort mit ihrem Ehemann August Schneider (1899 – 1983) ihren Lebensabend.

Das Austragshaus zum Bauernhof auf der Südseite war bereits früh an die landwirtschaftlichen Pächter Fendt verkauft worden. Der „Knittlhof" wechselte vor nicht allzu langer Zeit den Eigentümer und ist vom Tutzinger Architekten Michael Wissnet schön renoviert worden. Die weitläufige Obstbaumwiese wurde im Laufe der Jahre überbaut.

Abb. 5 *Max Knittl, um 1940*

Abb. 6 *Therese Schneider, geb. Knittl, Schwester von Max, genannt „Reserl", um 1925*

Abb. 7 *Der „Knittlhof" in Garatshausen, 1929*

Baumeister Carl Knittl

Als der tatkräftige Xaver Knittl aus der zweiten Generation unerwartet in seinem 60. Lebensjahr am 8. März 1933 verstarb, trat die Nachfolge in der Tutzinger Baufirma sein einziger Sohn Carl Knittl (1903–1953) in dritter Generation an. Wie sein Vater hatte er die Staatsbauschule in München besucht und durfte den Titel „Baumeister" tragen. Aufgrund einer falsch behandelten Gehirnhautentzündung in seiner Kindheit litt er unter immer wiederkehrenden Lähmungserscheinungen. Eine Körperhälfte war dadurch in Mitleidenschaft gezogen, so dass er ein Bein leicht nachzog. Ein Tremor erschwerte zudem den Gebrauch der rechten Hand, weshalb er beim Schreiben die Rechte mit der Linken festhielt. Seine Aufzeichnungen, die hohen Wiedererkennungswert haben, wurden im Laufe der Jahre immer zittriger.

Carl war viel mit seinem Motorrad auf den Baustellen unterwegs. Dabei hob er vor dem Losfahren das kranke Bein über das Motorrad und war nun, auf der Maschine sitzend, sehr mobil. Wie sein Vater Xaver engagierte er sich in sämtlichen Tutzinger Vereinen. Vor allem als Förderer des Alpenvereins liebte er die Tutzinger Hütte und brachte sich auch im Skiclub ein. Die Einheimischen freuten sich, wenn sie den „Idealisten" auf seinem Motorrad durch den Ort fahren sahen und schätzten den Baufachmann wegen seiner Herzlichkeit und Liebenswürdigkeit. 1935 heiratete er die Schulfreundin seiner jüngeren Schwester Annie, meine Großmutter Martha Sechser (1904–1986).

Abb. 1 *Hochzeitsfoto von Carl und Martha Knittl mit Maurern (hell gekleidet) und Hilfsarbeitern (dunkel gekleidet) und dem Hochzeitsgeschenk (eine gemauerte Uhr), 1935*

Bauzeit 1933 – 1953

Martha wuchs in Ammerland am Ostufer des Starnberger Sees auf. Dort war ihre verwitwete Mutter Barbara Sechser (1878–1965), genannt „Betty", gebürtig in Schlammersdorf/Oberpfalz, Postbeamtin. Martha ging jedoch auf der anderen Seite des Sees in Tutzing zur Schule.

Carls Mutter Therese überlebte ihren Mann Xaver nur um drei Jahre. Mit 56 Jahren erhängte sie sich am 12. Februar 1936 im ersten Stock des Hinterhauses während der Winterolympiade in Garmisch. Damals war meine Großmutter Martha mit meinem Vater Karl Xaver schwanger. Man erzählte sich hinter vorgehaltener Hand, Therese Knittl sei „schwermütig" gewesen. Über das Krankheitsbild „Depression" sprach man damals kaum. Die ihr zur Seite gestellte Krankenschwester konnte das Unglück nicht verhindern.

Carl Knittl führte bis 1953 mehr als 60 Bauten aus, meist zusammen mit dem ortsansässigen Architekten Theodor Dreisbusch (S. 178). Mit nur 50 Jahren erlitt er auf der Baustelle des „Postler-Hauses" an der Waldschmidtstraße 25, in dem gerade die Dienstwohnungen der Post renoviert wurden, einen Gehirnschlag. Seine damals dreizehnjährige Tochter Ursula erinnert sich, dass er an diesem Tag extra noch mal zu ihr ins Wohnzimmer gekommen war, in dem sie gerade mit einer Freundin Turnübungen machte, in der Tür stand und sagte, sie sollten nur schön weiterturnen. Ganz ungewöhnlich verabschiedete er sich noch mal ausdrücklich bei ihr und meinte, dass er jetzt auf die Baustelle gehe. Kurz danach kam ein Maurer ins Haus geeilt und unterrichtete die Familie von seinem Zusammenbruch. Einige Tage später verstarb er im Krankenhaus Tutzing.

Er hinterließ Ehefrau und drei minderjährige Kinder: Karl Xaver, Rudolf und Ursula. Seine Witwe Martha führte nun das Baugeschäft zusammen mit dem 71-jährigen Feldafinger Onkel ihres verstorbenen Mannes, Engelbert Knittl (S. 223ff), solange weiter, bis der älteste Sohn Karl Xaver (S. 267ff) das Baugeschäft übernehmen konnte. Engelbert gehörte der vorhergehenden Generation an, war der jüngste Bruder des berühmten Tutzinger Baumeisters Xaver Knittl und hatte ein Baugeschäft in Feldafing betrieben.

In der Drummer-Notiz heißt es: „Frau Knittl [Therese Knittl] war seit den Wechseljahren krank und musste zu gewissen Zeiten immer wieder das Kurhaus aufsuchen, da sie an Wahnvorstellungen litt. Später war sie die meiste Zeit irr und von unnützen Sorgen gequält. Während nun ihre Angehörigen bis auf die Schwiegertochter Martha [Ehefrau von Carl Knittl] in der Olympiade in Garmisch waren, die [Kranken-] Schwester das Kind von Frau Müller [Schwester Josefa von Carl Knittl] versorgte, erhängte sich die leidende Frau am Fensterkreuz."[1]

Vorkriegswirtschaft und Bauboom

Die durch die Weltwirtschaftskrise hervorgerufene Flaute schien mit der Machtergreifung Hitlers überwunden. Angekurbelt durch die Kriegswirtschaft kam die Baukonjunktur auch hier in der Region wieder in Schwung. Der von 1933 bis 1939 währende Bauboom wurde auch am Starnberger See in gewisser Weise von der Architektur des Nationalsozialismus beeinflusst. Typisch war hier das einfache Wohnhaus mit Satteldach, grobem Rauputz und schlichten farbigen, meist kirschroten Fensterläden, die sich von der weißen Fassadenfarbe stark abhoben. Das Tutzinger Feuerwehrhaus (S. 213f) ist ein für diese Zeit charakteristischer Vertreter eines Großbaus.

Ähnliche Stilelemente kann man an den heute denkmalgeschützten „Sturmblockhäusern" für die ehemalige Reichsschule in Feldafing erkennen, die von dem Architekten Alois Degano (1887–1960) im Jahr 1938 geplant wurden. Er hatte bereits am Obersalzberg den Umbau zum Berghof für Hitler vorgenommen. Man legte gesteigerten Wert auf die Verwendung von regionalen Baumaterialien. Auf dekorative Merkmale wurde weitgehend verzichtet.

Wohnhaus Greimel und Möhler, 1933 – Unterzeismering

Die männlichen Familienmitglieder der Greimels aus Unterzeismering kannten die Baufirma Knittl sehr gut, denn Ignaz Greimel (1890 – 1969) war lange Zeit Maurer im Dienst von Xaver Knittl, wie auch später sein Sohn Pius (1921 – 1999), der seine Lehrzeit zum Baupolier bei Carl Knittl absolviert hatte.

Der Bauplan[2] für das Wohnhaus im ländlichen Stil von Ignaz Greimel an der Schmuttermairstraße 8 in Unterzeismering trug im Januar 1933 bereits die Unterschrift von Carl Knittl. Dieses Haus war der erste Neubau in der Umgebung, daher gab es damals noch keine erschlossene Zufahrtsstraße.

Der gut situierte Kaufmann Andreas Friedrich (1887–1947), der unter Hitler aus dem Berufsmilitär ausgeschieden war und in München mehrere Metzgereien als Geschäftsinhaber eröffnet hatte, mietete im ersten Stock des Hauses der Familie Greimel eine Wohnung an.

Da er sich in Unterzeismering sehr wohl fühlte, plante er dort etwas Eigenes zu erwerben. Es ergab sich, dass er ab 1944 mit Annie Knittl, der Tochter von Xaver Knittl, einen Pachtvertrag über ihr etwa 4000 qm großes Grundstück abschließen konnte, welches östlich an das Greimel-Grundstück angrenzte. Auf der Wiese ließ er sich ein Gartenhaus mit Betonfundament errichten, seine Frau Rosa (1882 – 1952) und er pflanzten dort ihr eigenes Gemüse und hielten sich Hühner.

Die Tochter Dr. Mathilde Friedrich (1917 – 1984) war Ärztin und mit dem Lebensmittelchemiker Prof. Dr. Klement Möhler (1917 – 2005) verheiratet. Beide nutzten gerne die Gelegenheit, viel Zeit im Feriendomizil Greimel zu verbringen.

Als die Eheleute Möhler in München ausgebombt worden waren, verlagerten sie ihren Wohnort nach Unterzeismering. Klement Möhler funktionierte das Gartenhaus zu einem Labor um und konnte ab dieser Zeit dort weiterarbeiten. Im Jahr 1947 starb Andreas Friedrich mit 60 Jahren, als er von München kommend auf dem Weg vom Tutzinger Bahnhof nach Unterzeismering am Johannishügel einen Herzinfarkt erlitt. Nach seinem

Abb. 2 *Wohnhaus Greimel in Unterzeismering*

Tod beschloss Mathilde Möhler auf dem Grundstück ein Wohnhaus zu errichten und erwarb 1951 von Annie Knittl den Bauplatz für 1 DM pro Quadratmeter.

Im Jahr 1957 war es dann soweit. Der Architekt Peter Mund plante einen Neubau, der an der heutigen Schmuttermairstraße 3 errichtet wurde. Erst kürzlich wurde er durch ein modernes Haus für die Tochter von Mathilde Möhler, Ingeborg Friess, ersetzt. Mathilde Möhler betrieb leidenschaftlich eine Rauhhaardackelzucht mit bis zu 27 Dackeln. Der ehemalige Hühnerstall diente als Hundezwinger.

Während der Bauphase des damaligen Möhler-Hauses kam es zu einer schicksalhaften Begegnung. Das Hausmädchen der Bauherrin Mathilde Möhler, Heidi Püschel, die aus dem Sudetenland geflüchtet und vorher als Magd beim Bauern Schägger in Unterzeismering gearbeitet hatte, lernte auf der Baustelle Erwin Ritzer (1934–2013) aus Obertraubing kennen. Erwin Ritzer arbeitete, wie bereits sein Vater Georg Ritzer (1900–1964), der „Mörtelrührer" war, beim Baugeschäft Knittl. Die Baustelle brachte ihnen Glück, denn Heidi und Erwin wurden ein Paar, heirateten und bauten sich ihr eigenes Häuschen in Obertraubing.

Zwei-Generationenhaus Wührl, 1936

Peter Wührl sen. (1879–1947) arbeitete als Fuhrknecht und Zugführer im Baugeschäft von Xaver Knittl und wohnte mit seiner Ehefrau Genofeva (1877–1948) und den drei Kindern Elenora, Peter und Fanny lange Jahre zur Miete im Stammhaus Knittl an der Hauptstraße 93. Sein Arbeitsplatz, der Pferdestall, befand sich nur einige Meter vom Baugeschäft entfernt, an der heutigen Von-Kühlmann-Straße 5. Ein direkter Fußweg verband Wohnsitz und Arbeitsstätte miteinander.

Peter Wührl sen. hatte eine wichtige Stellung in der Firma inne. Zu Zeiten, in denen es keine motorisierten Fahrzeuge gab, war der Zugführer der Kutscher, der das Rossfuhrwerk lenkte. Heute würde man dazu LKW-Fahrer sagen. Neben seiner Aufgabe das Baumaterial mit den Fuhrwerken zu den Baustellen zu bringen, musste er sich auch um das Wohlbefinden und die Pflege der Pferde kümmern. Das war seinem Arbeitgeber Xaver Knittl sehr wichtig, denn der liebte seine Rösser und besuchte den „Wührl Peter" regelmäßig, um mit ihm über die Tiere zu plaudern. Als der Pferdestall nicht mehr gebraucht wurde, verwandelte er sich zum beliebten „Maurer-Treff" (S. 151 f).

Im Jahr 1936, als sich Wührl sen. allmählich zur Ruhe setzten wollte, erfüllte er sich und seiner Familie nicht weit von seinem Arbeitsplatz den Wunsch nach einem Eigenheim an der heutigen Ludwig-Behr-Straße 1, Ecke Bockmayrstraße. Es diente anfänglich als Zwei-Generationenhaus. Neben den Eltern Wührl zogen auch das jung verheiratete Paar Peter Wührl jun. (1906–1985), seine Frau Maria Wührl (1912–1999) sowie deren Schwester Franziska Klotz, genannt "Fanny", ein, die nach ihrer späteren Heirat nach München übersiedelte. In der Familie Wührl legte man tüchtig Geld für das Eigenheim zurück, so dass sogar am Zucker für den Kaffee gespart worden sein soll. Architekt für das schlichte bäuerliche Wohnhaus[3] war Theodor Dreisbusch. Die Erd- und Maurerarbeiten erledigte die Baufirma Knittl.

Das Haus stand rundum frei, im Westen die noch heute unbebaute große Kirchenwiese, nur oberhalb das in den Zwanzigerjahren entstandene

Abb. 3 *Peter Wührl mit Ehefrau Maria und einer Bekannten (links)*

Peter Wührl jun. (1906–1985) begann mit 15 Jahren eine Maurerlehre bei der Baufirma Xaver Knittl und blieb ihr über 50 Jahre treu. Am 24.10.1971 erhielt er von der Handwerkskammer eine Ehrenurkunde für 50 Jahre Firmenzugehörigkeit. Im Jahr 1972 ging er in den Ruhestand.

Er war von kleiner Statur und hatte stahlblaue Augen. Seine Ehefrau Maria sagte „Herr Wührl", wenn sie über ihn sprach, was ein wenig befremdlich klang.

Als Einziger durchlebte er in seiner beruflichen Laufbahn drei der insgesamt vier Baumeister-Knittl-Generationen. Er arbeitete neben dem jüngeren Josef Krutina als herausragender Polier, der zum Erfolg der Firma maßgeblich beitrug. Seine besondere Spezialität war die Restaurierung von „Putten" am Haus.

Seine Maurertätigkeit musste er zu Zeiten des Zweiten Weltkriegs unterbrechen, weil er als Flak-Schütze bei der Wehrmacht in amerikanische Gefangenschaft geriet. Über seine Kriegserfahrungen redete er fast nie, jedoch litt er seit dieser Zeit an einem nervösen Magen, weswegen seine Nichte Brigitte speziell für ihn aus der Molkerei Zistl trockenen Topfen besorgen musste, den er besonders gut vertrug.

Haus der wohltätigen Lucia von der Ohe, genannt „Schwalbennest". Östlich und südlich wurde das Haus von den Liegenschaften des Metzgermeisters Peter Bockmayr umringt. Die zur Bahnlinie steil abfallende Straße diente den Kindern bis in die Sechzigerjahre als Schlittenbahn, die in der Bockmayr-Grube endete, einst privates Wasser-Hochreservoir des Metzgermeisters, das der Versorgung seines Geschäfts im Ort diente. Maria Wührl nahm 1948 ihre Nichte Brigitte zu sich ins Haus auf, als diese die Realschule in Tutzing besuchte. „Brigitte vom Wührl", wie sie die Einheimischen nannten, behandelten die kinderlosen Wührls wie eine eigene Tochter.

Meine Mutter Eva Knittl war ebenfalls ein temporäres Familienmitglied im Hause Wührl. Sie stammte aus Breitbrunn am Ammersee und bekam damals als Mädchen die Chance, das Abitur zu machen. Da das nächstgelegene Gymnasium in Tutzing lag und es damals keinen Schulbus gab, lebte sie zur Untermiete im ersten Stock mit Balkon im Hause Wührl. Dort lernte sie als junge Frau meinen Vater Karl Xaver Knittl kennen, der oft Gast im Hause Wührl war, da zwischen den Wührls und Knittls über das Arbeitsverhältnis hinaus eine sehr herzliche Verbindung bestand.

„Brigitte vom Wührl" bewohnt seit zwanzig Jahren mit ihrem Ehemann Klaus Lucas weiterhin das Wohnhaus dieser so liebenswerten Familie.

Abb. 4 *Haus Wührl in Tutzing an der Ludwig-Behr-Straße / Ecke Bockmayrstraße, 2017*

Bauzeit 1933 – 1953

Wohnhaus Wastian, 1936

Die Geschichte vom Wohnhaus[4] des Lageristen „Konstanz" (Abb. 1, S. 205, 1. Reihe links) ist besonders anrührend, wenn auch ein wenig tragisch. Sie nahm jedoch einen guten Ausgang.

Erbaut hatte das schlichte kleine Haus an der Bräuhausstraße 6 in Tutzing sein damaliger Arbeitgeber Carl Knittl im Jahr 1937, Planzeichner war Theodor Dreisbusch. Zusammen mit seiner Ehefrau Maria und seinen drei Kindern hatte sich Konstantin Wastian den Traum eines eigenen Wohnsitzes mit einem großen, wunderbaren Garten und einer Scheune für Hühner und zwei Ziegen erfüllt.

Mit der Festanstellung als Lagerverwalter bei Xaver Knittl fasste „Konstanz" 1925 schließlich beruflich Fuß und sein Leben verlief fortan in geordneten Bahnen. Er war sowohl bei den Arbeitern als auch bei Familie Knittl sehr beliebt. Er galt auch als Experte beim Gießen der Knittl'schen Spezial-Betonfertigteile für Zaun- und Schilderpfosten und Tröge oder Rohre (Abb. 125, S. 150) für den Eigenbedarf der Firma. Zwischendurch löschte er immer wieder Kalk und füllte ihn in Eimer ab. Der Baustoff war sehr begehrt und wurde auch an die Kundschaft weiterverkauft. Wenn es im Lagerraum warm und stickig wurde, hängte „Konstanz" die Oberlichter aus. Durch die Öffnung schlüpften die Schwalben herein, flogen wild wie in einem Kuhstall durch den Raum und bauten ihre Nester in den Fensteröffnungen.

Zum 25-jährigen Dienstjubiläum im Mai 1949 geschah das Unvorhergesehene. Sein Chef Carl Knittl kündigte ihm sein Arbeitsverhältnis infolge „der Kriegsverhältnisse und der damit zusammenhängenden wirtschaftlichen Einschränkungen des Betriebes". Ob das der wahre Grund war, ist nicht überliefert. Die Entlassung war für ihn ein unüberwindbarer seelischer Schock, der ihn derart aus der Bahn warf, dass er in eine tiefe Depression verfiel und zwei Jahre lang das Bett nicht mehr verließ. Der Arzt attestierte ihm volle Arbeitsunfähigkeit. Seine resolute Ehefrau Maria Wastian übernahm in dieser schwierigen Zeit die Rolle des Ernährers. Sie ging zum Arbeiten ins Textilwerk oder zum Waschen zu Nachbarn. Die Familie stand zusammen, war verständnisvoll gegenüber dem Kranken

Konstantin Wastian (1893 – 1973), genannt „Konstanz", stammte aus Erling bei Andechs und wuchs beim Großvater auf. Als lediges Kind geboren, damals für den Start ins Leben eine schwere Bürde, durfte er seinem Berufswunsch des Priesters nicht nachgehen und entschied sich schließlich für eine Gärtnerlehre im Schloss Thurn & Taxis in Garatshausen. Da die Herrschaften von Thurn und Taxis großen Wert auf eine schöne Gestaltung des Schlossparks legten, bedeutete die Ausbildung zum Gärtner eine passable Alternative für den Blumenliebhaber.

Seine junge Mutter Josepha (1869 – 1952) heiratete Ignaz Kühn aus Tutzing (1863 – 1913) und bekam drei weitere Kinder. Zwanzigjährig, während seiner Schlossgärtnerlehre, starb sein Stiefvater Ignaz und hinterließ seine Mutter mit den drei Stiefgeschwistern. Als nun unfreiwilliger Versorger musste er die Lehre abbrechen und schlug sich als Ungelernter mit Gelegenheitsjobs durch, um für die Familie Geld zu verdienen. Zum Schlossverwalter Karl Teufel pflegte er weiterhin eine enge Freundschaft und erhielt von ihm für seinen eigenen Garten regelmäßig Setzlinge aus dem Schlossgarten. Als er in den Ersten Weltkrieg einrücken musste, hatte er Glück, denn er konnte neben seiner Gartenliebe seiner weiteren Leidenschaft nachgehen, der Reiterei. Als Remontereiter ritt er für das Militär in Dillingen Pferde ein.

Abb. 5 *Wohnhaus Wastian in Tutzing an der Bräuhausstraße, um 1950*

und Konstantin Wastian fand langsam wieder zurück ins Leben. Die Liebe zur Gärtnerei und seinen Tieren gab ihm neuen Antrieb und so blühte er im Ruhestand regelrecht in seinem geliebten Selbstversorger-Garten wieder auf.

Mit geringen finanziellen Mitteln ausgestattet, jedoch enorm sparsam und bescheiden, lebte die fünfköpfige Familie Wastian zusammen im Erdgeschoss in drei Zimmern ohne Bad und Zentralheizung. Der erste Stock war traditionell vermietet, um die Haushaltskasse aufzubessern. Eine aus der Schweiz stammende Mieterin hisste während des Zweiten Weltkriegs auf dem Balkon die Schweizer Nationalfahne, was den positiven Nebeneffekt hatte, dass das Wastian-Haus vor Angriffen oder Plünderungen geschützt war. Nach dem Krieg wurden neben der Familie auch Kriegsflüchtlinge im Haus einquartiert.

Die Tochter Josefine Wastian (1928 – 2015), genannt „Sefie", arbeitete in jungen Jahren als „Hilfsjahrmädchen" bei der Familie Knittl. Später besuchte sie die Meisterschule für Schneiderei und betrieb im Erdgeschoss des Hauses den „Modesalon Josefine Wastian". Einen Raum nutzte sie für sich als Schlaf- und Wohnzimmer, die beiden anderen als Schneidersalon und als Ankleidezimmer mit Spiegel, in dem die Kundinnen Kleider anprobierten, die von den Schneiderinnen abgesteckt wurden. Der letzte Raum diente als Nähstube und Ausbildungszentrum für die drei Lehrmädchen. Es war eine Ehrensache für „Sefie" das Brautkleid für Ursula Knittl, Tochter des Baumeisters Carl, zu schneidern, als diese 1961 den Hoteliersohn Hans-Peter Simson (S. 40 ff) heiratete.

Ihre Eltern Konstanz und Maria Wastian bewohnten bis zu ihrem Tod den ersten Stock. Nach dem Tod von Josefine Wastian ging das mit Andenken gespickte Haus, jedoch ohne Bad, fließendem warmen Wasser und Heizung an die dritte Wastian-Generation über. Auch Josefine Wastian konnte und wollte sich diesen heute selbstverständlichen Komfort nicht leisten und war darüber nicht unglücklich. Die Nichte und Erbin Beate Gross liebt das Häuschen sehr und ist dabei, es sehr einfühlsam mit Bad und Heizung zu renovieren.

Kurzwarenladen Bodemann, 1937

Angefangen hatte der Uhrmacher Alois Bodemann (1846 – 1927) mit der bereits im Jahr 1885 eröffneten „Spezerei Schnittwarenhandlung Alois Bodemann" (S. 12) an der heutigen Leidlstraße 2 in Tutzing. Dieses Geschäft übernahm sein ältester Sohn Franz Bodemann (1874 – 1956) ab 1913, der auch noch das Uhrmacherhandwerk gelernt hatte, gemeinsam mit seiner Ehefrau Karolina (1887 – 1979).

Mit 63 Jahren investierte Franz Bodemann in ein neues Ladengeschäft in unmittelbarer Nähe an der Hauptstraße 46. An dieser Stelle hatte sich zuvor der Lebensmittelkiosk der Familie Violand befunden. Franz Bodemann hatte das Grundstück, auf dem der Pavillon stand, im Jahr 1930 von Babette Violand erworben, den Kiosk abreißen und 1937 einen Neubau[5] errichten lassen. Dieses schlichte Wohn- und Geschäftshaus erbaute Carl Knittl zusammen mit dem Architekten Theodor Dreisbusch.

Nachdem Franz Bodemann verstorben war, übernahmen seine Witwe Karolina und Sohn Erich (1928 – 2008), dessen älterer Bruder Franz (1922 – 1943) in Russland gefallen war, das Geschäft. Karolina Bodemanns Halbschwester Anna Wolferseder (1902 – 1992), von allen „Awale"

Bauzeit 1933 – 1953

Abb. 6 *Wohn- und Geschäftshaus Bodemann, Kurzwarenladen (zweites Haus rechts hinter dem Kurhaus), um 1985*

genannt, wurde mit 27 Jahren von Niederbayern nach Tutzing geholt und arbeitete fleißig als Verkäuferin im Laden mit. Da bei den Bodemanns der Vorname „Anna" bereits so verbreitet war, kreierte man aus Anna Wolferseder ihren Markennamen „Awale", um Verwechslungen vorzubeugen.

Als Erich zur Welt kam, sorgte sich die Nachbarin Anna Vetterl (1912 – 1989), genannt „Anni" oder „Annelies", um den Buben und half kräftig im Haushalt mit. Sie stammte aus dem „Vetterlhaus" an der Leidlstraße 1, Tutzings ältestem Gebäude, das früher als gemeindliches Armenhaus diente und in dem heute das Touristenbüro untergebracht ist. „Annelies", die gute Seele, blieb der Familie über Jahrzehnte treu und sorgte für Ordnung im Junggesellenhaushalt von Erich Bodemann, der mit ihr in einer Wohngemeinschaft über dem Ladengeschäft lebte.

Im Laufe eines halben Jahrhunderts wurde das Warensortiment, dem Zeitgeist folgend, ein wenig angepasst, jedoch strahlte das Geschäft weiterhin viel Nostalgie aus und war für Tutzing einzigartig. Stoffe in Meterware, Bonbons und Kekse in Gläsern, Kolonialwaren in Wandregalen und alles Mögliche an Miederwaren und Kurzwaren wie Büstenhalter in Übergrößen, Taschentücher mit Monogramm und vieles mehr versteckten sich in den alten Holzschubladen. Der unvergessliche Laden von Erich Bodemann an der Hauptstraße 46 überlebte den Wandel der Zeit nicht. Er schloss seine Türen 1987. Das zentral gelegene Haus nördlich des Kurhauses beherbergt heute im Erdgeschoss eine Eisdiele.

Bauernhaus Derigs, 1937

Zu dem bereits 1914 erbauten Landhaus Derigs kam südlich am heutigen Benediktenweg 12 im Jahr 1937 ein weiteres Wohnhaus mit Stall[6] hinzu. Die Bauherrin war wie beim Landhaus (Abb. 111/112, S. 136 f) die Ingenieursgattin Maria Derigs (1888 – 1955). Theodor Dreisbusch (S. 178) zeichnete als Architekt die Pläne und Carl Knittl führte den Bau aus.

Zu dem noch als Wohnhaus erhaltenen Bauernhof gehörte damals eine kleine Landwirtschaft mit Milchvieh, Kälbern, Schweinen und Hühnern, um die sich Maria Derigs und später Annemarie (1918 – 1998), eine ihrer

Abb. 7 *Bauernhaus Derigs am Benediktenweg, 2015*

drei Töchter, kümmerte. Um die Landwirtschaft weiterführen zu können, besuchte Annemarie Derigs eine Landwirtschaftsschule. Die verschiedenen Ställe befanden sich im Nebengebäude und ebenerdig im Haupthaus. Dort unten, nah bei den Tieren, schlief auch der Rossknecht. Einiges Personal wurde im Nebengebäude untergebracht, die Familie selber bewohnte die oberen Etagen des Bauernhauses über dem Stall. Die Kühe weideten in unmittelbarer Nähe an der Traubinger Straße oder man trieb sie durch den Ort in Richtung Weilheim auf die Wiesen, wo sich heute das Fischerbuchet befindet.

An der Nordfassade links neben dem damaligen Hauseingang schuf der Maler Hermann Ebers (1881–1955) im Jahr 1937 ein Wandgemälde, welches das bäuerliche Leben darstellt. Damals war es durchaus üblich, Rechnungen mit Kunstwerken zu begleichen. Der an der Traubinger Straße in Tutzing lebende Kunstmaler Walter Becker (1893–1984) hinterließ seinem Freund, dem Geschäftsinhaber für Sanitär- und Installationstechnik Ferdinand Derigs, als Ausgleich für Handwerkerleistungen 1937 ebenfalls ein Ölgemälde, das den Bauernhof Derigs zusammen mit der Villa Rüdinger am Benediktenweg zeigt.

Feuerwehrhaus, 1938

Das Feuerwehrhaus von 1938 an der Oskar-Schüler-Straße 2 in Tutzing ist ein typischer Repräsentant der Architektur im Zeichen der neuen Machthaber. Grober Rauputz, fast quadratische Fenster mit einfachen Fensterläden, Einfahrtstore und Haustüren mit reduzierten Rundbögen kennzeichnen das Bauwerk.

Die 1871 gegründete Feuerwehr, die bis dahin ihr Quartier in der Hallberger'schen Schlossverwaltung hatte, bekam auf dem gemeindlichen Gelände des ehemaligen Turnplatzes des Schlosses einen Bauplatz für ihr eigenes Feuerhaus.[7]

Theodor Dreisbusch war der Architekt. Carl Knittl als Geschäftsinhaber der Firma Xaver Knittl übernahm zusammen mit dem Baugeschäft Peter Rumiz aus Tutzing die Maurerarbeiten. Einheimische Handwerksbetriebe

Bauzeit 1933 – 1953

Abb. 8 *Bau des Feuerwehrhauses im Jahre 1937*

wie die Zimmerei Ludwig Suiter und Wilhelm Müller, die Schreinerei Martin Müller, die Schlosserei Wolfgang Bodemann, der Malereibetrieb Otto Feldhütter sowie die Installationsgeschäfte Derigs und Blümel waren für die einzelnen Gewerke zuständig. Das Wandrelief an der Südseite stammt von dem Bildhauer Georg Müller (S. 197), der im Zweiten Weltkrieg als Soldat fiel.[8]

Die Dreißigerjahre waren von einer intensiven Bautätigkeit geprägt, doch der Fachkräftemangel, an dem noch die personellen Verluste aus dem ersten Weltkrieg schuld waren, bereitete echte Probleme. Deshalb verzögerte sich die Fertigstellung des Feuerwehrhauses, jedoch konnte das Richtfest noch ein Jahr vor Ausbruch des Zweiten Weltkrieges stattfinden. Damit das ursprüngliche Bauwerk unangetastet bleiben konnte, entstand im Jahr 1973 hinter der alten Feuerwache ein weiterer Neubau für die modernen Großfahrzeuge.

Abb. 9 *Feuerwehrhaus Tutzing, 2017*

Nachkriegszeit

Nach dem Krieg, als die Menschen dringend Arbeit suchten, kamen die einheimischen Bauunternehmen nur sehr schwierig an Aufträge. Die miteinander befreundeten Firmen Knittl und Erhard aus Pöcking (S. 188 ff) halfen sich in diesen schweren Zeiten gegenseitig, um über die Runden zu kommen. So kamen vor allem Renovierungsarbeiten der durch die Beschlagnahmung der Amerikaner heruntergekommenen Häuser oder Umbauten wegen Geschäftsgründungen in Frage. Das Bauunternehmen Knittl bekam beispielsweise wichtige Aufträge für Umbauten für die Firma Boehringer & Söhne, deren Gebäude in Mannheim ausgebombt worden waren und die ihren Firmensitz in die Räumlichkeiten des Hotels Simson nach Tutzing verlagerte.

Nach der Währungsreform von 1948 und dem anschließenden wirtschaftlichen Aufschwung etablierten sich in der Umgebung mehr und mehr Baugeschäfte. Der heute börsennotierte Baukonzern Hochtief hatte von Ende des Zweiten Weltkrieges bis etwa Ende der Fünfzigerjahre eine Niederlassung in Feldafing. Noch vor dem Zweiten Weltkrieg hatte sich Hochtief am Bau der Sturmblockhäuser für die ehemalige Reichsschule in Feldafing nach den Plänen des Architekten Alois Degano beteiligt. Die Geschäfts- und Bauleitung in Feldafing übte damals Heinrich Goebel (1903–1973) aus, der in späteren Jahren von 1960 bis 1970 in Feldafing das Amt des Bürgermeisters bekleidete. Ein weiteres Zweigstellenbüro unterhielt Hochtief in Tutzing am Kellerweg 1. Dort befand sich der Sommerkeller „Mühlhofer", den man heute unter dem Namen „Tutzinger Keller" als Gastwirtschaft kennt.

Das Bauunternehmen Gugger an der Boeckelerstraße 1 in Tutzing mit eigener Sand- und Kiesgrube war 1948 von Karl Gugger (1909–1975) gegründet worden und existierte bis 1990. Karl Gugger arbeitete in jungen Jahren als Maurer und Polier beim Baugeschäft Knittl, ehe er kriegsbedingt nach Amerika kam, wo er als „prisoner of war" seinen Meister machte. Nach seiner Entlassung aus der Kriegsgefangenschaft machte er sich in Tutzing als Bauunternehmer selbstständig.

Die „Violaburg", 1948

Den Namen „Violaburg" hatte der Kunstmaler Anton Leidl (1900–1975) für sein Atelier an der Monsignore-Schmid-Straße 1 in Tutzing in Anlehnung an die veilchenblauen Augen seiner Liebe Magdalene Kaselowsky (1902–1946), genannt „Le", selbst kreiert. Die kranke „Le" pflegte er hingebungsvoll bis zu ihrem frühen Tod. Rechts neben dem Hauseingang der „Violaburg" befindet sich ein Wandfresko, auf dem der Buchstabe „V" mit einer darüberliegenden Burg und der darunterliegenden Jahreszahl 1948 zu sehen ist, das Jahr der Fertigstellung.

Magdalena Kaselowsky lebte aufgrund ihrer verwandtschaftlichen Beziehungen zu den Oetkers seit dem Krieg mit ihren beiden Kindern im Kavalierbau des Schlosses, denn ihre „Schwippschwägerin" Ida Kaselowsky hatte das Tutzinger Schloss im Dezember 1940 erworben. Anton Leidl, ein Freund der Familie Oetker, fand, nachdem sein Münchner Atelier bei einem Fliegerangriff zerstört worden war, Aufnahme im Schloss. Dort lernte er „Le" kennen.

Vom Erben Rudolf August Oetker jun. zum Schlossverwalter bestellt, bekam Anton Leidl nach dem Krieg den Auftrag, das Anwesen zu veräußern.

Bauzeit 1933 – 1953

Die Evangelische Landeskirche erwarb 1949 das Schloss zusammen mit 20.000 qm Grund. Für die übrig gebliebenen 10.000 qm im Südwesten mit einem 1803 errichteten Pavillon fand sich kein Käufer, so dass Leidl diesen Teil des Anwesens später selbst erwarb.

Nach dem Tod von „Le" bekam Carl Knittl von Anton Leidl den Auftrag, den historischen Pavillon im damals unverkäuflichen südwestlichen Teil des Schlossparks umzubauen, damit er dort arbeiten und wohnen konnte. Der offene Pavillon, der ihm als Atelier diente, bekam Fenster und Türen und einen dezenten Anbau zum Wohnen. Anton Leidl, ein ungeduldiger Bauherr, konnte es kaum erwarten, sein neues Zuhause zu beziehen. Während der Bauzeit war Carl Knittl zeitweise außer Gefecht gesetzt, denn er wurde im Tutzinger Krankenhaus wegen einer Nierenerkrankung behandelt. Dorthin schickte Leidl dem Baumeister unzählige amüsante von ihm illustrierte Postkarten mit Genesungswünschen. Er munterte den Kranken mit seinen Karikaturen auf, damit er sich möglichst schnell wieder seiner „Violaburg" widmen könne.

Der Anbau der „Violaburg" ist eine Konstruktion besonderer Art. Die Holzbalken für die Mauerwerk-Konstruktion entnahm man einer unweit gelegenen Bootshütte, die vom Eis des gefrorenen Sees im sehr kalten Winter 1947/48 beschädigt worden war. Das Mauerwerk bildeten die aneinandergereihten Holzbalken, deren Zwischenräume man mit dem Füllstoff „Heraklith" abdichtete.

Am 20. Juni 1948 wurde die „Violaburg" exakt zum Tag der Währungsreform vollendet. Erst vierzehn Tage später erwarb Leidl das 10.000 qm große Seegrundstück, das er zu einem wunderschönen Park umgestaltete. Der Anbau im Stil der Fünfzigerjahre war auf bescheidene Wohnansprüche ausgelegt. Er harmoniert einzigartig mit dem historischen Pavillon.

Abb. 10 *Zeichnung auf Postkarte von Anton Leidl*

Abb. 11 *Die „Violaburg" des Malers Anton Leidl am Tutzinger Schlosspark, 2015*

Bauzeit 1933 – 1953

Wohnhaus Hoelscher, 1950

Beim Haus des bekannten Cellisten Ludwig Hoelscher (1907 – 1996) handelt es sich um kein Knittl-Haus, es ist jedoch erwähnenswert, da seine Architektur etwas ganz Besonderes darstellt.

Ludwig Hoelscher hatte bereits im Jahr 1938 ein Grundstück im oberen westlichen Teil der heutigen Hofrat-Beisele-Straße, der damaligen Bergstraße 145, erworben. Zu dieser Zeit hatte sich Hoelscher schon in Tutzing sesshaft gemacht und wohnte im Landhaus Derigs an der Traubinger Straße 29 zur Miete. Auf einem Grundstück ganz in der Nähe ließ er sein Eigenheim errichten.

Zwei Jahre nach dem Krieg beauftragte Ludwig Hoelscher den oberbayerischen Architekten Hanns Ostler aus Garmisch-Partenkirchen für ihn und seine Familie ein Landhaus[9] zu planen. Die Bauarbeiten[10] erledigte diesmal die Firma Hochtief, die zu den Baufirmen gehörte, die sich mit Beginn des Wirtschaftswunders am Starnberger See etablierten.

Hanns Ostler achtete besonders darauf, dass nicht nur seine Architektur, sondern auch der Grundriss auf die jeweiligen Bedürfnisse des Bauherrn abgestimmt waren. Im Falle des Hauses von Ludwig Hoelscher heißt es in einem Architekturbuch wie folgt:

*„Das Haus eines Cellisten in Tutzing,
Architekt Hanns Ostler, Garmisch-Partenkirchen"*

Als Musiker legte der Hausherr neben einem großen Wohnzimmer und Arbeitsraum größten Wert auf ein Studio abseits des Wohnbetriebs. Wir finden dieses daher im zweigeschossigen Hausteil über dem großen Wohnraum. Da es gleichzeitig als Herrenschlafraum diente, wurde im Obergeschoss noch ein gesondertes Bad eingebaut. Die übrigen Räume

Der für seine heimatliche Bauweise bekannte Architekt Hanns Ostler aus Garmisch-Partenkirchen konnte von Ludwig Hoelscher für das Hausprojekt gewonnen werden. Hanns Ostler prägte in seinem Heimatort mit vielen seiner Bauten maßgeblich das Ortsbild. Auch das Eisstadion für die Olympischen Winterspiele 1936 wurde von ihm entworfen. Die Filmemacherin Leni Riefenstahl war von Ostlers Bauten in Garmisch-Partenkirchen offenkundig so beeindruckt, dass sie ihn für die heute denkmalgeschützte Villa Riefenstahl in Berlin als Architekten hinzuzog. Die nach alpenländischem Vorbild geprägte Architektur der Villa spiegelt ihre Verbundenheit mit der Bergwelt wider.

Abb. 12 *Bauplan des Wohnhauses Hoelscher von Hanns Ostler vom 2. April 1950*

Bauzeit 1933 – 1953

nahm ein langgestreckter ebenerdiger Anbau auf, der dem Haus auch die erwünschte breite Lagerung vor der langen Waldkulisse gab. Die Zimmer des Erdgeschosses hatten unmittelbaren Anschluss an die Terrasse mit ihren beiden gedeckten Sitzplätzen."[11]

Die Bauarbeiten begannen am 15. Mai 1950, nachdem der Entwurf nach der Baugenehmigung nochmals geändert worden war. Die Familie Hoelscher lebte dort, bis sie das Anwesen 1975 verkaufte. Das Haus mit seiner einzigartigen Architektur wurde für eine teure um 2013 fertiggestellte Wohnanlage abgerissen.

Damals herrschte dort oberhalb der Bahnlinie eine ausgesprochene Idylle. Weit und breit von Wiesen umgeben, bildete die heutige Hofrat-Beisele-Straße einen romantischen Pfad. Unterhalb des außergewöhnlichen Wohnhauses der Familie Hoelscher stand in Sichtweite Richtung Süden der Roth-Bauernhof. Westlich davon, in wenigen Gehminuten über damals noch unbebaute Grasflächen erreichbar, lebte in einem kleinen Häuschen[12] mit Atelier an der Traubinger Straße 28 der Kunstmaler und Grafiker Walter Becker (1893–1984).

Abb. 13 *Bauarbeiten am Wohnhaus Hoelscher, 1950*

Zwischen den Künstlerfamilien entwickelte sich bald eine innige Freundschaft, vor allem zwischen den Ehefrauen Marion Hoelscher und Yvonne Becker. Das Ehepaar Becker besuchte die Hauskonzerte, die Ludwig Hoelscher zusammen mit der in Tutzing lebenden Pianistin Elly Ney oder dem Pianisten Wilhelm Kempff in seinem Hause gab. Walter Becker porträtierte Ludwig Hoelscher um 1940 in einem Ölbild, indem er den Cellisten „in einem Ausschnitt, der die gesamte Leinwand füllt, in konzentrierter Hingabe an das Spiel..."[13] malte. Auch einige Tutzinger Villen finden sich im Werk von Walter Becker.

Abb. 14 *Landhaus Hoelscher (1950–2013)*

Tausch Würth und Schüler, 1949

Ernst Würth ließ das Wohnhaus[14] mit dem steilen Dach an der Ludwig-Behr-Straße 5 in Tutzing erbauen. 1953 eröffnete er an der heutigen Hauptstraße 109, am Nordrand von Tutzing, seine Reinigungsfirma mit dem Bau neuer Fabrikanlagen. Zuvor standen auf dem Areal die Bauten der Pelzfabrik Oskar Schüler (S. 23 ff). Die Reinigung Würth, auf deren Gelände sich heute der Discounter Lidl befindet, existierte bis Anfang der Neunzigerjahre.

Die Maurerarbeiten des Wohnhauses an der Ludwig-Behr-Straße übernahm die Firma Knittl nach den Plänen der Architekten Schnitzlein und Dolezel aus Schongau.

Rudolf Schüler (1917 – 2013) konnte als Kriegsheimkehrer 1948 die Pelzfabrik seines zwei Jahre zuvor verstorbenen Vaters Oskar Schüler nicht mehr vor der Schließung retten.[15] Es kam 1953 mit dem Unternehmer Würth zu einem Tausch, bei dem Rudolf Schüler Eigentümer des heute noch bestehenden originellen Wohnhauses an der Ludwig-Behr-Straße 5 wurde. Es befindet sich bis heute in Familienbesitz.

Abb. 15 *Wohnhaus Schüler, im Vordergrund die Ludwig-Behr-Straße*

Abb. 16 *Wohnhaus Schüler, um 1960*

Bungalow Just, 1950

Die Bildhauerin Gertrude Just (1917 – 1990) aus Linz kam 1956 nach Tutzing. Sie ließ als Bauherrin einen L-förmigen, stilvollen Bungalow[16] erbauen, der einer Künstlerin wie ihr angemessen war. Das Haus an der heutigen Hauptstraße in Tutzing, in dem sie lebte und arbeitete, erbaute Carl Knittl nach den Plänen von Theodor Dreisbusch. Auf dem Bauplatz befand sich zuvor der zur Villa Trutz (Abb. 9, S. 13) gehörige Tennisplatz. In dem Bungalow schuf die Künstlerin zahlreiche Kunstwerke. Eine Bronzefigur steht an der Brahmspromenade, nur wenige Meter unterhalb ihres Anwesens. Diese Figur eines Kindes mit hochgestreckten Armen von 1955 nannte sie: „so groß". Kinder aus dem Umkreis, die die kinderlose

Bauzeit 1933 – 1953

Künstlerin besuchen und ihr bei der Arbeit zuschauen durften, genossen dabei ihre selbst gemachte Kräuterlimonade.

Einige Jahre bevor Gertrude Just das etwa 3.000 qm große Grundstück erwarb, das direkt an die Brahmspromenade angrenzt, wurde dieses bereits für 40.000 Mark zum Verkauf angeboten und die Familie Knittl trug sich mit dem Gedanken, das Grundstück zu erwerben. Gerade zu dieser Zeit tauchte bei den Knittls ein Mann auf, der für eine Geschichte sorgte, die in der Familie hartnäckig immer wieder erzählt wurde. Er interessierte sich nämlich brennend für einen unförmigen, barocken, mit geschnitzten Engeln überladenen Schrank (Abb. 17), der im Wohnzimmer stand und bot dafür sagenhafte 30.000 Mark. Meine Großmutter Martha hatte die fehlenden 10.000 Mark auf irgendeine Weise zusammenbekommen, die für den Grundstückserwerb noch nötig gewesen wären. Der Mann, bereit zur Abholung, wurde jedoch weggeschickt, denn man wollte sich nicht von dem traditionsbeladenen Möbelstück trennen. Seitdem war es ein Tabu, Kritik an dem „guten Stück" zu üben.

Abb. 17 *Der schicksalhafte Barockschrank*

Abb. 18 *Bungalow Bildhauerin Just, 2017*

Industriellen-Wohnhaus Zarges, 1951

Der ausgefallene Entwurf des Industriellen-Wohnhauses[17] für den Fabrikanten Hellmuth Zarges (1910–1990) mit Außenschwimmbad, zu dem später noch ein Hausmeisterhaus mit einem Innenschwimmbad im Souterrain hinzukam, stammte von Architekt Edgar Dobler aus Stockdorf bei München. Die Firma Knittl unter der Leitung von Carl Knittl erledigte die Bauarbeiten.

Hellmuth Zarges und seine Ehefrau Ruth (1911–1988) erwarben für ihr „Schlösschen", wie es Ruth Zarges immer bezeichnete, einen besonderen Bauplatz mit großem Weitblick und umgeben von ausgedehnten Wiesen oberhalb der Bahnlinie an der heutigen Ludwig-Behr-Straße 8. Zu dieser Zeit standen auf der Anhöhe außer dem „Drei-Mäderl-Haus" in der näheren Umgebung nur ganz vereinzelt Häuser wie das Wührl- (S. 208f) oder das Würth-Haus (S. 219). Eines der „Drei-Mäderl" (S. 190f)

Hellmuth Zarges und sein Bruder Walther waren Inhaber des weltweit agierenden Leichtmetallbau-Unternehmens ZARGES. Mit der Konstruktion von Aluminium-Bauteilen gründeten sie im Jahr 1933 ihre Firma in Stuttgart und zogen mit ihr 1939 nach Weilheim um. Mit der Serienfertigung von stabilen und gleichzeitig leichten Leitern oder den späteren ZARGES-Faltkisten begann der Aufstieg des damals ersten Leichtmetallbau-Unternehmens Europas.

Walther Zarges zog nach Murnau, sein Bruder Hellmuth nach Tutzing. Dort wohnte er zuerst im Brahms-Haus zur Miete.

aus der Nachbarschaft, Käthe Becker-Rapmund, besaß einen Esel, der bei seinen Rundgängen gelegentlich Anwohner in die Wade kniff. Sie spannte den Esel vor einen Leiterwagen, um mit ihm ihre Einkäufe im Ort zu erledigen. So gab es immer Anlass zum Schmunzeln, wenn der Esel samt Fuhrwerk zurück nach Hause trabte.

Abb. 19 *Industriellen-Villa Zarges, noch umgeben von unverbauten Wiesen, 1952*

„KurTheater", 1953

Am 28. August 1953 wurde das „KurTheater" an der Kirchenstraße 3 in Tutzing eröffnet, dessen Bauherr, Dipl. Volkswirt Franz Kirmayr, aus Holzkirchen kam. Den originellen Fünfzigerjahre-Bau[18] mit dem Doppeltorbogen entwarf der Architekt Hans Schmohl, wohnhaft am Sprungleitenweg in Tutzing.

Die Maurer der Baufirma Knittl hatten mit ungeahnten Komplikationen zurechtzukommen, denn der Untergrund, auf dem das Fundament gegossen werden sollte, war instabil, da der ausgewiesene Bauplatz einst eine Müllhalde war.

Die Tutzinger wollten unbedingt ihr eigenes Lichtspielhaus, denn zuvor gab es nur das bis 1957 existierende Wochenend-Kino, die „Tutzinger Lichtspiele" in der alten Turnhalle an der Greinwaldstraße. Jedoch hatte dieses einen entscheidenden Nachteil: Das Kino-Inventar musste immer wieder für den Turnbetrieb weggeräumt werden. Es wurde Zeit für ein richtiges Kino, zumal in der Nachkriegszeit viele Kinostars die Leinwände eroberten und die „Heile Welt" des Films für die Gesellschaft einen wichtigen Ausgleich zum Alltag darstellte.

Rita und Dieter Harthauser übernahmen im Jahr 1956 das repräsentative Kino. Zur Premiere zeigten sie den Spielfilm „Vor Sonnenuntergang" mit dem zu dieser Zeit in Garatshausen lebenden Hans Albers (1891–1960). Der gewaltige Zuschauersaal mit einer beeindruckenden Raumhöhe von sechs Metern war mit über 400 Holzklappstühlen und eigenen Logenplätzen der Firma Schröder & Heinzelmann sowie Stofftapeten und goldenen Seitenleuchten an den Saalwänden ausgestattet.

In den Siebzigerjahren sanierten die Eheleute Harthauser das Kino, um

Bauzeit 1933 – 1953

es auf den aktuellen technischen Stand zu bringen. Ein kompletter Um- und Anbau erfolgte im Jahr 1983 nach dem Konzept „Kino und Restauration". Sie eröffneten zum „KurTheater" die Gaststätte „Film Taverne", hinter deren Tresen der Eigentümer selbst, der „Flimmer-Didi", stand. Das „KurTheater", dessen Eingang nach dem Umbau auf die Nordseite verlegt wurde, ist heute unter den neuen Pächtern Teubig weiterhin eine Institution in Tutzing, die nicht mehr wegzudenken ist.[19]

Der Schauspieler Hans Albers buchte gelegentlich das „KurTheater" für sich alleine oder auch für seine geladenen Gäste. Zigarre rauchend und ein gutes Tröpfchen trinkend saß der „blonde Hans" in der Loge und genoss die Privatvorstellungen. Bei den Dreharbeiten 1971 zur italienischen Visconti-Fassung von Ludwig II. mit Helmut Berger und Romy Schneider im Schloss Possenhofen und auf der Roseninsel diente das „KurTheater" als Vorführraum zur Sichtung der Filmszenen für den berühmten Regisseur mit seiner Filmcrew.

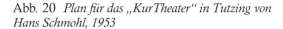

Abb. 20 *Plan für das „KurTheater" in Tutzing von Hans Schmohl, 1953*

Abb. 21 *Ursprünglicher Bau im Stil der Fünfzigerjahre, Fresko von Karl Gries, im Hintergrund die Evangelische Kirche*

Bauzeit 1907–1950

Baumeister Engelbert Knittl in Feldafing

Baumeister Engelbert Knittl (1882–1963), der 1907 das Baugeschäft von Johann Biersack in Feldafing übernahm, entsprang der Tutzinger Baumeisterfamilie Knittl, deren Oberhaupt Josef Knittl war. Als jüngster Bruder von Xaver wuchs Engelbert gleichfalls im Stammhaus in Tutzing auf. Er gehörte zur zweiten Generation der Baumeisterfamilie und verlagerte mit Übernahme des Biersack'schen Baugeschäfts seinen Wohnsitz nach Feldafing.

Mit viel Talent gesegnet, entwickelte auch er sich zu einem außergewöhnlichen Baumeister. Im Gegensatz zu seinem tatkräftigen und zupackenden Bruder trug Engelbert mehr das künstlerische Talent in sich. Als gepflegter, kultivierter und feiner Mann mit grazilen Händen besaß er auch sportliche Ambitionen. Im Jahr 1911 zählte er als engagierter Turner zu den Gründungsmitgliedern des Feldafinger Turnvereins und gewann wie auch sein gleichnamiger Sohn etliche Urkunden und Abzeichen bei Wettkämpfen.

Mit besten Voraussetzungen absolvierte Engelbert die Staatsbauschule in München und beschritt den klassischen Weg zum Baumeister. Als sein Bruder Xaver im Februar 1907 offiziell „dem in weiten Kreisen bekannten Baugeschäft des Herrn Johann Biersack in Feldafing als Teilhaber beigetreten"[1] war, ergriff Engelbert in seinen besten Jahren die einmalige Chance, in ein gut gehendes Baugeschäft miteinzusteigen, denn Biersack verstarb im November desselben Jahres und seine Witwe Therese führte das Geschäft nicht weiter. Mit seiner neuen Wahlheimat Feldafing war er, bedingt durch seinen Schwager Georg Rödl (S. 105), dem Bruder seiner Ehefrau Anna (1883–1963), der in die ortsbekannte Schreiner- und Bürgermeisterfamilie Floßmann eingeheiratet hatte, verwandtschaftlich verbandelt. Für seine Ehefrau und seine beiden Kinder Engelbert jun. (1912–1943) und Gertrud (1914–1995) hatte er ein eigenes individuelles Wohnhaus (S. 225 f) entworfen.

Das Familiengrab von Engelbert Knittl befindet sich auf dem Alten Friedhof in Tutzing neben dem Grab des berühmten Tutzinger Architekten Engelbert Schnell.

Abb. 1 *Engelbert Knittl, um 1950*

Feldafing und seine Baumeister

Feldafing erlebte ähnlich wie andere Orte am Westufer ab der Jahrhundertwende bis in die Zwanzigerjahre einen anhaltenden Bauboom. Mitverantwortlich für die repräsentativen Bauten war der Erwerb des westlich gelegenen Teils des Königlichen Schlossparks durch die Heilmann'sche Immobiliengesellschaft aus München, die die Planung und Erschließung der berühmten Villenkolonie übernahm.

Bis 1907 führte hierzu ausnahmslos der Feldafinger „Platzhirsch" Johann Biersack die Bauarbeiten durch. Die „Ausläufer" der Villenkolonie übernahmen sein Nachfolger Engelbert Knittl und das konkurrierende Baugeschäft Johann Steidele aus Feldafing.

Noch viele Jahre nach dem Zweiten Weltkrieg beschäftigte sich Engelbert Knittl in Feldafing mit der Sanierung der zum Teil heruntergekommenen Villen der Feldafinger Höhenberg-Siedlung. Viele dieser Villen hatten während des Krieges der NS-Reichsschule gedient. Nach 1945 fanden sie unter der amerikanischen Militärregierung als Verwaltungs- und Wohngebäude des eingerichteten Displaced Persons-Lagers Verwendung. Nach dessen Auflösung mussten die Gebäude wieder in ihren ursprünglichen Zustand als Privatvillen zurückversetzt werden.

Beispielsweise sanierte Engelbert Knittl im Jahr 1953 die Villa Waldberta an der Höhenbergstraße 25 für die Deutschamerikanerin Bertha Koempel (1882–1966). Das stark in Mitleidenschaft gezogene Haus war zuerst von den NS-Behörden konfisziert, anschließend als Militärlazarett verwendet und danach von etwa 70 Displaced Persons als Unterkunft genutzt worden. Nach dem Tod ihres Mannes Franz Koempel (1869–1950) erhielt Bertha Koempel die beschlagnahmte Villa zurück. In der von Engelbert Knittl renovierten Villa verbrachte sie ihre Sommermonate. Sie vermachte 1965 das Anwesen der Landeshauptstadt München, die es Willi Daume von 1966 bis 1973 zur Vorbereitung der Olympischen Spiele in München vermietete. Während der Olympischen Spiele wohnte auch Willy Brandt in der Villa und empfing dort hohe Staatsgäste.

Villen, Land- und Wohnhäuser

Nach dem Ableben von Johann Baptist Biersack 1907 betätigte sich Engelbert Knittl in seinen beruflichen Anfangsjahren verstärkt in Pöcking als Baumeister, da sein unmittelbarer Konkurrent Johann Steidele bis 1920 in Feldafing präsent war. Nach dem Tod Steideles konzentrierte sich dann Engelbert Knittl ganz auf Feldafing.

Umbau Landhaus Hilpert / Linderl, 1908 – Pöcking

Das „Gopperle"-Haus an der Hauptstraße 1 in Pöcking bei der Abzweigung zum Ascheringer Weg gehört zu den ältesten Hofanwesen in Pöcking. Mit „Gopperle" bezeichnete man früher eine kleine Sölde, ein Taglöhnerhäusl mit sehr wenig Grundbesitz und einem kleinen Stall für zwei Kühe.

Abb. 2 *Landhaus Hilpert, später Linderl, um 1920*

Displaced Persons (DPs) waren vornehmlich ehemalige KZ-Häftlinge, die kriegsbedingt nach Ende des Zweiten Weltkrieges heimatlos wurden. Zu ihrer Unterbringung gab es in Feldafing Auffanglager, sogenannte DP-Lager, in der ehemaligen Reichsschule und in den von den Amerikanern besetzten Privatvillen.

Johann Baptist Biersack (1840–1907) stammte aus Ponholz in der Oberpfalz. Als Sohn eines Straßenwärters in ärmlichen Verhältnissen aufgewachsen, wanderte er um 1860 von dort nach Oberbayern aus. Anschließend besuchte er als gelernter Maurergeselle die Baugewerkschule in Regensburg. Wie bei den damaligen Baumeistern üblich, brachte er sich oft mit seinen eigenen Plänen in die Architektur ein. Der gleichen Generation wie Maurermeister Josef Knittl (1837–1888) angehörig, hatte er das Bauhandwerk von der Pike auf gelernt, bevor er sich selbstständig machte. Wenige Jahre, bevor Josef Knittl in Tutzing loslegte, war er hier schon tätig und hinterließ dem Ort manch schöne Gebäude. Mit seiner Frau Therese lebte er in Tutzing (S. 49), bevor er seinen Wohnsitz in den Nachbarort Feldafing verlegte, wo er 1874 sein Baugeschäft gründete. Das war vermutlich wohl überlegt, da er hier keine Konkurrenz zu fürchten brauchte.

Die Geschäfts- und Lagerhäuser befanden sich im heutigen „Haus Lulli" an der Bahnhofstraße. Im Jahr 1893 baute er in derselben Straße für seine Familie ein repräsentatives Zuhause. Die heute denkmalgeschützte Villa Seeblick wurde später Wohnsitz des Konsul Weyer.

Johann Steidele (1863–1920), der sich als Baumeister um 1910 in Feldafing etablierte, hatte seinen Wohnsitz nahe des Bahnhofs an der Parkstraße 8 in der heute denkmalgeschützten Steidele-Villa. Bevor er sich selbstständig machte, war er Bauführer beim Baumeister Johann Biersack. Ursprünglich kam Steidele aus dem bekannten Tutzinger Sägewerk am Fadlbach. Den Zimmereibetrieb hatte sein Vater Joseph Anton Steidele im Jahr 1873 gegründet (S. 67f). Dieser übergab das Unternehmen seinem Neffen

Johann Suiter unter der Voraussetzung, dass sein ältester Sohn Johann Teilhaber der Firma wurde. Die Zusammenarbeit der beiden war jedoch nicht von Erfolg gekrönt, was Johann Steidele veranlasste, seinen Lebensmittelpunkt nach Feldafing zu verlegen. Nach seinem Ableben im Jahr 1920 führte seine Frau Eleonore das Geschäft weiter, unterstützt von ihrem Sohn Wilhelm. Dieser wurde später Architekt und war beim Tod des Vaters erst 16 Jahre alt.

Die Großbauern Linderl in München-Nymphenburg wurden um 1900 zu „Millionenbauern". Die Familie lebte recht feudal in einer großen Villa in der Nähe des Schlosses Nymphenburg und besaß riesige Grundstücksflächen nordwestlich des Schlosses, entlang der heutigen Verdistraße. Diese landwirtschaftlichen Gründe wurden zu teurem Bauland und die Linderls dadurch zunächst reich. Rund eine halbe Million Goldmark der Verkaufssumme ihres ehemaligen Hofgrunds, auf dem sich heute der Botanische Garten und zahlreiche Wohnquartiere Nymphenburgs und Obermenzings befinden, ließ Georg Linderl durch die Münchner Hypobank anlegen.

Die Bitte seiner Frau, das Barvermögen wieder in Immobilien zu investieren, lehnte er kategorisch ab. So kam es wie es kommen musste. Im November 1923 löste sich das Barvermögen mit der Inflation über Nacht auf. Dann folgte der nächste Schicksalsschlag: Die Enteignung der Linderl-Villa im Jahr 1939 aufgrund einer Besitzübertragung an die Deutsche Reichsbahn, gegen die sich der Ehemann ewig gewehrt hatte. Mit ihrem restlichen Vermögen kauften sie das Landhaus (Abb. 2) in Pöcking. Georg Linderl hatte die vielen Schicksalsschläge, zu denen auch noch der frühe Tod der beiden Söhne kam, nie verkraftet. Seine Witwe Franziska überlebte ihn um 13 Jahre und bestritt fast mittellos ihren Lebensabend in dem Haus. Zum Schluss tat sie aber etwas sehr Kluges. Testamentarisch verfügte sie, dass das Landhaus, nicht wie von der Gemeinde Pöcking geplant, abgerissen werden dürfe. Sie war der Meinung, ein schönes Haus und ein hübscher Hof seien Lebensgrundlagen, die an die nächste Generation weitergegeben werden müssten.[4]

Pauline Hilpert, die um die Jahrhundertwende als Immobilienspekulantin in Erscheinung trat, erwarb den bereits zu einem Wohnhaus umgebauten Hof und verwandelte ihn zum Landhaus Hilpert mit malerischen Türmchen und Wintergarten.[2]

Engelbert Knittl ergänzte das Landhaus[3] 1908 zur Straßenseite hin mit einem ebenerdigen Laubengang und einem Personalzimmer im Dachgeschoss. Nach der Ära Hilpert fanden einige Besitzerwechsel statt. In den Zwanzigerjahren hatten das Landhaus Direktor Stecker von den Vereinigten Werkstätten in München und ab den Vierzigerjahren das Ehepaar Georg und Franziska Linderl in Besitz, in deren Händen es bis zum Tod von Franziska Linderl 1982 blieb. Ihr widmete die Familie Ludwig Ott, die heutigen Hausbesitzer, ein Fassadenporträt.

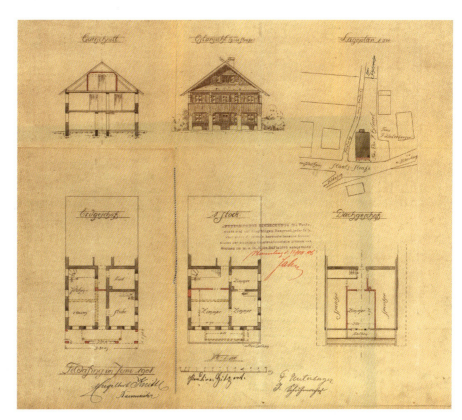

Abb. 3 *Lage-, Grundriss- und Fassadenplan des Landhauses Hilpert von Engelbert Knittl vom Juni 1908*

Villa Knittl, 1909 – Feldafing

Das Familienhaus des Baumeisters Engelbert Knittl liegt an der Rat-Jung-Straße 22[5] in Feldafing und ist heute denkmalgeschützt. Das villenartige Wohnhaus hat eine große Ähnlichkeit mit seinem Elternhaus an der Hauptstraße 93 (Abb. 34, S. 78) in Tutzing, das sein ältester Bruder Xaver um die Jahrhundertwende im „Knittl-Stil" umgebaut hatte und das Engelbert sicherlich als Vorlage diente.

Im Grundstück errichtete er für sein Baugeschäft zeitgleich einen Bereich als Kalk- und Zementlager sowie eine zusätzliche Werkstätte.[6] Die Rat-Jung-Straße hieß damals noch Max-Zwickl-Weg, eine romantische Allee mit hohen, alten Bäumen. Das Anwesen mit dem großen Grundstück diente als Ort vieler Festivitäten und gesellschaftlicher Anlässe wie den

Bauzeit 1907 – 1950

legendären Faschingsfeiern im Erkerzimmer im Parterre. Die Tochter Gertrud Kurzhals (1914–1995) bewohnte das Haus bis zu ihrem Lebensende. Danach wurde die Villa verkauft und kürzlich sehr einfühlsam denkmalgerecht saniert. Im Nordteil des großen Gartens kam ein moderner Neubau hinzu, der Südteil wurde bereits in den Sechzigerjahren verkauft und bebaut.

Abb. 4 *Villa Knittl in Feldafing, Ansicht von Südosten*

Abb. 5 *unten links: Villa Knittl, Ansicht von Süden, um 1920*

Abb. 6 *unten rechts: Villa Knittl, Ansicht vom Garten*

Villa Carl, 1910 – Feldafing

In der Nachbarschaft von Engelbert Knittl entstand an der Höhenbergstraße 35 innerhalb einer ca. 20.000 qm großen Parkanlage ein ganz besonders jugendstilartiges Ensemble, das der Architekt Richard Riemerschmid entworfen hatte. Baumeister Knittl aus Feldafing übernahm die Baudurchführung der Villa Carl, des Wirtschaftsgebäudes und der Einfriedung.[7] Nördlich neben dem Eingangstor liegt das dazugehörige Hausmeisterhaus mit Auto-Garage und Stall[8] sowie ein großer Nutzgarten. Im Nebengebäude mit den zwei Kuhställen wurde noch lange eine kleine verpachtete Landwirtschaft betrieben.

Bauherr dieses einzigartigen Anwesens war der promovierte Chemiker und Verleger Dr. Hans Carl (1880–1966). Er war in Nürnberg aufgewachsen. Sein Vater, Kommerzienrat Ferdinand Carl, hatte es als Verleger zu beachtlichem Wohlstand gebracht, u.a. als Herausgeber der angesehenen Fachzeitschrift „Allgemeine Brauer- und Hopfenzeitung". Nachdem Sohn Hans sein Chemiestudium in Heidelberg und Berlin absolviert hatte, lehrte er an der Universität in München, wo er seine spätere Ehefrau Elisabeth Tillmann, genannt „Lilly", kennenlernte.

Abb. 7 *Villa Carl in Feldafing, Ansicht von Westen, Hebauffeier 1911*

Abb. 8 *Villa Carl nach ihrer Fertigstellung, Foto um 1918/20*

Abb. 9 *Villa Carl, eingedeckter Rohbau*

Bauzeit 1907 – 1950

Seine Zukünftige hatte einen in Tutzing wohnhaften Onkel. Daher verbrachte Dr. Hans Carl viel Zeit am Starnberger See und fand bei den Aufenthalten Gefallen an der Landschaft. Er fasste ziemlich schnell den Entschluss, sich am Starnberger See ein ganzjähriges Domizil und keinen Sommersitz, wie es in der Gegend eher üblich war, zuzulegen. Für das Bauprojekt erwarb er im ersten Schritt 6000 qm Grund, auf dessen nördlichem Ende die kleine Villa platziert wurde. Wenig später folgte der Zukauf des zusätzlichen 13.000 qm großen Grundes im Südosten.

Das bis heute erhalten gebliebene Interieur der Villa trägt die Handschrift Riemerschmids mit Ausnahme des Esszimmers, welches sein Kollege Bruno Paul gestaltete. Die Türen, die Fenster, die Küche, das Bad sowie Vorhänge, Vorhangstangen, Tapeten, die beispielsweise in der Machart von edlen Reismatten bis auf Tischhöhe reichten, Lampen, Wanduhren und vieles mehr, bis hin zum kleinsten Detail der Einrichtung ergeben ein einzigartiges Gesamtkunstwerk.

Nach dem Hausbau erfolgte um 1912 der Entwurf und Bau des Wirtschaftsgebäudes mit Scheune und Nutzgarten sowie der Zukauf des Grundstückes im Südosten. Die südliche Gartenanlage entwarf Richard Riemerschmid ganz im französischen Stil, geometrisch und klar strukturiert. Bei der später hinzugekommenen Parkfläche übernahm Riemerschmid den kleinen Wald mit den sonst nur in Serbien und Kalabrien vorkommenden Schwarzkiefern, unverändert aus der Gartengestaltung von Lenné unter König Max II. Riemerschmid legte zusätzlich noch Spazierwege und Aussichtspunkte sowie ein Luftbad an. Dieses Luftbad diente zu Zeiten der Freikörperkultur als ein von Hecken umsäumter Platz zum Sonnen.

Im Ersten Weltkrieg wurde Dr. Hans Carl an der Französischen Front in der Kavallerie und im Munitionsregiment eingesetzt. Er kehrte heil aus dem Krieg zurück und konnte sein Feldafinger Zuhause weiter bewohnen, in dessen Obergeschoss er auch ein Chemielabor untergebracht hatte.

Der Münchner Architekt Richard Riemerschmid (1868–1957) war Kunstprofessor und ein bedeutender Vertreter des Jugendstils. Dr. Hans Carl konnte den in Pasing mit seinem Architekturbüro ansässigen und sehr beschäftigten Richard Riemerschmid nach anfänglichem Zögern schließlich für sein Bauprojekt gewinnen, als er ihm sein ausgewähltes Baugrundstück in Feldafing präsentierte. Riemerschmid war so begeistert von der Morphologie der Landschaft zwischen See und Alpenkette, dass er das Projekt zur Chefsache machte.

Während Dr. Carl in Nürnberg weilte und seinem Beruf nachging, führte seine Ehefrau „Lilly" fleißig die Geschäfte und die damit verbundene Korrespondenz mit Riemerschmid. Dem Mitbegründer der im Jahr 1898 gegründeten Vereinigten Werkstätten für Kunst im Handwerk wurde ebenso die Planung der gesamten Innenausstattung übertragen. Solche von Riemerschmid entworfenen Einrichtungsgegenstände sind noch im Stadtmuseum München oder der Stuck Villa zu bewundern. Riemerschmid entwarf auch raffinierte Fertighäuser mit kompletter Einrichtung. Ein aus dieser Zeit bekanntes ist das vollmöblierte Fertighaus Modell „Brigitte IV".

Zimmerei Schnitzler, 1912 – Pöcking

Für die bekannte Pöckinger Zimmerei des Sägewerk-Gründers Lorenz Schnitzler (1873–1937) errichtete Engelbert Knittl an der Hauptstraße 37 in Pöcking bei der Abzweigung zur Maisinger Straße ein Wohnhaus[9] mit Werkstätte und Sägewerk.[10] Das Wohnhaus an der Ortsdurchfahrtstraße wird heute noch von der Familie des gleichnamigen Enkels des Gründers bewohnt.

Bauherr Schnitzler arbeitete damals mit Engelbert Knittl geschäftlich eng zusammen. Die beiden kooperierten bei der Errichtung vieler Villen und Landhäuser in der Umgebung. Aus dem Großbau des Schulhauses in Pöcking (Abb. 13, S. 230), der fast zeitgleich stattfand, verwertete man Restbestände von Baumaterialien für das Wohnhaus. Die gestückelten Bodenbeläge und vieles mehr verleihen dem Wohnhaus noch heute einen besonderen Charme.

Im Sägewerk ließen sich viele Bauern eigenes Holz für ihre Zwecke im Lohnschnitt zuschneiden. Lorenz Schnitzler überbrückte auch schlechte Zeiten, indem er seine Arbeiter nicht ausstellte, sondern ihnen dadurch Arbeit beschaffte, dass er seine eigenen Wände und Decken im Wohnhaus vertäfeln ließ, eine echte Win-win-Situation.

Über zwei Generationen wurde der Betrieb von der Familie Schnitzler geführt, das verpachtete Sägewerk gab es noch bis 1990, heute wird

Bauzeit 1907 – 1950

Abb. 10 *Landhaus Schnitzler an der Hauptstraße in Pöcking, um 1920*

es gewerblich anderweitig genutzt. Eine gewisse Zeit war dort die Reinigungsfirma Würth (Abb. 19, S. 67) untergebracht.

Um nach heutigen Maßstäben wirtschaftlich arbeiten zu können, wäre das Sägewerk nunmehr zu klein. Viel Platz für moderne Transport- und Stapelgeräte sowie spezielle Maschinen wie beispielsweise eine Trocknungsanlage, die durch künstliche Erhitzung den Fertigungsprozess beschleunigt, wären nötig. Die Zeiten, in denen Bretter noch von Hand aufgerichtet wurden und natürlich austrocknen konnten, sind vorbei.

Nachdem „Lenz" Schnitzler jun. früh verstorben war, übernahmen die drei Feldhütter-Geschwister (S. 48 f) aus Tutzing im Jahr 1959 die Pöckinger Zimmerei und wandelten die Firma allmählich in ein Baugeschäft um, bei dem Xaver Weinzierl, der Schwager von Otto Feldhütter, als Geschäftsführer eingesetzt wurde. Klaus Feldhütter jun. wurde Bauingenieur, trat 1987 die Nachfolge von Weinzierl an und führt heute noch das Baugeschäft Feldhütter in Tutzing.

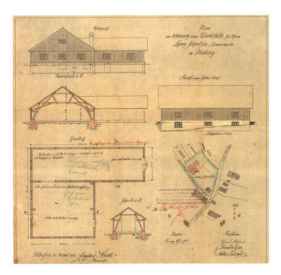

Abb. 11/12 *Sägewerk Schnitzler in Pöcking mit Bauplan von Engelbert Knittl vom Juni 1908*

229

Bauzeit 1907 – 1950

Schulhaus, 1912 – Pöcking

Das heutige Pöckinger Rathaus an der Feldafinger Straße 4 diente früher als Schulhaus und wurde 1912 von Engelbert Knittl gebaut. Charakteristisch sind die vor allem in den Zwanzigerjahren in Mode gekommenen Korbbögen über den Türen und Fenstern sowie das ausgefallene Mansarddach.

Vor dem Schulhausneubau fand der Unterricht im Gemeindehaus, dem sogenannten „Schulfond", an der Hauptstraße 7 statt. Der erste, später verworfene Plan sah vor, den „Schulfond" zu einem größeren Schulhaus umzubauen. Hierzu entwarf Engelbert Knittl im Dezember 1909 einen entsprechenden Plan, der in einem länglichen Anbau quer zur Hauptstraße im Erdgeschoss einen Schulsaal mit 70 Kindern und einen Saal mit 56 Kindern vorsah.[11] Nachdem man den Plan verworfen hatte, baute man den ehemaligen „Schulfond" zur Gemeindekanzlei um, in der das Rathaus von Pöcking untergebracht war, bevor dann der endgültige Umzug in das Schulhaus an der Feldafinger Straße stattfand.[12]

Der favorisierte Neubau hatte im ersten Stock zwei Schulsäle, in denen jeweils 77 Kinder unterrichtet werden konnten. Für den Hilfslehrer, die Lehrmittelsammlung sowie die sanitären Anlagen für Knaben und Mädchen gab es auf diesem Stockwerk zusätzliche Räumlichkeiten. Im Erdgeschoss befanden sich eine große Vorhalle und sechs Zimmer nebst Küche.

Abb. 13 *Ehemaliges Schulhaus in Pöcking, das später zum Rathaus umgebaut wurde, um 1930*

Gemeindehaus für Arme, 1913 – Pöcking

In unmittelbarer nördlicher Nachbarschaft zum Rathaus, an der heutigen Feldafinger Straße 2, stand das Armenhaus der Gemeinde Pöcking, das bedürftigen Bürgern ein Zuhause gab. Bevor es zum Armenhaus wurde, diente es dem Gemeindehirten als „Hüthäusl".

Engelbert Knittl baute das Armenhaus 1913 zum gemeindlichen Wohnhaus mit einem südlich angrenzenden kleinen Feuerwehrhaus um. Das Wohnhaus wird auch heute noch als Obdachlosenunterkunft genutzt. Der südliche Anbau wurde 1981 durch ein moderneres Feuerwehrhaus ersetzt.

Frieda Schwarz (1912–1988) bewohnte das Armenhaus und lebte dort bis zu ihrem Tod. Sie hinterließ lediglich eine kleine mit Samt ausgeschlagene Schatulle. Darin fand man eine Damenarmbanduhr, auf dem die Zeiger auf 5 vor 12 Uhr standen, eine Hirschhornbrosche mit einem Bild von Kloster Andechs, ein Kruzifix, ein Amulett mit einer schwarzen Madonna, einen herzförmigen Anhänger und eine Kleeblatthaarspange, der ein Blatt fehlte.

Als Tochter eines Totengräbers und Gemeindearbeiters in Pöcking hatte Frieda Schwierigkeiten in der Schule und im übrigen Leben mitzukommen. Im Dritten Reich geriet sie in die Fänge der nationalsozialistischen Rassenkunde und wurde als „geistig zurückgeblieben" zwangssterilisiert. Nach dem Tod ihrer Eltern blieb sie im Armenhaus der Gemeinde. Dort stand sie jeden Tag stundenlang vor der Wohnungstür auf dem Bürgersteig und beobachtete das Geschehen auf der Straße. Sie hatte den Kopf leicht geneigt, als ob sie lauschte, sagte aber selber nichts. Ihre wachen Augen musterten jede Bewegung, manchmal lächelte sie, wenn sie jemand in der Ferne erkannte. Kam man ihr zu nahe, grüßte sie nur brummig zurück.[13]

Abb. 14 *Gemeindehaus für Bedürftige, davor das Feuerhaus in Pöcking*

Werkstätten Friedrich, 1913 – Feldafing

Während das Wohnhaus[14] des Spenglermeisters Peter Friedrich an der Johann-Biersack-Straße 33 in Feldafing im Jahr 1913 vom Konkurrenten Johann Steidele gebaut wurde, verwirklichte zeitgleich Engelbert Knittl die entsprechenden Werkstätten[15] für das Handwerkergeschäft.

Peter Friedrich bezog die größere Werkstatt, an die ein separates Blechlager angrenzte. Sein Bruder Paul Friedrich war Malermeister und benützte die kleinere obere Werkstätte. Aus der Vermietung des restlichen Wohnhauses bezogen die Brüder noch ein wenig Nebeneinkünfte zu ihrem handwerklichen Gewerbe. Ihre beiden Schwestern emigrierten schon in jungen Jahren nach Amerika und blieben dort mit ihren Familien. Peter und Paul Friedrich wohnten bis zu ihrem Lebensende in den oberen Etagen des Hauses. Das Wohnhaus nebst Werkstätten inmitten des großen Gartens mit altem Ostbaumbestand wurde verkauft und ist weitgehend ursprünglich erhalten.

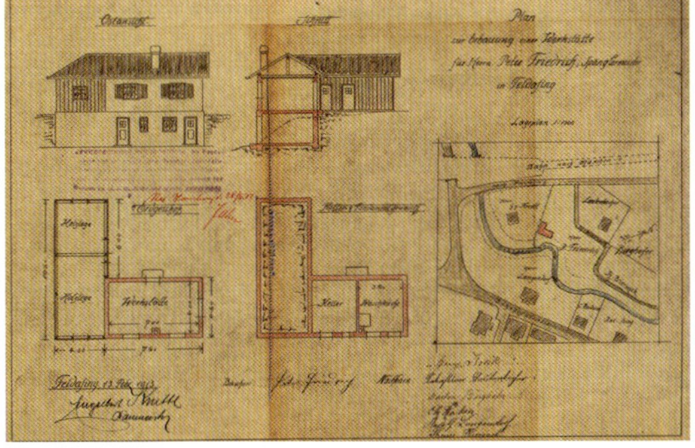

Abb. 15 *Lage-, Grund- und Fassadenplan der Werkstätten Friedrich vom Februar 1913*

Bauzeit 1907 – 1950

Abb. 16 *Werkstatt Friedrich in Feldafing, 2016*

Das romantische und noch bestehende Anwesen des Spenglermeisters wird vom Starzenbach eingegrenzt. Aus dem Langen Weiher von Gut Deixlfurt kommend, fließt der Starzenbach in Richtung Nordosten nach Feldafing, dann bahnt er sich seinen Weg unter der Johann-Biersack-Straße hindurch bis zu den Werkstätten des Spenglers Friedrich. Er passiert die Werkstätten südöstlich und fließt am unteren Ende des Anwesens weiter nach Norden, parallel zur Bahnhofstraße bis zum Fabrikgelände der ehemaligen Lederfabrik namens Müller & Wilisch (S. 250 f). Danach verschwindet der verrohrte Starzenbach kurzzeitig fürs Auge, taucht aus der Versenkung wieder auf und durchquert eindrucksvoll die malerische „Wolfsschlucht", durch die sich ein Spaziergang lohnt. Schließlich mündet er am nördlichen Ende des beliebten Badegeländes „Paradies" in Possenhofen in den Starnberger See.

Villa Engelhorn, 1923 – Feldafing

Der Gutshof Höhenberg, die heutige Villa Engelhorn mit Nebengebäude, an der Höhenbergstraße 20 war ursprünglich ein Landhaus mit einem Ökonomieanwesen.[16] Zusammen mit der in unmittelbarer Nachbarschaft liegenden Villa Carl (S. 226 ff) stellten die beiden Landsitze etwas ganz Besonderes dar, denn sie waren in Feldafing die beiden einzigen Selbstversorger-Anwesen mit Landwirtschaft und einer sehr großen Parkanlage, die einen Nutzgarten einschloss.

Zur Villa Engelhorn gehörten ein Großvieh-, Schweine- und Hühnerstall, ein Backhaus, eine Wagenremise sowie eine Parkanlage von 33.840 qm. Bauherrn waren der Rentier Emil Kniep aus München und seine Frau Elsa. Der Architekt Anton Hatzl jun. stammte wie Engelbert Knittl aus Feldafing, der sich die Bauarbeiten mit Lorenz Pauli aus Tutzing teilte. Die Zimmermannsarbeiten erledigte Matthias Höfler aus Machtlfing. Baubeginn war der 25. Januar 1923. Das Wirtschaftsgebäude und das Gewächshaus kamen erst 1925 hinzu.

Auf die Knieps folgten Wilhelm Kiesekamp und Ehefrau Edelgarde, die Haus und Hof im Jahr 1926 erwarben. Vierzehn Jahre später hieß die Eigentümerin Maria Engelhorn (1866–1953), Fabrikantenwitwe, nach der das Anwesen benannt und in deren Familienbesitz es heute noch ist. Maria Engelhorn war die Witwe des Unternehmers Dr. Friedrich Engelhorn jun. (1855–1911). Er war Mitinhaber der Mannheimer Pharmafabrik „C. F. Boehringer & Söhne". Sein Vater, Friedrich Engelhorn sen. (1821–1902), hatte 1865 die BASF in Ludwigshafen gegründet.

Während des Zweiten Weltkriegs fiel eine Bombe in den Garten des Mannheimer Eigenheims. Aus Angst vor weiteren Zerstörungen zog die schon betagte „Marie" Engelhorn von Mannheim auf den Landsitz nach Feldafing. Der Familie Engelhorn gehörte auch die Firma „Otto Perutz", die spätere Agfa AG, in München. Ihr Sohn und Mitinhaber der beiden Firmen, Dr. Friedrich Carl Engelhorn (1889–1958), sorgte dafür, dass

Abb. 17 *Fassadenplan der Villa Engelhorn vom November 1922 von Anton Hatzl jun.*

Bauzeit 1907–1950

Abb. 18 *Denkmalgeschützte Villa Engelhorn in Feldafing, um 1980*

Teile der Pharmaproduktion Boehringer & Söhne nach Tutzing verlegt wurden, da in Mannheim-Waldhof schwere Fliegerschäden entstanden waren. Die Fabrikation wurde zunächst in den Bayerischen Textilwerken fortgesetzt. Danach zog man in die Gebäude des Hotels Simson (S. 44 ff) um. Nach dem Zweiten Weltkrieg wurde dieser Standort schließlich zu einem Zweigwerk in Tutzing ausgebaut. Der zu dieser Zeit beste Maurerpolier der Firma Knittl, Peter Wührl (Abb. 3, S. 208), war bei den Aus- und Umbauten im Dauereinsatz. 1997 ging die Firma in den Schweizer Pharmakonzern La Roche über. Dieser zog später vollständig nach Penzberg um.

Villa Mössel, 1924 – Feldafing

Das Haus mit dem ungewöhnlich geschwungenen steilen Dach an der Wielinger Straße 19 in Feldafing bewohnte der Dekorations- und Kunstmaler Prof. Julius Mössel mit seiner Ehefrau Karoline. Von Seiten der Ehefrau stammte das bereits im Jahr 1866 erbaute villenartige Landhaus in Bahnhofsnähe, das anfangs noch keine jugendstilartige Dachform besaß. Karoline war die Tochter des eigentlichen Bauherrn Prof. Heinrich Schönchen, Dekorationsmaler aus München, und seiner Ehefrau Rosa.

Bauzeit 1907 – 1950

Im Jahr 1902 zogen Julius und Karoline Mössel in das Landhaus ein. Sie ließen beim Einzug Um- und Erweiterungsmaßnahmen von den Feldafinger Baumeistern Biersack und Steidele durchführen und dann letztlich im April 1924 das Landhaus[17] in der heutigen Form von Engelbert Knittl aufstocken.

Julius Mössel stattete die Innenräume des Hauses seiner Frau Karoline mit ausladenden und dekorativen Wandmalereien aus. Unter dem Giebel zur Straßenseite gab es eine textilähnlich anmutende Dekorationsmalerei. Sein eigenes Atelier und Arbeitszimmer befand sich im ersten Stock. Die Kunstmalereien Mössels im Interieur sind irgendwann verschwunden. Sie würden heute einen unschätzbaren Wert darstellen.[18]

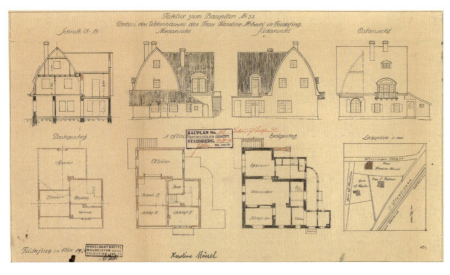

Abb. 19 *Villa Mössel, Grund-, Aufriss- und Lageplan von Engelbert Knittl, Mai 1924*

Abb. 20 *Villa Mössel an der Wielinger Straße in Feldafing, 2016*

Der in Fürth geborene Julius Mössel (1871–1957) gehörte bis zum Ersten Weltkrieg zu den gefragtesten Dekorationsmalern in Deutschland. Als Absolvent der Münchner Akademie der Bildenden Künste arbeitete er viel mit dem Münchner Architekten Max Littmann (1862–1931), Schwiegersohn des Bauunternehmers Jacob Heilmann, zusammen. Beim Gemeinschaftsprojekt des Münchner Prinzregententheaters schuf Mössel die Decken- und Wandmalereien. Nicht nur in München, sondern auch in anderen Städten stattete er bedeutende Einrichtungen wie das Kurtheater Bad Kissingen, das Opernthater in Stuttgart, das Hoftheater in Weimar oder das Schillertheater in Berlin mit seinen Wandgemälden aus.

Zu Zeiten des Deutschen Kaiserreichs war Mössel so gefragt, dass er sich kaum vor Aufträge retten konnte. Jedoch in den schwierigen Zeiten der Weimarer Republik bekam er kaum noch Aufträge. Daher emigrierte er 1926 nach nur zwei Jahren Aufenthalt in Feldafing nach Amerika und begann in Chicago eine zweite eindrucksvolle Karriere. Seine Glückssträhne endete mit dem Bankencrash 1929. Er verlor sein Vermögen. Zeitweilig von Erblindung bedroht, verlegte sich Mössel mehr auf Staffeleimotive, zum Teil mit Tieren, die er in bescheidenen Formaten malte. Er blieb noch über weitere drei Jahrzehnte in Amerika künstlerisch aktiv.

Nach seinem Tod erlebte Mössels Dekorations- und Kunstmalerei in Amerika in den Achtzigerjahren eine wahrhafte Renaissance. Man entdeckte ihn wieder neu und würdigte den Emigrierten, der in Deutschland schon längst in Vergessenheit geraten war. Dank des Denkmalschutzes konnten Decken- und Wandgemälde wie die im Prinzregententheater oder die im Stuttgarter Opernhaus vor dem Verschwinden gerettet werden.[19]

Wäscherei Hans, 1925 – Feldafing

In dem typischen Wohnhaus der Zwanzigerjahre an der Ascheringer Straße 9 in Feldafing befand sich im Keller und im Erdgeschoss eine Wäscherei. Bauherr des von Engelbert Knittl entworfenen und gebauten Wohnhauses[20] war Jakob Hans (1892–1971). Im Keller wurde hauptsächlich gewaschen und gemangelt, im Erdgeschoss bügelten bis zu fünf Frauen die Wäsche mit Bügelmaschinen schrankfertig. Die Wäscherei besteht heute noch als Familienunternehmen. Der Nachkomme Johann Putz betreibt sie weiterhin mit seiner Ehefrau im Nebenerwerb.

Den Grundstein zur Wäscherei legten zwei Feldafinger Schwestern, deren Ehemänner als Soldaten im Ersten Weltkrieg dienten. Anna Kapfer arbeitete zuerst in der Gärtnerei Kapfer an der Johann-Biersack-Straße, ihre Schwester Elisabeth war mit Jakob Hans verheiratet und in einer Wäscherei beschäftigt. Als ihre beiden Männer aus dem Krieg heimkehrten, trug sich das Ehepaar Hans mit dem Gedanken, eine eigene Wäscherei zu eröffnen. Vom Ehrgeiz gepackt, begann Jakob Hans für einen Hausbau zu sparen. Seine Ersparnisse überstanden die Inflation von 1923 ganz gut, denn seine Wechselscheine blieben weitgehend verschont, so dass das Projekt nicht darunter leiden musste.

Ein weiterer positiver Aspekt kam hinzu, denn in Feldafing gab es viel zu waschen. Das lag daran, dass sich das Mädcheninternat Scheidt (S. 236 ff), ein Pensionat für „höhere Töchter", im Ort als großer Auftraggeber für ihre neu gegründete Wäscherei entpuppte.

Abb. 21 *Wohn- und Geschäftshaus, Wäscherei Hans in Feldafing, um 1940*

Bauzeit 1907–1950

Töchterheim Scheidt - Das Häuser-Terzett – Feldafing

Die Gebäude des Töchterheims Scheidt bildeten ein sogenanntes Häuser-Terzett, das heute noch in abgewandelter Form steht. Das Ensemble aus drei Häusern, dem Haupthaus „Park-Villa" und den beiden benachbarten Nebengebäude „Villetta" und „Waldwinkel", lagen dicht zusammen an der Höhenbergstraße in Feldafing und prangen weithin sichtbar über dem Starnberger See.

„Park-Villa"

Als Hauptgebäude des Mädchenpensionats diente die heute denkmalgeschützte Villa an der Höhenbergstraße 15. Die Schwestern Scheidt hatten den dafür geläufigen Namen „Park-Villa" selbst kreiert, indem sie den Namen „Villa du Parc" ihres Vorläufer-Instituts in Brüssel eingedeutscht hatten.

Der Vorbesitzer, der Industrielle Geheimrat Sigmund Bergmann (1851–1927), ließ sich das zur Villenkolonie gehörige Anwesen 1903 vom Architekten Eugen Drollinger im frühen Jugendstil als Sommerhaus erbauen. Der erfolgreiche Thüringer Bergmann war bereits mit 18 Jahren in die USA ausgewandert und hatte an der Seite von Thomas Edison die ersten Glühlampen entwickelt. Nachdem er wieder nach Deutschland zurückgekehrt war, gründete er in Berlin die Bergmann-Elektrizitäts-Werke, die späteren Osram-Werke. Seine Tochter Louise heiratete Josef Pschorr, dessen Villa sich in unmittelbarer Nachbarschaft befand. Der bereits in Berlin lebende Unternehmer Bergmann verkaufte die repräsentativen Feldafinger Immobilien Weihnachten 1915 an die beiden Scheidt-Schwestern.

Unter dem Regime der Nationalsozialisten erhielt die „Park-Villa" den Namen „Ernst-Röhm-Haus", in dem dann die Verwaltung der Oberschule untergebracht war. Im April 1934 fand hier in Gegenwart wichtiger Vertreter von Partei, Staat und Presse die feierliche Eröffnung der Reichsschule mit Flaggenhissung statt.

Das Mädchenpensionat wurde von den beiden Schwestern und Schulleiterinnen Antonie (1873–1954), genannt „Tony", und Hedwig (1884–1966) Scheidt geleitet. Das nach ihnen benannte Töchterheim existierte in Feldafing von 1915 bis etwa 1932. Es handelte sich um ein internationales Internat für Töchter aus wohlhabenden Familien, das über Feldafing hinaus einen sehr guten Ruf genoss. Die Erziehung sollte den jungen Damen das Rüstzeug für ein Leben in einem gehobenen gesellschaftlichen Umfeld vermitteln.

„Tony" und Hedwig Scheidt waren ausgebildete Pädagoginnen. Sie hatten bereits seit 1905 in Brüssel das Mädchenpensionat „Villa du Parc" geleitet, das als Deutsche Schule 1870 in Brüssel gegründet worden war. Das Vorläufer-Institut in Brüssel wurde von etwa dreißig Schülerinnen aus den besten Gesellschaftskreisen besucht und beherbergte der Nationalität nach größtenteils junge Damen aus dem industriereichen Rheingebiet, aus den Nachbarländern Frankreich, Niederlande und Luxemburg sowie Schweden und Amerika. Da die Belgier auf Seiten der Alliierten standen, beschlossen die Schwestern, während des Ersten Weltkrieges ihren belgischen Standort aufzugeben und nach Bayern umzuziehen. Von Seiten der Belgier wurde ungern gesehen, dass sie sich ihres Besitzes entledigten.[21]

Antonie und Hedwig Scheidt zogen im Jahr 1915 zunächst übergangsweise mit ihrer Schule nach Kempfenhausen bis sie schließlich ein Jahr später in Feldafing eine geeignete Immobilie für ihren Internatsbetrieb fanden. Vom Industriellen Sigmund Bergmann erwarben sie die schlossartige „Park-Villa" mit Nebengebäude, genannt „Villetta", die sich ohne wesentliche Veränderungen für ihre Zwecke verwenden ließen.

Abb. 22 *„Park-Villa" in Feldafing, um 1950*

Nebengebäude „Villetta"

Das zur „Park-Villa" gehörige „Villetta" befindet sich heute an der Höhenbergstraße 10 und beherbergt das Evangelische Gemeindehaus. Als die Schulleiterinnen Scheidt den Besitz übernahmen, befand sich im Parterre dieses Nebengebäudes der Reitstall und im ersten Obergeschoss die Gärtnerwohnung.[22] Antonie und Hedwig Scheidt erweiterten für den Schulbetrieb im Jahr 1916 das große Nebengebäude nach Osten. Zwei Schulsäle, die auch als Tanzsaal genutzt wurden, befanden sich im Parterre, zwei weitere Zimmer kamen durch den Umbau hinzu. Für den Umbau engagierten die Schwestern Johann Steidele und die Zimmerei Floßmann. Den Plan fertigte der Ingenieur Hans Moser aus München.[23] Zu Zeiten der Reichsschule gaben die Nationalsozialisten dem Haus den Namen „Horst-Wessel-Haus". Hier wurde unterrichtet und es befanden sich dort auch die Kleiderkammern. Nach dem Krieg wurde das Haus als Synagoge im DP-Lager (S. 224) genutzt.

Die Reichsschule Feldafing wurde 1934 als neunklassige Nationalsozialistische Deutsche Oberschule gegründet, die sich zunächst in einigen nach Nazi-Größen benannten Villen im Ort befand. Später kamen noch die Räumlichkeiten der heute denkmalgeschützten „Sturmblockhäuser" auf dem Gelände der ehemaligen Fernmeldeschule der Bundeswehr hinzu.

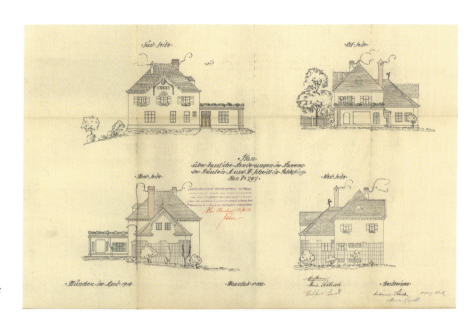

Abb. 23 *Plan mit vier Ansichten des Nebengebäudes der „Park-Villa" von Hans Moser vom April 1916*

Abb. 24 *Nebengebäude „Viletta" in Feldafing, in dem sich heute das Evangelische Gemeindehaus befindet*

Bauzeit 1907 – 1950

Nebengebäude „Waldwinkel", 1925

Das endgültige Häuser-Terzett, das bis dahin nur ein Duett aus „Park-Villa" und „Villetta" war, wurde durch den Bau des vornehmen Nebengebäudes „Waldwinkel" an der Höhenbergstraße 17 im Jahr 1925 vollendet. Entworfen und durchgeführt wurde der Bau[24] von Engelbert Knittl.

Zum Bau eines dritten Hauses südlich der „Park-Villa", das der Schulleitung Büros und vierzig „höheren Töchtern" Unterkunft bot, sah sich die Institutsleitung im Jahr 1924 veranlasst, da die Schülerinnenzahlen, dank des guten Renommees des Instituts, stetig gestiegen waren.

Nach Ende der Beschlagnahmung durch die Reichsschule bewohnte die Familie Clouth die kleine Villa „Waldwinkel" in den Nachkriegsjahren bis 1988. Sie hatte anfangs eine Reißwolffabrik im Schloss Garatshausen betrieben. Der Nachfolgeeigentümer sanierte anschließend das Haus sehr einfühlsam. Dabei wurde das Innere des Hauses um 90° gedreht, so dass sich jetzt der Hauseingang auf der Westseite befindet. Während des Internatsbetriebs lag der Eingang auf der Nordseite, denn so konnte das Personal der Schulverwaltung auf direktem Weg vom Haupthaus „Park-Villa" in das Sekretariat und das Schulleiterbüro gelangen, die in zwei Zimmern im Parterre des Hauses „Waldwinkel" untergebracht waren. Im Obergeschoss wohnten die jungen Schülerinnen im Alter von 17 bis 22 Jahren. Die Erziehung und der Unterricht förderten die individuelle Entwicklung der jungen Damen. Pünktlichkeit, Ordnungssinn und das Interesse an ihren Studien sollten geweckt werden. Im Umgang mit ihren Hausgenossen sollten sie Selbstzucht, Uneigennützigkeit und Herzenstakt üben.

Abb. 25 *Haus „Waldwinkel", ehemals ein Nebengebäude der Parkvilla*

Der Unterricht wurde in erster Linie auf das Erlernen von Fremdsprachen, im Besonderen der französischen und englischen Sprache, ausgerichtet. Je nach Bedürfnis erteilte man auch Unterricht in Italienisch und Spanisch. Die Sprache der „höheren Töchter" war selbstverständlich Französisch. Für Literatur, Geschichte und Kunst standen Lehrkräfte der Münchner Hochschulen zur Verfügung. Die Fächer Politische Bildung, Theater, Musik und Sport gehörten ebenfalls zum Stundenplan. Nur die weiblichen Lehrkräfte für das Fach Fremdsprachen wohnten im Hause.[25] Bei Übernahme der Gebäude durch die nationalsozialistischen Machthaber lebte auch kurzzeitig der Leiter der Reichsschule Julius Görlitz im „Waldwinkel". Görlitz verlagerte später seinen Wohnsitz vom „Waldwinkel" in die an der Trendelstraße 7 gelegene Villa Hertle, die in der NS-Zeit den Namen „Haus Görlitz" bekam.

Vom „Jungmädchen-Landheim" zum Einzug der Reichsschule

Mit den drei Internats-Gebäuden, dem Schwimmhaus im Garten der „Villetta", den Tennisplätzen zur Bahnhofseite hin und der Bootshütte am See, die im Jahr 1928[26] noch hinzukamen, hatte das Mädchenpensionat vermutlich seinen Zenit überschritten, denn bereits am 1. April 1928 sollte das Pensionat aus allgemeinen wirtschaftlichen Gründen geschlossen werden.

Jedoch bestand es noch einige Jahre weiter und wurde 1929 in „Jungmädchen-Landheim" umbenannt. Bereits Ende der Weimarer Republik entstanden die ersten „Mädchenschaften", die man unter der NSDAP zum „Bund Deutscher Mädel" zusammenfasste. Nicht nur die neue Bezeichnung des Instituts, sondern auch der Fächerkanon wurde bereits an die Ideologie der Nationalsozialisten angepasst. Nur der Fremdsprachen- und Musikunterricht sowie Sport hatten Bestand, wobei systematische Körperschulung und Hauswirtschaft mehr Gewicht bekamen. Die Leitung übergab man dem Münchner Arzt Dr. Ludwig Schmitt. Speziell für das Fach Hauswirtschaft stellte man eine eigene geprüfte Kraft ein. Antonie und Hedwig Scheidt gaben schließlich das Töchter-

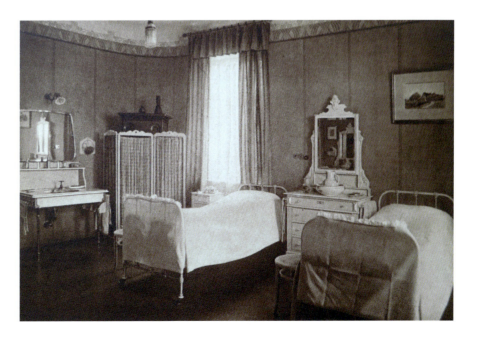

Abb. 26 Haus „Waldwinkel", ehemaliger Schlafsaal für die jungen Damen

Bauzeit 1907–1950

heim aufgrund der anhaltend schwierigen politischen und wirtschaftlichen Verhältnisse auf und leiteten von 1932 bis 1933 in den Räumen ihres Internats eine vornehme Pension.

Im Zuge der Eröffnung der Reichsschule im Jahr 1937, die in mehreren Villen in Feldafing untergebracht war, ging auch das Häuser-Terzett des Töchterheims Scheidt in den Besitz der NSDAP über. 1934 hatten die Scheidt-Schwestern die drei Häuser schon an die neunklassige Nationalsozialistische Deutsche Oberschule Starnberger See verpachtet.

Villa „Lug ins Land", 1938 – Feldafing

Nachdem die Scheidt-Schwestern das „Häuser-Terzett" ihres Töchterheims mit Einzug der Reichsschule endgültig an die zukünftigen Machthaber abgegeben hatten, zogen sie 1931 zuerst in eine kleine Villa an der Pschorrstraße zur Miete, bis sie in ihr eigenes Wohnhaus umziehen konnten. Ihre neue Villa, genannt „Lug ins Land", lag an der heutigen Rat-Jung-Straße 19 und wurde Ende des Jahres 1938 fertiggestellt.[27] Architekt war Max Wiederanders aus München. Den Bau und die Zimmermannsarbeiten erledigten der Baumeister Engelbert Knittl und der Zimmerer Anton Floßmann als eingespieltes Handwerkerteam aus Feldafing.[28] Das Wohnhaus von Antonie und Hedwig Scheidt wurde 2015 abgerissen und durch einen modernen Neubau ersetzt.

Abb. 27 *Villa „Lug ins Land" in Feldafing an der Rat-Jung-Straße 19 (1938–2015)*

Badeanstalt der Gemeinde Feldafing, 1927

Der Ort Feldafing – die „Perle des Starnberger Sees" – bekam das erste See- und Strandbad am Starnberger See.

Die Gemeinde Feldafing hatte den Baugrund vom Wittelsbacher Ausgleichsfonds erworben und bereits im Jahr 1914 eine Baugenehmigung für die Badeanstalt des Strandbads erteilt. Jedoch kamen der Erste Weltkrieg und die Inflation dazwischen, so dass der Baubeginn in die Goldenen Zwanziger verschoben werden musste.

Bauzeit 1907–1950

Engelbert Knittl entwarf die Architektur des Strandbads.[29] Sein Baugeschäft übernahm die Errichtung in Zusammenarbeit mit der Feldafinger Zimmerei Floßmann. Die Ausgaben beliefen sich insgesamt auf 80.000 Mark, eine für das kleine Feldafing sehr ansehnliche Summe.

Der erste Bauabschnitt Nord, das Herren-Bad, erfolgte 1926 und stand zur Straße hin noch ohne Verbauung. Der zweite Abschnitt Süd mit dem Damen-Bad begann 1927. In der Mitte befand sich das Wärter-Haus mit Vorhalle, Warteraum, Kasse und Wäsche-Ausgabe. Dort konnte man sich diverse Bade-Accessoires ausleihen, wie Handtücher oder Badekleidung nach damaliger Kleiderordnung. Die nach Geschlechtern getrennte Wiesenliegefläche war zum Ufer hin optisch durch ein mit Sand aufgefülltes Rondell abgesetzt.

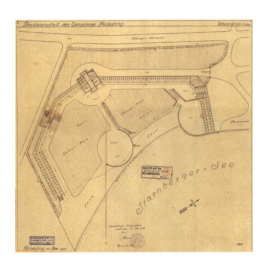
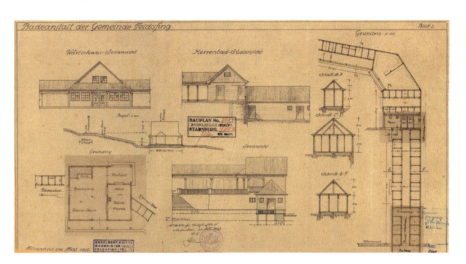

Abb. 28/29 *Lage- und Aufrissplan des Feldafinger Seebades von Engelbert Knittl, Mai 1926*

Die nach heutigen Maßstäben strenge Badeordnung, die die Gemeinde Feldafing am 20. Mai 1927 verabschiedete, lautete: „Damen dürfen nur geschlossene Badeanzüge, Herren nur Anzüge oder Hosen mit Beinansetzen tragen. Das Hinaufstülpen der Beinlängen ist verboten. Die Kabinen sind stets, insbesondere auch während des An- & Auskleidens verschlossen zu halten. Das Verlassen der Badeanstalt im Badeanzug ist verboten."

Abb. 30 *Blick von Süden über das Badegelände*

Bauzeit 1907–1950

Mit 150 Kabinen und zwei größeren Umkleideräumen konnten an Sonntagen bis zu 3000 Personen die Badeanstalt nutzen, da die Badezeit an Sonn- und Feiertagen auf eine Stunde begrenzt war. Unter der Woche bezahlte man als Erwachsener für zwei Stunden ohne Kabine 30 Pfennig, mit Kabine 60 Pfenning inklusive laufendem Trinkwasser, einer „Klosetteinrichtung" und einer Sprungbrücke mit zwei Brettern.

„Feldafing voran!" titelte am 09. Juni 1927 der Land- und Seebote anlässlich der offiziellen feierlichen Eröffnungsfeier vom 03. Juni 1927. Der Ort bekam eine neue Badeanstalt, kein gewöhnliches Massenbad, sondern ein Bad im vornehmen Stil. Zur Eröffnungsfeier lud die Gemeinde Gäste aus Regierung und Presse zur Besichtigung des Strandbades und im Anschluss zu einem Empfang auf die Sommerterrasse im Prachthotel „Kaiserin Elisabeth". Auf dem Weg zum Hotel durchquerten die geladenen Gäste den unter König Max II. vom preußischen Generalgartendirektor Peter Joseph Lenné (1789–1866) entworfenen Park, vorbei an dem 1926 gegründeten Golfclub Feldafing, zu dieser Zeit der einzige Golfplatz Südbayerns.[30]

Abb. 31 *Die nordseitigen Badehütten („Herren-Bad") des neu eröffneten Seebades, Sommer 1927*

Abb. 32 *Das neu eröffnete Seebad in Feldafing, Sommer 1927, Blick von Süden über das Gelände*

Abb. 33 *Blick vom See auf die mit Umkleidekabinen geschlossene Anlage*

Bauzeit 1907 – 1950

Das „Villino" wurde 1912 als Sommerhaus für den Kaufmann Wilhelm Enders vom Feldafinger Baugeschäft Johann Steidele nach den Plänen der Architekten Campbell & Drach erbaut. Der Kunsthändler und Verleger Dr. Georg Martin Richter erwarb es 1919 für 48.000 Mark. Thomas Mann beteiligte sich an dem Kauf mit 10.000 Mark und gab dem kleinen Haus diesen Namen, was aus dem Italienischen übersetzt „kleiner Palast" bedeutet. Nach dem Verkauf des eigenen Landhauses in Bad Tölz (1917) konnte sich Thomas Mann den Wunsch erfüllen, sich zu ungestörter Arbeit und Erholung auf das Land zurückzuziehen, wobei er immer von einem eigenen Haus am Starnberger See geträumt hatte. In den Jahren von 1919 bis 1923 nutze er das „Villino" als Sommer- und Schreibhaus. Sein Verleger Martin Richter verkaufte es 1923, auf dem Höhepunkt der Inflation, für zwei Billiarden Mark. 2001 wurde es wiederentdeckt, in die Denkmalliste aufgenommen und zum einzigen Thomas-Mann-Museum in Bayern umgestaltet.

Sommersitze für zwei bedeutende Persönlichkeiten aus Preußen

Am südlichen Ende der Feldafinger Villenkolonie errichtete in den Zwanzigerjahren Engelbert Knittl zusammen mit prominenten Architekten die beiden Sommersitze für den Bankinhaber Friedrich Andreae und den Großadmiral Alfred von Tirpitz.

Die beiden Landhäuser „Andreae" und „Tirpitz" gehörten der Viererkette an, die den südlichen Ausläufer der Villenkolonie bildeten. Dazu zählten noch das kleine „Villino" und die Villa Einsiedel, die sich in unmittelbarer Nachbarschaft der Villa Tirpitz befanden. Die von den Nationalsozialisten für ihre Reichsschule beschlagnahmten vier Privatvillen lagen auf dem späteren Gelände der Fernmeldeschule der Bundeswehr.

Von den Vieren überlebte nur das durch den Schriftsteller Thomas Mann bekannt gewordene „Villino",[31] das im Gegensatz zu den anderen Gebäuden klein und unscheinbar aussah. Nur durch Zufall blieb es erhalten. Es mogelte sich durch die Zeiten, da es sich als Bauverwaltungsbüro der Fernmeldeschule für den „Hausmeister" sehr gut eignete.

Landsitz Andreae, 1926 und 1927 – Feldafing

Der Bankinhaber Fritz Andreae aus Berlin-Grunewald und seine Ehefrau Edith, Schwester des 1922 ermordeten jüdischen Reichsaußenministers Walther Rathenau, verwirklichen sich den Traum eines ganz ausgefallenen Landsitzes am Starnberger See. Sie beauftragten die namhaften

Abb. 34 *Landsitz Andreae, eine außergewöhnliche Villa mit versenkbaren Frontfenstern, erbaut vom Architektenteam Breuhaus & Rosskotten*

Bauzeit 1907 – 1950

Architekten Fritz August Breuhaus & Regierungsbaurat a.D. Rosskotten mit Büro im Rheinland, einen Archetyp für „Das Haus in der Landschaft"[32] an der einstigen Firnhaberstraße in Feldafing zu entwerfen. Dabei fügte sich die Architektur ganz in die Landschaft ein. Speziell in Feldafing passt sich der „geschwungene, nierenförmige Umriß des Hauses" elegant in die „welligen Geländeformen" inmitten von Fichten- und Buchenhainen ein.[33] Nur ein Jahr nach Fertigstellung des Hauses kam es zur Katastrophe. Am 7. September 1927 um 18 Uhr fing das Haus von Fritz Andreae infolge Funkenflugs und eines leicht entzündbaren Schilfdachs Feuer und brannte völlig nieder.[35] Trotz des unvorstellbaren Schocks scheute der Bauherr keine Kosten und entschloss sich, das architektonische Meisterwerk wieder „Eins zu Eins" samt exklusiver Inneneinrichtung aufrichten zu lassen und den Park nach Nordwesten zu vergrößern. Die Bauausführung für die originalgetreue Instandsetzung[36] übernahm Engelbert Knittl zusammen mit der einheimischen Zimmerei Floßmann. Der verunsicherte Bauherr Andreae ließ sicherheitshalber noch eine Brandmauer[37] in die Garage einziehen.

Im Zuge der Gründung der Reichsschule zwangen die Nationalsozialisten Andreae 1938, das norddeutsche Landhaus an sie zu verkaufen. Es erhielt von den nationalsozialistischen Machthabern den Namen „Hermann-Göring-Haus". Mit Übernahme durch die Bundeswehr stand das „Duplikat" nur noch einige Jahre, bis es abgerissen wurde. Auf dem Gelände erbaute man stattdessen ein Offizierscasino. Der letzte Mieter vor dem Abriss, Franz Sander, zog am 07. März 1960 aus.[38] Heute wäre ein derartiges architektonisches Meisterwerk wohl Weltkulturerbe.

Das Landhaus war von Fritz Breuhaus, einem sehr begabten modernen Architekten, erbaut worden und stellte doch kein „modernes" Haus im heutigen Sinn dar. Es fügte sich ganz in die Landschaft ein, etwas oval geformt, dem Verlauf des Hanges entsprechend, und wurde im Volksmund „Niere" genannt. Es hatte einen großen Wohnraum, der typisch für die heutigen Bauten ist, und man konnte die Fenster des Eßzimmers herunterlassen, so dass man ebenerdig auf einer großen Veranda stand und der Blick über weite Rasenflächen und Baumgruppen bis zum Starnberger See hin die Landschaft in den Innenraum einbezog. Man fühlte sich aber nicht nach außen entgrenzt. Der Raum blieb ein „Innen" der Umschlossenheit und Geborgenheit, abgeschirmt von der Unruhe und Betriebsamkeit der Welt....[34]

Abb. 35 *Villa Andreae, Ansicht von Nordosten (1927–1960), Bau Engelbert Knittl*

Landsitz Tirpitz, 1927 – Feldafing

Als im Jahr 1929 Großadmiral Alfred von Tirpitz seinen 80. Geburtstag in seinem Sommersitz feierte, stand der Ort Feldafing einige Tage Kopf. Unzählige Gratulanten empfing der körperlich und geistig so frisch wirkende Preuße und betonte immer wieder, wie glücklich er darüber sei, am Starnberger See eine zweite Heimat gefunden zu haben.

Zu Ehren des Begründers der deutschen Hochseeflotte unter Kaiser Wilhelm II. bewegte sich bei sternenklarem Himmel eine leuchtende Doppellinie von etwa zwölfhundert Fackelträgern durch die Straßen Feldafings zu seiner Villa. Unzählige Verbände der Marine begleiteten den Menschenzug. Besonders spektakulär präsentierte sich die Feldafinger Turnerschaft mit ihrer Vorführung, die dem Jubilar in fescher Robe eine beeindruckende und originelle Pyramide darbot.[40]

Fast zeitgleich zum Wiederaufbau des Landhauses Andreae an der heutigen Siemensstraße in Feldafing entstand das Landhaus[39] für den Großadmiral Alfred von Tirpitz (1849–1930), nach dem das bis heute größte in Europa fertiggestellte Schlachtschiff der deutschen Kriegsmarine benannt wurde. Auch dieses Gebäude ging 1938 in den Besitz der NSDAP über. Es wurde in den Betrieb der Reichsschule integriert und Ende der Fünfzigerjahre abgerissen.

Abb. 36 *Landhaus Admiral Tirpitz in Feldafing (1927 – ca. 1959), Bau Engelbert Knittl*

Torhaus der Villa Bernheimer, 1928 – Feldafing

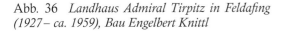

Abb. 37 *Bernheimer-Torhaus mit Garage zur Villa*

Zur Villa Bernheimer an der Höhenbergstraße 11 in Feldafing, die der großzügige Kommerzienrat Otto Bernheimer der Gemeinde vermachte und die heute eine nach ihm benannte Grundschule beherbergt, kam im Zuge der Motorisierung eine originelle Chauffeur-Garage[41] mit Torbogen und einer darüber liegenden Personalwohnung hinzu. Diese entwarf und errichtete Engelbert Knittl 1928 zusammen mit dem Münchner Architektenbüro Ferber-Appel. Nach dem Krieg befand sich in der Chauffeur-Wohnung ein Verkaufsladen für Displaced Persons (S. 224), die in Feldafing Zuflucht gefunden hatten.

Das noch erhaltene Torhaus mit Sichtmauerwerk und Holzverkleidung befindet sich am Bernheimer-Platz, der während der NS-Zeit aufgrund Bernheimers jüdischen Glaubens in Compton-Platz umbenannt worden war. Bernheimer machte den nach ihm benannten Platz samt einem zentral aufgestellten Brunnen mit Figur der Öffentlichkeit zum Geschenk. Die kleine mit Bäumen, Bänken und Kieswegen versehene romantische Parkanlage lud früher Spaziergänger zum Verweilen ein. Mit der Zeit verlor die Parkanlage durch die autogerechte Straßenführung zunehmend ihren ursprünglichen Reiz.

Bauzeit 1907–1950

Abb. 38 *Bernheimer-Platz, im Hintergrund das Landhaus der Kunstmalerfamilie Compton, im Vordergrund der Bernheimer-Brunnen*

Otto Bernheimer (1877–1960) war ein Münchner Antiquitätenhändler und Kunstsammler. Er bereiste mit seinen Brüdern viele Länder Europas, immer auf der Suche nach schöner Kunst. Der europäische Hochadel, Industrielle, Künstler und Diplomaten zählten zum Kundenkreis von Bernheimer. Neben der Villa in Feldafing besaß er auch das elterliche Geschäftshaus „Palais Bernheimer" am Lenbachplatz in München.

Abb. 39 *Bernheimer-Platz, Blick nach Südwesten, um 1930*

Bauzeit 1907 – 1950

Wohnhaus Kammersänger Kayser, 1929 – Feldafing

Das Landhaus Kayser an der Höhenbergstraße 32 ist ein kleines villenartiges Wohnhaus[42] mit einem für seine Zeit ganz typischen Mansarddach von unterschiedlicher Neigung.

Bauherr war der Kammersänger Dr. Emanuel Kayser, der das Haus, dessen Baubeginn auf den 05. November 1929 datiert ist, von Engelbert Knittl planen und erbauen ließ. Die Zimmermannsarbeiten erledigte die Schreinerei Floßmann aus Feldafing. Wie in anderen Feldafinger Häusern waren auch hier ab 1945 Displaced Persons (S. 224) untergebracht. Dem Ehepaar Kayser folgte die Familie Rost, die sich für die frisch verheiratete Tochter Roswitha auf die Suche nach einem Haus machte. Hans Fritz Rost, zeitweise Eigentümer von Gut Rößlberg (S. 167ff), lebte zu dieser Zeit mit seiner Familie in Wilzhofen im Haus Hollerberg. In Feldafing erwarb die Familie Rost 1962 von der Witwe Kayser das villenartige Haus. Helene von Haniel, in der Rolle der Geldgeberin und „Erbtante", stand als Eigentümerin im Grundbuch. Ihre Großnichte Roswitha Rost-Aepfelbacher wurde dann die Nachbesitzerin. Da die junge Familie Aepfelbacher schnell wuchs, musste 1965 angebaut werden. Das Haus ist heute noch gut erhalten und befindet sich weiter in Familienbesitz.

Abb. 40 *Wohnhaus Kayser in Feldafing, um 1940*

Maffei-Kapelle, 1931 – Feldafing

Die Maffei-Kapelle, die man heute mit dem Auto auf einer stark befahrenen Straße von Tutzing kommend kurz vor dem Hotel „Kaiserin Elisabeth" auf der Anhöhe passiert, war ein beliebter Aussichtsplatz in Feldafing.

Zu dem Kirchlein in einer kleinen Parkanlage kamen die Besucher in der Regel zu Fuß aus der westlichen Ortsmitte. Dort konnten sie auf einer Bank verweilen und den Seeblick genießen. Der spätere Feldafinger Villenbesitzer Joseph Anton Ritter von Maffei (1790 – 1870) erkannte recht schnell, dass diese Stelle eine ganz besonders exklusive Lage hatte und erwarb 1856 die dem Verfall preisgegebene Holzkapelle. Er ließ das morsche Gebäude niederreißen und durch ein neues im romanischen Stil aus Stein und Ziegeln mit offenem Spitzturm und Glocke ersetzen (Abb. 41).[43]

Die später in Gemeindeeigentum übergegangene Kapelle befand sich im Jahr 1928 in einem so desolaten Zustand, dass Feldafing Engelbert Knittl beauftragte, die Kapelle im Stil der Zeit umzubauen und zu renovieren. Sie erhielt den Namen ihres Erbauers Maffei.

Bei Knittls handgezeichneter Entwurfsskizze[44] verschwanden die seitlichen Eingänge, stattdessen schuf er zwei kleine Fenster. Den Spitzturm verwandelte er in ein Türmchen mit Zwiebelkuppel, gedeckt mit Holzschindeln und von einem goldenen Kreuz gekrönt. Das Mauerwerk versah er mit einem schlichten Rauputz, das Dach ließ er mit Biberschwanz-Dachziegeln decken. Die kleine Kirche mit einem architektonisch angelegten Garten wurde entsprechend dem Entwurf von einer bogenförmigen Schutzmauer eingefasst und mit einer verzierten Brüstung versehen. Auf der Ostseite wurde die umlaufende Mauer durch einen Treppenaufgang im Viertelkreis unterbrochen. An den Treppenaufgang schloss sich nördlich eine Pergola an.

Die fertiggestellte Anlage erhielt zu Zeiten des Dritten Reichs den Namen „Hindenburgplatz", in dessen Mitte die „Hitler-Eiche" stand, die bei

Abb. 41 *Die alte Vorgängerkapelle in Feldafing*

247

Bauzeit 1907 – 1950

Abb. 42 *Entwurf Engelbert Knittl für die neue Kapelle mit abgesenkter Straßentrasse, 1931*

Abb. 43 *Die neue Kapelle von Westen, um 1940*

einem feierlichen Anlass gepflanzt wurde.[45] Im Westen des kleinen Parks verläuft heute ein schmaler Pfad namens „Georg-Kraft-Weg", vorbei an einem Kriegerdenkmal zum Tennisplatz des Hotels „Kaiserin Elisabeth". Auf dem Kriegerdenkmal ist dem gefallenen Sohn, Engelbert Knittl jun., eine Inschrift gewidmet. Die Kapelle steht heute unter Denkmalschutz.

Kiesgrube in Feldafing

Westlich der Bahn entstand 1932 in Feldafing von Ost nach West die über die Bahnbrücke führende Koempelstraße. Südlich dieser Straße, auf Höhe

Abb. 44/45 *Bau der Koempelstraße in Feldafing mit Gleisanlagen für Loren zum Materialtransport 1932*

der Häuser des späteren Einheimischen-Modells II „Am Jägerberg", gab es damals einen großen Kiesplatz. Das Baugeschäft Engelbert Knittl und andere Bauhandwerker entnahmen hier ihren Kies für den Häuser- und Straßenbau. Waren die Winterzeiten besonders kalt, liefen die Kinder auf dem Platz Schlittschuh. Vor dem Bau des neuen Sportplatzes an der Seestraße befand sich an dieser Stelle der Sportplatz.

Villa „Dennoch" von Edward Harrison Compton, 1933 – Feldafing

Der Kunstmaler Edward Harrison Compton (1881–1960) und seine Ehefrau Gertrud erwarben 1911 zum Zeitpunkt ihrer Heirat am heutigen Bernheimer-Platz 1 in Feldafing das vom Bauherrn Franz Xaver Hatsch 1874 erbaute kleine Landhaus von dessen Besitznachfolgern, dem Münchner Kaufmann Max Schleich und Maria Zaubzer.[46] Das Ehepaar Compton ließ das Haus für seine Zwecke umbauen und vergrößern, indem 1920 auf der nordwestlichen Seite ein Atelier[47] für den Kunstmaler hinzu kam.

Edward Harrison Compton bezeichnete die kleine Villa als „Haus Dennoch". Der Beiname „Dennoch" sollte zum Ausdruck bringen, dass der Lebenswille der Eheleute trotz ihrer krankheitsbedingten körperlichen Einschränkungen ungebrochen war. Compton war mit 39 Jahren an Kinderlähmung erkrankt und seitdem an den Rollstuhl gefesselt. Sein starker Wille ließ ihn trotzdem weiter künstlerisch tätig sein. Auch dann noch, als ihm die Krankheit das Malen mit der rechten Hand unmöglich gemacht hatte, so erlernte er mit der linken weiterzuarbeiten. Hinzu kam, dass seine Frau Gertrud in frühem Alter an Multiple Sklerose erkrankte und pflegebedürftig wurde. Die beiden erhielten von der Haushälterin Fräulein Veronika Fest über Jahrzehnte hinweg sehr viel Unterstützung. Um dem auf den Rollstuhl

Abb. 46 *Villa „Dennoch", erste Bauphase, Skizze von Edward Harrison Compton*

Abb. 47 *Anbauplan von 1933*

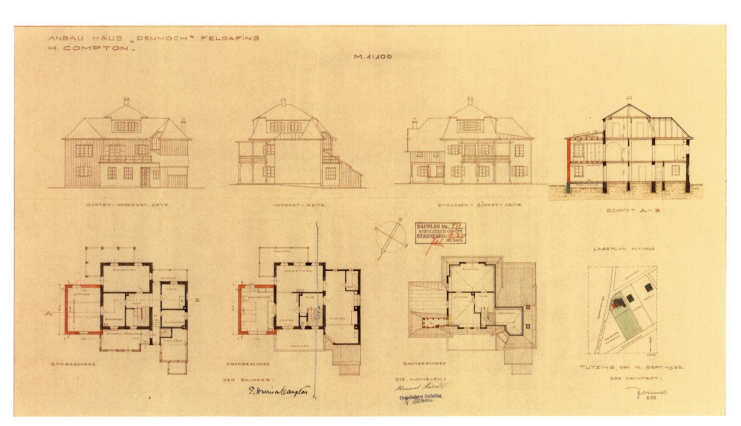

Bauzeit 1907 – 1950

angewiesenen Compton das Leben zu erleichtern, entfernte man im ganzen Haus die Türschwellen.

Ein weiterer nordöstlicher Anbau[48] durch Engelbert Knittl erfolgte im Herbst 1933, bei dem ein Schlafzimmer im Obergeschoss und ein weiteres Zimmer im Erdgeschoss hinzukamen. Im Obergeschoss hatte seine kranke und lange bettlägerige Ehefrau Gertud ein Pflegezimmer. Compton und Knittl waren gut befreundet. Daher beglich der Maler zum Teil die Arbeitsleistungen des Baumeisters mit seinen Bildern.

Abb. 48 *Haus „Dennoch" bzw. Villa Compton in Feldafing, nach 1933*

Anbau Lederfabrik Müller & Wilisch, 1934 – Feldafing

Die heute noch unter gleichem Namen familiengeführte Fabrik Müller & Wilisch am Starzenbach in Feldafing wurde als Lederfabrik gegründet und produzierte lange Zeit Lederteile für die Textilindustrie. Seit den Sechzigerjahren werden in den Fabrikhallen für die Elektro- und Maschinenbaubranche Spritzguss-Kunststoffteile gefertigt. Das dazugehörige, noch schön erhaltene Wohnhaus mit den grünen Fensterläden an der Johann-Biersack-Straße 15 dient als Bürogebäude des jetzigen Kunststoffherstellers Müller & Wilisch.

Die Firma kann auf eine sehr bewegte Geschichte zurückblicken. Gegründet wurde die Lederfabrik im Jahr 1884. Johann Biersack erbaute das erforderliche Fabrikgebäude als klassischen Mühlenbetrieb. Ein durch Wasserkraft angetriebenes Holzschaufelrad setzte die Transmissionswelle in Bewegung, an der die einzelnen Riemen eingehängt waren, die die Maschinen in der Fabrikhalle antrieben. Nach den schwierigen Zeiten des Ersten Weltkriegs und der Inflation musste die Lederfabrik um einen Nachfolger bangen, denn einer der Unternehmensgründer, der Kaufmann Johann Müller war 1910 während einer Geschäftsreise im Ausland verstorben. Seine noch jungen Söhne waren im Krieg gefallen. Die Nachkommen des zweiten Unternehmensgründers, des gelernten Gerbers Paul Wilisch, mussten die Firma weiterführen.[49]

Als die turbulenten wirtschaftlichen Zeiten überstanden waren und das

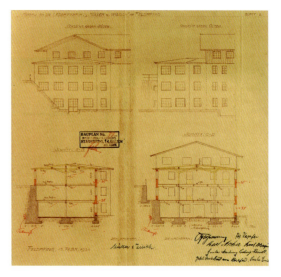

Abb. 49 *Ansicht und Aufriss des Anbaus, Februar 1934*

Fortbestehen der Fabrik gesichert, ging es nach der Inflation 1923 mit der Lederproduktion stetig bergauf. Der seinen Arbeitern gegenüber verantwortungsbewusste Fabrikbesitzer Wilisch übertrug in den Goldenen Zwanzigerjahren auf seinem Gelände vier seiner Beschäftigten[50] jeweils ein Baugrundstück für ihr Eigenheim. Für den Fabrikarbeiter Emil Smala baute Engelbert Knittl beispielsweise ein einfaches Wohnhaus[51] an der Johann-Biersack-Straße 18, gleich neben der Fabrik.

Mit zunehmender Auftragslage in den Dreißigerjahren erweiterte man die Lederfabrik mit einem großen Anbau[52] an die bestehende Gerberei, der ebenfalls von Engelbert Knittl geplant und zusammen mit der Zimmerei Floßmann durchgeführt wurde. Baubeginn war der 18. Juli 1934.

Abb. 50 *Baustelleneinrichtung zum Betonieren einer Stahlbetondecke*   Abb. 51 *Betonanlieferung und Stahlgitter-Armierung, Foto 1934*

Anbau „Villa Rosa", 1935 – Feldafing

Die spätklassizistische Villa an der Seestraße 16 hatte ursprünglich Johann Biersack, gleichzeitig in der Rolle des Baumeisters und Bauherrn, im Jahr 1870 errichtet. Als Spekulationsobjekt verkaufte er sie ein Jahr später an die Schauspielerin Adele Spitzeder, die sie „Villa Rosa" taufte. Ihre Lebensgefährtin und Mitbewohnerin hieß Rosa Ehinger. Adele Spitzeder kam nicht lange in den Genuss des Anwesens, denn bereits im November 1872 wurde sie unter dem Vorwurf des Betrugs verhaftet und schließlich im Juli 1873 in einem Schwurgerichtsprozess zu drei Jahren Zuchthaus verurteilt.[53]

Die Geldverleiherin Adele Spitzeder (1832–1895) ging in die bayrische Kriminalgeschichte ein. Sogar ein Theaterstück gibt es über den außergewöhnlichen Fall. Ihr Geschäftsmodell, basierend auf der Grundlage des Schneeballsystems, schädigte etwa 20.000 Gläubiger, die insgesamt um die stattliche Summe von 14 Millionen Goldmark geprellt wurden. Trotz ihrer hochgradig kriminellen Ader brachte die Bevölkerung der selbstbewussten und geschäftstüchtigen Frau manche Sympathie entgegen, auch noch als sie ins Gefängnis musste. Denn Adele Spitzeder gewährte nicht nur den kleinen Bauern billige Kredite, sondern sie förderte auch Einrichtungen, die dem Volk nutzten. Die Geprellten waren oft reiche Geldgeber,

Bauzeit 1907– 1950

die den versprochenen hohen Zinsen nicht widerstehen konnten, der gewieften Dame in ihrer Gier blind vertrauten und statt üppiger Erträge herbe Verluste einstecken mussten. Deshalb stellte sie für das Volk eine Art Robin Hood dar, der die Reichen schröpfte.

Adele Spitzeder führte keinerlei Finanzbuchhaltung, ihre Angestellten waren ungelernt und das angesammelte Geld wurde säckeweise in ihrer Wohnung gestapelt. Der Spuk fand ein jähes Ende, als sie spektakulär unter großem öffentlichen Interesse am 12. November 1872 an der Schönfeldstraße in München, im Haus Nr. 9 nahe des Englischen Gartens, verhaftet wurde. Dort wohnte sie zuletzt mit ihrem angeschlossenen Geschäftslokal, der „Dachauer Bank".[54]

Nach der Insolvenz Adele Spitzeders wechselte die „Villa Rosa" mehrere Male ihren Eigentümer bis sie schließlich im Jahr 1934 dem Tennisliebhaber Georg Siedhoff in die Hände fiel. Nachdem Siedhoff mit 38 Jahren die lebenslustige 16 Jahre jüngere Annali von Alvensleben geheiratet hatte, war sein größter Wunsch, sich nach seiner aktiven Tenniskarriere im Sommer 1933 als freier Tennislehrer in Feldafing selbstständig zu machen. „Bino", wie Georg Siedhoff von seinen Freunden genannt wurde, erschien Feldafing als der geeignete Ort für sein Projekt, denn damals entwickelte sich Tennis zu einem exklusiven Sport der Oberschicht.

Wie seine erste Ehefrau Annali von Alvensleben in ihrer Autobiografie erzählt, pachtete Siedhoff eine größere Wiese an der heutigen Seestraße und begann dort, zusammen mit einem Arbeiter und großer Ausdauer, Tennisplätze anzulegen. Das junge Ehepaar wohnte recht bescheiden in einem Fischerhaus in der Nähe seiner Plätze. Da die finanziellen Mittel Georg Siedhoffs beschränkt waren, drohte das ambitionierte Projekt eines elitären Tennisclubs zu scheitern. Jedoch spielte der Zufall eine entscheidende Rolle, als Georg Siedhoff gerade dabei war, mit seinem Arbeiter die Spielflächen zu planieren.

Ein zunächst Unbekannter kam den Weg vom See entlang, sah beschaulich in die Landschaft und erblickte den arbeitenden Siedhoff. Der Mann

Der aus einer Bielefelder Druckereifamilie stammende Georg Siedhoff (1894–1977) war ein Lebemann und eine schillernde Figur in der Tenniswelt. Der lange Jahre in der deutschen Rangliste geführte Tennisspieler gewann viele nationale und internationale Preise. Eigentlich hatte er nach der Rückkehr aus dem Ersten Weltkrieg zunächst Kunstgeschichte studiert, bevor er sich ganz dem weißen Sport widmete.

Abb. 52 *Plan für den Erweiterungsbau der „Villa Rosa", April 1935*

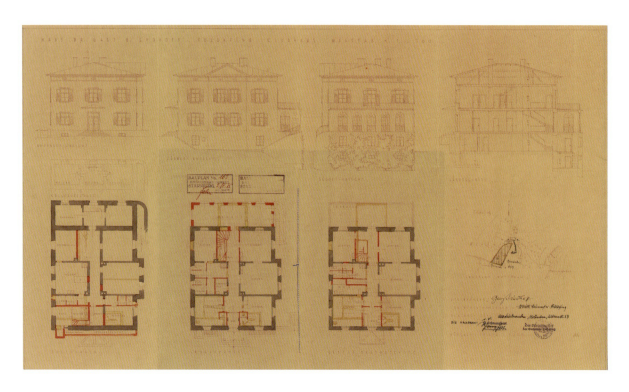

Abb. 53 *Georg Siedhoff, Gründer eines elitären Tennisclubs in Feldafing, Spitzname „Bino"*

hielt inne, stutzte und die beiden schauten sich ins Gesicht. Sie stellten mit großer Überraschung fest, dass sie sich von gemeinsamen Erlebnissen an der Front kannten. Die Freude war groß und Siedhoff erzählte dem Freund sogleich von seinem Vorhaben, hier an dem wunderbaren Ort, einen eigenen Tennisclub aufbauen zu wollen. Er zeigte auf die momentan zum Verkauf stehende „Villa Rosa" und schwärmte dabei vom Kauf dieser Villa, die sein geplantes Unternehmen zu einem krönenden Abschluss bringen würde.

Bei dem vermeintlich Unbekannten handelte es sich um den Kriegskamerad Dr. Ewald Gast, ein vermögender Mann, der die Tangermünder Schokoladenfabriken besaß. Er legte Siedhoff die Hand auf die Schulter und sagte zu ihm: „Wenn das Haus zu kaufen ist, dann kaufe ich es und überlasse es Dir. Ich bin sicher, Du wirst daraus ein schönes Clubhaus machen."[55]

Der Traum wurde für Siedhoff zur Wirklichkeit. Dr. Ewald Gast beurkundete notariell den Kauf des Anwesens. Ein großer Umbau für das zukünftige Clubhaus mit Veranda und Fremdenzimmern war notwendig. Engelbert Knittl übernahm die bauliche Nutzungsänderung nach den Plänen[56] eines Münchner Architekten aus der Liebherrstraße.

Ein hauseigener Centercourt mit kleiner Zuschauertribüne befand sich nördlich der „Villa Rosa", weitere fünf Tennisplätze baute Siedhoff auf Pachtgrund etwas östlicher in Richtung See. Dort befinden sich heute die Plätze des TC Würmsee. Eine nördlich vom Tennisplatz in einem ehemaligen Stall gelegene Tennisbar gab dem gesellschaftlichen Zusammensein unter den Tennisspielern eine besondere Note.

Die Atmosphäre des kleinen Sporthotels mit ausgefallener Wohnkultur hatte einen ganz persönlichen Charakter. Dieser Charme und die vielfältigen

Abb. 54 *„Villa Rosa" mit Anbau der Veranda zu Zeiten Siedhoffs, um 1940*

Bauzeit 1907 – 1950

Möglichkeiten, die in der einzigartigen Umgebung geboten waren, zogen deutsche wie auch internationale Gäste an. Die „Villa Rosa" wurde zum „Place to be" in der Tenniswelt. Gern gesehener prominenter Gast auf der Tennisanlage war Gottfried von Cramm, der viel bewunderte Sportsmann und Salonlöwe mit einnehmendem Auftreten. Ebenfalls zählten damals dazu: die damals einzige deutsche Wimbledonsiegerin Cilly Aussem, der blendend aussehende Otto Froitzheim, den viele nur wegen seiner Erscheinung sehen wollten, oder Henner Henkel, der sich zur Erinnerung an das Tennisturnier 1939 für die Gastfreundschaft und die schönen Tage bei Siedhoffs im Clubhaus schriftlich bedankte. Die Männer spielten zu dieser Zeit mit einem Holzschläger in vornehmen langen weißen Hosen und betraten den Platz in einem eleganten Jackett.

Auch der in Feldafing stationierte amerikanische Soldat General Patton nutzte nach Kriegsende die Anlage und hatte das Vergnügen, mit dem aus dem amerikanischen Exil zurückgekehrten Gottfried von Cramm Tennis

Abb. 55 *Tennisturnier bei Siedhoffs, 1939*

zu spielen. Später kamen auf die Tennisanlage der Schauspieler Hans Albers, der Sänger Rudolf Schock oder die Schauspielerin und Ärztin Marianne Koch, die eine Tennis-Schülerin von Georg Siedhoff wurde.[57]

Nach der Trennung von Siedhoff heiratete Annali von Alvensleben im Jahr 1939 Jochen Düwel (1902–1947) aus Norddeutschland, den sie zuvor in München kennengelernt hatte. Diese Ehe dauerte allerdings nur ein halbes Jahr. Siedhoff hatte ihr beim Abschied noch den guten Rat gegeben, Düwel nicht zu heiraten.[58] Annali von Alvensleben kehrte einige Jahre später kriegsbedingt mit ihrem kleinen Sohn Christian, dessen Vater Jochen 1942 an der Front in Russland gefallen war, in die „Villa Rosa" zurück. Sie bat ihren wiederverheirateten Ex-Gatten um Unterschlupf, denn sie war in München ausgebombt worden. Mutter und Kind gesellten sich zu anderen Schicksalsgenossen und arrangierten sich angesichts der Not und des Schreckens, die der Krieg mit sich brachte. Darunter befand sich auch der bekannte Schriftsteller Wolfgang Koeppen (1906–1996), der mit Marion Ulrich, der Schwester der zweiten Ehefrau von Georg Siedhoff, liiert war.[59]

Als der Krieg und die große Zeit des Tennis-Dandy-Lebens vorbei waren, vermietete Georg Siedhoff das Haus an Dr. Walter Greite (1907–1984) und seine Ehefrau Charlotte (1914–1992). Sie führten von 1956 bis 1978

Bauzeit 1907 – 1950

das Institut Dr. Greite oder „Das Landschulheim gegenüber der Roseninsel". In dieser Zeit bekam die „Villa Rosa" den Namen „Haus Roseninsel". Das Gebäude, in dem sich auch Unterrichtsräume befanden, gehörte neben etlichen anderen schönen Villen[60] in Feldafing zum neunklassigen Realgymnasium für Knaben und Mädchen. Nachdem Dr. Michael Roever die klassizistische „Villa Rosa" von den Erben Siedhoff erworben hatte, versetzte er 1982 die herrschaftliche Villa wieder zurück in ihren Originalzustand. Der Verandaanbau des Clubhauses und andere Dinge wurden rückgebaut, so dass die Proportionen und die Symmetrie des Hauses sich wieder zu einer Einheit zusammenfügten.

Kaffeehaus Humpl, 1935 – Feldafing

Schlendert man die Bahnhofstraße in Feldafing in Richtung Bahnhof entlang, sticht dem wachsamen Spaziergänger geradezu die zwischen Neubauten liegende „Grüne Galerie" ins Auge. Das villenartige Landhaus erhielt seinen Namen von Lothar-Günther Buchheim und wirkt wie aus der Zeit gefallen. Buchheim hatte das Landhaus mit den vielen kleinen Zimmern an der Bahnhofstraße 24 Ende der Sechzigerjahre vor dem Abriss gerettet. Zuvor befand sich dort das Kaffeehaus Humpl, das 1936 Richard und Therese Humpl eröffnet hatten. Engelbert Knittl nahm in Zusammenarbeit mit der Zimmerei Anton Floßmann für den angehenden Gastronomiebetrieb einen Umbau vor.[61] Zum Biergarten auf der Südseite entstand eine verglaste Veranda mit eigenem Eingang. Dieser Wintergarten war Bestandteil des Gebäudes und bot Sitzgelegenheiten für die Lokalgäste. Der Laden für die Konditorei befand sich ebenerdig und man betrat ihn zu Zeiten des Nationalsozialismus von der Adolf-Hitler-Straße aus, der heutigen Bahnhofstraße.

Das Haus, bereits im Jahr 1875 für den Münchner Kaufmann Friedrich Eisenberger erbaut, wechselte mehrmals seine Eigentümer. Dazu zählten die Malermeisterwitwe Maria Schmitt oder der Münchner Schwemm-

Dr. Kurt von Kleefeld war verheiratet mit der Schwester von Gustav Stresemann (1878 – 1929). Gustav Stresemann, Reichskanzler und Außenminister in der Weimarer Republik, besuchte in Feldafing gelegentlich seine Schwester zur Sommerfrische. Er bekam im Dachgeschoss sein eigenes, später nach ihm benanntes Zimmer. Eingerichtet war es mit edlen, aber schlichten von der einheimischen Schreinerei Anton Floßmann angefertigten Einbaumöbeln. Die Korrespondenz erledigte Stresemann an dem eingepassten, hölzernen Sekretär am Südfenster. Im Zimmer befindet sich noch ein klitzekleines längliches Waschkabinett mit Klo und Waschbecken und einem halbrunden Außenfenster.

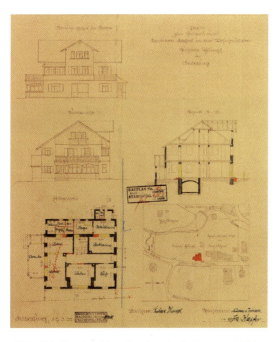

Abb. 56 *Umbauplan für das Café Humpl, 1936*

Abb. 57 *Kaffeehaus Humpl an der Bahnhofstraße in Feldafing, um 1940*

Bauzeit 1907 – 1950

steinfabrikant Michael Eckmüller. Nach einem Umbau im Jahr 1922 für den Bankier Frankl erwarb Dr. Kurt von Kleefeld, Berliner Kammerpräsident des Fürsten Hohenlohe-Öhringen, das Landhaus.

Das historische Landhaus steht heute dank des kostbaren Stresemann-Zimmers unter Denkmalschutz. Im Haus kann man die völkerkundlichen Sammlungen Buchheims bestaunen, zu denen unzählige Briefbeschwerer, Teekessel, Industrieflaschen, Zirkuspferde, Marionetten, Blechspielzeug und vieles mehr gehören. Ein wahrhaft gelungenes Beispiel für die Erhaltung historischer Baukultur.

Landhaus Dr. Weiß, 1937 – Feldafing

Das Landhaus[62] am Gallerberg 4 in Feldafing erbaute Engelbert Knittl für den Oberregierungsrat August Weiß aus Landshut. Das für seine Zeit typische Gebäude mit dem asymmetrischen Dach liegt am Hang westlich der Bahnlinie und diente dem Sohn des Bauherrn, dem Zahnarzt Dr. Robert Weiß, als Wohnhaus und Praxis. Nachdem Dr. Robert Weiß im Zweiten Weltkrieg gefallen war, lebte seine Witwe und die Tochter noch bis 1948 darin. Die Praxisräume wurden an den Zahnarzt Dr. König vermietet. Als die Damen Weiß die Kosten für das Wohnhaus nicht mehr bestreiten konnten, verkauften sie es an den aus der Linie Faber-Castell stammenden Herrn von Castell, damaliger Flughafendirektor von München-Riem. Danach wechselte das Landhaus noch zweimal die Eigentümer. Seit über 30 Jahren befindet es sich nunmehr in der Hand der Familie Hills, die es renoviert und dabei die ehemaligen Praxisräume wieder in Wohnräume umgewandelt hat.

Abb. 58 *Landhaus Weiß, um 2012*

Abb. 59 *Bauplan Landhaus Weiß, Entwurf von Engelbert Knittl jun. von 1937*

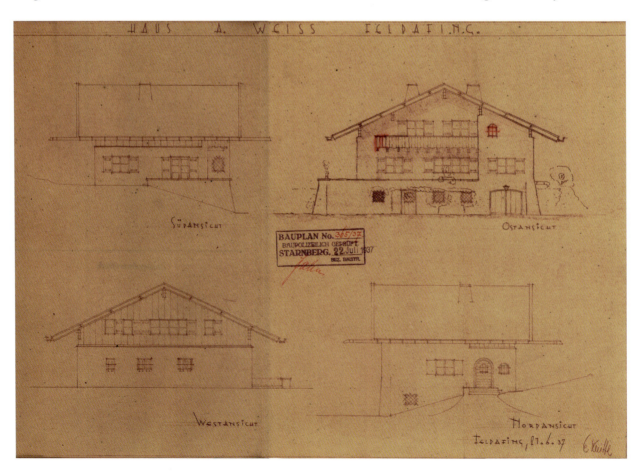

Architekt Engelbert Knittl jun.

Der Sohn des Baumeisters Engelbert Knittl sen. hatte den gleichen Vornamen wie sein Vater. Er war als Nachfolger für das Baugeschäft in Feldafing bestimmt und dessen ganzer Stolz. 1937 absolvierte der gut aussehende und im Feldafinger Turnverein erfolgreiche Turner Engelbert jun. (1912–1943) sein Architekturstudium. Danach machte sich der Diplom-Ingenieur in Feldafing selbstständig und übernahm bereits verschiedene Bauprojekte, bevor der Zweite Weltkrieg ausbrach. Neben einigen Landhäusern in der Region war er 1938 für den Umbau der Tutzinger Hütte unterhalb der Benediktenwand zuständig (Abb. 167, S. 184).

Als Ortsarchitekt setzte man ihn 1940 beim Wiederaufbau in Lothringen ein. Anschließend war er in Innsbruck beim Heeresbauamt sowie bei der Siedlung „Neue Heimat" mit Entwurfsarbeiten beschäftigt. Er setzte sich zum Ziel, sich nach dem Kriege im Aufbaugebiet des Ostens oder Westens seiner geliebten Arbeit zu widmen.[1]

Seit 1942 diente er als Infanterist an der Ostfront. Als Unteroffizier fiel er im Herbst 1943[2] in Russland. Im Mai 1943 hatte noch eine Kriegstrauung stattgefunden, bei der er Margarete Wegner aus Feldafing heiratete. Nach dem Verlust des bereits ein Jahr zuvor gefallenen Schwiegersohns Hans Kurzhals (1910–1942) bedeutete der frühe und sinnlose Tod eines weiteren „Stammhalters" für Engelbert Knittl sen. eine große Tragik, über die er nie hinwegkam. Die Geschichte der Baumeisterfamilie Knittl in Feldafing endete somit abrupt nach zwei Generationen.

Abb. 1 *Engelbert Knittl jun., um 1935*

Wohnhaus Annie Knittl, 1937

Die Cousine von Engelbert Knittl jun., Annie Knittl aus Tutzing, ließ sich kurz nach dem Tod der Eltern und der Heirat ihrer beiden Geschwister Carl und Josefa ihr eigenes Haus erbauen. Sie hatte den Baugrund schräg gegenüber ihrem Elternhaus, in dem sie aufgewachsen war, geerbt. Den Bau des Wohnhauses an der heutigen Hauptstraße 96 in Tutzing betrachtete sie als ein Familienprojekt mit Heimvorteil. Der Cousin Engelbert jun. aus Feldafing betätigte sich als Architekt, der Bruder Carl aus Tutzing beauftragte seine Maurer, das schlichte Haus mit den roten Fensterläden zu errichten. Über das Baugeschäft ihres Bruders hatte sie beste Kontakte zu einheimischen Handwerkern wie der Zimmerei Suiter, dem Installateur Blümel, der Schlosserei Bodemann, der Bauglaserei Thallmair oder der Schreinerei Müller, die sich alle am Bau beteiligten.

In nördlicher Nachbarschaft befand sich bereits die Villa Ludendorff (S. 198ff). Anlässlich ihres Neubaus bekam sie Lob vom General Erich Ludendorff. Er schrieb ihr dazu einige Zeilen: „Geehrtes Fräulein Knittl! Sie sandten mir den Plan Ihres Hauses. Ich bin der Ansicht, daß es Tutzing zur Zier gereichen würde. Ich würde es jedenfalls warm begrüßen, wenn es ausgeführt würde. Der bäuerliche Stil paßt besonders gut in unsere Landschaft und würde sich auch in die Nachbarschaft meines einfachen Hauses besonders gut einordnen. Mit Deutschem Gruß Ludendorff."[3]

Das Wohnhaus von Annie Knittl beherbergte fast immer eine reine Damen-Wohngemeinschaft. Sie selbst bewohnte viele Jahre nur ein Zimmer darin, da sie ihren Lebensmittelpunkt bei ihrer Schwester Josefa Müller hatte, die im bäuerlichen Anwesen der Schreinerei Müller[4] an der Traubinger Straße 1 direkt im Ort lebte.

Bauzeit 1937 – 1943

Nachdem die Amerikaner nach dem Zweiten Weltkrieg für rund zehn Jahre das Haus beschlagnahmt hatten, fanden die aus Ostpreußen stammenden Freundinnen Gerda Kalweit, die in der Evangelischen Akademie beschäftigt war, und Margarete Schmidt, tätig als Laborantin im Tutzinger Krankenhaus, bei ihr eine neue Heimat. Beide lebten bis zu ihrem Tod im ersten Stock des Anwesens.

Zu dieser Zeit mieteten der aus Schlesien stammende Friedrich Graf zu Stolberg-Stolberg und seine Frau Paula das Erdgeschoss. Er war der Bruder von Hubert Graf zu Stolberg-Stolberg, der die gleichnamige Villa in der Nachbarschaft im Jahr 1927 erbauen ließ. Die Stolbergs erlitten ein schlimmes Schicksal. Sie verloren mehrere Söhne im Krieg und ihr letzter Sohn kam in Frankfurt durch einen Zimmerbrand ums Leben, der durch eine brennende Zigarette ausgelöst wurde. Die Tochter Marianne Gräfin zu Stolberg-Stolberg (1911–1998) bewohnte nach dem Tod ihrer Eltern ab 1992 die Wohnung mit ihrer Haushälterin Frau Eder. Marianne Gräfin zu Stolberg-Stolberg sprach fließend Französisch, wie das damals bei „höheren Töchtern" üblich war. Mancher Schüler oder Erwachsene bekam von ihr Nachhilfestunden in französischer Konversation.

In dem schön erhaltenen Haus lebt heute Annies Großneffe, Ulrich Bürkner, mit seiner Familie. Er betreibt auf dem Anwesen seine Schreinerei mit Werkstätte.

Annie Knittl (1904–1986), genannt „Tante Annie", blieb unverheiratet und hatte Talent zum Malen. Sie hinterließ schöne Stillleben als Ölbilder und Rötelzeichnungen, Tutzinger Ortsansichten sowie Ansichten ihres Elternhauses. Sie war im gleichen Jahr geboren wie meine Großmutter Martha aus Ammerland. Da beide die Kloster-Mittelschule in Tutzing besuchten, entwickelte sich eine intensive Freundschaft. Als Martha ihre Schulfreundin Annie immer wieder zu Hause besuchte, lernte meine Großmutter ihren späteren Ehemann, den Baumeister Carl Knittl, kennen. Annie erbte von ihrem Vater Xaver weitere unbebaute Grundstücke in Ober- und Unterzeismering. In der Familie erzählt man sich, dass sie, wenn sie sich neue Kleider wünschte, mal wieder eines davon verkaufte.

Abb. 2 *Wohnhaus Annie Knittl, dahinter rechts ihr Elternhaus, um 1960*

Witwe Martha Knittl

Der Baumeister Engelbert Knittl sen. aus Feldafing (Abb. 1, S. 223) wurde dringend in Tutzing gebraucht. Er befand sich schon mehrere Jahre im Ruhestand, als er mit gut siebzig Jahren noch einmal von der Familie seines Bruders Xaver als Geschäftsführer eingesetzt wurde. Nach dem plötzlichen und frühen Tod 1953 seines Neffens Carl benötigte die 49-jährige Witwe Martha Knittl (1904 – 1984) einen gelernten Baufachmann in Tutzing, um das Baugeschäft weiterzuführen. Martha Knittl (Abb. 1, S. 205) hatte drei minderjährige Kinder zu versorgen und musste die Baufirma weiterbetreiben, bis ihr ältester Sohn Karl Xaver (Abb. 2, S. 267) die Nachfolge im Baugeschäft Knittl in Tutzing antreten konnte. „Onkel Engelbert" stammte noch aus der zweiten Generation der Baumeisterfamilie und versuchte, dem Nachwuchs in Tutzing in der familiären Notlage aus der Patsche zu helfen.

Für Engelbert Knittl war dies eine glückliche Zeit, denn er bekam das Gefühl, nochmal gebraucht zu werden. Er konnte nun im hohen Alter seine lange Bauerfahrung einbringen und gleichzeitig zu seinen Wurzeln in Tutzing zurückkehren. Da er keinen Führerschein besaß, kam Engelbert mit dem Zug von Feldafing nach Tutzing gefahren, und spazierte vom Bahnhof zum Café Hofmair. Dort frühstückte er, besprach mit Martha, der Witwe seines Neffens Carl, was zu tun sei und besuchte anschließend die Baustellen, um nach dem Rechten zu sehen. Am Abend wurde er oft von einem seiner Großneffen oder -nichte aus der Familie des Bruders mit dem Auto wieder nach Feldafing zurückgebracht.

Anbau Neustätter, 1954

Das „Neustätter-Haus" an der Traubinger Straße 5 in Tutzing bekam seinen Namen vom Kunstmaler Ludwig Neustätter, dem das Haus ab 1878 bis Ende des 19. Jahrhunderts gehörte. Bauherr war der Schäffler- und Wagnermeister Anton Schiller, der sich bereits 1870 das noch existierende

Abb. 1 *Wohnhaus Heil, ehemals Neustätter, 2017*

Bauzeit 1953 – 1968

Wohnhaus nebst „Meister Eder"- Remise, die er als seine Werkstatt nutzte, erbauen ließ. Nach Neustätter übernahm das Anwesen unter anderem 1919 Major Ernst Lehmann. Der damals 31-jährige Heimatpfleger Josefranz Drummer (S. 34) lebte direkt in westlicher Nachbarschaft zum Major. Ernst Lehmann verkaufte schließlich 1925 das Landhaus an Franz Heil (1858–1936), Heizer und Maschinenmeister in der Schlossbrauerei Tutzing. Die Ehefrau Hermine (1866–1951) stammte aus dem damaligen „Vache-Haus" (Abb. 48, S. 90) an der Kustermannstraße 7. Ihr Sohn Karl Heil (1888–1968) arbeitete als Diplom-Ingenieur für die IG Farben in Frechen bei Köln und später bei den Braunkohlenwerken in Halle. Er erbte das Haus nach dem Tod des Vaters. Im Hotel Simson traf sich Karl Heil oft mit seinen Freunden, dem Generalmajor der Polizei Carl Schweinle (1885–1954) (S. 28) und dem Hotelgeschäftsführer Max Simson (1895–1964), zu einer Runde Skat.

Das Landhaus erhielt unter Dipl.-Ing. Karl Heil im Jahr 1954 einen östlichen Anbau, den Engelbert Knittl plante und durchführte. Die Tochter Else (1929–2009) lebte in dem Haus bis zu ihrem Tod.

Geschäftshaus von Ehrlich, 1954

Den Baugrund, auf dem heute das Verwaltungsgebäude Verla-Pharm Arzneimittel an der Hauptstaße 98 in Tutzing steht, verkaufte Annie Knittl an die Witwe Mathilde Ludendorff (S. 198 ff), deren Anwesen sich dadurch nach Süden hin vergrößerte. Zu Beginn der Fünfzigerjahre veräußerte Mathilde Ludendorff dieses Grundstück vermutlich wegen ihres in finanzielle Nöte geratenen Sohnes Asko, der Probleme mit seiner Getreidemühle in Pfaffenhofen/Ilm hatte, an den Apotheker Herward Josef von Ehrlich-Treuenstätt (1916–1996). Dieser ließ sich dort im Jahr 1954 den noch bestehenden Firmenverwaltungssitz erbauen. Von Ehrlich war Gründer und ehemaliger Seniorchef der Firma „Verla-Pharm Arzneimittel". Bis

Der Nachbar Drummer dokumentierte einiges, was sich an Kuriosem im Haus nebenan abspielte. In Nürnberg soll Ernst Lehmann als Rittmeister nach dem Krieg die Witwe des Major Grimm kennengelernt haben, „[…] eine durch ihr Elternhaus sehr reiche und gebildete Dame […]. Die Dame verliebte sich in ihn, der nicht gerade schön zu nennen war, obwohl er ein Verhältnis mit einem jungen blonden Mädel hatte […]. Lehmann richtet das Haus her." Die vermögende Witwe und er heirateten und lebten gemeinsam in dem Haus. „Lehmann richtete sich eine Hühnerfarm ein und hielt Hasen. Er war fleißig im Garten zuerst. Er fällte alle großen Bäume mit Ausnahme der 3 großen Buchen im Garten. Die mächtige Buche bei unserer Grenze, die alten Nußbäume beim Bach. Das finstere Grundstück wird hell […]. Aber das Leben der beiden Menschen ist nicht glücklich." Der Major soll nicht herzlich mit Frau und Kind umgegangen sein, auch die Geliebte soll wieder im Haus aufgetaucht sein. In Drummers Nachbarschaft ging es wohl drunter und drüber. „Aber ernst und tragisch wird die Sache erst, da die Inflation kommt und die Mittel der Frau alle werden zu nichts zerfließen." Lehmann geht zu seiner Geliebten und verlässt seine Frau. „Diese muß sich ihren Unterhalt schaffen dadurch, daß sie ihre Brüder, die sie erst gewarnt hatten vor dieser Ehe anbettelt."[5]

Abb. 2 *Geschäftshaus Verla-Pharm an der Hauptstraße 98, um 1955*

zur Enteignung und Vertreibung aus dem Sudentenland hatte er die familiengeführte Löwen-Apotheke in Reichenberg geleitet. Das Wort VERLA ist eine Abkürzung von: „Von Ehrlichs Reichenberger Löwen-Apotheke". Das erste noch kleinere Gebäude hatte der Architekt Theodor Dreisbusch (S. 178) entworfen, die Bauarbeiten führte das gegenüberliegende Baugeschäft Knittl durch. Im Jahr 1957 wurde das Anwesen vom Architekten Gustav Lorenz (1925–2013), dem Schwiegersohn von Theodor Dreisbusch, und dem Baugeschäft Knittl unter Leitung von Engelbert Knittl noch einmal erweitert. Da Herward von Ehrlich während der Bauzeit sein Motorrad auf dem gegenüberliegenden Knittl'schen Grundstück abstellen konnte, belieferte er gelegentlich die Familie Knittl mit benötigten Rezepturen aus der Apotheke. Das hölzerne „Fußgängerbrückerl" über den Fadlbach, das die Midgardstraße und die Simone-Ferber-Straße verbindet, wurde auf Veranlassung des damaligen Seniorchefs Herrn von Ehrlich errichtet. Er konnte so ganz schnell von seiner Arbeitsstätte zu Fuß nach Hause in die Simone-Ferber-Straße spazieren. Über den östlichen Ausgang des Geschäftsgebäudes an der Midgardstraße brauchte er mit Hilfe des Stegs nur wenige Minuten für den Heimweg und den ersehnten Mittagsschlaf.

Architektenhaus Gittner, 1961

Der Architekt Klaus Gittner (1932–1986) prägte in den Siebzigerjahren maßgeblich die Architektur in Tutzing. Sein privates Wohnhaus befindet sich an der Mühlfeldstraße 1 in Tutzing. Als angehender Architekt konzipierte er das Einfamilienhaus[6] mit Einliegerwohnung als Alterswohnsitz für seine Eltern, die es die ersten Jahre bewohnten. Sein Vater Johannes Gittner (1897–1974) hatte als Soldat im Ersten Weltkrieg gedient, wurde in der Wehrmacht zum Oberstleutnant und schließlich gegen Ende des Zweiten Weltkrieges zum Generalmajor befördert. Aufgrund der kriegsbedingten, gesundheitlichen Probleme entschlossen sich Generalmajor a.D. Gittner und seine Ehefrau Karola (1907–1984) zu einem Wohnort-

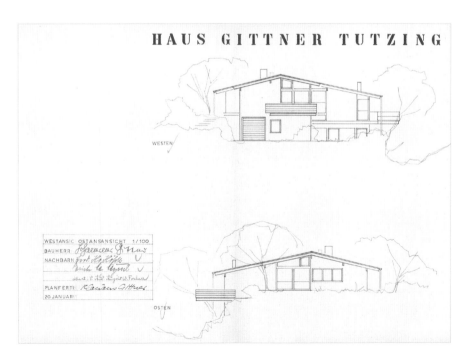

Abb. 3 *Klaus Gittners Bauplan für das Privathaus in Tutzing, 1961*

Bauzeit 1953 – 1968

wechsel von Überlingen am Bodensee an den Starnberger See. Sie fanden auf dem Weg zum Midgardhaus schräg gegenüber vom Eingang zum Ludendorff-Landhaus ein sehr schön gelegenes Baugrundstück, das sie vom Versicherungskaufmann August Ferber jun. (S. 15) erwarben.

Sohn Klaus hatte an der Technischen Hochschule Stuttgart beim Architekten und Hochschullehrer Rolf Gutbrod (1910–1999) studiert. Mit dem Entwurf des elterlichen Hauses im Jahr 1961 war er auf gewisse Weise seiner Zeit voraus. Gestalterisch beeinflusst von Gutbrod, legte er den Schwerpunkt auf Sichtbeton, eine Architektur, die zur damaligen Zeit noch unüblich war. Das Einfamilienhaus mit Einliegerwohnung im Erdgeschoss hat ein Pultdach und ist aus unverputzten Stahlbetonplatten zusammengesetzt. Die Fassaden wie auch die Innenwände sind mit mittelbraunem Holz an Balkonen, Fenstern und Dachuntersichten verkleidet, was der kahlen Sichtbeton-Bauweise die nötige optische Wärme verleiht. Das Haus wirkt zudem besonders durch den eingewachsenen Garten und die mit Efeu bewachsenen Außenwände. Durch die Anlage plätschert der

Als sich Klaus Gittner und seine Ehefrau Hiltrud, eine gelernte Bautechnikerin, mit ihrem Architekturbüro Anfang der Siebzigerjahre in Tutzing sesshaft machten, erwarben sie das Kutscherhaus der Trutz-Villa an der Hauptstraße 65 als Wohn- und Geschäftshaus. Außerdem gründeten sie für einige Jahre eine Firma für Altbau-Sanierung und beschäftigten mehrere Bauhandwerker aus dem Kosovo. Sie sanierten unter anderem das Landhaus am Fraunberg und das dazugehörige Nebengebäude, damals im Besitz des Zahnarztes Dr. Frank Schleyerbach. Viele geschmackvolle Neubauten plante das Architekturbüro Klaus Gittner. Dazu gehörten der nördliche Teil der Exklusiv-Wohnanlage Fraunberg an der Von-Kühlmann-Straße, der Anbau an das Tutzinger Rathaus, die ersten Wohnhäuser auf der „Lindemann"-Wiese sowie die Wohnhäuser an der Simone-Ferber-Straße Nr. 6,10 und Nr. 12 in Tutzing.

Abb. 4 *Haus Gittner im Rohbau, 1961*

Abb. 5 *Haus Gittner im bewachsenem Zustand, 1996*

Bauzeit 1953 – 1968

Fadlbach, der östlich der Landzunge beim Midgardhaus in den Starnberger See mündet.

Der Geschäftsführer Engelbert Knittl übernahm für den Hausbau die zu dieser Zeit ungewöhnlichen Bauarbeiten für das Betonfundament und das Aufstellen der Stahlbetonvollplatten. Die Schalungen, die eine exakte Struktur aufweisen mussten, wurden örtlich von den Maurern betoniert und stellten sie vor eine große Herausforderung. Die Deckenuntersicht besteht aus Pressspanplatten und als Dachdeckung wurde Kupfer und naturfarbiges Welleternit verwendet. Das gepflegte Haus gehört zu den stilvollsten Wohnhäusern der neueren Zeit in der Umgebung.

Architektenbungalow Pagenstecher, 1962

Der geschmackvolle Bungalow[7] an der Simone-Ferber-Straße 8 ist der Entwurf des Architekten und Bauherrn Alexander Pagenstecher. Die dazugehörigen Maurerarbeiten erledigte das Baugeschäft Knittl unter der Regie von Engelbert Knittl. Die aufwendigen Holzarbeiten an den Fassaden übernahmen die beiden Zimmereien Gregor und Martin Müller.

Der Pagenstecher-Bungalow in Seeufernähe westlich des Nordbads war der erste Bau in der weiträumigen Umgebung. Rundherum gab es nur große Wiesenflächen. In weiter Ferne konnte man nur das kurz zuvor

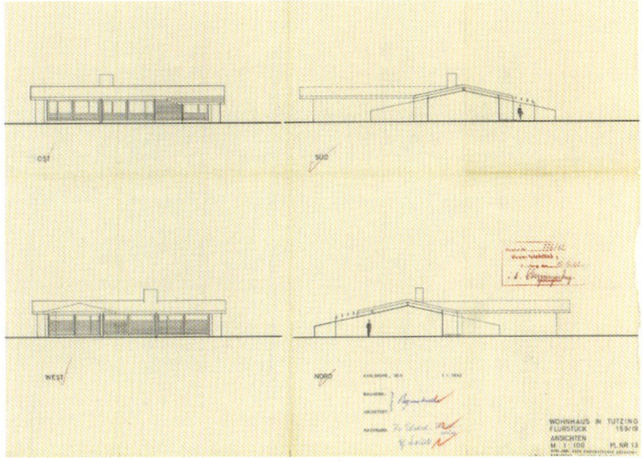

Abb. 6 *Planung Bungalow Pagenstecher, 1962*

Abb. 7 *Kurz nach Fertigstellung des Bungalows, 1962*

Abb. 8 *Eingewachsener Bungalow Pagenstecher, 2015*

Bauzeit 1953 – 1968

errichtete Haus des Architekten Gittner erkennen (Abb. 5, S. 262). Direkt neben dem Rohbau stand das hölzerne Klohäusl der Firma Knittl. Damals besaß noch jede Baufirma ihr eigenes „nachhaltiges" Toilettenhäuschen für ihre Maurer. Während der Bauzeit kam Alexander Pagenstecher zur Geschäftsinhaberin Martha Knittl und merkte an, er sei erst mit der Optik seines Bungalows zufrieden, wenn der mit Holz verkleidete Bungalow die gleiche Farbe habe wie das Knittl'sche Klohaus.

In den Anfangsjahren bewohnte seine verwitwete Mutter Gertraud Pagenstecher (1898–1977) den Bungalow, später zog Alexander Pagenstecher mit seiner Ehefrau Hannelore nach Tutzing. Er hatte sein Architekturbüro in München und später in Starnberg.

Austragshaus Martha Knittl, 1963

Die Baumeisterswitwe Martha Knittl plante mit knapp 60 Jahren, sich allmählich aus dem Baugeschäft zurückzuziehen. Ihrem ältesten Sohn Karl Xaver, der sich noch in der Ausbildung befand, wollte sie nach und nach das Baugeschäft in Tutzing übergeben. Für ihren Lebensabend erwarb sie 1961, unweit des Stammhauses Knittl, ein Grundstück an der heutigen Nordbadstraße 4 vom Versicherungskaufmann August Ferber jun. Der Quadratmeterpreis Boden lag zu dieser Zeit bei 8 DM.[8] Es gab noch eine große Auswahl an Baugrundstücken auf der sogenannten „Ferber-Wiese". Ganz stolz erzählte meine Großmutter Martha, dass sie ihren Baugrund

Alexander Pagenstecher (1925–2012) hatte im Zweiten Weltkrieg als Soldat gedient und kam als Kriegsverwundeter ins Lazarett nach Herrsching am Ammersee. Nach seinem Architekturstudium in München arbeitete er im Büro des bekannten Architekten Egon Eiermann (1904–1979) in Karlsruhe. Egon Eiermann war seit 1947 Professor an der Technischen Hochschule Karlsruhe und nicht nur ein bekannter Architekt, sondern auch Möbeldesigner. Eiermann realisierte zusammen mit seinem Kollegen Sep Ruf zur Weltausstellung 1958 in Brüssel den Deutschen Pavillon. Beeinflusst durch den geometrisch strengen und modernen Architekturstil Eiermanns, entwarf Pagenstecher den länglichen Bungalow.

Im Verhältnis zur Grundstücksgröße fiel verglichen mit heutigen Maßstäben der Bungalow sehr bescheiden aus. Er scheint in der umliegenden Bebauung fast unterzugehen.

Abb. 9 *Austragshaus Martha Knittl, 2017*

Zur Fertigstellung des Hauses brachte man statt einer normalen Haustürklingel den analogen Küchengong des ehemaligen Hotels Simson (S. 44 ff) an der Hauswand links vor der Eingangstür an. Der Hoteliersohn Hans-Peter Simson, Schwiegersohn der Bauherrin, lebte einige Jahre mit im Haus und brachte die gusseiserne Glocke mit. Sie hing einst vor dem Kücheneingang, wurde von Hand geläutet, wenn es Essen gab. Die Hotelgäste wussten so Bescheid, dass es Zeit war, sich im Speisesaal einzufinden. Das Glockengeräusch war so durchdringend, dass man es fast im ganzen Ort Tutzing hören konnte.

ganz bewusst weiter weg vom See gewählt hatte, um den mit der Seenähe verbundenen „Unannehmlichkeiten" aus dem Weg zu gehen. In der Familie kommentierte man dies mit Kopfschütteln.

Im Jahr 1963 entstand dann das von der eigenen Baufirma erstellte Wohnhaus,[9] das Architekt Gustav Lorenz geplant hatte. Lorenz war der Schwiegersohn von Theodor Dreisbusch und später Geschäftsinhaber des Architektenbüros Dreisbusch. Bei der Gestaltung des Hauses legte Martha großen Wert darauf, dass sich das „zeitlose" Gebäude in die Landschaft einpasste. Die bei der Firma Knittl beschäftigten Maurerpoliere Peter Wührl (Abb. 3, S. 208) und der zwanzig Jahre jüngere „Sepp" Krutina (Abb. 3, S. 268) halfen beim Rohbau kräftig mit. Die beiden Poliere waren die Aushängeschilder der Baufirma Knittl, denn sie standen für Können, Zuverlässigkeit und Qualität. Der ältere Wührl arbeitete eher langsamer, galt aber als Perfektionist. Das Arbeitstempo des jüngeren Krutina lag im Gegensatz zu seinem Kollegen wesentlich höher, jedoch arbeitete er verglichen zum Perfektionisten Wührl eher „nachlässiger". Angeblich lässt sich heute noch deutlich erkennen, welcher Teil des Hauses von welchem der beiden gemauert wurde.

Martha Knittls zweitältester Sohn Rudolf, der gerade ein Ingenieurstudium im Tiefbau absolvierte und später für die Firma Hütwohl arbeitete, betätigte sich neben ihr ebenfalls als Bauherr. Er stand seiner Mutter bei der Bauaufsicht tatkräftig zur Seite und bezog mit ihr das großräumige Wohnhaus.

Auch ich wuchs in diesem Haus an der Seite meiner Großmutter und meines Onkels Rudi auf. Meiner Oma verdanke ich eine liebevolle Kindheit, die ohne übertriebene materielle Dinge auskam. Meine Freundinnen kamen gerne zu mir, denn sie mochten die Hausmannskost meiner Oma sehr: Griesnockerlsuppe, Fleischpflanzerl, Bratkartoffeln oder Gelbe Rüben- und Kohlrabigemüse in Mehlsoße. Mehlspeisen wie Apfelkücherl, Kirschenmichl und Reisauflauf gab es nur freitags. Die „improvisierte" Küche im ersten Stock war mit einer Küchenbank und einem alten Sessel eingerichtet und strahlte etwas ungemein Gemütliches aus. Auf der Anrichte stand ein mit Milch gefüllter Emaillekochtopf. Oben auf der abgekochten Milch schwamm eine dicke Rahmschicht. Jeden Morgen, bevor meine Oma mit dem Kochen begann, holte sie diese Milch vom Bauern Pulfer in Garatshausen. Bis zum Schluss wehrte sie sich vehement gegen eine Einbauküche. Den alten Herd und das in einem separaten Raum untergebrachte Spülbecken hielt sie für völlig ausreichend.

Das unweit gelegene und heute gut besuchte „Seerestaurant Nordbad" war zu meiner Kindheit eine verwunschene Badeanstalt mit einem kleinen Verkaufskiosk. Die jetzt stark frequentierte Nordbadstraße verlief damals als holpriger und schmaler Weg (Abb. 22, S. 23). Heute ist die große „Ferber-Wiese" vollständig überbaut.

Wohnhaus Dr. Genewein, 1966

Bauherr des Wohnhauses[10] an der Simone-Ferber-Straße 3 in Tutzing war der Fernsehkaufmann Ernst Sporner aus München. Der Architekt Sepp Dittrich aus München konzipierte einen für die damalige Zeit modernen Planentwurf. Nach amerikanischem Vorbild gestaltete er ein offenes Wohnzimmer mit großer Fensterfront. Das Haus erhielt ein Pultdach und einen langen schmalen Anbau auf der Südseite, der als Schlaftrakt für die Familie diente.

Bauzeit 1953 – 1968

Der noch in München wohnhafte Dr. Robert Genewein (1927–1998) wurde im Herbst 1967 zum Chef der Chirurgie am Tutzinger Krankenhaus berufen. Aufgrund des anstehenden Ortswechsels war die Familie Genewein bemüht, ein Haus in der Nähe des neuen Arbeitsplatzes zu finden. Ehefrau Elisabeth entdeckte rein zufällig in einer Zeitungsannonce das noch im Rohbau befindliche Haus. Wegen Eheproblemen wollte Ernst Sporner das Haus loswerden und bot es in seinem noch unfertigen Zustand zum Verkauf an. Elisabeth Genewein hatte die Baustelle bereits von weitem bei einer Besichtigung eines nah gelegenen Hauses wahrgenommen und dachte sich insgeheim, dass dies genau die Immobilie sei, die für den vielköpfigen Anhang passen könnte. Ihr Wunsch wurde Realität und das Haus Heimat für die Familie mit sechs mittlerweile erwachsenen Kindern.

Zu dem Anwesen gehört eine Bronzestatue, die Pan und Nymphe darstellt. Die Existenz der Statue steht im Zusammenhang mit dem Schriftsteller Thomas Mann, der sie dem Vater von Dr. Robert Genewein, Prof. Dr. Fritz Genewein (1878–1952), als Ausgleich für eine Honorarrechnung überlassen hatte. Fritz Genewein war ein bekannter Chirurg der Innenstadtklinik in München und soll den Söhnen von Thomas Mann, Klaus und Golo, den Blinddarm entfernt haben. Der Professor reiste mit einer Krankenschwester für den chirurgischen Eingriff nach Berchtesgaden, wo sich die Familie Mann gerade aufhielt. Nach der kleinen Operation tauchte Thomas Mann höchstpersönlich in der Wohnung des Arztes an der Kobellstraße 13 in München auf, um die Rechnung zu begleichen. Fritz Genewein wusste nicht so recht, was er mit einer Statue in einer gartenlosen Stadtwohnung anfangen sollte, und so fand die bei manchen Personen anstößige „griechische Nacktheit" nach einigen Umwegen beim Sohn Robert in Tutzing eine neue Heimat.

Abb. 10 *Lage- und Bauplan des Wohnhauses Sporner, später Genewein, März 1965*

Abb. 11 *Wohnhaus Genewein, Bau Knittl, um 1970*

Bauzeit 1968–1987

Baumeister Karl Xaver (Xavi) Knittl

Mit meinem Vater, Karl Xaver Knittl (1936–2013), genannt „Xavi", endete die Geschichte der Baumeistertradition in der Familie Knittl in vierter Generation. Als ältester Sohn sollte er die Nachfolge im Unternehmen antreten. Beim frühen Tod seines Vaters (1953) war er gerade 17 Jahre alt. Er bekam schon bald mit, wie sich seine Mutter Martha zusammen mit „Onkel Engelbert" aus Feldafing über viele Jahre für den Fortbestand der Firma einsetzte. Seine Mutter, eine starke Persönlichkeit, war ihm immer ein Vorbild und er wollte sie nicht enttäuschen.

Nach zwei Jahren Oberschule bei den Klosterschwestern in Tutzing, wechselte er zusammen mit seinem knapp ein Jahr jüngeren Bruder Rudolf auf ein Knabeninternat der Benediktiner in Donauwörth und besuchte dort eine sechsklassige Oberschule. Nach dem Schulabschluss gingen die Brüder gemeinsam zum Studieren auf das Oskar-von-Miller-Polytechnikum an der Dachauer Straße in München. Die zwei belegten das Studienfach Bauingenieurwesen. Karl Xaver wählte die Fachrichtung Architektur, sein Bruder Tiefbau.

„Xavi" war in dieser Generation derjenige, der das meiste künstlerische Talent besaß. Gerne unterhielt er die Familie mit seinem Klavierspiel, tanzte mit Freude zu beschwingter Musik und war vor allem ein talentierter Zeichner, was seinem Beruf sehr zuträglich war. Zu seinen Stärken gehörten seine positive Einstellung zum Leben, seine Beliebtheit, sein Humor und im Besonderen seine umgängliche Art, die ihn befähigten, Arbeitern am Bau völlig unvoreingenommen entgegenzutreten. Er behandelte alle gleich, machte keinen Unterschied zwischen Akademikern und Handwerkern. Allen trat er mit der gleichen Wertschätzung gegenüber. Keiner konnte ihm böse sein. In diesen idealistischen und gutmütigen Charakterzügen war er seinem Vater Carl sehr ähnlich.

Als seine Mutter Martha ihm das Geschäft 1966 offiziell übergab, heiratete er im gleichen Jahr meine Mutter Eva Breitenberger (1939–1996) aus Breitbrunn am Ammersee. Sie hatten sich im Haus des Poliers Peter Wührl in Tutzing kennengelernt (S. 208f). Ihre drei Brüder Josef („Krausi"), Hermann und Herbert Breitenberger waren alle in der Baubranche tätig. Die Firma Breitenberger Tiefbau wird heute von meinem Cousin Thomas geführt.

Meine Mutter Eva lenkte die Firma. Während mein Vater sich um die bauorganisatorischen Aufgaben und die Logistik kümmerte, widmete sie sich ausschließlich der Buchhaltung und den geschäftlichen Abläufen. Sie war ungemein tüchtig im Büro. Noch heute erinnere ich mich an das unverkennbare, pausenlose Hämmern der Schreibmaschine, Marke Olympia. Zuerst war da das ratternde Geräusch vom Eindrehen der Blätter in die Schreibwalze, am oberen Rand der Papierbögen standen dabei die blauen Durchschlagpapiere über. Danach folgte das eindringliche Klappergeräusch der Anschläge, das die Umgebung beschallte. Am Ende der Zeile ertönte der hohe Klingelton mit dem anschließenden dumpfen Ton des Wagenrücklaufs. Ich kannte niemanden, der vergleichbar schnell mit der Schreibmaschine umgehen konnte wie meine Mutter, was mich als Kind mit ungeheurem Stolz erfüllte. Meinen Vater beobachtete ich oft, wie er abends mit einem Angebots-Konvolut in der Hand im Sessel saß. Geduldig füllte er mit seiner eleganten Schrift die Positionen für den Bauherrn mit großen geschwungenen Zahlen aus. Die Zahlenkolonnen flößten mir großen Respekt ein und wirkten sehr anmutig.

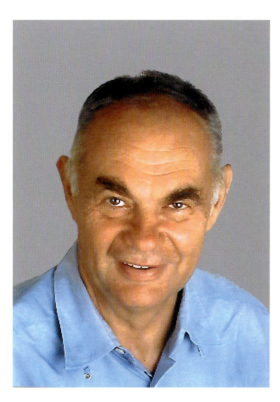

Abb. 1 *Die Brüder Xaver (links) und Rudolf Knittl auf einem Gemälde des Ammerlander Malers Colombo Max, um 1943*

Abb. 2 *Karl Xaver Knittl, Foto um 2005*

Bauzeit 1968 – 1987

Bis etwa Mitte der Siebzigerjahre kamen die Maurer jeden Freitagnachmittag ins Büro, um sich ihren Wochenlohn in bar abzuholen. In der Lohntüte verbarg sich das Gehalt inklusive des Lohnstreifens, auf dem der Gesamtlohn, die Lohnsteuer, die Sozialabgaben, sonstige Zulagen und der auszuzahlende Betrag aufgeführt waren. Das eine oder andere Mal kam die Ehefrau eines Maurers am Zahltag zu uns ins Büro, um ihren Mann abzuholen, in der Sorge, dass er nicht auf direktem Weg nach Haus kommen könnte, womöglich im Wirtshaus hängen blieb und sie um ihr Haushaltsgeld fürchten musste.

Unsere Maurer

Von 1966 bis zum Anwerbestopp für Gastarbeiter 1973 hatten meine Eltern noch rund zwanzig Mitarbeiter in der Firma beschäftigt: zwei Poliere, mehrere gelernte Maurer, Zimmerer, einige Bauhelfer sowie Lehrlinge. Zuerst kamen italienische und türkische, später dann die jugoslawischen Gastarbeiter. Es gab auch Lehrbuben wie Karl-Heinz Tafertshofer aus Pähl, Erwin Wallesch und Stefan Keller aus Tutzing. Der ausgelernte Heinz Tafertshofer kam später beim Bruder meiner Mutter im Baugeschäft Breitenberger unter.

Abb. 3 *v. l.: Sepp Krutina und Franz Summer, um 1975*

In Erinnerung sind mir drei jugoslawische Gastarbeiter geblieben. Die Brüder Tomo und Josip „Josef" Islic sowie Ferdo „Ferdinand" Ivanusic. Die Brüder Islic nahmen jeden Sommer ihren Vater aus ihrer Heimat mit nach Deutschland. Er arbeitete fleißig mit, um das Haus in Jugoslawien zu finanzieren. „Ferdinand" wohnte lange in der „Schwarzen Gans" (Abb. 126, S. 151) unweit vom Baugeschäft an der Von-Kühlmann-Straße 5.

„Josef" faszinierte mich als kleines Mädchen, denn er hatte einen sehr großen goldenen Schneidezahn, der ganz hell aufblitzte, wenn er lachte und mich gleichzeitig mit einem ganz langgezogenen zärtlichen „Stefaniaaa" begrüßte. Er arbeitete später bei Stahl- und Metallbau Zirngibl in Tutzing.

Der Türke „Yildrim" war ein sogenannter Bauhelfer, ein Mann für alle Fälle und immer präsent. Meine Eltern sprachen mit ihm in einem fürchterlichen grammatikalisch falschen Deutsch. Die Verben wurden nicht konjugiert, sondern nur im Infinitiv verwendet. Mir leuchtete dies nie ein, denn so konnte doch ein Ausländer nie richtig unsere Sprache lernen, wenn man es ihm falsch vorsagte. Aber anscheinend dachte niemand groß über diesen Unsinn nach, für alle war das ganz normal.

Wohnhaus Zistl mit „Dampfnudelputz", 1972

Der Maurer und Vorarbeiter Franz Summer stammte aus Pähl und begann 1970 mit 22 Jahren, in der Firma Knittl zu arbeiten. Er blieb der Firma bis zum Schluss treu und war neben den beiden Polieren Wührl und Krutina ein Garant für Zuverlässigkeit und Qualität. Als 1973 Peter Wührl und der Haunshofener Franz Degenhart, beide Jahrgang 1926, in Rente gegangen waren, reduzierte sich die Belegschaft von Jahr zu Jahr. Im letzten Geschäftsjahr 1987 blieben nur noch der 61-jährige Polier Sepp Krutina und der knapp 40-jährige Franz Summer übrig.

Nachdem sich bereits ab den Zwanzigerjahren die Rolle des Baumeisters und des Architekten zunehmend auseinander entwickelt hatten, verstärkte

Bauzeit 1968 – 1987

Im Jahr 1972 baute die Firma Knittl ein ausgefallenes Wohnhaus mit „Dampfnudelputz" an der Mozartstraße 3 in Tutzing für den Wirtschaftsprüfer Klaus Zistl. Architekten waren Heinz L. Gottberg & Dieter H. Allers aus München-Schwabing. Der selbst gemischte Putz wurde in drei Lagen aufgetragen, so dass der Polier beim Verputzen dem Haus seine persönliche Note gab. „Sepp" Krutina war darin ein Meister, den Handputz mit der Kelle an die Wand zu werfen. Er gab der Putzfassade des Zistl-Hauses eine Optik, die der Oberflächenstruktur von Dampfnudeln glich. Heute wird in der Regel Fertigputz verwendet.

Abb. 4 *Wohnhaus Zistl in Tutzing, 1975*

sich dieser Trend in der Nachkriegszeit zunehmend. Ab den Siebzigerjahren spielte die gestaltende Aufgabe, die früher oft der Baumeister mit übernommen hatte, keine Rolle mehr. Das Baugeschäft wandelte sich zum reinen Dienstleister. General- und Subunternehmer, die Bauwerke zu unschlagbaren Festpreisen erstellten, behaupteten sich immer mehr auf dem Markt. Mit Neubauten konnte mein Vater kein Geld mehr verdienen. Etwa ab Mitte der Siebziger bestanden die Aufträge nur noch aus Renovierungsarbeiten oder Umbauten. Als sich abzeichnete, dass mein Vater keinen großen Elan mehr verspürte, unter den schlechter werdenden Bedingungen weiterzumachen, trug sich auch Franz Summer mit dem Gedanken, sich anderweitig zu orientieren. Doch als er kündigen wollte, bat ihn mein Vater inständig, noch eine Weile zu bleiben, denn sonst gäbe es niemanden mit Führerschein, der den kleinen LKW fahren könnte. Maurer Franz erhörte seinen Chef, blieb und fand später eine Stelle im Südlabor in Tutzing.

Auch ich hatte als Fahranfängerin noch das Vergnügen, mit dem Kipper zu fahren. Man schickte mich zum Kies holen zur Groll-Kiesgrube an der B2 bei Wieling. Es war von Beginn an ein Abenteuer. Der kleine hellblaue LKW stand hangabwärts neben den Bauschuppen an der Von-Kühlmann-Straße. Bereits das Losfahren bleibt für mich unvergesslich, da die Handbremse defekt war und der Kipper sich langsam, aber stetig auf das Hauseck des Arbeiterwohnhauses zu bewegte, als ich beim Anlassen die Kupplung drückte. Leider war bei diesem Auto auch der Anlasser nicht mehr der Beste, was dazu führte, dass der Wagen erst durch die Berührung mit dem Gebäudeeck zum Stillstand kam, und ein entspanntes Losfahren auch für mich als Führerscheinneuling möglich wurde. Auf dem Rückweg versuchte ich hangabwärts zu bremsen. In diesem Moment spürte ich die Schubkraft der Kiesladung und die mangelnde Bremswirkung des Fahrzeugs. Ich erinnerte mich an den Ratschlag meines Vaters, der in dieser Situation immer riet „pumpen, pumpen". Also trat ich das Bremspedal nicht permanent und kam tatsächlich irgendwann zum Stehen. Mit dem kleinen Peugeot-Kipper, den es damals nur in Frankreich zu

Abb. 5 *Struktur des „Dampfnudelputzes"*

Bauzeit 1968 – 1987

Abb. 6 *Sepp Krutina und meine Mutter Eva Knittl, 1970*

kaufen gab, fuhren wir auch gelegentlich in den Urlaub. Die Ladefläche nutzten wir als Gepäckraum für die Koffer und im Winter auch für die Skier. Bei den damaligen Passkontrollen an den Landesgrenzen fielen wir mit unserem unkonventionellem Urlaubsvehikel durchaus auf, was uns hin und wieder eine Fahrzeugdurchsuchung bescherte und die Reise zum Erlebnis werden ließ.

Das „Hintere Büro"

Bis zum großen Umbau des Stammhauses 1975 befanden sich die Geschäftszimmer des Baugeschäfts im Rückgebäude. Hier war auch das offizielle Büro. Beim Betreten des Raumes fielen einem sofort zwei Dinge auf. Der an der Wand hängende, nicht realisierte, gerahmte neugotische Entwurf der Tutzinger Kirche St. Joseph von Georg Hauberrisser (Abb. 7, S. 271) sowie die darunter stehende, geschmacklich umstrittene, Standuhr.

Abb. 7 *Nicht ausgeführter Entwurf der Tutzinger Pfarrkirche von Georg Hauberrisser, 1897 (im Auftrag von Max Kustermann entstanden)*

Sie wurde 1935 als Hochzeitsgeschenk für meine Großeltern von den Maurern selbst angefertigt (Abb. 1, S. 205).

Weit interessanter jedoch war das „Hintere Büro", das man nur vom offiziellen Büroraum aus erreichen konnte. Über zwei Stufen im rückwärtigen Bereich kam man durch eine Verbindungstür dorthin. Für die Allgemeinheit war dieses Zimmer nicht bestimmt und hatte daher etwas Geheimnisvolles. Es wirkte auf mich als Kind sehr groß, was es vermutlich gar nicht war. Unendlich viele Baupläne, hängend oder gerollt, befanden sich an und in den Einbauten aus dunklem Holz. Ein Panzertresor war in die Wand eingelassen, in ihm lagen wohl die Löhne der Arbeiter. Leider habe ich ihn nie im geöffneten Zustand gesehen.

Der Raum wurde kaum beheizt und eignete sich daher auch gut für die Aufbewahrung von Lebensmitteln. Auf einer bestimmten Ablage wurden zu besonderen Anlässen selbstgemachte Torten oder Kuchen aufbewahrt, die nicht immer unangetastet blieben. In der Ecke befand sich ein Frisiertisch mit Spiegel. Ich beobachtete meine Mutter gerne dabei, wie sie mehrmals am Tag davor stand und ihre Haare strähnchenweise mit einem Plastikkamm toupierte, um sie danach zu ihrer bananenförmigen Siebzigerjahre-Hocksteckfrisur, unter der sich noch ein Haarteil befand, zu drapieren.

1976 renovierten meine Eltern mit ihren Maurern das Vorder- und Hinterhaus des Baugeschäfts, ganz im Trend der Siebzigerjahre. Zwei Jahre zuvor gab es sogar einen genehmigten Bauantrag zum Ausbau einer Gaststätte im Erdgeschoß des Vorderhauses, der jedoch nicht umgesetzt wurde, weil die Idee eines Wirtshauses vermutlich nicht zum Haus gepasst hätte. Auch meine Eltern waren Kinder ihrer Zeit, wollten modern sein und hatten keinen Sinn für Tradition. Kachelöfen wurden rausgerissen, filigrane Sprossen- und Kastenfenster mussten Isolierglasfenstern mit breiten Stegen weichen. Historische Wohnungstüren wurden durch praktisch verleimte Furnierholztüren ersetzt und einige kunstvolle Fensterläden, die ebenfalls als unzweckmäßig erachtet wurden, landeten auf dem Müll. Patinierte alte Holz- und Fliesenböden überdeckte man mit modernen Fußbodenbelägen. Erst einige Jahre später stellte man beide Häuser unter Denkmalschutz. Vieles wurde dann mit der Sanierung 2012 unter der Leitung des Frankfurter Architekten Siegfried Wendt in mühevoller Rekonstruktion wieder neu zum Leben erweckt.

Mit dem damaligen Umbau zu weiteren Mietwohnungen im Hinterhaus und der Verkleinerung der Firma verschwand auch das „Hintere Büro" für immer. Die Mieteinnahmen dienten als regelmäßige Einnahmequelle, das Baugeschäft trat immer stärker in den Hintergrund und schloss seine Tore im Jahr 1987.

Das Sterben der einheimischen Baufirmen

Im Laufe der Jahre, in denen die Baufirma Knittl bestand, hatten sich die Voraussetzungen für das Bauen grundlegend geändert. Die über vier Generationen geführte Firma Knittl war dem wirtschaftlichen und sozialen Umbruch nicht mehr gewachsen. Gleichwohl haben ihre Baumeister mit den zahlreichen Landhäusern, Villen, Wohnhäusern, Großbauten, Wohn- und Geschäftshäusern, landwirtschaftlichen Gebäuden, Hotels, Hütten und vielem mehr das architektonische Bild der Region ganz entscheidend mitgeprägt.

Bauzeit 1968 – 1987

Bis in die Siebzigerjahre hinein waren gut ausgebildete Bauhandwerker geschätzte, angesehene und qualifizierte Leute, denen ein faires Einkommen und angemessene Urlaubstage zu Teil wurden. Sie waren für den Erfolg und den Bestand von kleinen bis mittleren regionalen Bauunternehmen wie die Firma Knittl entscheidend. Bekannt war das Baugeschäft Knittl für seine hervorragenden Poliere und Maurer, die eine vertrauensvolle Beziehung zu ihrem Chef pflegten. Oft folgte der Sohn dem Vater in die Firma. Sie fühlten sich wohl, hatten ihr gutes Auskommen und verbrachten manchmal dort ihr ganzes Berufsleben. Nebenbei konnten sie sich ihr eigenes Haus realisieren oder hatten die Möglichkeit, ein Haus ihres Arbeitgebers als Mietkauf zu erwerben oder in einer seiner Arbeiterwohnungen zu leben.

Zu Beginn der Achtzigerjahre wurde es für meinen Vater jedoch zunehmend schwerer, gute Facharbeiter am Bau zu finden. Auch der Wettbewerbsdruck durch Billiganbieter nahm zu. Zuletzt gab es noch die Möglichkeit, Fachkräfte aus der Oberpfalz und Niederbayern anzuwerben, was allerdings wegen steigender Unterhaltskosten im Landkreis Starnberg wiederum zum Problem wurde.

Großfirmen, die zu niedrigeren Löhnen oft ungelernte Arbeiter auf ihren Baustellen beschäftigten, diese in engen, billigen Wohncontainern unterbrachten und ortsunabhängig Baufahrzeuge leasten, tauchten immer häufiger in der Baubranche auf. Sie boten schlüsselfertige Häuser zu Preisen an, bei denen einheimische Firmen nicht mehr mithalten konnten. Es begann das große Sterben der alteingesessenen und familiengeführten Baufirmen. Als die Existenz des Baugeschäfts Knittl 1987 nach 115 Jahren zu Ende ging, schlossen auch fast zeitgleich in Pöcking die drei Baugeschäfte (S. 188 ff). Nur die Baufirma Fischhaber in Starnberg (S. 100 f) bestand noch bis 1999.

Für mich persönlich hat sich nie die Frage gestellt, ob ich das Baugeschäft übernehmen soll. Die Zeiten waren vorbei, in denen es selbstverständlich war, dass die nächste Generation in den Familienbetrieb eintrat. Zu sehr hatte ich es als geschäftlichen Überlebenskampf meiner Eltern empfunden, sich in der Selbstständigkeit gegen die zunehmende Billig-Konkurrenz zu behaupten. Das gegenseitige Vertrauen, das gegebene verbindliche Wort zwischen Auftraggeber und -nehmer galt zunehmend weniger als Geschäftsgrundlage für ein erfolgreiches Wirtschaften. Hinzu kam, dass die Zahlungsmoral der Auftraggeber immer mehr abnahm und unberechenbarer wurde. Die damit verbundenen juristischen Streitigkeiten kosteten meine Eltern oft den letzten Nerv. Trotz alledem erfüllt es mich heute noch mit großem Stolz, ein Abkömmling einer großen familiengeführten Baumeisterdynastie zu sein. Dem Phänomen, warum man heute nicht mehr so wie früher baut, bin ich durch die Beschäftigung mit der Geschichte meiner Vorfahren auf die Spur gekommen. Für mich steht fest, dass für das passionierte Handwerk kein Platz mehr ist, in Zeiten, in denen hauptsächlich die Rendite zählt und Boden zum Geldgeschäft geworden ist. Darüber hinaus lassen immer mehr gesetzliche Vorschriften und baurechtliche Bestimmungen durch gezielte Lobbyarbeit kaum mehr Spielraum für Kreativität und Einsatz von wohnlichen Materialien. Einheitlich gestaltete „Bauträger-Immobilien" werden so immer mehr zum Standard. Wobei es durchaus gelungene Beispiele für moderne Architektur gibt. Die Aussage „früher war alles besser und schöner" wäre zu einfach.

Bedauerlich ist es jedoch, wenn Gebäude im Verhältnis zu den knapp

---

Das Baugeschäft startete mit der zweistelligen „Fernruf-Nr. 55". Etwa nach dem Zweiten Weltkrieg wurden mit Zuwachs der Haushalte die Telefonnummern in Tutzing um eine Stelle erweitert. Unsere lautete bis in die Siebzigerjahre „355". Die Aufregung war damals im Ort groß, als die Post den Anschlüssen eine zusätzliche Zahl voranstellte. Seitdem war die „6355" fest mit dem Baugeschäft verknüpft. Die einprägsame Nummer überlebte jedoch meine Sanierung im neuen Jahrtausend nicht und wurde durch eine gewöhnungsbedürftige siebenstellige Telefonnummer ersetzt.

Bei der Hypotheken- und Wechselbank, später Hypobank, hatte Xaver Knittl als Mitbegründer die Kontonummer „1".

gewordenen Grundstücken zu opulent ausfallen, wo ehemals ein schöner eingewachsener Obstgarten oder sogar ein parkähnlicher Garten das Anwesen einrahmten. Viele dieser Grünflächen mussten bereits zu Gunsten des Autoverkehrs verschwinden. Die enorm gestiegenen Baulandpreise in gefragten Gegenden wie dem Starnberger See stehen heute in keinem ausgewogenen Verhältnis mehr zu den Baukosten. Die Bodenpreise waren früher gegenüber den Baukosten eher nebensächlich, heute ist es umgekehrt. Demnach spielen Wertigkeit und Langlebigkeit der Gebäude eine eher untergeordnete Rolle. Dies könnte sich nur wieder zugunsten der Häuser ändern, wenn Bauland nicht länger Spekulationsobjekt, sondern Boden als Allgemeingut betrachtet würde.

Hinzu kommt, dass die emotionale Bindung zum Eigenheim aufgrund unstet gewordener Lebensläufe und des allgemeinen gesellschaftlichen Wandels immer mehr abnimmt und Wohnraum als Ware zum Geld verdienen missbraucht wird. Grundrisse, Größe und Aufteilung der Zimmer sowie die Gestaltung der Innenräume unterliegen heute anderen Maßstäben. Der gefühlte Zwang zur Aufrüstung bei der Gestaltung des „Palastes" steht häufig im Vordergrund. Ordneten sich früher Nebengebäude dem Haupthaus unter, so überschattet heutzutage manch überdimensionierte Garage für zu groß gewordene Autos das eigentliche Wohnhaus.

Am Bau galt lange der Grundsatz „Dinge dreimal in die Hand zu nehmen", da die Mittel rar waren. Sämtliche noch brauchbare Baustoffe und Einbauten wurden wiederverwendet, statt sie wegzuwerfen. Heute würde man dafür den Begriff der Nachhaltigkeit verwenden. Im Falle eines Abbruchs waren damals viele Bestandteile eines Gebäudes äußerst begehrt. Gebrauchsspuren und eine mit den Jahren entstandene charmante Patina sollen momentan bewusst vermieden werden, da sie heute eher Anlass zu Rechtstreitigkeiten geben. Die Verwendung von standardisierten Fertigbauteilen wie Fenstern, Müllhäuschen, Briefkästen, Klingelknöpfen, Fensterläden, Zäunen, Beschlägen, Balkongeländern, Handläufen, Dachziegeln und vielem mehr hat das Bauen zwar vereinfacht, mag zweifellos praktischer und pflegeleichter sein, macht das Äußere aber austauschbar und in seiner Wirkung meist seelenlos und steril.

Auch am Bau bewahrheitet sich, dass Fortschrittsgläubigkeit Fluch und Segen sein kann. Dabei könnte der oft belächelte ideelle Wert von alten Häusern sogar unter marktwirtschaftlichen Gesichtspunkten langfristig ein realer werden. Je seltener diese individuellen baulichen Schönheiten werden, desto mehr wird man sie inmitten der heutigen Einheitsarchitektur vermissen. Der Mehrwert für den Eigentümer liegt darin, dass er etwas Charakteristisches und Einmaliges besitzt. Ein altes Haus mit Seele und Vergangenheit, das einem neuen weichen musste, ist unwiederbringlich verloren und kann durch keinen Neubau nach heutigen Vorschriften ersetzt werden. Dieses Buch soll Eigentümern Mut machen, die Geschichte ihres Hauses weiterleben zu lassen. Der Blick in die Vergangenheit ist hilfreich beim Planen für die Zukunft.

Könnte Jacques Tati seinen visionären Film „Mon Oncle" aus den Fünfzigern heute noch mal drehen, fände er am Starnberger See eine reiche Auswahl an von ihm karikierten Häusern vor. Auf der Suche nach einem liebenswert unpraktischen, aber anziehend und einzigartigen Haus aus der Zeit des individuellen Bauens, würde er sich vielleicht für einen der noch vorhandenen Knittl-Bauten entscheiden. Der kleine Gérard würde sich sicher darüber freuen.

Anmerkungen

Der Maurermeister Josef Knittel

1. Reichert, Helga: Die Geierwally, Leben und Werk der Malerin Anna Stainer-Knittel. Innsbruck 1991, S. 10 f
2. Drummer, Josefranz: Gesammelte Unterlagen zu Häusern, sortiert nach alten Hausnummern. Gemeindearchiv Tutzing, Nr. 68
3. Gemeinde Feldafing (Hrsg.): Festschrift zur 1250-Jahrfeier von Garatshausen. 19. bis 21. Juni 1992. Feldafing 1992, S. 15 f
4. StAM Kataster Tutzing 21076, Nr. 68
5. Ebers, Hermann: Unveröffentlichte „Kindheitserinnerungen". Die Erinnerungen spielen zwischen 1886 und 1890. Familie Obpachers wohnte in der Kühlmannstr. 1 in Tutzing.
6. Gründl, Petra: Hofmark Tutzing – Vom Fischerdorf zum Luftkurort. Von der Hofmark zur politischen Gemeinde. Geschichte in zwölf Jahrzehnten. Gemeinde Tutzing 1985
7. Drummer (wie Anm. 2)
8. Gsinn, Peter: Mit Spezereien und Kurzwaren begann es: 100 Jahre Bodemann, in: Tutzinger Nachrichten, Ausgabe 5/1985
9. Wolfgang Lutz war von 1877 bis 1888 Besitzer des heutigen Roeckl Hauses an der Traubinger Straße 16.
10. Gärtner, Michael: Der Alte Friedhof. Dokumentation auf DVD, Tutzing 2011, Kap. VIII. 2.1 – 2.2
11. Drummer, Josefranz: „Georg v. Opel am Grabe von Karl Trutz", in: Münchner Merkur vom 04.11.1950
12. Bauplan Josef Knittl 1873. Gemeindearchiv Tutzing
13. StAM Kataster Tutzing 21079, Nr. 4, Brahmsweg 3
14. Köstler, Eberhard: Tafeltexte zur Ausstellung „Das Midgardhaus". Ortsmuseum Tutzing 2014
15. Behringer, Anja: „Ein Platz, den schöner sich kein Mensch erträumen könnte...". Geschichte der Villa von Dichtern und Malern in Tutzing. Tutzing 2008, S. 9 f
16. Schober, Gerhard: Frühe Villen und Landhäuser am Starnberger See. Zur Erinnerung an eine Kulturlandschaft. Waakirchen-Schaftach 1999, S.129 f
17. Drummer (wie Anm. 2), Referenzenliste zu Knittl-Bauten
18. StAM Bpl. Starnberg/Tutzing 1928, Nr. 710
19. Gärtner (wie Anm. 10), dort Beitrag von W. F. Köhler zu Hößle
20. StAM Bpl. Starnberg/Tutzing 1953, Nr. 1288
21. StAM Bpl. Starnberg/Tutzing 1918, Nr. 514; Nebengebäude Xaver Knittl
22. StAM Bpl. Starnberg/Tutzing 1920, Nr. 529; Anbau eines Arbeitsraumes Xaver Knittl
23. Schmitz, Elke: Pelz-Eleganz aus Tutzing - Oskar Schüler und seine Pelztierfarm, in: Studien zur Ortsgeschichtsforschung im Landkreis Starnberg (Benno C. Gantner Hrsg.), Band III, Historisches von Tutzing aus alten und neueren Zeiten. Starnberg 2015, S. 99 f
24. Herbertz, Eva-Maria: „Das Leben hat mich gelebt". Die Biografie der Renée-Marie Hausenstein. München 2012, S. 9
25. Drummer (wie Anm. 2), Nr. 61
26. Pielmeier, Manfred: „Im Widerstand gegen Hitler", in: Süddeutsche Zeitung vom 25.06.2001
27. Hausenstein, Wilhelm: Licht unter dem Horizont. Tagebücher von 1942 bis 1946. München 1967, S. 15 f
28. Drummer (wie Anm. 2), Nr. 61
29. Herbertz (wie Anm. 24), S. 21
30. Hahn, Udo: Schloss und Evangelische Akademie Tutzing. Regensburg 2014, S. 18
31. Drummer (wie Anm. 2), Nr. 113
32. Simson, Hans-Peter: Tutzing und das Hotel Simson. Ammerland 2008, S. 129 f
33. Erholungsheim des Bayerischen Verkehrsbeamten-Vereins Tutzing am Starnberger See, München 1914, S. 16
34. Drummer (wie Anm. 2), Nr. 62; Münchner Baufirma Ludwig Brucker, Architekt Kroneder, Baubüro bei Lidl
35. Erholungsheim (wie Anm. 33), S. 19
36. Drummer (wie Anm. 2), Nr. 99; Gemeinderatssitzung vom 01.08.1912
37. Drummer (wie Anm. 2), Nr. 99
38. Tutzinger Nachrichten, Wie es früher war. Die Hallberger Allee. Ausgabe 01/2012, S. 18
39. Drummer (wie Anm. 2), Nr. 93
40. StAM Kataster Tutzing 21079; Bahnhofstraße Nr. 6, Thudichum und dessen Ehefrau Viktoria; Verkauf 21.9.1926 an Rudolf Rottler, Abteilungsvorstand der Lokalbahn A.G. in Augsburg, Friedbergerstr. 43
41. Drummer (wie Anm. 39)
42. StAM Bpl. Starnberg/Tutzing 1900, Nr. 174; Baumeister Josef Burger, Blumenstraße München
43. Wünnenberg, Rolf: Das Sängerehepaar Heinrich und Therese Vogl. Tutzing 1982, S. 99
44. Drummer (wie Anm. 17), Plan Maurermeister Josef Knittl
45. Jordan, Christian von: Deixlfurt und seine Bewohner. Geschichte und Geschichten eines Familienzentrums. Tutzing 2010, S. 20 f
46. Wünnenberg (wie Anm. 42), S. 104

47	Wünnenberg (wie Anm. 42), S. 106
48	Wünnenberg (wie Anm. 42), S. 155
49	Simson (wie Anm. 32), S. 48 f
50	Simson (wie Anm. 32), S. 84 f
51	StAM Bpl. Starnberg/Tutzing 1888, Nr. 564 d
52	Simson (wie Anm. 32), S. 98 f

Josef Knittl's Witwe

1	Nachruf in: Land- und Seebote, Wochenblatt für Starnberg und Umgebung, vom 4. September 1888
2	Nachruf in: Land- und Seebote, Wochenblatt für Starnberg und Umgebung, vom 18. Januar 1938
3	Simson, Hans-Peter: Tutzing und das Hotel Simson. Ammerland 2008, S. 102 f
4	StAM Bpl. Starnberg/Tutzing 1890, Nr. 8
5	Simson (wie Anm. 3), S. 257 f
6	StAM Bpl. Starnberg/Tutzing 1909, Nr. 245. Umbau zum Landhaus vom Feldafinger Baumeister Johann Steidele 1909, Eigentümer: August Bauer
7	Gärtner, Michael: Bekannte Maler in Tutzing. Dokumentation auf DVD, Tutzing 2011; Familie Feldhütter
8	StAM, Lageplan Hallberger Allee/Kirchenstraße von 1890

Xaver Knittl

1	Schober, Gerhard: Frühe Villen und Landhäuser am Starnberger See. Zur Erinnerung an eine Kulturlandschaft. Waakirchen-Schaftach 1999, S. 267 f
2	Drummer, Josefranz: Gesammelte Unterlagen zu Häusern, sortiert nach alten Hausnummern. Gemeindearchiv Tutzing, Nr. 68
3	Gärtner, Michael: Der Alte Friedhof. Dokumentation auf DVD, Tutzing 2011, Kap. IV. 2.9 – 2.10; dort Beitrag Sepp Pauli zu Knittl
4	Pauli (wie Anm. 3)
5	Wallisch, Klaus: Die Bayerischen Textilwerke. In: Studien zur Ortsgeschichtsforschung im Landkreis Starnberg (Hrsg. Benno C. Gantner), Band III, Historisches von Tutzing aus alten und neueren Zeiten. Starnberg 2015, S. 67 f
6	Wallisch (wie Anm. 5), S. 70
7	Ow von Freiherr, Meinrad: Schloß Tutzing und seine Besitzer in den letzten 200 Jahren. Ein Beitrag zur Bau- und Sozialgeschichte einer bayerischen Hofmark. Oberbayerisches Archiv, Historischer Verein von Oberbayern, München 1982, S. 191 f
8	Drummer (wie Anm. 2), Nr. 127
9	Pauli, Sepp: „Wie es früher war", in: Tutzinger Nachrichten, Ausgabe 1/1995
10	StAM Bpl. Starnberg/Tutzing 1894, Nr. 64
11	StAM Bpl. Starnberg/Tutzing 1894, Nr. 66
12	Drummer (wie Anm. 2), Nr. 97
13	Peter I. Bockmayr (1848 – 1930) verheiratet mit Anna Bockmayr (1850 – 1922), Peter II. Bockmayr (1882 – 1961), Peter III. Bockmayr (1820 – 1973)
14	Simson, Hans-Peter: Tutzing und das Hotel Simson. Ammerland 2008, S. 98 f
15	Gärtner, Michael: Der Alte Friedhof. Kurzführer. Tutzing 2011, S. 16
16	Johann Karl Gonetzny (1837 – 1903): 1896 Besitzer des Anwesens Nr. 16 in Garatshausen und seiner Frau Kunigunde (1843 – 1923): Besitzerin (1900 – 1909) der Hauptstr. 39 (ehemals Glenk)
17	Mathias Bäck
18	Gründl, Petra: Hofmark Tutzing – Vom Fischerdorf zum Luftkurort. Von der Hofmark zur politischen Gemeinde. Geschichte in zwölf Jahrzehnten. Gemeinde Tutzing 1985, S. 143
19	16. Mai 1897
20	eingetragene Genossenschaft mit unbeschränkter Haftpflicht
21	Drummer (wie Anm. 2), Nr. 10; Zeitungsartikel „Die Genossenschaftsbank Tutzing im eigenen Heim", 1927
22	heute Neubau: Parfümerie Wiedemann
23	Architekt: Theodor Dreisbusch, Bau: Xaver Knittl
24	Historische Werbeanzeige, Berlin 1926
25	Gärtner, Michael: Der Neue Friedhof. Dokumentation auf DVD, Tutzing 2011, Kap. I. 1.10; dort Beitrag Sepp Pauli zu Blümel
26	StAM Bpl. Starnberg 1895, Nr. 90
27	später Kunstschlosser Wolfgang Bodemann
28	StAM Bpl. Starnberg/Tutzing 1904, Nr. 213

29	1902 Baugeschäft Xaver Knittl
30	Gärtner, Michael: Namen die uns auf den Tutzingern Friedhöfen begegnen und ihre Geschichte. Die Familien Steidele, Suiter und Weigert. Dokumentation auf DVD, Tutzing 2009
31	StAM Bpl. Starnberg/Tutzing 1896, Nr. 125
32	1873/74 Ludwig Neustätter, 1882 Wollenschläger, 1897 Kester Schauspieler, 1906 Louis Sinner Brauereidirektor, 1912 Maria Bouterwek
33	Drummer (wie Anm. 2), Nr. 49
34	Drummer (wie Anm. 2), Nr. 83
35	StAM Bpl. Starnberg 1895, Nr. 80
36	1921 Verkauf der Villa Sack von Georgine Gröschl an Herrn Walter Rittinghausen. G. Gröschl war in erster Ehe eine verheiratete Hoste, in zweiter Ehe verheiratet mit dem Münchner Restaurantbesitzer und Weinhändler Fritz Schleich. Ihr Schwager, Dr. Sack, nahm sich 1912 das Leben und Georgine Gröschl erbte das Anwesen. Die Ehefrau von Dr. Sack war die Schwester von G. Gröschl.
37	Recherche Anja Behringer, 2015
38	StAM Bpl. Starnberg/Tutzing 1896, Nr. 98
39	StAM Kataster Tutzing 21079, 1934 Hermann Nissen Kammersänger in München Ganghoferstr. 17, 1957 Motorradfabrikant Kreidlers, Gemeinde Tutzing, jetzt privat
40	StAM Bpl. Starnberg/Tutzing 1896, Nr. 100
41	Simson (wie Anm. 14), S. 186 f
42	StAM Bpl. Starnberg/Tutzing 1896, Nr. 116
43	Knittl, Stefanie: Tafeltexte zur Ausstellung „Knittl, Baumeister, Tutzing. Häuser und Villen am Starnberger See" im Ortsmuseum Tutzing 2015/2016
44	StAM Bpl. Starnberg/Tutzing 1899, Nr. 149
45	Drummer (wie Anm. 2), Nr. 4
46	Starnberger Land- und Seebote vom 31. Juli 1900
47	StAM Bpl. Starnberg/Tutzing 1901, Nr. 195
48	Schober, Gerhard: Denkmäler in Bayern. Landkreis Starnberg. Bayerisches Landesamt für Denkmalpflege (Hrsg.), München/Zürich 1991, S. 380 f
49	StAM Bpl. Starnberg/Tutzing 1896, Nr. 118
50	Drummer (wie Anm. 2), Nr. 19
51	Wikipedia „Reinhold Eichacker" (Zugriff am 13.03.2018)
52	Umbau 1903, Anbau: StAM Bpl. Starnberg/Tutzing 1909, Nr. 244
53	Eichacker, Reinhold: Der Namenlose. Ein Roman. München 1921, S. 5
54	StAM Bpl. Starnberg/Tutzing 1896, Nr. 114; Baumeister Andreas Fischhaber
55	StAM Kataster Tutzing 21079, Nr. 102; Schloss-Apotheke: 1874 Kupferschmied Johann Walter, 1871 Spengler Johann Pfister, 1896 Installateur Ludwig Gassner, 1902 Apotheker Alois Ziernbauer, 1950 Apotheker Otto Gigl
56	StAM Bpl. Starnberg/Tutzing 1902, Nr. 432
57	Gemeindearchiv Bernried A62/2: Karl Fäth. Aufzeichnungen Haus Nr. 35 1/3. Murnau 1992
58	StAM Bpl. Weilheim/Bernried 1909, Nr. 95
59	StAM Bpl. Weilheim/Bernried 1914, Nr. 103
60	Gemeindearchiv Bernried (wie Anm. 57)
61	heute: Deutsche Rentenversicherung
62	Gemeindearchiv Bernried (wie Anm. 57)
63	Wieland, Dieter: Bauen und Bewahren auf dem Lande. Deutsches Nationalkomitee für Denkmalschutz (Hrsg.). München 1980, S. 23 f
64	Schober, Gerhard: Denkmäler in Bayern. Landkreis Starnberg. Bayerisches Landesamt für Denkmalpflege (Hrsg.), München/Zürich 1991, S. 380 f
65	Gemeinde Seeshaupt (Hrsg.): Bero und Renate von Fraunberg (Schriftleitung): Die Kirchen im Dorf. Von heiligen Häusern und frommen Leben. Seeshaupt 2011, S. 71
66	StAM Kataster Seeshaupt 24940, Nr. 56; Kintswieser, 21.02.1913 Kauf Heinrich v. Dall' Armi Nußberg Magnetsried, Überlassung an Josefine Schwab 1924
67	StAM Bpl. Weilheim/Seeshaupt 1896, Nr. 26
68	StAM Kataster Seeshaupt 24940, Nr. 67; Anton Josef von Dall' Armi (1844 – 1906). Erbengemeinschaft (1906): Ehefrau Bernhardine, geb. von Neydeck (1852 – 1925) mit den Kindern August, Ida, Irene und Max
69	Pielmeier, Manfred: Mit Tabakwaren und sozialer Einstellung zu Ruhm und Ehre. Südeutsche Zeitung vom 15.02.1999
70	StAM Bpl. Weilheim/Seeshaupt 1903, Nr. 79
71	StAM Bpl. Starnberg/Tutzing 1896, Nr. 79; Planzeichner Peter Rumiz
72	ab 1909 Josef Trundt
73	StAM Bpl. Starnberg/Tutzing 1896, Nr. 95
74	Gemeinde Feldafing (Hrsg.): Festschrift zur 1250-Jahrfeier von Garatshausen. 19. bis 21. Juni 1992. Feldafing 1992, S. 39 f

75	StAM Bpl. Starnberg/Tutzing 1906, Nr. 226
76	StAM Bpl. Starnberg/Tutzing 1897, Nr. 483
77	1898 Umbau des Landhauses von Xaver Knittl für Hugo Kustermann
78	Behringer, Anja: Vom Industriellenrefugium zum Ensemble für die Öffentlichkeit. Die Kustermann-Villa und ihr Park am Ufer des Starnberger Sees. Schönere Heimat., 104. Jahrgang 2015. Heft 4, S. 313f
79	StAM Bpl. Starnberg/Tutzing 1899, Nr. 133
80	Schober (wie Anm. 1), S. 501
81	StAM Bpl. Weilheim/Seeshaupt 1898, Nr. 144
82	Emma, verh. Roßmann *1867, Manfred *1868, Heinrich *1870, Hermine verh. Heirich *1872, Gustav *1874, Elsa verh. Hecker *1877, Ferdinand *1878
83	Schober, Gerhard (Hrsg.): Der Starnberger See. Eine Wanderung durch seine Uferorte. Wort und Bild von G. A. Horst. Faksimile-Neuauflage, München 1984
84	Gemeinde Seeshaupt (Hrsg.): Das Künstlerdorf. Von Spitzweg bis Campendok. Peter Claus Hartmann: Gustav Adolf Horst: Einfühlsamer Maler und romantisierender Schriftsteller. München 2013, S. 28
85	Gemeinde Seeshaupt (wie Anm. 84), S. 26
86	StAM Bpl. Weilheim/Seeshaupt 1899, Nr. 182
87	StAM Bpl. Weilheim/Seeshaupt 1903, Nr. 246
88	StAM Bpl. Weilheim/Seeshaupt 1906, Nr. 185
89	StAM Bpl. Weilheim/Seeshaupt 1901, Nr. 173
90	StAM Bpl. Starnberg/Starnberg 1898, Nr. 379
91	Archiv Starnberg, Meldekarten Kain
92	Gemeinde Bernried (Hrsg.): Bernrieder Bilderbogen. Unser Dorf in fotografischen Erinnerungen. Horb am Nekar 1997, S. 15
93	StAM Bpl. Weilheim/Bernried 1898, Nr.189
94	Gemeindearchiv Bernried (wie Anm. 57)
95	StAM Bpl. Weilheim/Bernried 1899, Nr.155
96	StAM Bpl. Starnberg/Tutzing 1899, Nr. 153
97	StAM Bpl. Starnberg/Tutzing 1900, Nr. 172
98	StAM Bpl. Starnberg/Tutzing 1900, Nr. 171
99	StAM Kataster Tutzing 21079, Nr. 148
100	Drummer (wie Anm. 2), Nr. 148
101	Drummer (wie Anm. 2), Nr. 152; Werbeprospekt Excelsior
102	Drummer (wie Anm. 2), Nr. 151
103	StAM Kataster Tutzing 21079, Nr. 169
104	Rosenheimer Journal vom 11. März 2016
105	StAM Bpl. Starnberg/Tutzing 1904, Nr. 220
106	StAM Bpl. Starnberg/Tutzing 1948, Nr. 1060; Carl Knittl, Architekt: Theodor Dreisbusch
107	StAM Bpl. Starnberg/Tutzing 1904, Nr. 217
108	Gärtner (wie Anm. 3) Kap. VI. 1.1 – 3; dort Beitrag von Ruppert von Keller zu Landmann
109	StAM Bpl. Starnberg/Tutzing 1904, Nr. 215
110	Drummer (wie Anm. 2), Nr. 158
111	StAM Kataster Tutzing 21079 Nr. 158
112	Drummer (wie Anm. 2), Nr. 158
113	StAM Bpl. Starnberg/Tutzing 1913, Nr. 456
114	StAM Bpl. Starnberg/Tutzing 1916, Nr. 489
115	Wünnenberg, Rolf: Das Sängerehepaar Heinrich und Therese Vogl. Tutzing 1982, S. 156
116	StAM Bpl. Starnberg/Feldafing 1905, Nr. 238
117	Nachlass Ernst Weberbeck; Werbeprospekt
118	Gemeinde Feldafing (Hrsg.): Festschrift zur 1250-Jahrfeier von Garatshausen. 19. bis 21. Juni 1992. Feldafing 1992, S. 46f
119	StAM Bpl. Starnberg/Feldafing 1922, Nr. 459; Bauleitung: Lorenz Pauli
120	StAM Bpl. Starnberg/Starnberg 1898, Nr. 387
121	Archiv Starnberg, Meldekarten Hirt(h)
122	Behringer, Anja: Kunstvoll ausgestattetes Kleinod. Die bewegte Vergangenheit der Villa Berghaus: Familiendomizil, Rückzug für Flüchtlinge und Krankengymnastik-Praxis. Münchner Merkur/Landkreis Starnberg, 31.12.2012 / 01.01.2013., Nr. 301
123	Sebald, Katja: Unbekanntes Fünfseenland. Von Fischern, Fürsten und Fantasten. München 2016, S. 154
124	Drummer (wie Anm. 2), Nr. 160
125	StAM Bpl. Starnberg/Tutzing 1905, Nr. 380
126	StAM Bpl. Starnberg/Tutzing 1934, Nr. 836; Carl Knittl, Architekt: Hans Koller
127	Drummer (wie Anm. 2), Nr. 163

128	„Badende unter Sträuchern am Ufer des Starnberger Sees", Gemälde 1927
129	StAM Bpl. Weilheim /Seeshaupt 1906, Nr. 59
130	StAM Bpl. Weilheim /Seeshaupt 1906, Nr. 161
131	Heißerer, Dirk: Wellen, Wind und Dorfbanditen. Literarische Erkundungen am Starnberger See. München 2010, S. 180 f
132	Heißerer (wie Anm. 131)
133	Heißerer (wie Anm. 131)
134	Heißerer (wie Anm. 131)
135	StAM Bpl. Starnberg/Tutzing 1907, Nr. 230
136	laut Liselotte Kremer, geb. Moll
137	StAM Bpl. Wolfratshausen 1907, Nr. 157
138	StAM Bpl. Wolfratshausen 1907, Nr. 160
139	StAM Bpl. Starnberg/Tutzing 1907, Nr. 229
140	StAM Bpl. Starnberg/Tutzing 1904, Nr. 212; 1957 Ludwig Freiherr von Holzschuher-Harrlach
141	Drummer (wie Anm. 2), Nr. 165; Werbeprospekt „Haus Ingrid"
142	StAM Kataster Tutzing 21079, Nr. 3; Ludwig und Anna Gaßner, 15.02.1910 Kauf von Michael und Viktoria Ruhdorfer
143	StAM Bpl. Starnberg/Tutzing 1910, Nr. 465
144	StAM Bpl. Starnberg/Tutzing 1910, Nr. 270
145	StAM Bpl. Starnberg/Tutzing 1911, Nr. 292
146	StAM Bpl. Starnberg/Tutzing 1912, Nr. 295
147	StAM Bpl. Starnberg/Tutzing 1931, Nr. 759
148	StAM Bpl. Starnberg/Tutzing 1914, Nr. 474
149	Drummer (wie Anm. 2), Nr. 170
150	Archiv DTYC Tutzing, Vereinschronik
151	StAM Bpl. Starnberg/Tutzing 1924, Nr. 615
152	Heißerer (wie Anm. 131), S. 249
153	StAM Bpl. Starnberg/Tutzing 1914, Nr. 472
154	Auszug aus dem Brief vom 11.03.1946 von Ferdinand Derigs an seinen Onkel
155	Jungmann, Joh. B. (Hrsg.): Holzhausen. Ein Heimatbuch am Starnberger See. München 1926
156	Jungmann 1926: Kratzeisen, Nr. 6, 1902; Architekt: Boettge
157	Jungmann (wie Anm. 155), Glüssener S. 367
158	Jungmann (wie Anm. 155), Noessel S. 367
159	Jungmann (wie Anm. 155), Schwörer S. 367
160	Jungmann (wie Anm. 155), Weißhaupt S. 309
161	StAM Bpl. Starnberg/Feldafing 1911, Nr. 285
162	Kgl. Notariat Starnberg vom 22. Oktober 1917
163	StAM Bpl. Starnberg/Tutzing 1912, Nr. 441
164	Der Schriftsteller beruft sich auf eine lokale italienische Sage
165	Deutsche Biographische Enzyklopädie & Deutscher Biographischer Index. München 2001
166	StAM Kataster Tutzing 21076; Pfaffenberg & Kalkgraben: Urkunde des Kgl. Notars Meilbeck in Starnberg, 10. August 1878
167	Münchner Merkur vom 09.01.1984: „300 Meter lange Höhle unter Tutzing entdeckt"
168	Knittl, Stefanie: Tutzing wie es früher war. Familiensaga Knittl. Tutzinger Nachrichten, Ausgabe 09/2014
169	Drummer (wie Anm. 2), Nr. 171; Reklameblatt
170	StAM Bpl. Starnberg/Tutzing 1905, Nr. 379
171	Pauli (wie Anm. 9), Ausgabe 6/1995
172	StAM Kataster Seeshaupt 24940, Nr. 107; Urkunde des Kgl. Notariats Weilheim I vom 16. Dezember 1909
173	Knittl, Stefanie: Tutzing wie es früher war. Familiensaga Knittl. Tutzinger Nachrichten, Ausgabe 10/2014
174	StAM Bpl. Starnberg/Feldafing 1872, Nr. 47; Maurermeister Eberle
175	StAM Bpl. Starnberg/Feldafing 1896, Nr. 127
176	Gründl (wie Anm. 18), S. 273
177	Simson (wie Anm. 14), S. 122 f
178	StAM Bpl. Starnberg/Tutzing 1932, Nr. 783; Xaver Knittl, Architekt: Theodor Dreisbusch
179	Tutzinger Nachrichten, Ausgabe 6/1984 und 10/2001
180	StAM Kataster Tutzing 21079, Nr. 139; Rudolf Horrmann 1905, Kreszenz Thalhofer 1943, Kreszenz Abel, geb. Thalhofer 1956, Ursula Riedesel, Freifrau zu Eisenach, geb. Eberhard 1959
181	Architekt unbekannt
182	Lanzinger, Alma: Ammerland anno dazumal. Ammerland 2005, S. 145 f
183	StAM Bpl. Weilheim/Seeshaupt 1899, Nr. 221
184	StAM Bpl. Starnberg/Tutzing 1900, Nr. 175

185	Gründl (wie Anm. 18), S. 241
186	Behringer (wie Anm. 78), S. 314f
187	Land- und Seebote vom 04.07.1912
188	StAM Bpl. Starnberg/Tutzing 1913, Nr. 302
189	Drummer (wie Anm. 2), Nr. 8
190	Gemeinde Seeshaupt (wie Anm. 65), S. 139
191	StAM Bpl. Weilheim/Seeshaupt 1899, Nr. 90
192	Drummer (wie Anm. 2), Nr. 68; 1901 von Spies Wolfratshausen Gutsverwaltung Riedhof Gehöft Bau Xaver Knittl, Oberbaurat Schultze
193	Dorn Sebastian: „Leute werden in Pflegefabriken gedrängt". Pflegeheim Riedhof schließt. Münchner Merkur/Lokalteil: Geretsried-Wolfratshausen vom 12.10.2016
194	StAM Bpl. Starnberg/Tutzing 1905, Nr. 238
195	StAM Bpl. Weilheim/Bernried 1906, Nr. 95
196	Seeresidenz Alte Post Betriebs GmbH Seeshaupt: Die Chronik des Hauses, Informationsblatt 2016
197	StAM Bpl. Weilheim/Seeshaupt 1911, Nr. 78; Lageplan
198	Seeresidenz 2016
199	StAM Bpl. Weilheim/Seeshaupt 1911, Nr. 78
200	StAM Bpl. Starnberg/Tutzing 1914, Nr. 470
201	Gründl (wie Anm. 18), S. 315f
202	Gründl (wie Anm. 18), S. 320
203	Der Vater des Verlegers W.E. Süskind ist der Tierarzt Paul Süskind, ebenfalls Bewohner von Rößlberg und Bruder des Verwalters Alfred Süskind.
204	Gründl (wie Anm. 18), S. 320
205	Fanny Ullersperger (Name der Schwiegermutter)
206	Gemeinde Wessobrunn (Hrsg.): 1250 Jahre Wessobrunn. Festschrift. Sr. Georgia Otto OSB (Autorin): Theodor Freiherr von Cramer-Klett und sein Einsatz für den Benediktinerorden. Lindenberg/Allgäu 2003, S. 112f
207	StAM Bpl. Weilheim/Bernried 1914, Nr. 120
208	Simson (wie Anm. 14), S. 84f
209	Gemeinde Seeshaupt (wie Anm. 65), S. 43f
210	Gemeinde Seeshaupt (wie Anm. 65), S. 98
211	StAM Bpl. Weilheim/Seeshaupt 1908, Nr. 203
212	StAM Bpl. Weilheim/Seeshaupt 1909, Nr. 125
213	Schober (wie Anm. 1), S. 54
214	Gärtner (wie Anm. 30)
215	Gründl (wie Anm. 18), S. 396
216	Hans Senner: Die CSU bittet die Bürger um Rat. Tutzing: Wie ist die Meinung zum Abbruch der alten Volksschule? Münchner Merkur vom 15.6.1985
217	StAM Bpl. Starnberg/Tutzing 1924, Nr. 610
218	Knittl, Stefanie: Tutzing wie es früher war. Familiensaga Knittl. Tutzinger Nachrichten, Ausgabe 07/2014
219	Knittl (wie Anm. 218)
220	StAM Bpl. Starnberg/Tutzing 1906, Nr. 228
221	Alpenverein Archiv München HP 2.2, 1907
222	Drummer (wie Anm. 2), Nr. 68; Nachruf Xaver Knittl
223	Alpenverein Archiv München HP 2.5, HP 2.6, HP 2.K8, 1938
224	StAM Bpl. Starnberg/Tutzing 1911, Nr. 890
225	StAM Bpl. Starnberg/Tutzing 1911 (1936), Nr. 890
226	StAM Bpl. Starnberg/Tutzing 1926, Nr. 650
227	StAM Bpl. Starnberg/Feldafing 1922, Nr. 459; Architekt ist nicht zu ermitteln. Bauleitung: Lorenz Pauli
228	StAM Bpl. Starnberg/Tutzing 1924, Nr. 615
229	StAM Bpl. Starnberg/Tutzing 1924, Nr. 613
230	StAM Bpl. Starnberg/Tutzing 1927, Nr. 68; Architekten Jacob Holl & Wilhelm Flaschenträger München, Metzstr. 36
231	Architekt L. Baur, München, St. Paulsplatz 4
232	später Kaspar Engesser jun. (1913–1990)
233	später Adolf Moser (1912–1994)
234	ehemals Bahnhofstraße
235	Notariat Starnberg Nr. 1495, Notariat Franz Xaver Hörmann, 13. Oktober 1921
236	Pichlmayr-Erhard (1924–1988), Bernlochner-Moser (1926–1979), Engesser (1949–1988)
237	Schreiben vom Bezirksamt Starnberg vom 07. Juni 1930

238	Käthe, geb. 23.01.1885 in Adelnau; Otty, geb. in 16.04.1894 in Bojanowo; Helene, geb. 22.07.1895 in Lissa
239	StAM Bpl. Starnberg/Tutzing 1909, Nr. 254
240	Hahn-Bay, E.: Das "Drei-Mäderl-Haus" in: Starnberger See- G'schichten II. Percha 1987, S. 58
241	Drummer (wie Anm. 2), Nr. 167
242	geb. 17.05.1858 in Eupen (Belgien)
243	StAM Bpl. Starnberg/Tutzing 1921, Nr. 552
244	Pauli, Sepp: So war's bei uns. Geschichten aus dem alten Tutzing. Aktionsgemeinschaft Tutzinger Gewerbetreibender e.V. 1989, S. 104f
245	Drummer (wie Anm. 2), Nr. 194
246	StAM Bpl. Starnberg/Tutzing 1921, Nr. 556
247	Walter *1933, Liselotte *1935, Erika *1936
248	StAM Bpl. Starnberg/Tutzing Nr. 1921, Nr. 549
249	StAM Kataster Tutzing 21079, Nr. 191; Schüssel, Karl in München, Kauf und Neubau 15.9.1922; Schäfer Adolf Bruno bei Leipzig 08.10.1931
250	Heißerer (wie Anm. 131), S. 249
251	StAM Bpl. Starnberg/Tutzing 1922, Nr. 587
252	StAM Bpl. Starnberg/Tutzing 1924, Nr. 607
253	Drummer (wie Anm. 2), Nr. 202; Zeitungsartikel „Ein gewisser Schwindler" o.J. und „Die Vorkommnisse in der Genossenschaftsbank" (Gerichtssaal-Bericht) o.J., ohne Angabe
254	Name: Dr. Friedrich Ludwig Ufer, Rufname Ludwig
255	Drummer (wie Anm. 2), Nr. 202
256	StAM Bpl. Starnberg/Tutzing 1927, Nr. 687
257	StAM Bpl. Starnberg/Tutzing 1921, Nr. 547
258	StAM Kataster Tutzing 21079; Hauptstr. 74, 1922 Neubau Ingeborg, Hanno und Asko von Kemnitz
259	Archiv Ludendorff Gedenkstätte e.V. Tutzing. Aufzeichnungen Mathilde Ludendorff
260	Archiv Ludendorff (wie Anm. 259)
261	Ludendorff-Gedenkstätte e.V. (Hrsg.): Haus Ludendorff Tutzing. Faltblatt. Tutzing o. J.
262	StAM Kataster Tutzing 21079; Hauptstr. 74, 1932 Abkauf Ehepaar Ludendorff
263	Archiv Ludendorff Gedenkstätte e.V. Tutzing. Tagebuchaufzeichnungen Erich Ludendorff, 1932

Bauzeichner Konrad Knittl

1	Der Autostraße folgend nach Traubing kurz oberhalb der Baumschule
2	Gemeinde Tutzing (Hrsg.): Traubinger Heimatbuch mit Chronik. Weilheim 1981, S. 146f
3	StAM Bpl. Starnberg/Feldafing 1874, Nr. 61
4	StAM Bpl. Starnberg/ Feldafing 1900, Nr. 181
5	Therese Knittl heiratete August Schneider, Sohn Herbert Schneider
6	StAM Bpl. Starnberg/ Feldafing 1927, Nr. 494
7	StAM Bpl. Starnberg/ Feldafing 1957, Nr. 961

Baumeister Carl Knittl

1	Drummer, Josefranz: Gesammelte Unterlagen zu Häusern, sortiert nach alten Hausnummern. Gemeindearchiv Tutzing, Nr. 68
2	Bauplan Ignaz Greimel, privat
3	StAM Bpl. Starnberg/Tutzing 1936, Nr. 870
4	StAM Bpl. Starnberg/Tutzing 1936, Nr. 880
5	StAM Bpl. Starnberg/Tutzing 1936, Nr. 890
6	StAM Bpl. Starnberg/Tutzing 1937, Nr. 884
7	Freiwillige Feuerwehr Tutzing e.V. (Hrsg.): 1871 – 1996. 125 Jahre Freiwillige Feuerwehr Tutzing e.V., Tutzing 1996
8	Freiwillige Feuerwehr (wie Anm. 7)
9	StAM Bpl. Starnberg/Tutzing 1947, Nr. 1074
10	Verantwortl. Bauleiter: Wilhelm Rumiz
11	Grohmann, Hans: Häuser im Gebirge. München 1962, S. 55f
12	StAM Bpl. Starnberg/Tutzing 1899, Nr. 138; Planzeichner und Baumeister: Andreas Fischhaber Starnberg
13	Dollen, Ingrid von der: Walter Becker 1893 – 1984, Malerei und Grafik. Tutzing 2015, S. 40f
14	StAM Bpl. Starnberg/Tutzing 1949, Nr. 1194

15	Schmitz, Elke: Pelz-Eleganz aus Tutzing Oskar Schüler und seine Pelztierfarm. Historisches von Tutzing aus alten und neueren Zeiten, in: Studien zu Ortsgeschichtsforschung im Landkreis Starnberg, Benno C. Gantner (Hrsg.), Band III, Starnberg 2015, S. 106
16	StAM Bpl. Starnberg/Tutzing 1950, Nr. 1170
17	StAM Bpl. Starnberg/Tutzing 1951, Nr. 1224
18	StAM Bpl. Starnberg/Tutzing 1953, Nr. 1296
19	Teubig, Eva-Maria und Michael: „KurTheater" – Eine Festschrift zum 10-jährigen Jubiläum. Tutzing 2013

Baumeister Engelbert Knittl

1	Firma „Biersack & Knittl": Schreiben vom 01.02.1907 an den Herrn Kgl. Major Julius Paur München
2	Ott, Ludwig (Hrsg.): Milli und Sterz. Geschichten aus Bauerndörfern am Starnberger See. Lindenberg/Allgäu 2005, S. 118
3	StAM Bpl. Starnberg/Pöcking 1908, Nr. 118
4	Ott (wie Anm. 2), S. 120
5	StAM Bpl. Starnberg/Feldafing 1908, Nr. 246
6	(wie Anm. 5)
7	StAM Bpl. Starnberg/Feldafing 1912, Nr. 302
8	StAM Bpl. Starnberg/Feldafing 1913, Nr. 416
9	StAM Bpl. Starnberg/Feldafing 1911, Nr. 191
10	StAM Bpl. Starnberg/Feldafing 1912, Nr. 165
11	Archiv Pöcking, Bauplan
12	Ott (wie Anm. 4), S. 115
13	Ott (wie Anm. 4), S. 121
14	StAM Bpl. Starnberg/Feldafing 1913, Nr. 294
15	StAM Bpl. Starnberg/Feldafing 1913, Nr. 293
16	StAM Bpl. Starnberg/Feldafing 1923, Nr. 460
17	StAM Bpl. Starnberg/Feldafing 1924, Nr. 466
18	Schober, Gerhard: Frühe Villen und Landhäuser am Starnberger See. Zur Erinnerung an eine Kulturlandschaft. Waakirchen-Schaftlach 1999, S. 488
19	„Dem Hanswurst nach", in: DER SPIEGEL, Nr.16/1982, S. 275 f
20	StAM Bpl. Starnberg/Feldafing 1925, Nr. 613 und 1926, Nr. 476
21	Kistler, Ferdinand: Heimatbuch für Feldafing. Blaue nicht veröffentlichte Version. Feldafing 1990, S. 757 f
22	Aufzeichnungen Luise Wilisch, Chronistin, Archiv Feldafing
23	StAM Bpl. Starnberg/Feldafing 1916, Nr. 400; Planzeichner Ing. Hans Moser, München, Bau: Johann Steidele
24	StAM Bpl. Starnberg/Feldafing 1925, Nr. 481
25	Kistler (wie Anm. 21)
26	StAM Bpl. Starnberg/Feldafing 1928, Nr. 523; Tennisplätze 1924, Schiffshütte
27	Gemeindearchiv Feldafing: Broschüre „Die Chronik der Park Villa, 1870 – 1928"
28	StAM Bpl. Starnberg/Feldafing 1938, Nr. 634; Architekt: Dipl.-Ing. Max Wiederanders, Liebherrstr. 13, München
29	Archiv Feldafing, Baupläne
30	Land- und Seebote: Das erste Strandbad am Starnbergersee. Feldafing voran! Wochenblatt für Starnberg und Umgebung. Nr. 126, 9. Juni 1927
31	StAM Bpl. Starnberg/Feldafing 1912, Nr. 372; Architekten: Campbell & Drach
32	Breuhaus, Fritz August: Das Haus in der Landschaft. Stuttgart 1926
33	Breuhaus (wie Anm. 32), S. 11
34	Mangoldt, Ursula von (geb. 1904): Gebrochene Lebenslinien: Mein Weg zwischen den Zeiten. Freiburg 1981, S. 50 f
35	Kistler, Ferdinand: Heimatbuch für Feldafing und Umgebung. Arbeitskreis Feldafinger Chronik (Hrsg.), Feldafing 2010, S. 216
36	StAM Bpl. Starnberg/Feldafing 1927, Nr. 504
37	StAM Bpl. Starnberg/Feldafing 1928, Nr. 514
38	Kistler (wie Anm. 21), Haus Nr. 55
39	StAM Bpl. Starnberg/Feldafing 1927, Nr. 505; Bauantrag fehlt. Architekt ist nicht zu ermitteln.
40	Kistler (wie Anm. 35), S. 363 f
41	StAM Bpl. Starnberg/Feldafing 1928, Nr. 510
42	StAM Bpl. Starnberg/Feldafing 1929, Nr. 536
43	Kistler (wie Anm. 35), S. 429
44	StAM Bpl. Starnberg/Feldafing 1931, Nr. 553

45	Kistler (wie Anm. 35), S. 368
46	Gemeinde Feldafing (Hrsg.): Feldafing – Straßen und Bachläufe. Bilder aus Vergangenheit und Gegenwart. Feldafing 1999, S. 43
47	StAM Bpl. Starnberg/Feldafing 1920, Nr. 440; Bau: Johann Steidele, Architekt: Johann Mund
48	StAM Bpl. Starnberg/Feldafing 1933, Nr. 577; Architekt: Johann Mund, Zimmermannsarbeiten: Anton Floßmann
49	Wilisch, Luise: Aufzeichnungen über Feldafing. Feldafing 1998, S. 41 f
50	Nachnamen der Beschäftigten: Smala, Blumrich, Lehnert und Aumiller
51	StAM Bpl. Starnberg/Feldafing 1927, Nr. 506
52	StAM Bpl. Starnberg/Feldafing 1934, Nr. 595
53	Schumann, Dirk: Der Fall Adele Spitzeder 1872. Eine Studie zur Mentalität der „kleinen Leute" in der Gründerzeit. ZBLG Nr. 58, München 1995, S. 991
54	Schumann (wie Anm. 53)
55	Alvensleben, Annali von: Abgehoben. Hamburg 1998, S. 75 f
56	StAM Bpl. Starnberg/Feldafing 1935, Nr. 588
57	Nachlass Siedhoff
58	Alvensleben (wie Anm. 55), S. 94
59	Alvensleben (wie Anm. 55), S. 104
60	„Parkvilla" an der Höhenbergstraße 15; „Villa Columbia", bekannt als „Pschorr-Villa" an der Thurn-Taxis-Str. 11, in der auch die Familie Greite selbst lebte; „Sonnenhof", einst „Landhaus Fritz" an der Eichgrabenstraße 6 nebst dem Ökonomiegebäude „Birkenhof"
61	StAM Bpl. Starnberg/Feldafing 1935, Nr. 590
62	StAM Bpl. Starnberg/Feldafing 1937, Nr. 630

Engelbert Knittl jun. und Martha Knittl

1	Land- und Seebote: Abschied von Engelbert Knittl. Wochenblatt für Starnberg und Umgebung vom 20. Januar 1944 anlässlich der Feierstunde zur Kranzniederlegung am Ehrenmal in Feldafing
2	10. Oktober 1943 in Michailowka/Russland
3	Nachlass Knittl, Brief vom 13.07.1937
4	Hauptstraße, Ecke Traubinger Straße 1
5	Drummer, Josefranz: Gesammelte Unterlagen zu Häusern, sortiert nach alten Hausnummern. Gemeindearchiv Tutzing, Nr. 79
6	StAM Bpl. Starnberg/Tutzing 1960, Nr. 1894
7	StAM Bpl. Starnberg/Tutzing 1962, Nr. 2037
8	StAM Kataster Tutzing 21076, Nordbadstr. 4
9	StAM Bpl. Starnberg/Tutzing 1963, Nr. 2157
10	StAM Bpl. Starnberg/Tutzing 1966, Nr. 2553

Weitere, im Text nicht berücksichtigte Häuser und Bauten

Josef Knittl

Irene Freiherrin von Asch Haus „Mussinan" Neustätterstraße 14 Tutzing, 1872
Lerchenfeldhaus Haus Goya Hauptstraße 82 Tutzing, 1872 abgebrochen
Menachion Kohn Villa „Judentempel" Waldschmidtstraße 21 Tutzing, 1873, abgebrochen
Schreinermeister Tafertshofer Wohnhaus Beringerweg 18 Tutzing, 1873
Wenzel Elias Landhaus Neustätterstraße 2 Tutzing, 1873
Ludwig Neustätter Villa Barbaraweg 11 Tutzing, 1873/74
Gräfin Elisabeth Bonasi Villa Höhenbergstraße 12 Tutzing, 1874, abgebrochen
Hermann Rein Wohnhaus Beringerweg 16 Tutzing, 1874/75
Kreszenz Walser Wohnhaus Bräuhausstraße 13 Tutzing, 1876
Urban Grünwald „Knittlhof" Nebengebäude Traubinger Straße 9 Garatshausen, 1876
Konrad Amtmann Villa Marienstraße 10 Tutzing, 1878, stark verändert
Julius Violand (Drummer) Landhaus Traubinger Straße 7 Tutzing, 1880
Poldlhof Pauli/Lindl Bauernhof Kustermannstraße 2 Tutzing, 1885
u.a.

Josef Knittl's Witwe

Karl Erhard Wohnhaus Bahnhofstraße 10 Tutzing, 1891, abgebrochen
„Alte" Post Bahnhofstraße 21 Tutzing, 1891, abgebrochen
Nikolaus Finsterwalder Wohn- und Geschäftshaus Hallberger Allee 15 Tutzing, 1891
u.a.

Xaver Knittl

Nikolaus Mühlhofer Wohnhaus Bräuhausstraße 27 Tutzing, 1894
Georg Tafertshofer Werkstätte mit darüberliegender Wohnung Bräuhausstraße 18 Tutzing, 1894
Schießstätte Höhenbergstraße 54 Tutzing, 1894
Otto Dollmann (jetzt Bauer) Aufbau eines Giebels Abortumbau Barbaraweg 2 Tutzing, 1894
Peter Bockmayr Wasserreservoir Bockmayrstraße Tutzing, 1894, zugeschüttet
Heinrich Lehmpuhl Stallung Assenbucher Straße 28 Leoni, 1894
Bernrieder Hof (Andechser Hof) Neuer Saal mit Fremdenzimmer Hauptstraße 25 Tutzing, 1894/95
Karl Prestele Kunstmaler Villa (Hammerer, Hupfauf) Heinrich-Vogl-Straße 8 Tutzing, 1898
Hans Fiederer Gastwirt (Tutzinger Hof) Gasthofumbau Pferdestallung Hauptstraße 32 Tutzing, 1895
Franz Rüppel Schlosserwerkstätte Kirchenstraße 7 Tutzing, 1895
Gregor Müller Wohnhaus mit Ökonomiegebäude Marienstraße 13 Tutzing, 1895
Georg Killer (jetzt Dr. Friedrich Karl Flick) Wohnhausumbau Tutzinger Straße 26 Seeshaupt, 1895/96
Georg Killer Hausmeisterhaus Tutzinger Straße 28 Seeshaupt, 1895/96
Peter Bockmayr Metzgermeister Wagenremise Hauptstraße 35 Tutzing, 1895, abgebrochen
Isidor Weber Nebengebäude zu Wohnhaus Kustermannstraße 7 Tutzing, 1895, abgebrochen
Pfarrhofgebäude Aufbau einer Etage Graf-Vieregg-Straße 10 Tutzing, 1896, abgebrochen
Riedle Stallung für 5 Kühe Haunshofen, 1896
Lorenz Weiß (Bäckerei Reis) Umbauten Marienstraße 2a Tutzing, 1896
Anna von Hofacker Landhausumbauten Hausensteinweg 1 Tutzing, 1896
Friedrich Dommaschk Wohnhausaufbau Traubinger Straße 14 Tutzing, 1896
Martin Scharr Wohnhausanbau mit Bügelzimmer Traubinger Straße 8 Tutzing, 1896
Ditmar Stallgebäude und Gärtnerwohnung Possenhofen, 1896/97
Direktor Rädde Erweiterungsbauten Anried bei Seeshaupt, 1897
Josef Konrad (Kramerladen) Wohnhausanbau Hauptstraße 56 Tutzing, 1897
Baron Wilhelm Schertel Landhaus Schloss Hohenberg bei Seeshaupt Erweiterungen, 1897/98
Johann Modl Wohnhausumbau Garatshausen, 1898

Viktoria Tafertshofer Wohnhausanbau Beringerweg 18 Tutzing, 1898
Otto Hammerer Anbau an Villa (jetzt Hupfauf) Heinrich-Vogl-Straße 8 Tutzing, 1898
Bessinger Unterkellerung Hauptstraße 48 Tutzing, 1898/99
Lertinand Nebengebäude Hauptstraße 59 Tutzing, 1898/99
Hans Fiederer Gastwirt (Tutzinger Hof) Eiskeller Hauptstraße 32 Tutzing, 1899
K. Gonetzny Umbau Hauptstraße 41 Tutzing, 1899/1900
Wendland Gasthof (jetzt Nöhmeier) Dorfstraße 7 Unterzeismering, 1900/01
Fischers Witwe Wohnhaus Diemendorf 1901
Michael von Poschinger Glashaus Remisen Nebengebäude Garten Hauptstraße 12 Tutzing, 1901
Kirchturm St. Peter und Paul Graf-Vieregg-Straße 12 Tutzing, 1901
Franz Höcherl Wohnhausanbau Hauptstraße 38 Tutzing, 1901/02, abgebrochen
Johann Suiter Dampf- und Sägewerk Werkstätte Tutzing, 1902, abgebrochen
Gräfin Elisabeth Bonasi Anbau an Villa Höhenbergstraße 12 Tutzing, 1902, abgebrochen
Norbert Lorenz Gärtner Wohnhaus Heinrich-Vogl-Straße 14 Tutzing, 1902/03
Prof. Franz Riegel Anbau eines Speisesaals Hauptstraße 88 Tutzing, 1903, abgebrochen
Lorenz Pauli Neubau Rückgebäude Kustermannstraße 2 Tutzing, 1903
„Midgardhaus" Dr. Hermann Scholl Anbau an Haupttreppe, Schutzmauer, Glashaus Tutzing, 1903
Ludwig Bäck „Wagnerhaus" Graf-Vieregg-Straße 4 Tutzing, 1903
Oberst Was(s)ner (Franz Josef Pschorr) „Waldwinkel" Beringerweg 34 Tutzing, 1903, abgebrochen
Bachmayr Anbau Possenhofen, 1903
Gemeinde Tutzing Kanalisation, 1903–1905
Thonwerke Ziegelfabrik Renner Neubau nach Brand Ziegeleistraße Tutzing, 1903-1905, abgebrochen
Ignaz Dusold Villa „Salve" Waldschmidtstraße 1 Tutzing, 1904
Major Windstosser Landhaus Traubinger Straße 37 Tutzing, 1904, abgebrochen
Leo Renner Thonwerk AG Neubau nach Brand Ziegeleistraße Tutzing, 1903-1905, abgebrochen
Franz Abel Stallung Bahnhofstraße 16 Tutzing, 1905, abgebrochen
Therese Gonetzny Stallung Weylerstraße 4 Garatshausen, 1905
Dr. Hermann Ostermaier Unterfangen der Hauptmauer Ringseisweg 2 Tutzing, 1905
Franz Xaver Lidl Postbote Wohnhausanbau (jetzt Munding) Beringerweg 22 Tutzing, 1905/06
Kloster Herz Jesu (Klösterl) Neubau einer Gruft Hauptstraße 17 Tutzing, 1905/06
Louis Sinner (Kester/Bouterwek) Anlage eines Luftkanals Barbaraweg 11, 1906
Franz Kustermann Unterfangen der Villa Hauptstraße 2 oder 6 Tutzing, 1906
Georg Roth Gastwirt Wohnhaus mit Stall Hauptstraße 54 Tutzing, 1906, abgebrochen
nebst Schlachthaus, 1906 abgebrochen (beides ehemals Metzgerei Stöckerl)
Nikolaus Finsterwalder Ladenvergrößerung Hallberger Allee 15 Tutzing, 1907
Wilhelm Schöffel Landhaus Kustermannstraße 10 Tutzing, 1909
Karl Enderle Wohnhaus (jetzt Listl) Bräuhausstraße 9 Tutzing, 1911
Umbau Landhaus Violand (Drummer) Traubinger Str. 7 Tutzing, 1895 und 1911
Peter Bockmayr Geschäftshaus Hauptstraße 35 Tutzing, 1912, abgebrochen
„Postler-Haus" mit Dienstwohnungen Waldschmidtstraße 25 Tutzing, 1912
Franz Kustermann Kamin Waschhaus in Remise Hauptstraße 6 Tutzing , 1911–1913
Gutsverwaltung Rößlberg Kartoffeldämpfraum, 1912
Georgine Schleich-Hoste (Gröschl) Autogarage Traubingerstraße 40 Tutzing, 1912, abgebrochen
Andreas Sieber Gärtnerhaus Marienstraße 12 Tutzing, 1913
Anna Westermeier Nebengebäude u. Schlosserwerkstätte Beringerweg 14 Tutzing, 1913, abgebrochen
Johann Marx Fischer Wohnhaus Seestraße Tutzing, 1913, abgebrochen
Theodor Eckerl Wohnhaus mit Schlosserei Hallberger Allee 8 Tutzing, 1913, abgebrochen
Dr. Oskar Hauck Villa Seepromenade 2 Bernried, 1913
Franz Kustermann Anbau an das Nebengebäude Waschhaus Hauptstraße 6 Tutzing, 1915
Oskar Schüler Nebengebäude mit Stallung Hauptstraße 109 Tutzing, 1918 u. 1926, abgebrochen
Therese Simson Umbauten im Hotel Bräuhausstraße 9–15 Tutzing, 1926, abgebrochen
Johann Stadler Zimmermeister aus Starnberg Traubinger Straße 25, 1928
u.a.

Carl Knittl

Willi und Katharina Zech Wohnhaus Reiserbergweg 1 Tutzing, 1934
Olla Rosa Sollinger Wohnhaus Kustermannstraße 22 Tutzing, 1934, abgebrochen
Georg Frey Gärtnerwohnhaus Hofrat-Beisele-Straße 2 Tutzing, 1948
H.J. von Ehrlich Wohnhaus Traubinger Straße 23 Tutzing, 1951
Franz Hanfstaengl Bungalow Midgardstraße 20 Tutzing, 1951, abgebrochen
Georg Frey Wohnhaus Waldschmidtstraße 15 Tutzing, 1952, abgebrochen
Mathilde Crebert Bungalow Midgardstraße 10-12 Tutzing, 1953, abgebrochen
„Postler-Haus" mit Dienstwohnungen Umbauten Waldschmidtstraße 25 Tutzing, 1953
u.a.

Engelbert Knittl sen.

Ludwig und Nelly Bauer Villa Trendelstraße 17 Feldafing, 1911, abgebrochen
Gärtnerhaus zur Bauer Villa Trendelstraße 17 Feldafing, 1911
Michael Fastl Landhaus Gartenstraße 2 Pöcking, 1913
Emil Smala Johann-Biersack-Straße 18 Feldafing, 1927
Michael Schmid Wohnhaus Alpspitzstraße 3 Feldafing, 1928
Lina Gutscher Wohnhaus mit Ökonomiegebäude Seewiesstraße 29 Feldafing, 1950
Leichenhaus Pöcking
Umbau Bäckerei Jakob Kirchplatz 11 Feldafing, 1907
Landhaus Gaston Mog Seeweg 21 Possenhofen, 1908
Speisesaal Karl Schauer Karl-Theodor-Straße 6 Possenhofen, 1925
Erfrischungshalle mit Warteraum J. Gebhardt Dampfschiffsteg Possenhofen, 1925
Anbau Wochenendhaus Dr. med. Otto Praun Heinrich-Knote-Straße 8 Pöcking, 1954 (Mordfall Vera Brühne)
Autogarage Dr. med. Ernst Heidinger (Bäumler) Keltenstraße 33 Pöcking, 1951
u.a.

Witwe Martha Knittl

Ferdinand Hössle Tankstelle und Montagehalle mit Wohnungen Hauptstraße 100 Tutzing, 1953-1955
Max Simson Austragshaus Bräuhausstraße 5 Tutzing, 1959, abgebrochen
Marie-Luise Schweinle Wohnhaus Kustermannstraße 21 Tutzing, 1962
Therese Schneider Wohnhaus Sprunglweg 6 Garatshausen, 1957
u.a.

Karl Xaver Knittl

Sepp Pauli Reihenhäuser Am Steg 8-12 Unterzeismering, 1968
Horst Floth Wohnhaus Sprunglweg 7 Garatshausen, 1970
Verla Pharm Geschäftshaus Von-Kühlmann-Straße 7 Tutzing, 1970
Stanner Umbau Wohnhaus mit Reiterhof Radiberg Monatshausen, 1974
Franz Lidl Aufstockung Umbau Haupthaus Gaststätte mit Wohnungen Marienstraße 16 Tutzing, 1975
Eva Breitenberger Doppelhaushälfte, Rauscherweg 23 Breitbrunn, 1975
Franz Sladek Wohnhaus Alte Traubinger Straße 10 Garatshausen, 1979
Franz Lidl „Hotel am See" (vorher Bootshaus) Marienstraße 17 Tutzing, 1980
Ronstedt Villa Passow Umbauten Rieder Straße 69 Herrsching, 1980
u.a.

Anmerkung zu den ergänzenden Baulisten:
Zwischen 1893–1907 sind detaillierte Aufzeichnungen zu den Bauten aus dem Archiv Knittl vorhanden. Durch Eigenrecherche im Staatsarchiv konnten viele davon außerhalb dieses Zeitraums ausfindig gemacht werden. Durch zunehmende Trennung von Baugeschäft und Architektur und deren höhere Gewichtung dokumentierte man ab etwa 1930 nur noch den Architekten.

Zeittafel

1854
Eröffnung der Eisenbahnlinie München – Starnberg

1865
Herzog Ludwig in Bayern holt Jose(ph)f Knitt(e)l von Weißenbach/Tirol nach Possenhofen

Eröffnung der Eisenbahnlinie Starnberg – Tutzing

1871-1874
Gründerzeit und erster Bauboom am Starnberger See

1872
Josef Knittls Selbstständigkeit, Hausbau, Gründung des Baugeschäfts in Tutzing, Heirat mit Maria geb. Greinwald

1888
Tod des Maurermeisters Josef Knitt(e)l mit 51 Jahren; sein Bruder, Maurerpolier Matthäus Knittl aus Weißenbach, führt mit Witwe Maria das Baugeschäft weiter: „Joseph Knittl's Witwe Baugeschäft"

1894
Ältester Sohn Xaver der 7 Kinder von Josef und Maria Knittl übernimmt offiziell das Baugeschäft mit 21 Jahren

um 1890-1912
Aufschwung in der „Prinzregentenzeit"; Aufstockung und Verschönerung von einfachen Häusern zu Villen; „Villen- und Landhäuserboom" am Starnberger See zwischen 1894–1905

1907
Engelbert Knittl, jüngster Bruder von Xaver, übernimmt das Baugeschäft von Johann Biersack in Feldafing

1911
Beschäftigungshöhepunkt bei Xaver Knittl in Tutzing mit 357 Mitarbeitern

1924–1929
Goldene Zwanziger; Aufschwung nach der Inflation 1923; Mansarddach, Korbbögen

1933
Tod und Ende der großen Schaffenszeit von Xaver Knittl in Tutzing; Sohn Carl übernimmt das Baugeschäft

1935
Heirat mit Martha, geb. Sechser, Tochter einer Postbeamtin aus Ammerland am Ostufer

1933–1939
Vorkriegswirtschaft, Bauboom, schlichte Wohnhäuser mit glatten Fensterläden und Rauputz

1943
Engelbert Knittl jun. Architekt, Sohn und geplanter Nachfolger von Engelbert Knittl aus Feldafing fällt im Krieg

1953
Tod von Geschäftsführer Carl Knittl; Baumeister Engelbert Knittl aus Feldafing, Onkel von Carl, wird mit 71 Jahren Geschäftsführer in Tutzing und führt mit der Witwe Martha das Baugeschäft in Tutzing weiter

1966
Offizielle Übergabe des Baugeschäfts in Tutzing an den ältesten Sohn Karl Xaver und Heirat mit Eva, geb. Breitenberger aus Breitbrunn/Ammersee, deren drei Brüder alle in der Baubranche tätig waren

1987
Schließung des Baugeschäfts Xaver Knittl nach 115 Jahren

Stammbaum der Baumeister der
Familie Knittl

Jose(ph)f Knitt(e)l
Maurermeister
1837-1888
verh.
Maria Greinwald
1846-1921
7 Kinder: **Xaver**, Joseph, **Konrad**, Josefa, Maximilian, Urban, **Engelbert**

I. Generation

1. Xaver Knittl
Baumeister in Tutzing
1873-1933
verh.
Therese Enderle
1880-1936
3 Kinder: **Carl**, Annie, Josefa

3. Konrad Knittl
Landwirt in Garatshausen
Buchhalter u. **Bauzeichner** in Tutzing
1876-1966
verh.
Anna Elsperger
1878-1960
2 Kinder: Max, Therese

7. Engelbert Knittl
Baumeister in Feldafing
Geschäftsführer in Tutzing ab 1953
1882-1963
verh.
Anna Rödl
1883-1963
2 Kinder: **Engelbert**, Gertud

II. Generation

1. C(K)arl Knittl
Baumeister in Tutzing
1903-1953
verh.
Martha Sechser
1904-1984
3 Kinder: **Karl Xaver**, Rudolf, Ursula: verh. mit Peter Simson

1. Engelbert Knittl jun.
Architekt
1912-1943

III. Generation

1. Karl Xaver „Xavi" Knittl
Baumeister in Tutzing
1936-2013
verh.
Eva Breitenberger
1939-1996
1 Kind: **Stefanie**

IV. Generation

Stefanie Knittl
Autorin

Literaturverzeichnis

Alvensleben 1998
Alvensleben, von Annali: *Abgehoben*. Hamburg 1998

Bauer 1998
Bauer, Richard: *Prinzregentenzeit*. München und die Münchner in Fotografien. München 1988

BLfD 1991
Bayerisches Landesamt für Denkmalpflege (Hrsg.): Gerhard Schober: *Denkmäler in Bayern*. Landkreis Starnberg. München/Zürich 1991

Behringer 2008
Behringer, Anja: „*Ein Platz, den schöner sich kein Mensch erträumen könnte...*". Geschichte der Villa von Dichtern und Malern in Tutzing. Tutzing 2008

Behringer 2013
Behringer, Anja: *Kunstvoll ausgestattetes Kleinod. Die bewegte Vergangenheit der Villa Berghaus: Familiendomizil, Rückzug für Flüchtlinge und Krankengymnastik-Praxis*. Münchner Merkur. Landkreis Starnberg. 31.12.2012/01.01.2013. Nr. 301

Behringer 2015
Behringer, Anja: *Vom Industriellenrefugium zum Ensemble für die Öffentlichkeit. Die Kustermann-Villa und ihr Park am Ufer des Starnberger Sees*. Schönere Heimat. 104. Jahrgang. 2015. Heft 4

Breuhaus, 1926
Breuhaus, Fritz August: *Das Haus in der Landschaft*. Stuttgart 1926

Deutscher Alpenverein Tutzing 2007
Deutscher Alpenverein Tutzing (Hrsg.): *100 Jahre Tutzinger* Hütte. Sektion Tutzing Jahresbericht 2007

Dollen 2015
Dollen von der, Ingrid: *Walter Becker*. 1893–1984. Malerei und Grafik. Tutzing 2015

Drummer
Drummer, Josefranz. Gesammelte Unterlagen zu Häusern, sortiert nach alten Hausnummern. Gemeindearchiv Tutzing

Ebers 1950
Ebers, Hermann: Unveröffentlichte „Kindheitserinnerungen". Typoskript um 1950, Tutzing

Eichacker 1921
Eichacker, Reinhold: *Der Namenlose. Ein Roman*. München 1921

Erholungsheim 1914
Prospekt: *Erholungsheim des Bayerischen Verkehrsbeamten-Vereins. Tutzing am Starnberger See*. München 1914

Freiwillige Feuerwehr 1996
Freiwillige Feuerwehr Tutzing e.V. (Hrsg.): *1871–1996. 125 Jahre Freiwillige Feuerwehr Tutzing e.V.* Tutzing 1996

Gärtner 2009 – DVD Namen
Gärtner, Michael: *Namen die uns auf den Tutzinger Friedhöfen begegnen und ihre Geschichte*. Dokumentation auf DVD. Tutzing 2009

Gärtner 2011 – DVD Alte Friedhof
Gärtner, Michael: *Der Alte Friedhof.* Dokumentation auf DVD. Tutzing 2011

Gärtner 2011 – Kurzführer
Gärtner, Michael: *Der Alte Friedhof in Tutzing.* Kurzführer. Tutzing 2011

Gärtner 2011 – DVD Maler
Gärtner, Michael: *Bekannte Maler in Tutzing.* Dokumentation auf DVD. Tutzing 2011

Gemeinde Bernried 1997
Gemeinde Bernried (Hrsg.): *Bernrieder Bilderbogen.* Unser Dorf in fotografischen Erinnerungen. Horb am Neckar 1997

Gemeindearchiv Bernried 1992
Gemeindearchiv Bernried A62/2: Karl Fäth: Aufzeichnungen Haus Nr. 35 1/3. Murnau 1992

Gemeinde Feldafing 1992
Gemeinde Feldafing (Hrsg.): *Festschrift zur 1250-Jahrfeier von Garatshausen. 19. bis 21. Juni 1992.* Feldafing 1992

Gemeinde Feldafing 1999
Gemeinde Feldafing (Hrsg.). *Feldafing - Straßen und Bachläufe.* Bilder aus Vergangenheit und Gegenwart. Feldafing 1999

Gemeinde Seeshaupt 2011
Gemeinde Seeshaupt (Hrsg.): Bero und Renate von Fraunberg (Schriftleitung): *Die Kirchen im Dorf.* Von heiligen Häusern und frommen Leben. Seeshaupt 2011

Gemeinde Seeshaupt 2013
Gemeinde Seeshaupt (Hrsg.): *Das Künstlerdorf. Von Spitzweg bis Campendonk.* Kapitel von Peter Claus Hartmann: *Gustav Adolf Horst: Einfühlsamer Maler und romantisierender Schriftsteller.* München 2013

Gemeinde Tutzing 1981
Gemeinde Tutzing (Hrsg.): *Traubinger Heimatbuch mit Chronik.* Weilheim 1981

Gemeinde Wessobrunn 2003
Gemeinde Wessobrunn (Hrsg.): *1250 Jahre Wessobrunn.* Festschrift. Sr. Georgia Otto OSB (Autorin): *Theodor Freiherr von Cramer-Klett und sein Einsatz für den Benediktinerorden.* Lindenberg/Allgäu 2003

Grohmann 1962
Grohmann, Hans: *Häuser im Gebirge.* München 1962

Gründl 1985
Gründl, Petra: *Hofmark Tutzing.* Vom Fischerdorf zum Luftkurort. Von der Hofmark zur politischen Gemeinde. Geschichte in zwölf Jahrzehnten. Gemeinde Tutzing 1985

Hahn 2014
Hahn, Udo: Schloss und Evangelische Akademie Tutzing. Regensburg 2014

Hahn-Bay 1987
Hahn-Bay, E.: *Das „Drei-Mäderl-Haus"* in: Starnberger See-G'schichten II. Percha 1987

Hausenstein 1967
Hausenstein, Wilhelm: *Licht unter dem Horizont. Tagebücher von 1942 bis 1946.* Vorwort W. E. Süskind. München 1967

Heißerer 2010
Heißerer, Dirk: *Wellen, Wind und Dorfbanditen.* Literarische Erkundigungen am Starnberger See. München 2010

Herbertz 2012
Herbertz, Eva-Maria: *„Das Leben hat mich gelebt".* Die Biografie der Renée-Marie Hausenstein. München 2012

Jungmann 1926
Jungmann, Joh. B. (Hrsg.): *Holzhausen.* Ein Heimatbuch am Starnberger See. München 1926

Jordan von 2010
Jordan von, Christian: *Deixlfurt und seine Bewohner.* Geschichte und Geschichten eines Familienzentrums. Tutzing 2010

Kistler 1990
Kistler, Ferdinand: *Heimatbuch für Feldafing.* Blaue nicht veröffentlichte Version. Feldafing 1990

Kistler 2010
Kistler, Ferdinand: *Heimatbuch für Feldafing und Umgebung.* Arbeitskreis Feldafinger Chronik (Hrsg.). Feldafing 2010

Knittl 2014
Knittl, Stefanie: Tutzinger Nachrichten. *Tutzing wie es früher war.* Familiensaga Knittl. Ausgabe 1–11/2014

Knittl 2015
Knittl, Stefanie: Tafeltexte zur Ausstellung *Knittl, Baumeister, Tutzing. Häuser und Villen am Starnberger See* im Ortsmuseum Tutzing 2015

Köstler 2014
Köstler, Eberhard: Tafeltexte zur Ausstellung *Das Midgardhaus.* Ortsmuseum Tutzing 2014

Kroll 1977
Kroll, Frederic (Hrsg.): Klaus-Mann-Schriftenreihe. Band 2. 1906–1927. *Unordnung und früher Ruhm.* Wiesbaden 1977

Land- und Seebote. Wochenblatt für Starnberg und Umgebung; 4.09.1888; 31.07.1900; 04.07.1912; 09.06.1927; 18.01.1938; 20.01.1944

Lanzinger 2005
Lanzinger, Alma: *Ammerland anno dazumal.* Ammerland 2005

Mangoldt 1981
Mangoldt, Ursula von: *Gebrochene Lebenslinien: Mein Weg zwischen den Zeiten.* Freiburg i. B. 1981.

Ott, 2005
Ott, Ludwig (Hrsg.): *Milli und Sterz.* Geschichten aus Bauerndörfern am Starnberger See. Lindenberg/Allgäu 2005

Ow 1982
Ow von Freiherr, Meinrad: *Schloß Tutzing und seine Besitzer in den letzten 200 Jahren.* Ein Beitrag zur Bau- und Sozialgeschichte einer bayerischen Hofmark. Oberbayerisches Archiv. Historischer Verein von Oberbayern. München 1982

Pauli 1989
Pauli, Sepp: *So war's bei uns.* Geschichten aus dem alten Tutzing. Aktionsgemeinschaft Tutzinger Gewerbetreibender e.V. 1989

Reichert 1991
Reichert, Helga: *Die Geierwally. Leben und Werk der Malerin Anna Stainer-Knittel.* Innsbruck 1991

Schmitz 2015
Schmitz, Elke: *Pelz-Eleganz aus Tutzing Oskar Schüler und seine Pelztierfarm*. Studien zu Ortsgeschichtsforschung im Landkreis Starnberg (Benno C. Gantner Hrsg.), Bd. III. Historisches von Tutzing aus alten und neueren Zeiten. Starnberg 2015

Schober 1984
Schober, Gerhard (Hrsg.): *Der Starnberger See. Eine Wanderung durch seine Uferorte*. Wort und Bild von G.A. Horst. Faksimile-Neuauflage, München1984

Schober 1991
Schober, Gerhard: *Denkmäler in Bayern*. Landkreis Starnberg. Bayerisches Landesamt für Denkmalpflege (Hrsg.). München/ Zürich 1991

Schober 1999
Schober, Gerhard: *Frühe Villen und Landhäuser am Starnberger See*. Zur Erinnerung an eine Kulturlandschaft. Waakirchen-Schaftlach 1999

Schumann 1995
Schumann, Dirk: *Der Fall Adele Spitzeder 1872*. Eine Studie zur Mentalität der „kleinen Leute" in der Gründerzeit. 1995, S. 991

Sebald 2016
Sebald, Katja: *Unbekanntes Fünfseenland*. Von Fischern, Fürsten und Fantasten. München 2016

Seeresidenz 2016
Seeresidenz Alte Post Betriebs GmbH Seeshaupt: *Die Chronik des Hauses*. Informationsblatt 2016

Simson 2008
Simson, Hans-Peter: *Tutzing und das Hotel Simson*. Ammerland 2008

Steffen 2011 DVD
Steffen, Walter: *Zeug & Werk: Handwerkergeschichten vom Starnberger See*. Dokumentarfilm auf DVD. 2011

Tati 1958 DVD
Tati, Jacques: *Mon Oncle - Mein Onkel*. Buch und Regie 1958. DVD. Arthaus 2015

Tutzinger Nachrichten
Ausgaben 06/1984 ; 05/1985; 01/1995; 10/2001; 01/2012; 01/2014 bis 11/2014

Wallisch 2015
Wallisch, Klaus: *Die Bayerischen Textilwerke*. Studien zur Ortsgeschichtsforschung im Landkreis Starnberg (Benno C. Gantner Hrsg.), Band III. Historisches von Tutzing aus alten und neueren Zeiten. Starnberg 2015

Wiede 1997
Wiede, Peter: *Am goldenen Ufer des Starnberger Sees*. Geschichten aus dem schönen Tutzing von Herrschaften, Leuten, Fischer- und Bauernfamilien. Tutzing 1997

Wieland 1980
Wieland, Dieter: *Bauen und Bewahren auf dem Lande*. Deutsches Nationalkomitee für Denkmalschutz (Hrsg.). München 1980

Wünnenberg 1982
Wünnenberg, Rolf: *Das Sängerehepaar Heinrich und Therese Vogl*. Tutzing 1982

Archive

Alpenverein, Archiv München
Gemeindearchive Bernried, Feldafing, Pöcking und Tutzing
Staatsarchiv München (StAM, Baupläne und Kataster)
Referenzen-Liste der Knittl-Bauten (Josefranz Drummer und Nachlass Knittl)

Bildnachweis

Mauermeister Josef Knittl

Staatsarchiv München: Abb. 48

Gemeindearchive:
Feldafing: Nachlass Engelbert Knittl Fotoplatten: Abb. 37
Tutzing: Abb. 11a/b, 32, 39
Medienarchiv Wikimedia Commons: Abb. 3
GNM Nürnberg, DAK, Nachlass Ebers, Hermann IA-27_0036: Abb. 5

Privatarchive:
Gernot Abendt: Abb. 12, 31, 38, 44
Hans-Christoph Drummer: Abb. 34, 35, 36
Christiane und Werner Drynda: Abb. 27
Benno C. Gantner: Abb. 4, 42, 49
Heidi Gläsener: Abb. 45
Renée-Marie und Kenneth Parry Hausenstein: Abb. 26
Adda von Hofacker: Abb. 25
Christian von Jordan: Abb. 40
Stefanie Knittl: Abb.1, 2, 9, 10, 14, 29, 33, 41
Alois Müller: Abb. 6, 7, 8, 16, 17, 18, 19, 22, 28, 30, 43, 46, 47
Herbert Müller: Abb. 15
Elke Schmitz: Abb. 21
Gerhard Schober: Abb. 13
Familie Schüler: Abb. 23, 24
Elisabeth Wagner: Abb. 20

Joseph Knittl's Witwe

Privatarchive:
Benno C. Gantner: Abb. 5
Familie L' Estocq: Abb. 6
Stefanie Knittl: Abb. 1, 2, 3, 4
Familie Krause: Abb. 7
Wilfried Zehendner :Abb. 8, 9, 10, 11

Baumeister Xaver Knittl

Staatsarchiv München (Pläne und Fotos): Abb. 8, 9, 17, 21, 25, 27, 29, 32, 42, 47, 49, 52, 54, 57, 60, 62, 64, 71, 80, 82, 85, 90, 94, 97, 98, 100, 119, 141, 142, 143, 145, 158, 164, 175, 178, 180, 181, 185

Archiv des Deutschen Alpenvereins München: Abb. 167
Archiv Ludendorff-Gedenkstätte e.V.: Abb. 184, 186

Gemeindearchive:
Bernried: Abb. 39, 40, 68
Seeshaupt: Abb. 45, 46, 136, 152, 153
Tutzing: Abb. 55, 81, 125, 131, 134, 137, 173

Privatarchive:
Gernot Abendt: Abb. 37, 38, 78, 87, 88, 89, 150, 151, 155
Sepp Auer: Abb. 165, 166
Walter und Hela Baumgärtel: Abb. 41
Ulrike und Horst Becker: Abb. 73
Johannes Berlinger: Abb. 183
Hans Binder: Abb. 124
Karl Birzle: Abb. 139
Doris Bodemann: Abb. 174, 176
Inés Boemmel und Thomas Gassner: Abb. 16
Andreas Botas: Abb. 144
Evelin Burgdorf: Abb. 106
Philipe von Dawans: Abb. 129, 130
Rolf Dechamps: Abb. 117, 118
Wilhelm Demmel: Abb. 93
Elisabeth Dörrenberg: Abb. 69
Ursula Eberle: Abb. 96
Eva-Maria Eckart: Abb. 65
Familien Emrich und Weigert: Abb. 115
Hildegard Erhard: Abb. 172
Gabriele Fichtner: Abb. 182
Christian Freksa: Abb. 114
Stephan Gallenkamp: Abb. 74
Uschi Glenk: Abb. 72
Ursula Görg: Abb. 110
Norbert Gößler: Abb. 44
Renate Greiner: Abb. 48
Uwe Gröger: Abb. 122
Peter Gsinn: Abb. 31
Daniel Handke: Abb. 99
DTYC Chronik: Abb. 108, 109
Peter Claus Hartmann: Abb. 59
Gabriele Heirler: Abb. 15, 36
Mary Höck: Abb. 75
Eleonore Huchel: Abb. 111
Doris Idris: Abb. 63
Ulrich Irrgang: Abb. 51
Alfred Kaunicnik: Abb. 66
Ruth Kilg: Abb. 91, 92
Stefanie Knittl: Abb. 1, 2, 3, 26, 30, 34, 58, 67, 79, 83, 107, 112, 121, 123, 138, 140, 154, 156, 163, 170, 187
Manfred Knote: Abb. 61
Familie Köck: Abb. 95
Heinz Kühler: Abb. 53
Margit Kurzhals-Knittl: Abb. 70

Alma Lanzinger: Abb. 135
Hannelore Lumpe: Abb. 22, 169
Hans-Christoph von Mitschke-Collande: Abb. 56
Luise Morgens: Abb. 35, 104
Alois Müller: Abb. 4, 6, 7, 10, 11, 12, 13, 14, 18, 19, 20, 23, 43, 77, 101, 102, 103, 105, 126, 132, 133, 146, 157, 159, 160, 161, 168, 171
Klaus Müller: Abb. 127, 128
Stephanie Neidhart-Wilke: Abb. 76
Inge und Gudrun Pfautsch: Abb. 5
Sabine Wildhagen: Abb. 24
Stefanie Rühmer: Abb. 28
Klaus und Traute Sander: Abb. 120
Peter Schäfer: Abb. 179
Walter Schlenk: Abb. 177
Gerhard Schober: Abb. 113, 116
Hans-Peter Simson: Abb. 33, 147, 148, 149
Josef Trundt: Abb. 50
Ernst Weberbeck: Abb. 84, 86
Ulrike Wilhelm: Abb. 162

Bauzeichner Konrad Knittl

Staatsarchiv München: Abb. 3

Privatarchive:
Herbert Schneider Abb. 1, 4, 5, 6, 7
Stefanie Knittl Abb. 2

Baumeister Carl Knittl

Staatsarchiv München: Abb. 12, 20

Privatarchive:
Christa Besemer: Abb. 7
Gabriele Flosdorf: Abb. 2
Andreas Hoelscher: Abb. 13, 14
Stefanie Knittl: Abb. 1, 4, 9, 10, 11, 17, 18
Brigitte Lucas: Abb. 3
Alois Müller: Abb. 6, 8, 21
Brigitte Schüler: Abb. 15, 16
Beate Wastian-Gross: Abb. 5
Holger Zarges: Abb. 19

Baumeister Engelbert Knittl

Staatsarchiv München: Abb. 3, 11, 15, 17, 19, 23, 42, 47, 49, 52, 56, 59

Gemeindearchive:
Feldafing: Abb. 24, 25, 26, 27, 28, 29, 34, 35, 40, 41, 57
Nachlass Engelbert Knittl Fotoplatten: Abb. 5, 6, 13, 14, 17, 30, 31, 32, 33, 37, 38, 39, 43, 44, 45, 50, 51
Gemeinde Pöcking: Abb. 2

Privatarchive:
Benno C. Gantner: Abb. 22
Heidemarie Hills: Abb. 58
Stefanie Knittl: Abb. 1, 16, 20
Margit Kurzhals-Knittl: Abb. 4, 9
Steffi Menke: Abb. 46, 48
Claudia Sack: Abb. 53, 54, 55
Wolfgang Schmitt: Abb. 7, 8
Lorenz Schnitzler: Abb. 10, 12
Gerhard Schober: Abb. 18, 36
Johann Putz: Abb. 21

Architekt Engelbert Knittl jun.

Privatarchive:
Ulrich Bürkner: Abb. 2
Stefanie Knittl: Abb. 1

Witwe Martha Knittl

Pläne Staatsarchiv München: Abb. 3, 6, 10

Privatarchive:
Elisabeth Genewein: Abb. 11
Hiltrud Gittner: Abb. 4, 5
Stefanie Knittl: Abb. 1, 9
Hannelore Pagenstecher: Abb. 7, 8
VERLA-Pharm Archiv: Abb. 2

Baumeister Karl Xaver (Xavi) Knittl

Privatarchive:
Benno C. Gantner: Abb. 5
Stefanie Knittl: Abb. 2, 3, 6
Rudolf Knittl: Abb. 1
Hans-Peter Simson: Abb. 7
Monika Zistl: Abb. 4

Die genaue Bezeichnung der Baupläne aus dem Staatsarchiv München ist im Text in der betreffenden Fußnote vermerkt. Bei den meisten historischen Aufnahmen, die überwiegend aus privater Hand stammen, sind die Namen der Fotografen leider nicht mehr festzustellen.

Weitere Architekten und Baumeister

Architekten

Ammon, Otto 193, 195
Baierle, Carl 52
Bauk, Carl 185
Böck, Sepp 142
Böttge, Franz 52, 108, 138, 141, 142
Breuhaus & Rosskotten 244
Brücks, Hans 132
Campbell & Drach 243
Cube, Gustav 191
Degano, Alois 206, 215
Dittrich, Sepp 265
Dobler, Edgar 220
Dreisbusch, Theodor 178, 195, 197, 206, 208, 210, 211, 212, 213, 219, 265
Drollinger, Eugen 236
Eiermann, Egon 264
Elsner, Jose(ph)f 52, 174
Erhart, Josef 199
Gittner, Klaus 178, 261, 262, 264
Gottberg & Allers 269
Gutbrod, Rolf 262
Harhauser, G. 162
Hatzl, Anton jun. 232
Hauberrisser, Georg 179, 270, 271
Heilmann & Littmann 52, 92, 193
Helbig & Haiger 117
Hönig & Söldner 175
Holl & Flaschenträger 279 Anm. 230
Huf, Franz Xaver 132, 135
Knittl, Engelbert jun. 223
Kroneder, Max 30
Kuhn, Fritz 198, 199
Kurz, Michael 52, 170, 172
Lasne, Otto 111
Lettner, Hans 62, 128
Leuchter, Heinz 193
Liebergesell & Lehmann 52, 114
Lorenz, Gustav 261, 265
Ludwig, Alois 52, 118, 119
Mehs, Claus 38
Moser, Hans 237
Mund, Johann 134, 188
Mund, Peter 208
Ostler, Hans 217
Pagenstecher, Alexander 263, 264
Reuter, Gustav 181
Riemerschmid, Richard 226, 228
Rosenthal, Herbert 52
Rosenthal Johann 124
Ruf, Sep 264
Schleich, Erwin 169
Schmohl, Hans 221, 222

Schnell, Engelbert 15, 27, 31, 32, 33, 38, 39, 42, 45, 52, 55, 56, 60, 61, 62, 86, 87, 94, 110, 128, 130, 157, 166, 170, 172, 187, 223
Schnitzlein & Dolezel 219
Simon & Kranebitter 177
Stadlinger, Carl 169
Steidle, Richard 180
Stengel & Hofer 193, 195
Wahl 138
Weber 105
Wendt, Siegfried 88, 271
Wiederanders, Max 240
Wissnet, Michael 204
Wook, Hans 192
Zentz, Eugen 188

Baumeister

Ackermann & Co. 52
Bernlochner/Moser 188
Biersack, Johann 11, 39, 49, 52, 56, 126, 145, 223, 224, 231, 234, 250, 251
Bolzmacher 141
Breitenberger 267, 268
Del Fabbro, Domenico 52, 56
Echter, Anton 11, 108
Engesser Brüder 188
Erhard 188
Feldhütter, Klaus 229
Fischhaber, Andreas 52, 189
Gassner, Otto 189
Gugger, Karl 215
Hirt(h), Adolf 116, 122
Pauli, Lorenz 90, 188
Pichlmayr/Erhard 188
Pittino, August 52
Rumi(t)z, Peter 52, 86, 90, 106, 107, 127, 161, 188, 191
Steidele, Anton 39, 68
Steidele, Johann 223, 224, 225
Thurn & Taxis'sches Baubureau Regensburg 52

Register aller genannten Häuser, Villen und Bauten

A
Ammerland
Hubertus, Gasthaus 159
Ambach
Weißhaupt, Villa 143

B
Benediktbeuern
Tutzinger Hütte 182

Bernried
Busch-Scharrer, Postvilla 83
Pferdestallung Eduard Scharrer 169
Wendland Alexander von, Frauensitz 103
Wendland Alexander von, Herrenhaus 101
Bernried / Hapberg
Gutshof Kustermann 165

D
Diemendorf
Gastwirtschaft Kustermann 156
Kirche St. Magareth 186
Diemendorf, Mauern und Brücken 186

F
Feldafing
Andreae, Fritz, Landsitz 243
Badeanstalt Feldafing 240
Bernheimer, Villa 245
Bernheimer, Brunnen 246
Bernheimer, Torhaus 245
Carl, Hans, Villa 226
Compton, E.H., Villa „Dennoch" 249
Engelhorn, Maria, Villa 232
Friedrich, Peter, Werkstätten 231
„Grüne Galerie" 255
Hans, Jakob, Wäscherei 235
Humpl, Richard und Therese, Kaffeehaus 255
Kayser Kammersänger, Wohnhaus 247
Kiesgrube 248
Knittl, Engelbert, Villa 225
„Lug ins Land", Villa 240
Maffei-Kapelle 247
Mössel, Julius, Villa 233
Müller & Wilisch, Lederfabrik 250
Park-Villa 236
Sander, Wohnhaus 145
Steidele, Johann, Villa 224
Strandbad Feldafing 240
Tirpitz, Alfred von, Landsitz 245
Töchterheim Scheidt 236
„Villa Rosa" 251

„Villetta", Nebengebäude Park-Villa 237
„Villino" 243
„Waldwinkel", Nebengebäude Park-Villa 238
Weiß, Robert, Landhaus 256

G
Garatshausen
Albers, Hans 53
Gasthof Dusold 154
Gasthof Seerose 155
„Knittlhof" 202
Schloss Garatshausen 7
Walser, Mathias, Wohnhaus 91
Weberbeck, Ernst, Villa 114

M
Münsing
Schlossgut Oberambach 124
Münsing / Ambach
Weißhaupt, Villa 143
Münsing / Ammerland
Hubertus, Gasthaus 159
Münsing / Seeheim
Freksa, Künstlerwohnsitz 138
Kratzer, Villa 138
Noessel, Landhaus 141
Schwörer, Villa 142

P
Pöcking
Baugeschäfte Pöcking 188
Hilpert, Landhaus 224
Linderl, Landhaus 224
Reber Franz von, Villa 17
Schnitzler, Zimmerei 228
Schulhaus/Rathaus 230

S
Seeheim
Freksa, Künstlerwohnsitz 138
Kratzer, Villa 138
Noessel, Landhaus 141
Schwörer, Villa 142

Seeshaupt
Dall'Armi, Landhaus 88
Dall'Armi, Remise 89
Demmel Wilhelm, Villa 120
Hirt(h), Adolf, Villa 122
Horst (Knote), Landhaus 95
Hotel am See 159
Kiesgrube II 152
Knittl, Bauernhof 153

Knote, Landhaus 96
Knote-Hecker, Landhaus 97
Pfarrhof Magnetsried 175
Pfarrkirche St. Michael 174
Roßmann, Landhaus 96
Schneidhof 153
Schwarzmann, Landhaus 98
Stallung Vogl, Gasthof Post 166
Stegmann, Ferdinand, Landhaus 121
Seeshaupt / Nussberg
Dall' Armi, Gutshof 162

Starnberg
Baugeschäft Fischhaber 100
Kain, Josef, Wohnhaus 100

T
Tutzing
„Armenhaus" 75
Becker, Armand, Villa „Drei-Mäderl-Haus" 190
Berghammer, Maria, Landhaus 134
Beringerheim 29
Blümel, Josef, Zentralheizungsgeschäft 63
Bockmayr, Metzgerei 61
Bodemann, Kaufhaus 11
Bodemann, Kurzwarenladen 211
Bodemann Kunstschlosser, Wohnhaus mit Werkstatt 191
„Brahms-Pavillon" 35
Brandl, Kaspar, Wohn- und Geschäftshaus 59
Burgdorf (Schmidt), Landhaus 131
Bustin, Ferdinand, Wohn- und Geschäftshaus 64
Café Diana 30
Derigs, Bauernhaus 212
Derigs, Maria, Landhaus 135
Dommaschk, Anton, Wohnhaus 195
Dreher, Konditorei 161
„Drei-Mäderl-Haus", Villa 190
Drummer, Josefranz, Landhaus 33
Eckerl Bader 57
Ehrentempel auf der Ilkahöhe 31
Ehrlich von, Geschäftshaus 260
Elsperger, Abdon, Wohnhaus 127
Enderle, Villa 81
Evangelische Christuskirche 180
Feldhütter, Wohnhäuser 48
Feuerwehrhaus 213
Frey, Joh. Bapt., Villa 111
Fraunberg, Landhaus 69
Fraunberg, Nebenhaus 69
Froh, Villa 93
Gabrielenheim 27
Gassner Ludwig, Villa 109, 127
Gasthof zur Eisenbahn 10
Genewein, Wohnhaus 265
Genossenschaftsbank Tutzing 62
Gittner, Architektenhaus 261
Grünwald, Johann, Wohnhaus 91
Guggerhof 130

Gümbel, Friedrich, Landhaus 109
Gut Deixlfurt 36
Gutleben/Roeckl, Sommersitz 77
Hillern von, Villa 109
Himmler, Wohnhaus 40
Hoelscher, Wohnhaus 217
Hofmair, Konditorei 161
Höllweger, Josef, Wohn- und Geschäftshaus 58
Hörmann Bürgermeister, Wohnhaus 197
Hößle, Schmiede 19
Hotel König Ludwig/Kurhaus 157
Hotel Seehof 41
Hotel Simson 44
Hotel Simson, Saalneubau 76
Hövel Major von, Villa 117
„Judentempel" 185
Just, Bungalow 219
Kain, Wohnhaus 46
Kiesgrube 148
Kinderbewahranstalt 39
Kirche Christuskirche 180
Kirche St. Joseph 179
Kleiter, Max, Wohnhaus und Atelier 73
Klenze-Villa 10
Kloster der Missionsbenediktinerinnen 170
Knittl, Arbeiterhaus 151
Knittl, Hinteres Büro 270
Knittl, Annie, Wohnhaus 257
Knittl, Martha, Austragshaus 264
Knittl, Stammhaus 78
Konditorei Dreher/Hofmair 161
Konrad, Martin, Wohnhaus 18
Kurhaus 157
KurTheater 221
Kustermann, Gärtnervilla 92
Kustermann, Villa 10
Landhaus Fraunberg 69
Landmann Ritter von, Landhaus 111
Lautenbacher, Ökonomiegebäude 79
Lautenbacher, Landhaus 128
Lindemann, Gärtnerhaus 185
Ludendorff, Villa 198
Mahlmeister, Friedrich, Landhaus 108
Marx, Joh. Nep. Wohn- und Geschäftshaus 62
Maurertreff „Schwarze Gans" 151
„Mayr-Haus" 75
Meck, Landhaus 193
Midgardhaus Nebengebäude, das „Ferber-Haus" 14
Midgardhaus, Villa Ebers 15
Müller, Wilhelm, Wohnhaus 126
Münchner Bank 62
Musikpavillon, Brahms 35
Neustätter, Julius, Kutscherhaus 72
Neustätter, Wohnhaus 259
Otto, Oskar, Landhaus 123
Pagenstecher, Bungalow 263
Pension Sonnblick 158
Pfister/Walter, Villa 82

„Pont Neuf", Brücke 187
Prittwitz und Gaffron Sara von, Villa 175
Quetschwerk 148
Rathaus 178
Renner, Ferdinand, Villa 103
Ries, Hans, Villa 132
Rödl, Franz X., Villa 104
Rüdinger Rittmeister, Nebenhaus 114
Rüdinger Rittmeister, Villa 113
Rumiz, Peter, Wohnhaus 107
Sägewerk Suiter 67
Sieber, Schiffshütte 181
Schlossbrauerei, Kanzlei 55
Schloss, Pavillon 215
Schlossmauer 56
Schmidt (Burgdorf), Landhaus 131
Schneiderhaus 56
Schneiders, Karl, kleines Landhaus 108
Schneiders, Karl, großes Landhaus 107
Schnell, Engelbert, Villa 86
Scholastica, Schulgebäude 38
Schottermühle 148
Schüler, Pelzwarenfabrik 23
Schüler, Wohnhaus 219
Schüssel, Karl, Landhaus 194
„Schwarze Gans" 151
Schwicker, Georg, Landhaus 85
Servière und Steinbrück, Villa 93
Simson, Hotel 44
Spickner, Anton, Wohn- und Geschäftshaus 60
Thies-Riepert von, Villa 117
Sollinger, Wohnhaus 119
Steinkohl, Villa 61
Suiter, Sägewerk 67
Thudichum, Gustav, Villa 32
Treppenhauer, Johannes, Landhaus 195
Trundt, Wohnhaus 90
Trutz, Karl, Kutscher- und Gärtnerhaus 14
Trutz, Karl, Villa 12
Villa Berghaus, Adolf Hirt 116
Villa „Buchenhaus" 25
Villa Carola 56
„Villa Erika", Johanna Schneider 118
Villa Knittl 75
Villa Knittl, Rückgeb.ude 74
Violaburg 215
Violand Julius, Verkaufspavillon 184
„Vogl-Pavillon" 35
Volksschule nebst Lehrerwohnhaus 177
Walser, Josef, Wohnhaus 107
Waltenberg, Villa 70
Walter Kammersänger, Villa 82
Wastian, Wohnhaus 210
Weber/Vache, Wohnhaus 90
Westermeir-Deimel, Sauerkrautfabrik und Kohlenhandel 21
Wohnhaus Fraunberg 69
Wörsching, Otto, Glaserei, Wohnhaus 20
Wührl, Zwei-Generationenhaus 208

Würth, Fabrik 23
Würth, Wohnhaus 219
Yacht Club 132
Zarges, Wohnhaus 220
Ziegelei Renner 10
Zistl, Wohnhaus 268

Tutzing / Oberzeismering
Forsthaus Ilkahöhe 160
Mustergut Kustermann 161

Tutzing / Rößlberg
Stallgebäude Gut Rößlberg 167

U
Unterzeismering
Greimel und Möhler, Wohnhaus 207
„Vineta", Wohnhaus 146
Stallungen Georg Leis 164

W
Wolfratshausen / Egling
Riedhof, Karl von Spies 163

Die Autorin

Stefanie Knittl hat Feinwerktechnik und Politik studiert und arbeitet als Berufsschullehrerin in München. Sie gehört zur fünften und letzten Generation der Baumeisterfamilie Knittl, deren Geschichte 1987 mit ihrem Vater endete. 2012 renovierte sie das Stammhaus ihrer Vorfahren in Tutzing. Seit vielen Jahren beschäftigt sie sich mit der Geschichte des Bauens und Wohnens am Starnberger See. Besonders interessiert sie sich für den Zusammenhang zwischen Architektur und Gesellschaft. In Zeiten rasender Veränderungen setzt sie sich für den Denkmalschutz und den Erhalt alter Bausubstanz ein.